新时代
中等职业教育发展
蓝皮书

中国职业技术教育学会中等职业技术教育分会
全国中等职业学校校长联席会议　组织编写

化学工业出版社

·北京·

内容简介

本书梳理了党的十八大以来，党和国家对中等职业教育的政策供给。采用整体和抽样相结合的数据分析方法，分析中等职业教育办学水平，以翔实的数据和案例说明中等职业教育基础地位进一步夯实，并归类统计了中等职业教育面临的问题与挑战、发展的对策与经验、改革的建议与展望。

全书共五个部分，主要内容包括：发展中等职业教育的政策供给有力，中等职业教育办学水平持续提高，中等职业教育基础地位进一步夯实，中等职业教育面临的问题、对策与展望，还编排了65个典型案例供各校交流、学习、借鉴。

本书可作为职业教育研究机构工作人员、中等职业教育及高等职业教育教育管理人员和骨干教师的参考用书。

图书在版编目（CIP）数据

新时代中等职业教育发展蓝皮书/中国职业技术教育学会中等职业技术教育分会，全国中等职业学校校长联席会议组织编写 . —北京：化学工业出版社，2022.10（2023.1重印）

ISBN 978-7-122-41987-3

Ⅰ.①新… Ⅱ.①中…②全… Ⅲ.①中等专业学校-研究报告-中国-2011-2021 Ⅳ.①G719.2

中国版本图书馆CIP数据核字（2022）第147460号

责任编辑：王文峡　　　　　　　　文字编辑：邢启壮
责任校对：刘曦阳　　　　　　　　装帧设计：韩　飞

出版发行：化学工业出版社（北京市东城区青年湖南街13号　邮政编码100011）
印　　装：北京科印技术咨询服务有限公司数码印刷分部
787mm×1092mm　1/16　印张30　字数641千字　2023年1月北京第1版第2次印刷

购书咨询：010-64518888　　　　　售后服务：010-64518899
网　　址：http://www.cip.com.cn
凡购买本书，如有缺损质量问题，本社销售中心负责调换。

定　价：128.00元　　　　　　　　　　　　　　　　　　　　　　　版权所有　违者必究

编审委员会

主　　任　邬宪伟　周　健

编写人员　王珺萩　兰小芸　冯志军　官海兰
　　　　　　朱雪霏　许　铭　吴涵孜　李欢冬
　　　　　　丁锦泓　沈　香

审稿专家　刘建同　石伟平　李　进　任占营
　　　　　　黄　辉　孙文平　史晓鹤　张荣胜

前 言

党的十八大以来，中国特色社会主义进入新时代，我国的职业教育进入新发展阶段。十年来我国职业教育牢牢抓住大改革、大发展的历史机遇，不断打开视野、提高站位，统筹把握规模与内涵两个维度，相继迈上了层层递进的大台阶。本蓝皮书重点分析和总结了中等职业教育为国家发展作出的贡献、取得的成就，发现和汇聚了中等职业学校的建设智慧及治理经验。

面对中等职业教育从职教"主体"转向职教"基础"的历史性转变和挑战，2021年全国中等职业学校校长联席会议和中国职业技术教育学会中等职业技术教育分会在部分中职学校中开展了相关调研。本次调研共采集了1815所学校的数据，收集了各地的建设经验和做法，了解了学校存在的问题和疑惑，以及校长们对未来的意见和建议。编者根据学校填报的数据信息和国家相关统计数据，利用现代统计分析方法，从促经济、惠民生、建体系、强技能四个维度对十年来中等职业教育的发展进行了综述性分析，形成本蓝皮书。

本书共分五个部分。

第一部分为"发展中等职业教育的政策供给有力"。梳理了十年来党和国家对职业教育的系列政策。由上海电子信息职业技术学院兰小芸执笔。

第二部分为"中等职业教育办学水平持续提高"。采用整体和抽样相结合的数据分析方法，以"全国教育事业发展统计公报（2011～2020年）"发布的公开数据说明中职整体发展的情况，以本次抽样调研数据分析说明各地区间存在发展不充分、不均衡问题。由上海信息技术学校王珺萩、宫海兰执笔。

第三部分为"中等职业教育基础地位进一步夯实"。以翔实的数据分析中等职业教育十年来支撑我国经济腾飞、支撑全面建成小康社会、支撑现代职教体系建设、支撑"技能型社会"建设等方面取得的成就和存在的问题。由上海商业会计学校冯志军、江苏中教科信息技术有限公司教育研究院研究员李欢冬和职业教育内涵咨询事业部总监丁锦泓、上海信息技术学校朱雪霏执笔。

第四部分为"中等职业教育面临的问题、对策与展望"。从学校校长的视角，针对调研采样学校各自存在的困难、所做的努力、进一步发展的期盼所提供的调研答案，归类统计为中等职业教育面临的问题与挑战、发展的对策与经验、改革的建议与展望。由上海信息技术学校王珺萩执笔。

第五部分为案例。本次调研共收到 834 个案例，编写团队摘取了其中最为典型的 65 个案例。所有案例由所属学校编写、修改，由上海信息技术学校许铭、吴涵孜进行遴选、编辑。

本书由中国职业技术教育学会副会长邬宪伟策划和组稿，王珺萩统稿，得到了上海信息技术学校周健校长、沈香主任的大力支持。本书所采用的网上调研系统由上海优信教育科技有限公司张文雄总经理设计；调研数据整理、统计、分析和报表的形成，以及对十年来《中国教育统计年鉴》相关数据进行的整理、筛选，由上海优信教育科技有限公司温晓雯完成。中国职业技术教育学会常务副会长兼秘书长刘建同、教育部职成司职业院校发展处处长任占营、教育部职成司教学与质量处处长黄辉、华东师范大学终身教授石伟平、上海师范大学原校长李进对本书进行了审读与指导，书中所附案例由大连轻工业学校原校长孙文平、北京市商业学校原党委书记史晓鹤、南京高等职业技术学校原校长张荣胜审读。在此对各位领导、专家的指导一并表示感谢。

由于受编写团队视野、境界、水平等因素的限制，素材的全面性、数据的准确性、表达的完整性等均可能有不当之处，敬请读者谅解并提出宝贵意见。

编者
2022 年 6 月

目 录

1 发展中等职业教育的政策供给有力 — 4
1.1 示范校建设引领中等职业教育发展（2012~2014 年）— 5
1.2 现代职教体系建设推动中等职业教育发展（2015~2020 年）— 6
1.3 "职业教育前途广阔、大有可为"指引发展（2021 年~至今）— 7

2 中等职业教育办学水平持续提高 — 10
2.1 办学条件基本情况 — 11
2.1.1 中等职业学校师资队伍情况 — 11
2.1.2 中等职业学校教学设施情况 — 16
2.2 学校发展抽样分析 — 22
2.2.1 以"人人成才、人尽其才"构建育人体系 — 22
2.2.2 以"教师、教材、教法"推进改革创新 — 27
2.2.3 以"标准、技术、机制"增强治理能力 — 31
2.3 专业建设水平抽样分析 — 36
2.3.1 对接产业链，优化专业布局 — 36
2.3.2 深化产教融合，打造精品专业 — 38

3 中等职业教育基础地位进一步夯实 — 41
3.1 普及高中阶段教育和建设中国特色职业教育体系的重要基础 — 42
3.1.1 满足学生受教育需求，成为普及高中阶段教育的重要基础 — 42
3.1.2 明确办学定位和前景，成为建设中国特色职业教育体系的重要基础 — 43
3.2 助力国家脱贫攻坚的重要基础 — 45
3.2.1 推进技术赋能，助力脱贫攻坚取得重要成效 — 45
3.2.2 开展东西协作，促进贫困地区职教水平提升 — 46
3.2.3 落实对口帮扶，构建扶贫先扶智长效机制 — 47
3.3 助推经济转型发展的重要基础 — 48
3.3.1 储备数字技能人才，赋能数字化转型 — 48

    3.3.2 破解人才瓶颈制约,助力乡村振兴 ······ 49
    3.3.3 服务高新技术应用,推进企业升级转型 ······ 51
  3.4 建设技能型社会的重要基础 ······ 52
    3.4.1 开展职业培训,推进技能型社会构建 ······ 53
    3.4.2 开创职业体验,营造技能型社会良好氛围 ······ 53
    3.4.3 开放公共场馆,服务技能型社会建设 ······ 54
  3.5 培养多样化人才的重要基础 ······ 56
    3.5.1 提升学生综合素养,成就个性化发展 ······ 56
    3.5.2 围绕民族文化办学,培养民族技艺传承人 ······ 58
    3.5.3 服务国家战略发展,培养"一带一路"共建者 ······ 60
    3.5.4 助推创新创业浪潮,培养敢闯会创的弄潮儿 ······ 62

4 中等职业教育面临的问题、对策与展望 64

  4.1 中等职业教育面临的问题与挑战 ······ 65
    4.1.1 师资队伍结构性矛盾突出 ······ 65
    4.1.2 招生生源量不足、质不佳 ······ 67
    4.1.3 办学经费不足、设备短缺 ······ 68
    4.1.4 办学的资源配置亟待提高 ······ 70
    4.1.5 学校发展面临的其他问题 ······ 71
  4.2 中等职业教育发展的对策与经验 ······ 73
    4.2.1 解决师资队伍结构性矛盾突出的策略与方法 ······ 73
    4.2.2 解决招生数量不足与生源质量不高的策略与方法 ······ 74
    4.2.3 解决经费不足与设备短缺的策略与方法 ······ 76
    4.2.4 解决办学资源配置不高的策略与方法 ······ 78
    4.2.5 解决其他问题的策略与方法 ······ 79
  4.3 中等职业教育改革的建议与展望 ······ 82
    4.3.1 建议出台体系制度类政策 ······ 83
    4.3.2 建议出台资源条件类政策 ······ 84
    4.3.3 各地中等职业教育未来的展望 ······ 85

5 案例 89

  案例 1 需求导向"分层次、多形式"培育 交通运输行业紧缺人才的实践探索 ······ 90
  案例 2 构建"大思政"育人格局 落实立德树人根本任务 ······ 96
  案例 3 突破软性技能培育 让专业教育从"制器"走向"育人" ······ 103
  案例 4 以美载德 风化于成 ······ 109
  案例 5 建设特色班级文化 优化职校育人生态 ······ 113
  案例 6 活动育人 以日为年 缓缓发力 久久为功 ······ 117

案例 7	传承和弘扬"江南文化"的有效路径	124
案例 8	"八德"式"健康快乐"德育的创新与实践	132
案例 9	真实情境体验　岗位实践育人	136
案例 10	基于"三驼工程"的现代职业教育师资队伍培养体系	142
案例 11	发挥学校特色优势　破解小众化专业教师培养困局	149
案例 12	标准引领　职级认证　培育优秀教学团队	153
案例 13	制度为本选用有道　特色为要建设有效	158
案例 14	职业教育在"实境课堂"活起来	164
案例 15	教法、教材、监测三落地的中职校本教学改革实践	172
案例 16	课证融通强技能　三教改革结硕果	181
案例 17	数字出版专业建设	187
案例 18	中等职业学校教学诊改机制建设	196
案例 19	构建"八有"工作体系　赋能现代学校制度建设	204
案例 20	顶层引领　精准施策　平台助力　以质赋能学校内涵发展	209
案例 21	聚焦学生发展　诊改落地生根	215
案例 22	新基建——从"数字校园"到"数智校园"	224
案例 23	推动数字化转型　打造新时代铁军	233
案例 24	聚力数据智能改革　赋能职校现代治理	241
案例 25	校企深度融合　助力地方经济腾飞	248
案例 26	岗课赛证专创融通　校企双主体精准育人	251
案例 27	对接岗位需求　服务学生发展　构建职业秘书培养体系	259
案例 28	基于DTP理念的药学专业教学改革个案研究	263
案例 29	现代学徒制人才培养模式的实践研究	269
案例 30	校厂一体　产教融合　打造职业教育人才培养新高地	274
案例 31	"复制—转换—迁移—创新"双元本土路径	281
案例 32	双师引领　三化融通　四方联动　多元考核	289
案例 33	能力导向　一体设计　协同共建	293
案例 34	区域产业背景下中高职一体人才培养探索与实践	296
案例 35	普职融通的制度推进和路径建设的探究	304
案例 36	创新培训模式　助力精准脱贫	310
案例 37	精准帮扶　接力支教　名校示范	313
案例 38	扶贫先扶智　教育当先行	318
案例 39	对接产业升级　深化产教融合	323
案例 40	突显功能定位　争创全国一流	327
案例 41	人才培养赋能　乡村振兴有术	331
案例 42	发挥职教优势　助力乡村振兴	336
案例 43	育粤菜师傅　助乡村振兴	341
案例 44	深化产教融合　助力乡村振兴	347
案例 45	立足区域经济发展　以人才之智助乡村之兴	352

案例 46　产教精准对接　校企协同创新	358
案例 47　现代农艺技术高水平专业群建设案例	363
案例 48　校企合作促发展　借京强校谱新篇	368
案例 49　发挥职教资源优势　大力开展技能扶贫	371
案例 50　开展"职业体验日"活动　展示旅游校园文化	376
案例 51　小小梦想家　职业启蒙教育助推青少年成长	381
案例 52　依托公共实训基地　培养技术技能人才	391
案例 53　发挥示范性实训基地优势　构建"六位一体"社会服务格局	395
案例 54　以美育人　构建和乐校园　以艺润德　孕育出彩人生	401
案例 55　扬时代劳模创新精神　树中职劳动育人品牌	406
案例 56　构建新时代中职学校"育训结合　四维四化"劳动教育模式的研究与实践	412
案例 57　多元开发　体验成长	421
案例 58　专业立项建设中立足服务地方经济　实现可持续发展	427
案例 59　加强民族团结进步教育　建设各族师生共同精神家园	431
案例 60　民族团结手工室　体验非遗文化扎染制作	436
案例 61　物流服务与管理国际化专业在非洲鲁班工坊建设的实施案例	442
案例 62　中等职业教育在"一带一路"倡议下有效服务企业面向东盟"走出去"的策略	450
案例 63　对标国际标准　打造职业教育高地	455
案例 64　电商创业助推乡村振兴	461
案例 65　专创融合　共创青春	463

参考文献　　469

党的十八大以来，中国特色社会主义进入新时代，我国的职业教育进入新发展阶段。

十年来我国职业教育牢牢抓住大改革大发展的历史机遇，不断打开视野、提高站位，统筹把握规模与内涵两个维度，相继迈上了层层递进的大台阶。一是主动服务经济社会发展，职业教育适应性更强。二是全面深化产教融合，职业教育办学路子更宽。三是职业教育与普通教育相互融通，学生成才路径更畅。四是不同层次职业教育有效贯通，职业学校学生发展力更足。五是职业学校教育与职业培训并重，职业教育责任担当更大。六是服务全民终身学习，职业教育办学形式更灵活。七是服务"一带一路"倡议，职业教育开放水平更高。[1]

十年来我国职业教育始终把构建完整体系作为核心任务与逻辑主线，把建设为一种对经济社会和个体发展具有特定功能的教育、一种有着广泛需求基础的教育、一种与普通教育同等重要的类型教育作为发展目标，不断创新制度设计、加大政策供给、固根基、补短板、强弱项、扬优势，建成全世界规模最大的职业教育体系。

十年来我国中等职业教育在党和政府的转向"基础"引导、前行"轨道"铺设和发展"生态"营造下，牢牢抓住历史机遇，不断改革创新，深化内涵建设，更好地适应了新技术和产业变革的需要，更好地助力了经济社会高质量发展，更好地满足了人民对美好生活的向往。

为总结中等职业教育十年来为国家发展作出的贡献、取得的成就，发现和汇聚中职学校建设智慧和治理经验，面对中职所处的历史性转变和挑战，2021年全国中等职业学校校长联席会议和中国职业技术教育学会中等职业技术教育分会在部分中职学校中开展了相关调研。本次调研共采集了1815所学校的办学基本条件数据，收集了十年来各地的建设经验和做法，了解了学校目前存在的问题和疑惑以及校长们对未来的建设性意见和对政策供给的期盼。编者根据学校填报的数据信息和国家相关统计数据，利用现代统计分析方法，从促经济、惠民生、建体系、强技能四个维度对十年来中等职业教育的发展进行了综述性分析，形成本蓝皮书。十年来，我国中等职业教育取得的成就主要体现在以下几方面。

中等职业教育适应性更强，更为有力地支撑我国经济腾飞。十年来，我国中等职业教育主动适应经济结构调整和产业变革，淘汰落后专业，升级改造旧专业，新设经济社会急需专业，为国民经济各领域培养了超过6000万的毕业生，遍布县乡的中职学校为各地经济社会发展提供了有力的人力资源支撑。中等职业教育产教融合不断深入，校企共建实习实训基地、现代学徒制试点、订单培养等多样化校企合作形式，使得学生培养更为贴合行业企业需求。研究表明，职业教育对经济增长的贡献率约为7.4%，其中中职为2.6%，三分天下有一份属于中职，千万级的技术技能人才是我国经济建设一线的人才基础。

中等职业教育覆盖面更广，更为有力地支撑我国全面建成小康社会。十年来，中职学校覆盖88.8%的县级行政区，学生规模在高中阶段教育占比基本在40%以上，中职免学费、助学金政策分别覆盖超过90%和40%的学生，其中约70%的学生在当地县市就近就业，为偏远和欠发达地区解决了乡村卫生、农村教育等事关民生的基层人才短缺问题。中等职业教育为服务脱贫攻坚、普及高中阶段教育、助力乡村振兴、促进就业创业提供了重要支撑，在惠民生、助脱贫方面发挥了"基底"作用。

中等职业教育基础地位更加突出，更为有力地支撑我国现代职教体系建设。十年来，我国中等职业教育逐渐从职业教育体系中的主体地位转向基础地位，不同层次职业教育有效贯通。至2020年，全国各省、市、自治区均已规划并实施现代职教体系建设，试点项目总数累计超过20000个，中高等职业教育"3+3"分段培养、中等职业教育与本科教育"3+4"分段培养、中等职业教育与开放大学本科教育分段培养等贯通培养形式多样，招生计划总数占中职招生人数的30%左右，中职学生发展力更足。中等职业教育在我国职业教育发展和体系建设中发挥着坚实的基础作用。

中等职业教育责任担当更大，更为有力地支撑我国"技能型社会"建设。十年来，中等职业教育是职业教育技能大赛的主力军，是职业教育活动周的主体，在国家、地方、校三级组织的活动中，学生参与率达到100%全覆盖。各地基于中职学校全面推进社会培训，基本做到学历教育与社会培训1∶1，十年来职业学校的职业培训量逐年增长，目前全国1万余所职业学校每年开展的培训达上亿人次[1]。同

---

[1] 陈子季. 十年奋进构建职教体系，不忘初心再续发展华章——党的十八大以来职业教育改革发展成就[Z]. (2022-06-06) [2022-07-25]. http://www.hnhczjw.com/nd.jsp?id=197.

时，面向中小学开展职业体验，完成部分劳技课程的课时量。中等职业教育与国家产业升级同频共振，育训并举，是建设技能型社会的中坚力量。

纵观中等职业教育的发展，离不开党的领导、国家的大力扶持。在新的历史时期，坚持党的领导，坚持立德树人、铸魂育人，坚持产教融合、校企合作、工学结合、知行合一，对接经济社会发展需求，找准自身发展定位，不断优化类型特色，不断增强适应性，不断提高办学质量，不断提高学生文化素养和职业能力，着力培养担当中华民族伟大复兴大任的时代新人，是中等职业教育新的历史责任与使命。

1

发展中等职业教育的政策供给有力

二十一世纪第二个十年，我国进入全面建成小康社会决定性阶段。世界格局深度调整，工业化、信息化、城镇化、市场化、国际化进程加快，对高素质劳动者和技能型人才提出新要求，对中等职业教育质量、结构、规模、效益提出新挑战，中等职业教育资源分散、学校之间发展不平衡、办学基本条件不足等问题日益凸显，急需顺应经济发展方式的转型升级进行改革创新。十年来，我国中等职业教育历经了示范校建设、现代职业教育体系建设、全国职业教育大会顺利召开、提质培优计划实施、新修订的《中华人民共和国职业教育法》颁布施行等重大发展时期，每个阶段的发展都得到了党和国家的高度重视，政策供给持续不断、接续发力，既保持联系又与时俱进，不断推进我国中等职业教育改革发展。

1.1 示范校建设引领中等职业教育发展（2012~2014年）

党的十八大报告提出要加快发展现代职业教育。2014年国务院印发《关于加快发展现代职业教育的决定》，全面部署加快发展现代职业教育，提出要巩固提高中等职业教育发展水平，鼓励优质学校通过兼并、托管、合作办学等形式，整合办学资源，优化中等职业教育布局结构。同年6月，习近平总书记在全国职业教育工作会议上就加快发展职业教育作出重要指示，强调"职业教育是国民教育体系和人力资源开发的重要组成部分，……必须高度重视、加快发展"。[1]

在党中央和国务院的高度重视以及一系列政策文件的大力推动下，我国中等职业教育以国家示范校建设为抓手，带动省级中等职业教育示范校建设，推动中等职业教育改革创新，产生了巨大的积极效应。2010~2012年，全国共立项1004所国家示范校建设单位，上海、浙江、广东、广西、重庆、黑龙江、江西、河南、湖北9个省（自治区、直辖市）率先开展省级示范校建设计划，迄今31个省市已全面开展省级示范校建设，共立项1634所建设单位。示范校建设对我国中等职业学校发展起到了非常重要且影响长远的示范带动作用。

(1) 示范校建设引领了中等职业学校的规范发展。中等职业学校的办学条件和专业结构得到改善。2014年,我国中等职业学校教育经费投入1907亿元,其中,国家性财政教育经费投入1647亿元,较2011年增长30.82%;生均财政性教育经费8566元,较2011年增长55.86%。[2] 教学用地、教学仪器设备、图书资源等办学条件持续改善,信息化程度不断提高。部分省市通过兼并、整合、转型、共建,优化了中等职业教育布局结构。

(2) 示范校建设引领了中等职业学校的改革发展。中等职业学校内涵建设不断深化,办学质量不断提高。各中等职业学校创新校企合作办学体制机制,着力开展工学结合人才培养模式改革,深化教学内容改革和师资队伍建设。现代学徒制、订单培养、顶岗实习、双师队伍建设、生产性实训基地共建等多样化校企合作形式形成,企业参与中等职业学校办学积极性提高,全国共组建职教集团1400余个,覆盖90%以上的职业院校、100多个行业部门,中等职业学校牵头成立的职教集团占50%以上。

(3) 示范校建设引领了中等职业学校的创新发展。中等职业教育创新举措不断出台。信息化教学大赛、创新示范教材遴选、学生管理信息系统建设、学校管理工作交流等改革措施不断推出、深入开展。2012年,教育部启动中等职业学校专业教学标准制定工作,于2014年先后分两批发布了《中等职业学校专业教学标准(试行)》,涉及19个专业大类的240个专业,促进了职业教育专业教学的科学化、标准化、规范化。

1.2 现代职教体系建设推动中等职业教育发展(2015~2020年)

2015年,随着教育部等六部门2014年联合印发的《现代职业教育体系建设规划(2014—2020年)》的落实,我国进入构建中国特色现代职业教育体系建设深化期。同年7月,教育部印发《关于深化职业教育教学改革 全面提高人才培养质量的若干意见》,提出职业教育要坚持走内涵式发展道路,要积极稳妥推进中高职人才培养衔接,拓宽技术技能人才终身学习通道。2017年9月,党的十九大报告指出,要完善职业教育和培训体系。2019年1月,《国家职业教育改革实施方案》提出要完善学历教育与培训并重的现代职业教育体系,要把发展中等职业教育作为普及高中阶段教育和建设中国特色职业教育体系的重要基础,并且强调没有职业教育的现代化就没有教育的现代化。2020年9月,教育部等九部门印发《职业教育提质培优行动计划(2020—2023年)》,重申要加快构建纵向贯通、横向融通的中国特色现代职业教育体系,推动学历教育与职业培训并举并重,强化中等职业教育的基础性作用。

在国家政策的指引下,各地纷纷开展现代职业教育体系的构建,纵向贯通、横向融通的职业教育体系初步建成,中等职业教育功能逐渐从主体地位转向基础地位。

(1) 中等职业教育在职业教育内部体系中的基础性地位得到强化。我国职业教育层次结构不断完备,中等职业教育成为我国普及高中阶段教育和发展高等职业教育的重要基石,大批优质中等职业学校为我国高水平高职院校建设奠定了坚实的基础。至2021年底,我国现有高等职业技术学院中的60%由原中等职业学校升格而来。中高、中本贯通培养规模不断扩大,中等职业教育成为专科高职、应用本科的重要生源地,山东、四川、山西、陕西、福建、北京等省市中等职业学校纷纷被授为当地高职院校"优质生源基地"。中等职业、高职专科、本科层次职业教育专业目录实现一体化设计,职业教育人才成长通道基本畅通。

(2) 中等职业教育在国民经济社会发展所需的技术技能人才培养中发挥了重要的基础性作用。截至2020年,我国共有中等职业学校9896所、在校生1663.4万人,招生专业点数达4.7万个,基本覆盖了国民经济的各个领域,毕业生就业率持续保持在95%以上,成为支撑中小企业集聚发展、区域产业迈向中高端不可替代的生力军。累计800多万名贫困家庭学生接受职业教育培训,约70%留在当地就业,成为助力脱贫攻坚、阻断贫困代际传递的重要技能人才支撑。

(3) 中等职业教育在拓宽技术技能人才终身学习通道中发挥了重要的基础性作用。学分银行、职业技能等级证书制度得到推广,学历教育与职业培训并重的教学体系初步形成,职前教育与职后培训融通局面初步显现。2015年,国务院决定将每年5月的第二周设为"职业教育活动周",❶ 职业教育活动周在全国范围普遍开展。全国共有442个职业技能等级证书标准参与1+X证书制度试点[3],3381所中等职业学校开展了职业技能等级证书制度试点项目,占中等职业学校总数的34.17%。

1.3 "职业教育前途广阔、大有可为"指引发展(2021年~至今)

2021年是"十四五"开局之年,也是全面建设社会主义现代化国家新征程的开启之年。我国职业教育全面进入提质培优、增值赋能的高质量发展快车道,政策供给力度进一步加大,政策环境进一步向好。2021年4月12日至13日,全国职

---

❶ 注:"每年5月的第二周为职业教育活动周"已被写入《中华人民共和国职业教育法》(2022年4月20日第十三届全国人民代表大会常务委员会第三十四次会议修订)。

业教育大会首次以党中央名义在北京胜利召开。习近平总书记指出，"在全面建设社会主义现代化国家新征程中，职业教育前途广阔、大有可为。"为贯彻落实全国职业教育大会精神，2021年10月中共中央办公厅、国务院办公厅印发《关于推动现代职业教育高质量发展的意见》，提出要切实增强职业教育适应性，加快构建现代职业教育体系，建设技能型社会，营造人人努力成才、人人皆可成才、人人尽展其才的良好环境。2022年5月1日起施行的《中华人民共和国职业教育法》首次从法律上明确了职业教育是与普通教育具有同等重要地位的教育类型，是培养多样化人才、传承技术技能、促进就业创业的重要途径，要统筹推进职业教育与普通教育协调发展。我国职业教育受到了前所未有的高度重视。

习近平总书记的重要指示、新修订的职业教育法的颁布、职业教育三大重要文件❶的出台为我国中等职业教育改革发展指明了方向。

(1) 作为我国高中阶段教育的重要组成部分，中等职业教育肩负着推动高中阶段教育多样化发展的重任。中等职业学校的办学定位正在加快由"以就业为导向"转向"就业与升学并重"，中等职业教育在我国现代教育体系中的基础性地位将更加凸显。山东、江苏、江西、四川、重庆、福建、安徽等省份开展"职教高考"试点，学生发展路径更加多元，营造了更为良好的就业有能力、升学有优势、发展有通道等多样化人才培养环境。中等职业学校正在落实中等职业公共基础课程教学标准，加强文化基础教育，深化公共基础课程改革，保障学生德智体美劳全面发展。

(2) 作为我国高等职业教育的重要基础，中等职业教育承担着为高等职业教育输送高质量对口生源的重任。中等职业学校办学条件仍需改善，各地"达标工程"正在推进落实，计划2023年实现全面达标。产业的转型升级、数字化经济的快速发展正在推进中等职业学校加快实训条件的升级改造，加快数字化教学资源建设，为培养输送具有扎实技术技能基础高职生源提供良好保障。国家和地方"优质中等职业学校和专业建设计划"正在逐步开展，一批具有示范引领作用的优质中等职业学校和优质专业将带动中等职业教育质量总体提升。

(3) 作为培养高素质劳动者和技术技能人才的重要摇篮，中等职业教育在我国技术技能人才培养体系中仍然发挥着重要的不可替代的基础性作用。中等职业教育承担企业员工和社会人员技能培训的功能将得到进一步强化，参与社区治理、服务社区发展的责任将日益得到重视。中等职业学校要逐步转变办学理念，重视职业培训与社会服务，加强培训与社会服务能力建设，提升培训与社会服务水平，主动融

---

❶ 职业教育三大重要文件分别为：2019年1月国务院印发的《国家职业教育改革实施方案》，2020年9月教育部等九部门印发的《职业教育提质培优行动计划（2020—2023年）》，2021年10月中共中央办公厅、国务院办公厅印发的《关于推动现代职业教育高质量发展的意见》。

入区域经济社会发展。"支持有条件的中等职业学校根据当地经济社会发展需要试办社区学院"已被写入中共中央办公厅、国务院办公厅印发的《关于推动现代职业教育高质量发展的意见》，举办社区学院、为社区发展提供专业化的人才队伍将成为我国中等职业教育改革发展的新风向标。当前，江苏、甘肃等省市已开始支持职业院校联合社区（街道）共同建设社区教育基地或举办社区学院。

（4）作为服务经济社会发展的重要一极，主动适应新技术和产业变革需要仍将是我国职业教育发展的主旋律。当今时代，数字经济正在成为重组全球要素资源、重塑全球经济结构、改变全球竞争格局的关键力量。数据作为新型生产要素，正在影响生产方式的变革。数字产业化和产业数字化正在成为世界主要国家经济发展的新增长点。面向新时代，中等职业教育仍需围绕国家重大战略，紧密对接产业升级和技术变革趋势，持续优化专业布局与规模，形成紧密对接产业链、创新链的专业体系和培养体系；需要树立数字经济思维，加快数字化治理方式变革，加强数字化教学资源建设与教学模式创新，推进数字化教育教学转型的实现。

展望未来，在党中央和国务院前所未有的高度重视下，我国职业教育必将激励更多劳动者特别是青年一代走上技能成才、技能报国之路，必将为技能型社会建设、经济高质量发展提供源源不断的人力资源，为全面建设社会主义现代化国家提供更有力的人才保障，从"大有可为"走向"大有作为"。

2

中等职业教育办学水平持续提高

本次抽样调研在全国范围内开展，共收到 1815 所中等职业学校填报的材料，编写组采用整体和抽样相结合的数据分析方法。以下呈现的调研报告中，总体情况采用"全国教育事业发展统计公报（2011～2020 年）"发布的公开数据；报告中的细节分析采用本次调研抽样数据，并给出相应的观点与建议。

2.1 办学条件基本情况

十年来，中等职业教育在党和国家的大力支持下，对标《中等职业学校设置标准》（教职成〔2010〕12 号），办学"软件""硬件"双双持续提升。"软件"涵盖了专任教师达标率、教师学历水平与职称结构、双师型团队比例等；"硬件"则指学校的教学实施情况，有学校占地面积、建筑面积、固定资产、仪器设备、图书资源与多媒体教室等。但仍有局部散点不均衡的现象。

2.1.1 中等职业学校师资队伍情况

(1) 专任教师达标率稳步提高

2011～2020 年十年间，受出生人口数量下降的影响，我国中等职业教师规模整体缩减，但师资队伍结构不断优化，专任教师占教职工的比例在逐年递增，从 2011 年的 74.2% 增长到 2020 年的 79.2%，增长了 5 个百分点；生师比逐渐优化，从 2011 年的 25∶1 上升到 2015 年的 19.6∶1，达到《中等职业学校设置标准》提出的"生师比达到 20∶1"的基本要求，为我国中等职业高质量发展提供了师资保障（图 2.1、图 2.2）。

根据抽样调研数据分析，仍有 20% 的学校未达到标准要求，其中，西部学校的总体不达标学校占比较高，仍需要对西部学校教师有更多的优惠政策，吸引人才加入中等职业学校。未达标学校的区域分布如表 2.1 所示。

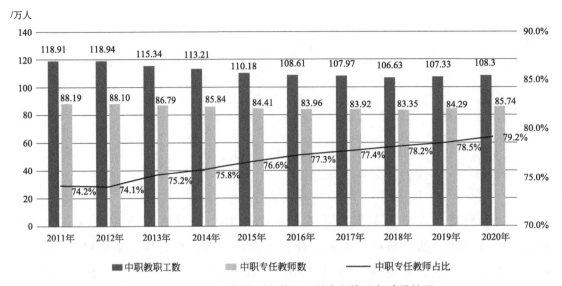

图 2.1　2011～2020 年我国中等职业教育师资队伍建设情况

[数据来源：《全国教育事业发展统计公报》（2011～2020 年），含技工学校]

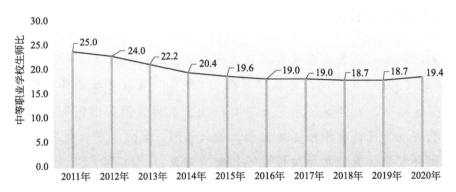

图 2.2　2011～2020 年我国中等职业教育专任教师生师比情况

[数据来源：《中国教育经费统计年鉴》（2011～2020 年）]

表 2.1　被调研学校师资达标统计情况

区域	达标学校数	不达标学校数	未填写学校数	合计	达标率/%
东部	343	60	9	412	83.25
中部	152	44	3	199	76.38
西部	144	52	0	196	73.47
小计	639	156	12	807	79.18

（2）教师学历水平不断提升

学历水平是体现教师队伍质量的一个重要指标。2011～2020 年十年间，我国中等职业师资（不包含技工学校）整体上学历水平有较大提升，拥有硕士以上学历的教师从 3.13 万人增长至 5.39 万人,增长率超过 70%;拥有本科学历的教师规模基本维持原有水平;拥有专科学历的教师从 9.55 万人减少至 4.38 万人,下降了一半多(表 2.2)。

表 2.2 2011～2020 年我国中等职业教师学历情况　　　　　　　　单位:人

项目	2011 年	2012 年	2013 年	2014 年	2015 年	2016 年	2017 年	2018 年	2019 年	2020 年
专任教师	689363	684071	668754	663782	652447	643141	640398	635461	642197	638708
硕士及以上	31309	35217	38298	41402	44009	46028	48955	50408	52685	53863
本科	557341	559588	549795	551305	544070	538134	537558	534862	542051	539520
专科	95513	85177	76891	67982	61795	56569	51709	48313	45791	43812
其他	5200	4089	3770	3093	2573	2410	2176	1878	1670	1513

数据来源:《中国教育统计年鉴》(2011～2020 年),不包含技工学校。

对比 2011 年与 2020 年中等职业教师队伍学历结构可以发现,教师学历水平整体提升。拥有硕士学历的教师比例从 4.54% 增长到 8.43%;拥有本科学历的教师比例从 80.85% 增长至 84.47%;拥有专科学历的教师比例从 13.86% 减少至 6.86%。综合来看,本科学历及以上教师占比从 85.39% 增长至 92.90%,可见我国中等职业学校教师队伍学历水平整体有较大提升(表 2.3、图 2.3)。

表 2.3 2011～2020 年我国中等职业教师学历变化统计情况

项目	2011 年/%	2020 年/%	变化/%
硕士以上占比	4.54	8.43	3.89
本科占比	80.85	84.47	3.62
专科占比	13.86	6.86	−7.00
其他占比	0.75	0.24	−0.51

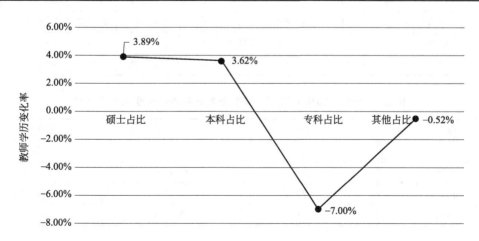

图 2.3 2011～2020 年我国中等职业教师学历变化统计情况

[数据来源:《中国教育统计年鉴》(2011～2020 年),不包含技工学校]

此次调研数据同样显示,中等职业学校教师学历情况总体情况较好,教师队伍达到大专以上要求的学校总体占比在96%以上,且东、中、西部情况差别不大,只有个别学校存在学历不达标情况(图2.4)。

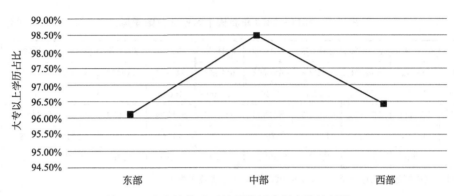

图2.4 此次抽样地区教师学历达标率统计情况

(3) 教师职称结构逐步优化

2011～2020年,我国中等职业高级职称教师占比从22.05%上升至25.13%,增长了3个百分点;按照2010年教育部发布的《中等职业学校设置标准》提出的"专任教师中,具有高级专业技术职务人数不低于20%"的要求,我国中等职业教师队伍中的高级职称教师比例一直处于20%以上,总体达到要求,且处于稳中有升态势(表2.4、表2.5、图2.5)。

表2.4 2011～2020年我国中等职业教师职称结构情况　　　单位:人

职称	2011年	2012年	2013年	2014年	2015年	2016年	2017年	2018年	2019年	2020年
高级	152016	157183	158838	161354	160800	161151	162415	158505	161472	160529
中级	278249	277495	268628	266321	261890	256446	252228	250817	247629	240989
初级	198996	191865	182596	176856	171569	165371	159561	156038	153489	149304
无职称	60102	57528	58692	59251	58188	60173	66194	70101	79607	87886
合计	689363	684071	668754	663782	652447	643141	640398	635461	642197	638708

表2.5 2011～2020年我国中等职业教师职称结构变化统计情况

职称	2011年	2020年	职称变化
高级	22.05%	25.13%	3.08%
中级	40.36%	37.73%	-2.63%
初级	28.87%	23.38%	-5.49%
其他	8.72%	13.76%	5.04%

此次被调研学校在编专任教师中,具有高级专业技术职务人数高于20%的学校数量有663所,占被调研学校的82.16%。总体上,全国各中等职业学校高级职

图 2.5 2011～2020 年我国中等职业教师职称结构变化统计情况

[数据来源：《中国教育统计年鉴》(2011～2020 年)，不包含技工学校]

称教师存在不均衡现象，仍有近 18% 的中等职业学校教师高级专业技术职务人数未达到 20% 的标准要求。因此，需进一步加强教师职称提升工作，加大教科研工作开展力度，这样有助于学校的发展（表 2.6）。

表 2.6 教师具有高级专业技术职务人数高于 20% 的学校统计表

区域	达标学校	不达标学校	未填写学校	合计	达标率/%
东部	344	58	10	412	83.50
中部	157	39	3	199	78.89
西部	162	33	1	196	82.65
小计	663	130	14	807	82.16

按《中等职业学校设置标准》第七条要求，"专业教师数应不低于本校专任教师数的 50%"。从调研统计结果看，近 90% 的学校能达标，且能保证每个专业配备至少 2 名相关专业中级以上专业技术职务的专任教师，但仍有 10% 的学校尚未达标，需要对在编专任教师加大专业转型培训，同时加强专业教师的引进，促进专业教学质量的提升。

(4)"双师型"团队逐步形成

2010 年教育部印发的《中等职业学校设置标准》提出，"聘请有实践经验的兼职教师应占本校专任教师总数的 20% 左右。"数据显示，2011～2020 年，我国中等职业学校外聘教师占本校专任教师的比例持续在 15% 左右，有待进一步提升。调研统计数据显示，各地中等职业学校在聘请有实践经验的兼职教师方面存在一定的问题，兼职教师比例达标的学校仅占 62.45%，超过 1/3 的学校不达标。兼职教师聘请机制有待改进，需要在薪酬、编制、学历等方面加以研究，改变目前的状态（图 2.6、表 2.7）。

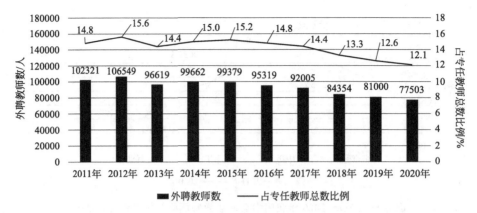

图 2.6 2011~2020 年中等职业外聘教师数量变化及占专任教师总数的比例

[数据来源：《中国教育统计年鉴》（2011~2020 年）]

表 2.7 聘请有实践经验的兼职教师占本校专任教师总数的 20% 达标情况

区域	达标学校	不达标学校	未填写学校	合计	达标率/%
东部	262	137	13	412	63.59
中部	128	69	2	199	64.32
西部	114	82	0	196	58.16
小计	504	288	15	807	62.45

调研数据统计结果显示，东、中、西三地在编专任教师中"双师型"教师占比不低于 30% 的学校平均占比为 81.04%，但各地存在"双师型"教师统计标准不统一的问题，统计数据仅作参考。教育部、发改委、财政部和人社部四部门联合印发《深化新时代职业教育"双师型"教师队伍建设改革实施方案》（教师〔2019〕6 号）中提出了"双师型"教师队伍建设的路径，各地学校需要探索创新教师企业实践等路径，提升"双师型"教师在专任教师中的占比（表 2.8）。

表 2.8 不同地区"双师型"教师不低于 30% 的学校占比

区域	达标	不达标	未填写	合计	达标率
东部	353	50	9	412	85.68%
中部	146	51	2	199	73.37%
西部	155	40	1	196	79.08%
小计	654	141	12	807	81.04%

2.1.2 中等职业学校教学设施情况

(1) 校均占地面积和生均建筑面积持续增加

随着我国中等职业学校布局的优化，校均规模不断增长。2011~2020 年，我国中等职业学校占地面积呈现逐年增长趋势，建筑面积从 2011 年的 20459 万平方米增加至 2020 年的 21298 万平方米，校均占地面积从 5.0 万平方米/校增长至 5.8 万平方米/校，生均建筑面积从 11.5 平方米/人逐渐增长至 18.2 平方米/人。虽然生均建筑面积持续增长，但仍未达到《中等职业学校设置标准》中规定的"生均校舍建筑面积不低于 20 平方米"的要求（图 2.7、图 2.8）。

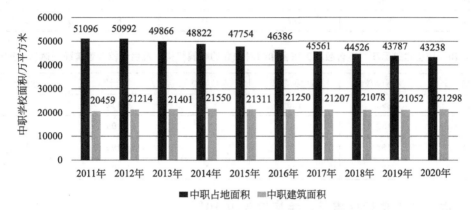

图 2.7　2011~2020 年我国中等职业学校占地面积及建筑面积

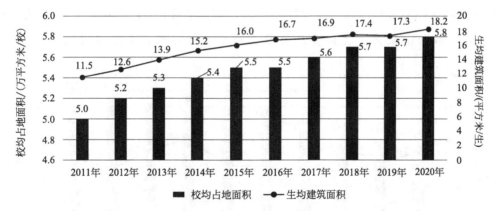

图 2.8　2011~2020 年我国中等职业学校校均占地面积及生均建筑面积

[数据来源：根据《中国教育统计年鉴》（2011~2020 年）整理计算]

本次调研中，校园占地面积、生均用地面积等达标率为 69.89%，校舍建筑面积、生均校舍建筑面积达标率 72.61%，学校拥有 200 米以上环形跑道的田径场，有满足教学和体育活动需要的其他设施和场地，符合《学校体育工作条例》的基本要求；学校卫生保健、校园安全机构健全，教学、生活设施设备符合《学校卫生工作条例》的基本要求，以校园安全有保障为要求，达标率为 87.98%，但西部地区中等职业学校的达标率相对较低。

新形势下中等职业学校基础用地与建筑达标率仍未达到国家办学标准，体育运动场地与设施也离要求有一定差距，还需要各地行政部门加大对职业教育基本用地的投入与建筑建设的投入,保证基础用地和建筑面积满足教学需要(表 2.9、表 2.10)。

表 2.9 校园占地面积达标率统计

区域	达标学校	不达标学校	未填写学校	合计	达标率/%
东部	286	114	12	412	69.42
中部	143	53	3	199	71.86
西部	135	60	1	196	68.88
小计	564	227	16	807	69.89

表 2.10 校舍建筑面积(不含教职工宿舍和相对独立的附属机构)及生均校舍建筑面积达标率统计

区域	达标学校	不达标学校	未填写学校	合计	达标率/%
东部	295	106	11	412	71.60
中部	153	43	3	199	76.88
西部	138	56	2	196	70.41
小计	586	205	16	807	72.61

(2) 固定资产值持续增长,年均增长近 10%

我国中等职业学校固定资产值呈现逐年增长趋势,从 2011 年的 2317 亿元增长至 2020 年的 4103 亿元,增长了 77.08%。2011~2020 年,中等职业学校固定资产值年均增长率为 6.65%,固定资产年增长率处于稳定增长态势(图 2.9)。

图 2.9 2011~2020 年中等职业学校固定资产值及增长情况

[数据来源:《中国教育统计年鉴》(2011~2020 年)]

(3) 教学仪器设备值十年间翻了一番多

2020 年,我国中等职业教学、实习仪器设备值达 966 亿元,比上年增长了 64 亿元,比 2011 年增长了 118.55%。从近十年中等职业教学实习仪器设备总值的增长趋势看,基本呈现较稳定状态(图 2.10)。

数据显示,2020 年,我国中等职业生均教学仪器设备值为 8269 元,比 2011

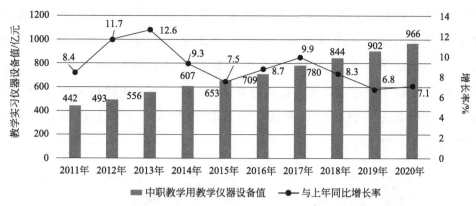

图 2.10 2011~2020 年中等职业教学实习仪器设备值及增长情况

[数据来源：《中国教育统计年鉴》（2011~2020 年），不含技工学校]

年的 2490 元增长 5779 元，增长了 2.3 倍。从本次调研数据看，中等职业基本具有与专业设置相匹配、满足教学要求的实验、实习设施和仪器设备。以工科类专业和医药类专业生均仪器设备价值不低于 3000 元、其他专业生均仪器设备价值不低于 2500 元为标准，各地中等职业平均达标率为 86.74%，其中东部地区则更高（图 2.11、表 2.11）。

图 2.11 2011~2020 年中等职业生均教学实习仪器设备值及增长情况

[数据来源：《中国教育统计年鉴》（2011~2020 年），不含技工学校]

表 2.11 具有与专业设置相匹配、满足教学要求的实验、实习设施和仪器设备达标率统计

区域	达标	不达标	空白	合计	达标率
东部	368	34	10	412	89.32%
中部	171	25	3	199	85.93%
西部	161	34	1	196	82.14%
小计	700	93	14	807	86.74%

（4）图书资源生均水平满足要求

2020 年，中等职业图书册数为 31.8 百万册，生均图书册数为 27.2 册。在科

学技术快速发展形势下，电子阅读以其海量、便捷等优势得到师生青睐，纸质图书受此影响在规模上处于逐步减少趋势，但数字资源大量增加，生均图书这一指标处于稳定状态，保证了中等职业学校师生学习需要（图2.12）。

印刷图书生均不少于30册、报刊种类80种及以上、教师阅览（资料）室和学生阅览室的座位数分别按不低于专任教师总数的20%和学生总数的10%设置，相关达标率情况见表2.12。

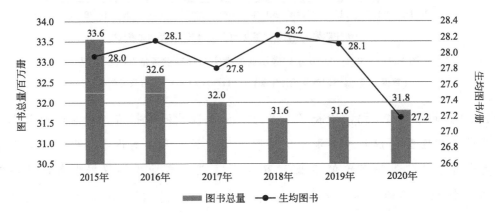

图2.12 2015～2020年中等职业图书总量及生均图书情况
［数据来源：《中国教育统计年鉴》(2015～2020年)，不含技工学校］

表2.12 图书资源达标率情况（未统计数字资源）

区域	达标	不达标	空白	合计	达标率
东部	316	85	11	412	76.70%
中部	130	66	3	199	65.33%
西部	124	71	1	196	63.27%
小计	570	222	15	807	70.63%

(5) 教学信息化程度不断提升，多媒体教室达半数以上

"十三五"期间，教育部等相关部门发布了《教育信息化"十三五"规划》《教育信息化2.0行动计划》等一系列教育信息化规划和相关政策文件，有力地促进了我国各级各类学校信息化建设水平的提升。统计数据显示，2020年中等职业教学用计算机数达到287万台，比2011年的234万台增长了53万台，年均增长5.3万台。

百名学生拥有教学用计算机台数是考量学校信息化水平的重要指标。《中等职业学校设置标准》要求"学校计算机拥有数量不少于每百生15台"。统计数据显示，我国中等职业学校平均每百名学生教学用计算机数从2013年开始达标。2020年中等职业学校百名学生教学用计算机数为24.5台，比2011年的13.2台提升了85.6%，呈现快速增长趋势（图2.13、图2.14）。

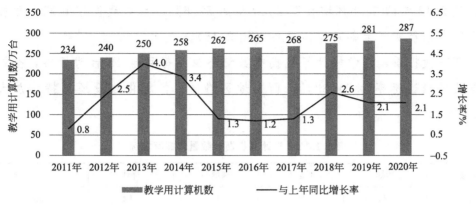

图 2.13 2011~2020 年中等职业教学用计算机数量及增长情况

[数据来源：《中国教育统计年鉴》（2011~2020 年），不含技工学校]

图 2.14 2011~2020 年中等职业学校平均百名学生教学用计算机数量及增长情况

[数据来源：《中国教育统计年鉴》（2011~2020 年）]

近年来，我国中等职业学校多媒体教室基本呈现增长趋势，从 2013 年的 14.57 万间增长至 2020 年的 21.98 万间，增长了 50.86%；多媒体教室占比也越来

图 2.15 2013~2020 年多媒体教室及占教室总数的比例

[数据来源：《中国教育统计年鉴》（2013~2020 年）]

越高，从2013年的35.5%增长至2020年的57.6%。目前我国中等职业学校的教室一半以上已经实现装备多媒体设备（图2.15）。

从调研数据看，以学校计算机拥有数量不少于每百生15台为标准，全国各地中等职业学校达标率为91.33%，西部地区略低，信息化建设还需持续加大投入（表2.13）。

表 2.13 学校计算机拥有数量达标率情况

区域	达标	不达标	未填写	合计	达标率
东部	384	17	11	412	93.20%
中部	185	12	2	199	92.96%
西部	168	27	1	196	85.71%
小计	737	56	14	807	91.33%

2.2 学校发展抽样分析

中等职业学校全面构建了立德树人工作机制。以德技并修培养技术技能人才为中心，从管理模式创新入手，实践"教书育人、管理育人、技训育人、服务育人、环境育人"等全方位育人理念。

中等职业学校教师教学能力得到较大的提升。十年来在党和政府的重视与支持下，加大了中等职业教师的培训，组织了教学能力大赛，更为全面地关注教师课堂教学能力的提升。

2.2.1 以"人人成才、人尽其才"构建育人体系

(1) 创新具有类型特征的育人理念与模式

与时俱进、创新理念，多措并举彰显育人特色。 各地中等职业学校在党和国家政策的指引下，正视新时代中等职业学校的育人能力，产教融合、校企合作，积极探索和完善育人能力提升的有效路径，着力将学生培养成为中国特色社会主义事业的合格建设者和可靠接班人。学校依托区域与行业背景、专业特色，育人方法与措施精彩纷呈，呈现出多路径多形式育人、校企全程融合育人、社会各界多元协同育人等模式，育人理念与育人模式彰显了职教类型特色，实现了新时代中等职业育人的良好效果。2014年第一届国家职业教育教学成果奖的获奖成果中有62个涉及育人理念与育人模式，占获奖成果的15.5%。2018年第二届国家职业教育教学成果

奖中涉及育人理念与育人模式的有41个，占比10.25%。

> **【案例1】《需求导向"分层次、多形式"培养交通运输行业紧缺人才的实践探索》**（广州市交通运输职业学校）
>
> 广州市交通运输职业学校坚持以习近平新时代中国特色社会主义思想为指导，坚持党的领导，坚持立德树人，深入贯彻习近平总书记关于职业教育的重要指示，立足职业教育和学校专业实际，通过多年的探索和实践，创新"分层次、多形式"工学结合人才培养模式，构建思政育人大格局，并通过不断深化校企合作，建立校企协同育人共同体，培养德技并修的高素质技术技能人才。

（2）全面落实立德树人、铸魂育人

德技并修、青春报国，全面落实立德树人根本任务。中等职业学校夯实"思政课程"主渠道，聚力"课程思政"主阵地，细耕"实践思政"责任田，围绕新时代要求，将乡村振兴、脱贫攻坚、数字化转型、疫情防控等作为主题，与新媒体、新技术深度契合，讲好中国故事、展示中国力量、弘扬中国精神，学生的理想信念、爱国情怀更加坚定。教育部及各省市教育行政部门组织了全体中等职业学校思政教师新课标培训，帮助思政教师理解和把握新课标对于学科核心素养和课程目标的要求，促进中等职业思政新课标在课堂教学中落实落地。各地教育行政部门鼓励学校成立思政教学研究示范中心和思政示范课程，结合专业特点分类推进课程思政建设。如：甘肃省在职业教育创新高地建设中启动实施立德树人"百千万"工程，培育100名省级思想政治教育骨干教师，打造1000个地域文化与职业教育特色文化交融的职业院校文化品牌，建设10000门省级"学科德育""课程思政"微课，全力提升育人水平。

> **【案例2】《构建"大思政"育人格局 落实立德树人根本任务》**（甘肃省理工中等专业学校）
>
> 甘肃省理工中等专业学校围绕"培养什么人、怎样培养人、为谁培养人"这个根本

问题，紧扣"一个核心"，贯穿"两条主线"，实施"三个结合"（学校、家庭、社会），厚植"四史"教育，讲好"五种"故事，构建"大思政"育人格局，真正形成"全员、全过程、全方位育人"的局面。帮助正处于人生成长"拔节孕穗期"的中等职业学生奠定正确的"三观"基础，扣好人生的第一粒扣子，为社会发展培育具有政治认同、职业精神、法治意识、健全人格、公共参与等核心素养的社会主义事业建设者和接班人。

【案例3】《突破软性技能培育 让专业教育从"制器"走向"育人"》
（上海市商贸旅游学校）

为满足上海打造"世界著名旅游城市"对高素质人才的需求，上海市商贸旅游学校与上海旅游高等专科学校合作打造的旅游管理中高贯通专业着力于改革专业人才培养实践课程，针对原有的"平台＋模块"课程的模块部分进行大胆创新，打造出专业综合实践课程模块，强化学生在真实情境中的持续性实践和整合性培养，实现了专业"育人"，提升了旅游管理专业人才的软技能。

【案例4】《以美载德 风化于成》（乌海市职业技术学校）

落实立德树人的根本任务，努力使每一位中等职业学生成为德技并修的高素质劳动者和技能型人才。学校坚持五育并举，将美育教育作为学校德育教育工作的重要抓手贯穿于教育全过程，创新德育工作的内涵和形式；秉承"书画正性、强技弘业"的校训，植根中华民族传统文化，开辟第二课堂，推进特色校园文化建设；立足专业建设，实现教学相长；依托工艺美术专业自治区草原英才高技能团队的带动示范和辐射作用，广泛参与城市文化、文明建设，拓展服务社会功能。

（3）专业化班主任队伍促进班级建设

以赛促建，以赛促管，全面强化班级建设。班级建设是中等职业学校落实立德树人根本任务、推进德育工作走深走实的重要抓手。班主任是中等职业班级建设的第一责任人，也是中坚力量。2010年各地开始围绕《关于加强中等职业学校班主任工作的意见》，明确班主任是中等职业学生管理工作的主要实施者，是中等职业学生思想道德教育的骨干力量，是中等职业学生健康成长的引领者；2020年起，教育部每年定期举办全国职业院校技能大赛中等职业学校班主任能力比赛，首次在比赛中开设业务能力组和"最美中等职业班主任"组两类赛事，带动全国3.8万名中等职业教师参加了省、市、校级比赛；2021年，全国有5万余名班主任参赛。通过班主任比赛，促进中等职业学校班级建设，班级管理不断规范、科学，促进技术技能人才培养质量不断提升。

【案例5】《建设特色班级文化，优化职校育人生态——"江苏省职业教育金月昌名班主任工作室"育人案例》（常州刘国钧高等职业技术学校）

以名班主任工作室为平台，以"职业学校特色班级文化建设"为研究项目，有效实践"建班育生""建班育师""建班育道"三个层面的"建班育人"，让学生在优秀的班集体中健康成长，让班主任在创建优秀班集体过程中得到提升，让班主任在建班育人过程中总结经验，建立思想和主张，形成育人模式，实现发展学生、培养班主任的目标，让职校学生有更好的生命状态，让班主任增值赋能，提升教育格局，享受育人幸福。

【案例6】《活动育人 以日以年 缓缓发力 久久为功——记2020年全国最美中等职业班主任评选江苏代表马世美的建班之道》（江苏省铜山中等专业学校）

"示以美好，授以希望"，是马世美老师的教育信仰，也是她作为一名共产党员的坚定追求。从教29年、从事班主任工作18载，她模范履行岗位职责，用自己的满腔爱心，坚守着心中的教育净土，培育着职业学校的芬芳桃李。过程中，她摸索出了行之有效的学生管理方法，形成了具有马老师特色的、可升级、可迁移的班级管理方略。

（4）校园文化营造"三全"育人功能

价值导向、个性塑造，校园文化推动中等职业学校守正创新。 建设和谐校园文化，有利于陶冶学生的情操，提高学生的素质，培养健全的人格。进入新时代，中等职业学校根据校园的特殊性、多元性、地缘性，创建了文化品牌，发挥了教育导向、开发创造、激励凝聚等功能，为育人营造了最优化的环境。中等职业学校借助全国职业教育活动周、全国中等职业"文明风采"竞赛活动、全国职业院校技能大赛等平台，大力开展以劳模精神、劳动精神和工匠精神为主题的职业教育宣传，引导学生树立正确的劳动观、职业观和成才观。各地结合区域特性，传承民族精神、耦合企业特征，设计了各具特色的中等职业学校校园文化。

【案例7】《传承和弘扬"江南文化"的有效路径——优秀企业文化融入校园文化的探索和实践》（江南造船集团职业技术学校）

"江南造船"创造诞生了一百多个中国第一，更孕育了以爱国主义为核心的江南企业文化。江南造船集团职业技术学校作为"江南造船"重要的生产保障（人力资源保障）部门，积极开拓优秀企业文化育人的有效途径，传承、弘扬"江南文化"，为江南造船的高质量发展培育更多的合格技术人才。

【案例8】《"八德"式"健康快乐"德育的创新与实践》（大连市轻工业学校）

大连市轻工业学校为充分发挥德育工作在人才培养中的基础性、导向性、引领性作用，积极探索德育模式的改革创新。面对近年来中等职业生源的新常态和技术技能人才培养的内在需求，提出了健康快乐教育理念，系统构建了"八德"式"健康快乐"德育体系，致力于学生的缺失弥补、品能兼修、自我教育、多元发展，健康快乐已日益成为学校的文化生态。

【案例9】《真实情境体验　岗位实践育人》（新疆林业学校）

本案例基于我校少数民族学生的特点，致力于改变德育只限于课堂教学和理论说教、理论与现实脱节的现状，旨在使学生通过具体的行为载体的实践活动达成德育的内化目标。我校创设了"值周"实践育人情境，持续开展以"实践"为特征的"岗位德育"，形成了鲜明的实践育人和劳动教育特色。

2.2.2 以"教师、教材、教法"推进改革创新

(1) 师资队伍建设多措并举

教师队伍建设始终是提高办学质量的关键，中等职业教师队伍结构不断优化，教学能力多维提升。2011年以来，教育部等各部门发布了《教育部关于进一步完善职业教育教师培养培训制度的意见》《中等职业学校教师专业标准（试行）》等十余项意见和通知，贯彻党的十八大精神，深化教师教育改革，突出"双师"素质要求，重视师德师风建设。各地方教育部门及中等职业学校充分贯彻落实，组织实施教师国培和省培项目，通过示范培训、教师团队研修、校企人员双向交流合作、卓越校长专题研修、优秀青年教师跟岗访学、企业实践等方式，重点培养专业带头人、"双师型"教师和优秀管理人员。2019年，上海市为打造"双师型"教师队伍，认定15家企业作为全市中等职业教育教师企业实践基地，全市中等职业教师参加各级各类培训25745人次、192069人日[4]。2020年，广东省组织开展名师名校长工作室团队建设研修、服务粤港澳大湾区骨干教师及校长专项培训、粤东西北校地合作培训，培训中等职业学校教师26589人次。湖南省面向中等职业学校开展教师国培、省培项目22个，培训总人数达5973人[5]。

中等职业学校通过改革聘用制度、鼓励教师学历进修和脱产企业实践等方式，教师学历水平不断提升，教师职称结构逐步优化，"双师型"团队逐步形成。中等职业学校从行业企业一线聘请技术骨干、能工巧匠担任专业课教师，派遣青年教师到企业一线进行实战锻炼，弥补实践教学能力不足的短板。浙江省、上海市、贵州省等地出台相应政策，鼓励教师在企业兼职取酬，对兼职教师进行奖补扶持。山东省教育厅允许使用教职工编制总额的20%，由职业院校自主聘用专业兼职教师，对高技能人才可通过"绿色通道"直接考察招聘，全省中等职业学校"双师型"教师占比超过60%，让广大教师以扎实的实操能力教给学生胜任岗位的真本事[6]。

2019年和2021年分两批共立项建设国家级中等职业教育教师教学创新团队41个，覆盖全国17个省（区、市）❶，示范引领了新时代中等职业"双师型"教师队伍建设，并通过专项课题提升了教师的教科研素质和整体能力水平，但团队的创新能力还有待加强。

---

❶ 数据来源：中华人民共和国教育部政府门户网站。

【案例 10】《基于三驼工程的现代职业教育师资队伍培养体系》（浙江信息工程学校）

浙江信息工程学校历来重视师资队伍建设，随着学校发展不断推进，师资队伍培养中顶层设计缺乏、培养机制不完善、教师个性发展和师资队伍整体发展关系不协调等问题凸显出来。学校以校园文化——骆驼文化为根据，从完善教师培养机制、打造教师培养体系、建设教师教学创新团队出发破解以上难题，打造基于三驼工程的现代职业教育师资队伍培养体系，推动学校高质量发展。

【案例 11】《发挥学校特色优势 破解小众化专业教师培养困局——以航空服务专业教师培养为例》（上海市航空服务学校）

学校航空服务专业作为小众化专业，师资队伍建设面临三大阻碍。为破解专业师资队伍发展的困局，学校形成了普适培养、全方位培养、内涵拓展三阶段分层培养模式，以推动航空服务专业教师团队的可持续性发展。

【案例 12】《标准引领 职级认证 培育优秀教学团队——"双师型"教师队伍培养典型案例》（平遥现代工程技术学校）

平遥现代工程技术学校推进学习型校园建设，实施教师职级认证制度，以标准建设为抓手，提出教师成长的"八个一要求"，引领学校"双师型"教师队伍建设高定位、高标准、高水平发展。同时，建成了教师发展"四维"评价体系，将科学评价的红利释放到实绩突出的教师身上，激发内生动力，开拓发展空间，构建了教师专业成长的新生态。

（2）教材建设数量与质量稳步提升

中等职业教育教材建设日益规范，适应性逐步增强，品种类型更加丰富，内容质量持续提升，类型教育特色凸显。2012 年，教育部印发《关于"十二五"职业教育教材建设的若干意见》，明确"职业教育教材建设实行国家和省（区、市）两级规划、两级审定，国家、省、校三级建设原则"。十年来，大批满足行业企业发展需求、适应职业教育教学改革的国家规划教材和地方优秀教材涌现。"十二五"

期间，共有7349种教材入选职业教育国家规划教材，中等职业981种，占比13.3%；"十三五"期间，共有3973种教材入选职业教育国家规划教材，中等职业1069种❶，占比26.9%，中等职业教材在数量占比上翻一番，质量日益规范。

教材体现党和国家意志，是育人的载体，直接关系人才培养方向和质量。"十三五"职业教育国家规划教材涉及现代服务业的占35%，涉及先进制造业的占19%，涉及行业和地方特色教材的占17%，涉及战略性新兴产业和国家急需紧缺领域教材的占10%。近年来中等职业教材的开发更注重行业真实工作情景，体现"学为中心、任务引领"的理念，形式更为多元，有新型活页式、工作手册式、数字式等，注重体现习近平新时代中国特色社会主义思想，有机渗透工匠精神、劳模精神和劳动精神，灵活展现中华优秀传统文化、革命文化和社会主义先进文化[7]。

目前教材的呈现形式仍以纸质教材为主，但随着信息技术在教材领域的广泛运用，需加大数字教材开发力度；部分新开专业及小众专业的教材建设仍相对滞后，也需加紧开发。

【案例13】《制度为本选用有道　特色为要建设有效——上海市医药学校教材建设规划与管理典型经验》（上海市医药学校）

基于国家和地方相关文件对职业教育教材的新要求，以及教师在教学过程中遇到的教材编写与应用等问题，上海市医药学校按照医药类人才培养需求，通过教材建设实践管理，及时将新技术、新工艺、新规范、典型生产案例更新到专业教学内容中，坚持落实立德树人根本任务，创新教材建设理念，增强教材育人功能，提升教材管理水平，全面提高教材质量，致力于为生物医药行业培养更多高素质技术技能型人才。

（3）以赛促教加速提升教学能力

立足课堂，创新教法，成为中等职业学校教法改革的有力抓手。各级中等职业学校积极探索教学方法改革，广泛开展了项目式教学、情景式教学、案例教学、行动导向及任务驱动等教学方法，结合企业文化以及行业新技术、新工艺，体现职业教育特色，将"以教为主"转变为"以学为主"，充分发挥课堂中学生的主体作用。

中等职业教师通过参加教师教学能力比赛，提升信息技术应用能力与教学综合能力，达到"以赛促教、以赛促学、以赛促改、以赛促建"的效果，以点带面切实

---

❶ 数据来源：中华人民共和国教育部政府门户网站。

提升了中等职业课堂的教学质量。为贯彻落实《国家中长期教育改革和发展规划纲要（2010—2020年）》，提升教师教学水平和信息化教学能力，教育部举办了全国职业院校技能大赛教师教学能力比赛，逐步建立健全了国家、省、校三级教学能力比赛机制。十年来，共有2.5万余名教师参加了国赛，参赛队伍7000余个，中等职业累计获奖3152项。2021年中等职业组参赛作品465件中，公共基础课程组88件，覆盖10门必修课程；专业技能课程一组244件作品，覆盖16个专业大类；专业技能课程二组133件作品，覆盖16个专业大类[8]。通过国赛的引擎作用，省级比赛的参赛作品数和参赛教师数屡创新高，近三年分别是1.69万件、1.75万件、1.61万件，4.58万人、5.81万人、5.81万人；各地克服疫情影响，创新开展线上线下相结合的教学竞赛，近两年校级比赛涉及教师数均达到22万人次之多[9]。

目前中等职业教师的教学改革更关注教学目标达成，优化课堂生态，合理使用信息化资源，提高教学效能。虽然教学方法改革已成为中等职业教师的重要工作内容，但部分学校由于教师工作量大，教学改革的成效有待加强。

【案例14】《职业教育在"实境课堂"活起来——河北经济管理学校"实境课堂"教学模式探索》（河北经济管理学校）

深化职业教育改革，探索有效的职业教育模式，是职业教育更好地为经济建设和社会发展服务的需要，也是职业教育自身发展的生命力所在。以现代职业教育要求为指导，以职业能力标准和专业教学标准为依据，以"德技并修、全面发展"的育人理念为引领，积极落实习近平总书记提出的"培养什么样的人、如何培养人以及为谁培养人"的具体举措，立足学情确定教学目标，探索校企联合育人、协同推进的"实境课堂"模式，真正把学生当成主体，在课程内容建构、教学组织管理、考核评价机制三方面设计实施全新的体验式教学，实现"教学实施状态实境、教学组织流程实境、教学实施环境实境、教学评价实境"，为企业量身培养适合的高素质劳动者和技术技能人才。

【案例15】《教法、教材、监测三落地的中职校本教学改革实践》（上海信息技术学校）

教学质量是中等职业学校办学中的生命线。进入新世纪，职业教育的人才培养目标、生源质量等各个方面都发生了巨大的变化，教学质量问题日益凸显。上海信息技术学校对提升中等职业课堂教学质量的理论框架、操作模型、质量监测与反馈体系等进行了整体设计与研究。以课堂教学问题为导向，启动了探索适合不同专业领域的教学方法研究项目，创建了10种以项目任务逻辑为主线的职业教育教学方法，重塑了师生关系，让课堂教学演变为师生学习共同体，从方法论角度为职教同行提供了开展个性化教学的样本。

【案例16】《课证融通强技能　三教改革结硕果》（攀枝花市经贸旅游学校）

随着《国家职业教育改革实施方案》和《关于在院校实施"学历证书+若干职业技能等级证书"制度试点方案》等举措的落地，这些不仅给职业学校带来了好消息，也拉开了攀枝花市经贸旅游学校"1+X"证书制度试点工作的序幕。学校在教学过程中结合行业实际应用需求，创新调整教学内容，改进教学方式方法、优化评价模式，在强化实训技能中，注重学生职业综合应用能力提升，依托信息化平台，大力推进会计专业"三教"改革，促使教师和学生共同成长。

2.2.3 以"标准、技术、机制"增强治理能力

（1）教学标准体系建设为学校治理奠定基础

中等职业教育教学标准体系建设逐步完善，为学校规范教学工作提供标准与依据。职业教育国家教学标准体系包括专业目录、公共基础课程标准、专业教学标准、顶岗实习标准和专业仪器设备装备规范等。这些标准相互关联、各有侧重，从不同方面为职业院校教育教学提供了规范和遵循[10]。专业目录是中等职业学校科学合理设置专业的依据。2010年专业目录进行了较大调整，专业类由原来的13个增加到19个，新增85个专业❶，重点面向现代农牧业、先进制造业，特别是装备制造业、现代服务业和战略性新兴产业的专业，加强服务区域特色产业，尤其是民族文化艺术、民间工艺等领域。十余年来，各地中等职业学校根据专业目录灵活调整专业布局，办出特色，为中国制造、交通强国、数字中国、数字经济等国家重点发展领域发挥了重要作用。2021年3月，教育部印发《职业教育专业目录（2021年）》，与旧版专业目录相比，中等职业教育调整专业225个（含新增、更名、合

---

❶ 数据来源：中华人民共和国教育部政府门户网站。

并、撤销、归属调整、拆分），调整幅度 61.1%，进一步增强了职业教育的适应性，目前已有 230 个中等职业专业教学标准、10 门公共基础课程标准、27 个专业类顶岗实习标准、20 个专业实训教学条件建设标准❶。

以国家教学标准体系为引领，全国各省市教育部门结合当地需求加快建设区域特色的职业教育教学标准体系，为地方和学校专业建设提供了依据。各地根据新版目录和当地产业发展，适时进行专业结构调整，新增专业聚焦信息化、智能制造等前沿领域，逐步形成随产业发展动态调整的机制；制定发布具有地方特色的专业教学标准、课程标准等，中等职业学校教育教学得到进一步规范。湖北省推进国家教学标准体系落地实施，建成中高职衔接专业教学标准 11 个、专业核心课程标准 144 个。2014 年起，江苏省先后完成了中等职业 243 门专业课程标准的开发工作，完成核心课程标准的相关专业覆盖了全省中等职业学校 90% 以上的在校生[11]。教学标准体系在规范教育教学等方面发挥了关键作用，但与 2021 年新增专业相配套的专业教学标准等文件相比，有待进一步开发完善。

【案例 17】《数字出版专业建设》（上海新闻出版学校）

为推动数字出版专业建设和课程改革，解决专业人才教育培养与数字出版行业发展不同步的问题，学校探索产学研三方协同育人新模式，从专业人才培养目标的合理定位、先进行业企业技术标准的及时引进、任务引领型职业教育课程体系的科学构建、专业课题与数字化教学资源等的开发完善、双师型教师队伍的合作培养等各个方面进行广度和深度合作，打开了学校、行业协会、企业及学生多赢的新局面，提升了学校数字出版技术技能人才培养质量，实现了学校面向行业市场、服务区域经济的社会职能。

(2) 教学诊断与改进机制提升学校治理效能

通过教学工作诊断与改进，各中等职业学校逐步构建了健全有效的管理体系，学校治理效能迈上新台阶。2016 年，教育部印发《关于做好中等职业学校教学诊断与改进工作的通知》（教职成司函〔2016〕37 号），明确要求"构建中等职业学校教学工作自主诊断、持续改进的工作制度和运行机制"，并以"需求导向、自我保证，多元诊断、重在改进"十六字工作方针为引领，在 9 个省份（每省 3 所学校）开展中等职业学校教学工作诊改试点[12]，全国中等职业诊改全面启动。各省

---

❶ 数据来源：中华人民共和国教育部政府门户网站。

充分重视本项工作,制定了省级实施方案。绝大多数中等职业学校建有教学诊改运行机制,能立足学校的教学诊改运行理念,教学诊改运行目标较清晰,抓手较明确。2020 年,有 25 个中等职业学校的案例入选"职业院校教学工作诊断与改进制度建设优秀案例"。虽然诊改工作让学校治理效率和整体办学水平上升一个新台阶,但据调查显示,部分学校的教学诊改运行机制还存在教学诊改运行体系内容繁杂,不便于实施等问题[13]。

【案例 18】《中等职业学校教学诊改机制建设》(天津市第一商业学校)

职业教育与普通教育具有同等重要的地位,作为一种教育类型,如何实现职业教育的高质量发展,为各行各业培养高素质技术技能人才是一个亟待解决的问题。学校坚持全面质量管理理论,从组织架构调整、工作标准建立、工作流程再造、管理制度完善、8 字形质量改进螺旋实施等方面进行了实践探索,构建了中等职业学校教学诊改机制及人员动力机制,提高了学校的治理水平及育人质量。

【案例 19】《构建"八有"工作体系 赋能现代学校制度建设——四川省成都市礼仪职业中学的教学工作诊改之道》(四川省成都市礼仪职业中学)

职业教育作为一种类型教育,持续提高办学质量,办老百姓满意的职业教育是中等职业学校办学的核心。本案例从树立现代学校治理理念、构建内部质量保证体系、优化高质量发展工作路径三个维度,探索实践中等职业学校现代学校制度建设,为学校治理赋能。

【案例 20】《顶层引领 精准施策 平台助力 以质赋能学校内涵发展》(广西理工职业技术学校)

教育质量是职业院校发展的生命线,建立并实施内部质量保证体系诊断与改进制度,是持续提高人才培养质量的重要举措。广西理工职业技术学校依托"831"教学诊断与改进工作模式,以质图强树理念,营造质量文化氛围;顶层引领建体系,强化诊改机制建设；精准施策定方案，推进常态化运行；平台助力理数据，加强过程监控预警。实现了学校内涵式高质量发展和人才培养质量的持续提升。

【案例21】《聚焦学生发展　诊改落地生根》（石家庄工程技术学校）

石家庄工程技术学校自2016年被教育部确定为教学工作诊断与改进试点学校以来，诊改制度的建立、诊改机制的运行始终围绕学生的成长、围绕立德树人进行。学校注重文化营造，力图激发学生自主成长、自我发展的动力；构建了学生发展标准体系，成为学生综合素质自我诊断的依据；运用信息化平台，即时采集学生个人成长数据，显示学生成长轨迹。学生在教师指导下自主确定目标，制定规划，按照发展标准落实成长措施，进行周期性的自我评价、自我诊断、自我分析、自我改进。学生获得了全面发展，学校的治理水平、人才培养质量显著提升。

（3）信息技术助推学校治理现代化

中等职业教育信息化蓬勃发展，持续推进治理能力现代化建设。信息技术的变革带动了教育与信息技术的深度融合。十年来，教育信息化从1.0时代走入2.0时代，以教育部《教育信息化2.0行动计划》培育千所标杆校为引领，各中等职业学校积极推进数字化校园建设，为教学、管理、生活提供智慧环境，实现校园智慧化运营一站式管理，为高效决策提供有力支撑。

教育信息化的核心是教学信息化。2021年，教育部公布25个中等职业学校示范性虚拟仿真实训基地培育项目，涵盖智能制造、5G、智能网联新能源汽车、现代建筑、道路桥梁、公共卫生、智慧医学等多个国家重点建设及民生领域，为中等职业教育推进教育信息化2.0建设、打造教育强国注入强劲动力。面对疫情防控下的教学需要，各地教育行政部门和学校加大软件平台及优质课程资源建设，利用互联网和信息化教育资源为学生提供学习支持，促进教与学的方式变革，推进"云课堂"共建共享，为欠发达地区学校线上教学提供支持。截至2020年，"智慧职教"平台用户覆盖4143所中等职业学校，开展有效课程学习的中等职业学校达到1473所；开设小规模私有在线课28574门，累计选课人次达到3566.9万，大规模在线开放课程学习人次达到2.85万、发放证书2692个[1]。浙江省开展中等职业教育优

---

[1] 数据来源：智慧职教平台。

秀教学资源库征集活动，面向各地市中等职业学校发布150个优秀教学资源库目录，供全省中等职业学校师生免费使用[5]。

【案例22】《新基建——从"数字校园"到"数智校园"》（宁波市职业技术教育中心学校）

宁波市职业技术教育中心学校倡导人文化的智慧校园建设，赋能中等职业学生成为手中有艺、腹中有墨、肩上有担、目中有人、心中有爱、脸上有笑的六有新人。新基建环境下，大力建设泛在学习环境，教育教学的全过程中伴随式收集、汇聚全样本多维度数据，建设并应用教育大数据生态系统、数据超脑系统，挖掘数据智能，实现学校的智慧决策、学生个性化的教育和全景式的评价，建设智适应学习环境，实现从数字校园向数智校园的跃升，赋能中等职业学生幸福成长。

【案例23】《推动数字化转型　打造新时代铁军——新基建背景下铁路产业技术技能人才培养模式探索及实践》（合肥铁路工程学校）

为适应新基建及"一带一路"背景下中国铁路产业数字化转型与高质量发展需要，合肥铁路工程学校从构建"点-线-面"三层课程标准体系、数字化师资培养体系、探索"三课堂、五提升"的培养模式及校企深度合作共建共育机制四个方面进行了卓有成效的探索实践，突出"一基双轨多枕"路径，产教深度融合，校企有机对接，持续推进铁路产业数字化技术技能人才培养培训，取得显著成效。该案例在中国教育网、安徽省教育厅官网、人民论坛网等主流媒体被宣传报道并产生了积极的社会影响。

【案例24】《聚力数据智能改革　赋能职校现代治理》（重庆市万州职业教育中心）

以数字化为抓手，增强职业教育适应性，是重构职业教育高质量发展的重要举措。重庆市万州职业教育中心探索新一代信息技术与学校治理的深度融合，在实践中夯实数智治理环境，提升学校现代治理效能，通过以大数据、区块链、物联网等信息技术为核心应用，严格按照《职业院校数字校园建设规范》，从"管理服务、人才培养、科教融合"三个方面,打造"基础数据、办公服务、科教一体"三个平台,研发推广"教育技术、智慧应用、学生档案"三套系统的智慧校园综合服务生态,实现了学校管理服务智能化、决策支持数据化、考核评价可视化的治理目标,推动了学校的高质量发展。

2.3 专业建设水平抽样分析

围绕新时代职业教育改革发展目标,聚焦国家及各省市地区发展战略,为服务地方经济与行业产业发展需求,各中等职业学校以国家示范校和地方优质校建设为契机,集中力量发展重点专业(群),推进供给侧结构性改革,服务本地社会经济,深化产教融合、校企合作,增强职业教育适应性,提升职业教育吸引力。

2.3.1 对接产业链,优化专业布局

对接产业、优化调整专业布局是中等职业发展的基本策略,有力支撑了我国拥有全部工业门类的经济发展。从地区经济发展需要出发,依据专业目录引导,中等职业学校及时调整专业设置,优化专业布局,提升专业适应性,打造优质专业。为服务国家和区域经济建设,各地中等职业学校积极优化专业布局,专业动态调整机制基本形成。十年来,中等职业主动适应经济结构调整和产业变革,紧盯产业链条、市场信号、技术前沿和民生需求,对接新经济、新业态、新技术、新职业,开展专业升级和数字化改造。[1] 不同地区学校相应开设了与本地区重点发展领域相适应的专业或专业群,比如物联网技术应用、智能网联汽车技术与应用、工业机器人技术应用、城市轨道交通运营服务、康复技术、幼儿保育等。十年来,淘汰落后专业108种,升级和补充专业1007种,更新幅度超过70%。2021年全国中等职业学校开设1300余个专业,招生专业点数达到12万个,覆盖了国民经济各领域,支撑了我国成为拥有全部工业门类的国家。按照教育部《关于做好中等职业学校国控专业设置管理工作的通知》要求,江苏省、黑龙江省、辽宁省、宁夏回族自治区、湖南省等地全面停止中医、农村医学等医学类国控专业招生,逐步压缩或停止学前教育专业招生,引导增设"一老一小"相关专业,幼儿保育专业布点数由70多个增加到2400多个。服务制造强国建设,工业机器人应用技术、增材制造技术应用等专业布点数近950个,较2019年增加近750个。服务健康中国、运动调练、休闲体育服务与管理等体育与健身类专业布点数近770个,较2019年增加了近100个。受疫情影响,电子商务、跨境电子商务、网络营销等电子商务类专业招生布点数达到2400多个,较2019年增加了12%[5]。

【案例 25】《校企深度融合　助力地方经济腾飞》（弋阳中等专业学校）

随着区域经济的快速发展和产业升级的进一步加速，作为与经济关系最为直接、最为密切的职业教育也必然要与社会经济的发展相适应。职业教育肩负着培养技能人才的重大责任，而服务地方经济社会发展是职业教育生存与发展的根本。本文主要分析、探讨弋阳中等专业学校是如何为地方经济社会发展服务的。

【案例 26】《岗课赛证专创融通　校企双主体精准育人——广东省佛山市三水区理工学校双精准示范专业建设案例》（广东省佛山市三水区理工学校）

广东省佛山市作为全国唯一的制造业转型升级综合改革试点城市，大力推动制造业数字化、智能化转型发展。佛山市三水区理工学校坚持"走进园区办职校、对接产业开专业、学做合一强素质、紧密合作育人才"的办学理念，依托广东省中等职业教育"双精准"示范专业建设项目，主动适应佛山装备制造产业转型升级需要，着力打造机电技术应用品牌专业，以产业需求为导向强化专业内涵建设，以技能竞赛为平台推进产教深度融合，形成了"岗课赛证融通，产教专创融合"的专业特色，增强了服务产业发展的主动性，提高了职业教育办学的适应性。

【案例 27】《对接岗位需求　服务学生发展　构建职业秘书培养体系》（上海市行政管理学校）

现代服务业持续融合发展，随着社会分工细化和办公手段更新，对文秘人员的需求和培养也提出了更高的要求。本文从上海市行政管理学校文秘品牌专业建设经验出发，提出了构建职业秘书培养体系的策略、成效及反思。

【案例 28】《基于 DTP 理念的药学专业教学改革个案研究》（开封市卫生学校）

自 2019 年起，开封市卫生学校与开封大学医学部在药学专业中，开启了基于 DTP 理念的教学改革与实践探索。经过 3 年多的研究与发展、探索与创新，该项教学改革在人才培养方案、课程实施标准、考核评价体系等方面取得了初步成效：首先，形成了根据 DTP 药房需求重构的人才培养方案；其次，制定了基于校企合作的课程标准；第三，经过教学资源的开发与整合，改革了教学方法；第四，构建了清晰明确的考核评价体系。尤其是，在疫情考验之下交出了职业教育提质增效、立德树人的优质答卷，更为职业院校教学改革与人才培养提供了发展方案，具有一定推广价值。

2.3.2 深化产教融合，打造精品专业

多途径深化产教融合、校企合作，打造精品专业，促进专业（群）结构持续优化。为适应新形势下高素质技术技能型人才培养需求，十年来，各中等职业学校不断创新校企合作模式，促进产教深度融合，探索多元人才培养路径。以现代学徒制、新型学徒制、"双元制"、企业"订单班"、"厂中校、校中厂"、产业学院、职教集团等模式为抓手，充分发挥学校和企业双方优势，打造精品专业，为高素质学生培养创造条件。通过现代学徒制培养模式探索"师徒传承"，校企双方共同进行教学资源建设、共同实施教学管理、共同开展技能培训考核、共同完成人才培养模式改革，通过学徒制模式培养的学生，技术技能水平优势明显。校企共建产业学院，引入产业岗位标准、知识结构，开发行业标准，实现低成本可扩展的产业人才培养。学校牵头或参与职教集团建设，校企共同开发教学资源，建设虚拟仿真实训中心、企业学习中心等，将实习实训和企业真实生产相对接，切实提升了中等职业学校整体专业建设水平。

各省市通过深度产教融合，打造了一批高水平专业、品牌专业、重点专业和优质专业，提高了中等职业教育发展水平，培养出了适合企业需求的高素质技术技能人才。至 2020 年，全国共有 94 所中等职业学校开展教育部现代学徒制试点，63 所学校通过试点验收[14]，探索形成了一批各具特色的现代学徒制培养模式。上海科技管理学校轮机管理专业与上海水产集团合作开展现代学徒制人才培养，培养远洋捕捞船员。辽宁省朝阳市建平县职教中心与牧原集团合作，2020 年招收 69 名"牧原班"订单培养学生，牧原集团投资 6000 万元建设建平县职教中心。目前，全国共有 1119 所中等职业学校牵头成立或加入了职业教育集团，通过集团的整合效应建立并完善"政校企"互动合作框架和机制，在专业建设方面发挥示范引领作用[5]。

【案例 29】《现代学徒制人才培养模式的实践研究》（北京市电气工程学校）

为持续提高中等职业学校人才培养质量，完善校企合作双元育人的制度、机制建设，学校与企业联合设计研究，广泛开展"中国特色现代学徒制"人才培养的试点项目。构建校企"分层对接，多点联动"双主体长效育人机制，"三段五级，能力递进"教学目标。探索以"师徒传承"为核心，全面提高人才培养质量的有效途径和方法，形成"师徒传承，工学交替"的育人方式，重塑了教学关系、实习关系和劳动关系，解决了技术技能人才培养过程中校企价值取向同向同行、学校教育与企业需求相融合、教学内容与岗位标准相对接的瓶颈问题。

【案例 30】《校厂一体　产教融合　打造职业教育人才培养新高地》（长沙航天学校）

长沙航天学校依托校办工厂，创新"校厂一体、产教融合"办学模式，打造职业教育人才培养新高地，具有较高的推广应用价值。

【案例 31】《"复制—转换—迁移—创新"双元本土路径——南京高等职业技术学校现代学徒制的探索和实践》（南京高等职业技术学校）

产业结构转型升级对职业教育人才观作出了新的定位、提出了新的要求，"校企合作、产教融合"成为新时代职业院校生存和发展永恒的主题。职业院校必须不断创新人才培养模式，寻求"校-企"结合点，发挥优势互补，才能培养出适合企业需求的高素质技术技能人才。南京高等职业技术学校（前身为南京建筑职业技术教育中心，以下简称"南京高职校"）以德国"双元制"职业教育培训模式为蓝本，用40年中德合作的成功经验践行现代学徒制，形成了"政府支持、学校主体、校企双中心"的本土化"双元制"人才培养模式，对新时代职业教育高质量发展具有较好的借鉴和推广价值。

【案例32】《双师引领 三化融通 四方联动 多元考核——中等职业电子商务专业人才培养深圳模式》（深圳市龙岗区第二职业技术学校）

　　产教融合、校企合作、工学结合是职业教育的基本办学模式，但也是职业教育高质量发展最大的痛点。针对技术技能人才供需之间的错位矛盾，构建校企双师教学创新团队，实现技术人才，培养形成了可复制推广的"双师引领，三化融通，四方联动，多元考核"的校企命运共同体人才培养系统解决方案，打造快速、高质量发展的"深圳模式"。

3

中等职业教育基础地位进一步夯实

在国家职业教育政策正确指引下，中等职业教育基础性功能持续拓展，基础地位进一步夯实。 十年间中等职业教育逐渐成为普及高中阶段教育和建设中国特色职业教育体系的重要基础，为助力脱贫攻坚、阻断贫困代际传递提供了重要支撑，为经济结构的转型升级提供了数以千万计的人才基础，为技能型社会的创建奠定了坚实的基础，为创造"人人都有人生出彩的机会"做出了重要贡献。

3.1 普及高中阶段教育和建设中国特色职业教育体系的重要基础

《国家职业教育改革实施方案》明确提出，要把中等职业教育作为普及高中阶段教育和建设中国特色职业教育体系的重要基础。坚持和发展中等职业教育、巩固其基础地位，已成为促进教育公平、构建现代职业教育体系的现实需要。

3.1.1 满足学生受教育需求，成为普及高中阶段教育的重要基础

中等职业教育已成为普及高中阶段教育的重要保证。中等职业教育作为高中阶段教育不可或缺的"一翼"，其发展规模及稳定程度，对于提高高中阶段教育普及率极为重要。进入新时代以来，中等职业教育与普通高中结构更加合理，招生规模保持大体相当，接受中等职业教育的学生规模达到6116.74万人，占高中阶段教育总人数的比例稳定在40%左右。❶ 到2021年，全国各省（区、市）高中毛入学率均达到91.4%，中等职业教育满足了学生接受高中阶段教育的需求，成为普及高中阶段教育的重要基础。但从发展趋势来看，中等职业教育学生人数占高中阶段教育总人数的比例呈现出不断下降的态势。随着《中华人民共和国职业教育法》的不断落实和现代职教体系的不断完善，中等职业教育改革发展走上提质培优、增值赋

---

❶ 数据来源：根据《全国教育事业发展统计公报》（2012~2021年）整理统计。

能的快车道,其吸引力将不断增强,"普职分流"的制度刚性将逐渐减弱,普职协调发展、齐头并进的良好局面将不断形成。

3.1.2 明确办学定位和前景,成为建设中国特色职业教育体系的重要基础

中等职业教育是应用型人才培养体系的基座,已成为建设中国特色职业教育体系的重要基础。在现代职教体系建设的引领下,中等职业教育办学定位开始从"就业导向"转向"升学和就业两条腿走路"。进入新时代以来,中等职业教育学生学历提升的"天花板"逐渐打破,升学"立交桥"进一步畅通,中高贯通培养取得实质性成果,"职教高考"试点积累了良好经验,学生升学比例不断提高,中等职业教育在现代职业教育体系中的基础性地位愈发彰显。

(1) 纵向贯通,打破技能人才成长的"天花板"

十年来中等职业教育通过贯通培养模式试点,拓展了中等职业学生接受高等教育的机会,为高等职业教育输送了具有扎实技术技能基础和合格文化基础的生源,获得了社会的高度认可。以上海为例,"2010年开始,市教委先后组织开展中高职贯通、中等职业-应用本科贯通、专本贯通等试点,目前全上海市超过70%的中等职业学校有贯通专业,所有的高职学院和10余所本科院校参与到贯通培养工作中,贯通专业点占中等职业专业总数已超过1/3,招生人数占总人数已超过1/4,已初步形成中等职业-高职-应用本科-专业学位研究生纵向完整的培养体系,学生整体发展得到用人单位和家长认可。"[15] 职教贯通培养的立交桥已经搭建,但是在具体的实践操作中,人才培养方案制定、教育教学管理、课程一体化设计等方面还有待进一步完善。

【案例33】《能力导向 一体设计 协同共建——中本贯通数智化会计人才培养模式探索与实践》(上海商业会计学校)

随着现代信息技术的迅速发展,数字经济已经被视为撬动全球经济的新杠杆,传统的财务模式即将被智能化的数字财务彻底颠覆。该案例对于中本贯通数智化会计人才培养模式进行了探索与实践。指出了会计转型背景下会计人才培养的痛点,并找出化转型"痛点"为贯通工作"亮点"之法:通过"能力导向、一体设计、协同共建"等方式,以期为经济社会数字化转型发展所需智慧型、复合型、创新型、国际化和应用型拔尖会计专门人才的培养提供新的思路。

> **【案例 34】**《区域产业背景下中高职一体人才培养探索与实践》（海宁市职业高级中学）
>
> 随着区域家纺产业转型升级和集群发展，高素质技术技能复合型人才紧缺问题日趋严重。学校遵循职业教育服务地方经济的本质，政府、行业、企业、高职、中等职业五方携手，对接区域产业，共建"产业学院"，搭建一体化人才培养平台；创新"定域招生+定向培养+定域就业"的人才培养新方式，构建"产业学院+项目孵化"的产教融合新模式；实施"一体设计、分段培养、能力递进、无缝衔接"的中高职一体化人才培养，为家纺产业定向培养高素质技术技能复合型人才，满足"政府、家长、产业"共需。这一模式提供了职业教育服务区域产业的新样板，彰显了职业教育在实现共同富裕进程中的责任担当。

(2)"职教高考"顶层设计不断完善，"指挥棒"作用成效初显

考试招生是牵动职业教育改革的"牛鼻子"，是优化类型定位、畅通学生升学通道的关键。2013年教育部印发《关于积极推进高等职业教育考试招生制度改革的指导意见》，山东、江苏、江西、四川、重庆、福建、安徽等省市对"职教高考"进行了试点，取得了良好的效果和经验。在此基础上，"职教高考"考试制度和标准建设不断完善，"文化素质+职业技能"结构比例和组织方式不断优化，"省级统筹、综合评价、多元录取"的"职教高考"制度初步建立，其逐渐成为高等职业教育招生，特别是职业本科学校招生的主渠道，"指挥棒"作用初显成效。据教育部统计，"2020年全国高职分类考试招生逾300万人，超过高职学校招生总数的60%，缓解了'千军万马过独木桥'的高考焦虑，促进了教育结构优化。"[16] 但是相关抽样调查数据显示，中等职业升学考试制度有着鲜明的地域特征。"东部和中部相差不大，大约1/3的学生直接就业，60%左右升入大专，7%左右可以升入本科；但在西部，44%的学生直接就业，仅有4%的学生得以升入本科。西部地区学生的升学比例远低于东部和中部，尤其是升入本科的机会。"[17]

(3)普职融通满足不同禀赋和潜能学生的学习需要

职业教育作为一种教育类型，既要纵向贯通、自成体系，也要和普通教育横向融通、协调发展，为学生多样化的成长成才提供选择。十年来，中等职业教育主动作为，不断探寻普职融通的新路径，通过举办职业体验活动、共享职教教育资源、创设综合高中试点班等方式，探索课程互选、学分互认、资源互通的具体路径。特别是部分省市的中等职业学校基于自身的优势，开办了一批既能满足部分学生就读高中的愿望，又能够培养符合市场和产业需要的技能型人才的综合高中试点班，开辟了普职融通的"旋转门"。尽管当前这种模式探索尚少，却是我国中等职业教育改革的重要路径之一，为现代职业教育体系的形成和完善提供了参照。

> **【案例 35】**《普职融通的制度推进和路径建设的探究》（宁波经贸学校）
>
> 　　作为宁波市制度创新的先行先试学校，"普职融通"育人模式是教育公平理念在面对当前"普职融通""缺乏制度保障支持""课程体系割裂""学生缺乏职业体验平台"的普遍性问题，学校依托市域"普职融通"机制，促成普职课程体系"双向融通"，承办全国首创"一站式"学生职业体验中心，为开展与推广区域性"普职融通"育人提供了典型的实践案例与成功经验。

3.2 助力国家脱贫攻坚的重要基础

　　中等职业教育为脱贫攻坚、阻断贫困代际传递提供了重要支撑，为全面建成小康社会作出了历史性贡献。党中央在实现脱贫攻坚中提出了"发展教育脱贫一批"的重要任务。中等职业教育通过技能扶贫、东西协作等途径，帮助无数贫困家庭迎来美好生活，已成为改变家庭命运、实现个人理想的重要渠道，为打赢教育脱贫攻坚战奠定坚实的基础，为全面建成小康社会作出了历史性贡献。

3.2.1 推进技术赋能，助力脱贫攻坚取得重要成效

　　中等职业教育在助力"精准脱贫"方面优势明显，通过技术赋能助力脱贫攻坚取得重要成效。"职教一人，就业一人，脱贫一家"是职业教育落实教育扶贫任务做出的郑重承诺。党的十八大以来，各地中等职业学校根据党和政府的要求，结合地方实际，因地制宜，通过开放专业课程、开展职业技能培训、培育和扶持具有本地特色的劳务品牌等方式，积极帮扶各类贫困人群掌握一技之长。累计有 800 多万名贫困家庭初高中毕业生接受职业教育培训。[18] "中等职业学生 70% 以上来自农村和城市贫困家庭，90% 以上的在校生享受免学费政策，近 40% 学生享受国家助学金，约 70% 学生在县市就近就业，促进了贫困地区的经济发展。"[19] 同时，对建档立卡等贫困家庭学生接受中等职业教育实现免学费和国家助学金补助政策 100% 全覆盖。中等职业教育为贫困家庭摆脱贫困、为中等职业学生人生出彩提供了基础性支撑。

【案例 36】《创新培训模式 助力精准脱贫》（白河县职业教育中心）

　　加强技能培训，特别是有就业意愿的贫困劳动力的技能培训，使他掌握"一技之长"，能捧得一个"铁饭碗"，甚至是"金饭碗"，是职业教育的一项重要职能，也是助力县域精准脱贫的一种有力手段。白河县职业教育中心充分发挥县域劳动力资源优势和学校技能培训中的聚集效应和综合功能，创新"精准扶贫""就业扶贫"落实举措，按照"龙头企业＋基地培训＋定向输出＋就业安置"的技能脱贫模式，定向培训、有组织输出足部修护师，着力提升广大农村富余劳动力，特别是建档立卡贫困户的创业致富能力，着眼于致富动力和致富能力的"双激活"，让贫困家庭实现了自我造血。

3.2.2 开展东西协作，促进贫困地区职教水平提升

　　东西协作是中等职业教育助力脱贫攻坚的重要举措，促进了贫困地区职业教育办学水平不断提升。根据《职业教育东西协作行动计划（2016—2020年）》《职业教育东西协作行动计划滇西实施方案（2017—2020年）》等文件的要求，中等职业教育通过东西招生协作兜底、互派挂职干部和教师团队、共建专业教学资源库及精品在线课程，探索委托管理、共建分校、组建职教集团或学校联盟等方式，带动贫困地区学校提升办学水平和质量。"实施职业教育东西协作行动计划，国家累计投入帮扶资金设备超过18亿元，共建专业点683个、实训基地338个、分校（教学点）63个，共同组建职教集团（联盟）99个，就业技能培训14万余人，岗位技能提升培训16万余人，创业培训2.3万余人。"[20] 同时，通过东西中等职业招生协作兜底，对接完成26901名学生的中等职业招生[21]，兜底式支持西部地区建档立卡贫困家庭学生到东部地区接受优质中等职业教育，毕业后根据学生意愿优先推荐在东部地区就业，实现就业脱贫。

【案例 37】《精准帮扶 接力支教 名校示范——宁波市鄞州职业教育中心学校精准教育扶贫的探索与实践》（宁波市鄞州职业教育中心学校）

　　宁波市鄞州职业教育中心学校（以下简称学校）在教育对口帮扶过程中，以"六个一"对口帮扶建设模式为"精准帮扶"的突破口，通过"接力支教"的新型师资援助帮扶形式，破除了短期支教对受援学校原有教学体系的冲击等问题。同时，发挥浙江省中

等职业名校示范能量，加快推进宁波地区与内陆地区优质职教资源的共建共享，牵头组建援建协作组，构建多方参与、协同推进的教育脱贫的格局，极大提升帮扶学校的办学水平，提高学生的培养质量。

3.2.3 落实对口帮扶，构建扶贫先扶智长效机制

中等职业教育构建了"长期合作、多方发力、系统推进"的精准扶贫长效机制，使扶贫工作更具针对性与实效性。2016年开始，在教育部职成司的指导下，中国职业技术教育学会中等职业技术教育分会和全国中等职业学校校长联席会议牵头开展了为期四年的"职教质量万里行"活动，汇聚了包括行业企业代表、职业院校代表、职教研究专家等各方面的智慧与力量，走访了西南地区的400多所中等职业学校，确定50多所中等职业学校作为重点帮扶对象，精准分析、提供个性化方案及专题培训等措施，构建了东西部中等职业教育"长期合作、多方发力、系统推进"的精准扶贫长效机制，实现了"帮扶一校、联合一区、带动一市、影响一省"的良好效果。各地中等职业学校认真落实中央关于"攻坚克难完成任务""多措并举巩固成果"的部署，进行有效赋能，同时开展区域内帮扶，助力人才培养质量的提升，也为本地的脱贫攻坚工作提供了更高质量的人力资源支撑，发挥"扶技、扶智、扶志"的功能，为阻断部分地区的贫困代际传递贡献力量。山西省59所骨干示范性中等职业学校深入对接58个贫困县，共建83个专业、180门课程、36个实训基地，培养了1495名学生、培训教师1202人、社会人员2832人[22]。

【案例38】《扶贫先扶智 教育当先行——为职教质量万里行 助精准扶贫行万里的探索实践》（上海景格科技股份有限公司）

中国职教学会在历时四年开展的"职业教育质量万里行项目"实践过程中，摸索出一套"四调三送一培"的赋能模式，通过深度调研开展精准诊断分析，并进而提供个性化的解决方案及相配套的专题培训，为西部地区的中等职业学校进行有效赋能，借此来助力其人才培养质量的提升，从而为当地的脱贫攻坚工作提供更高质量的人力资源支撑。

3.3 助推经济转型发展的重要基础

在经济发展新常态下,无论是传统行业,还是新兴产业,对劳动者的技能要求均越来越高,更对劳动者适应产业转型升级的能力提出了新需求,技能人才的缺口,尤其是高技术人才的缺口日益增大。中等职业教育是技术技能型人才培养的基础,为经济转型升级提供坚实人才支撑。在助推数字化转型中,突出数字化技术技能人才培养;在服务乡村振兴中,集中破解人才瓶颈制约;在服务企业转型升级中,聚焦技术应用服务。

3.3.1 储备数字技能人才,赋能数字化转型

中等职业学校专业数字化升级、课程数字化改造、教师信息化素养提升、数字化技术技能人才培养,为服务产业数字化转型升级提供了重要支撑。2011年以来,为支持国家新兴产业发展,助力产业转型升级,服务制造强国建设,中等职业教育专业目录新增工业机器人、大数据技术应用等专业74个,增强了职业教育适应性。中等职业学校为匹配企业数字化需求,根据中等职业教育专业目录开设新专业,对传统专业进行智能化升级和数字化改造,培养了数字化技术技能人才。2021年,中等职业学校获批15个国家级职业教育示范性虚拟仿真实训基地培育项目,通过探索产教融合、校企合作等方式,引进先进的生产新技术、新仪器和新标准,进行课程数字化改造。2013年全国中小学教师信息技术应用能力提升工程实施以来,中等职业学校全部教师完成了50个学时的信息技术应用能力培训,教师应用信息技术改进教育教学的意识和能力普遍提高。教师信息化素养的提升促进了大数据、人工智能等新技术变革带来的产业升级对数字化技术技能人才的培养。

【案例39】《对接产业升级 深化产教融合》(东莞理工学校)

东莞理工学校顺应东莞战略性新兴产业集群发展需要组建电子技术应用专业群,对接产业转型升级的岗位要求,深化产教融合,将教育链、人才链与产业链三者有机衔接,将智能化服务与学校的现代学徒制人才培养育人模式进行较为科学的结合,将企业技术引入课堂,推动完善机器人专业的人才培养方案,企业师傅直接参与日常的专业教学,培育学生的实践技能,实现"产促学、学促研、研促产"的良性循环,有效地提高课堂教学效果。

【案例 40】《突显功能定位　争创全国一流》（四川省成都市中和职业中学）

本文主要以四川省成都市中和职业中学新校区搬迁新校为背景，介绍学校行政区划调整后，为更好地为成都高新区产业服务、为区域内居民提供更高质量职业教育进行研究和改革，所采取的措施、方法和获得的部分成效。

3.3.2　破解人才瓶颈制约，助力乡村振兴

实施乡村振兴战略，关键在人，基础靠教育，中等职业教育在服务乡村振兴战略中拥有重要地位，彰显了破解人才瓶颈制约助推乡村振兴的关键作用。2020年，31个省（区、市）的中等职业学校共有涉农专业布点数2122个，招生148608人，在校生451875人[5]。中等职业学校面向"三农"开展培训服务，大力培养以新型职业农民为主体的农村实用人才，中等职业教育为培养新型职业农民发挥了关键作用。2019年底，全国共有涉农中等职业学校270所，占设有农学或涉农专业学校的38.8%，农业广播电视学校2462所、县级职教中心1949所、农村成人文化技术培训学校（机构）50042所，初步形成了多层级、广覆盖的涉农教育培训网络体系[23]。2021年评选的98所"乡村振兴人才培养优质校"中，中等职业学校有24所，占比24.49%[24]，中等职业教育在农村职业教育中发挥了关键作用。

【案例 41】《人才培养赋能　乡村振兴有术》（北京昌平职业学校）

乡村振兴关键在人。2015年起，北京昌平职业学校电子商务专业与京东集团开展深度合作，共建产教融合学院，推动学校、企业、农户、社区四方联动，指导农户种、引导居民买；将农村电商项目植入学历教育；构建"四个一"的非学历学徒育人模式；建立新农人课程学习超市，推进人才培养培训。校企赋能案例在学习强国、央广新闻、央视频等多家媒体专题宣传报道，并登上了央视农业频道"我为家乡代言"栏目，产生了强烈的社会影响。

【案例42】《发挥职教优势　助力乡村振兴——乡村振兴典型案例》（济南市济阳区职业中等专业学校）

　　2021年4月国家出台《中华人民共和国乡村振兴促进法》，全面实施乡村振兴战略，促进乡村产业振兴、人才振兴、文化振兴、生态振兴、组织振兴，推进城乡融合发展。近年来，济南市济阳区职业中等专业学校发挥区位优势、资源优势、服务功能优势，打造现代农业专业群，成立济南市现代农业职教集团，建立济南市现代农业实训基地，牵头成立济南市职业教育乡村振兴研究中心，按照产业兴旺、生态宜居、乡风文明、治理有效、生活富裕的总要求，优化专业发展布局，建立现代农业专业群，为服务农村一二三产业深度融合发展、助力生态乡村宜居建设、培植淳朴民风、打造乡风文明、服务乡村治理现代化和促进农民致富贡献巨大。

【案例43】《育粤菜师傅　助乡村振兴——广州市旅游商务职业学校育训结合"粤菜师傅"培养模式》（广州市旅游商务职业学校）

　　广州市旅游商务职业学校紧紧抓住广东省委、省政府推进实施"粤菜师傅"工程的契机，发挥学校作为"粤菜厨师黄埔军校"的优势，一举成为广东省唯一双基地单位（广东省粤菜师傅大师工作室、粤菜师傅培训基地）。积极探索育训结合"粤菜师傅"培养模式，形成了"政校行企"四方协同的运行机制，打造了"课岗证赛"四位一体的人才培养模式，构建了"1+N"多元融合的技能培训体系，实现了"培养工匠、传承文化"的育人效果，为培养粤菜技术人才、助力乡村振兴、传承粤菜文化、擦亮广东名片，贡献了职业教育的力量。

【案例44】《深化产教融合　助力乡村振兴》（海南省农林科技学校）

　　"产教融合"是职业教育发展的必由之路，"乡村振兴"是农村发展的必然要求，"一二三产业融合发展"是实现乡村振兴的有效途径。海南省农林科技学校立足农村，主动服务三农事业、主动挖掘特色产业品牌，促进农村"一二三产业融合发展"，不断创新人才培养模式，为乡村振兴探索出了一条有效的途径，积累了经验。

【案例 45】《立足区域经济发展　以人才之智助乡村之兴——宁夏农业学校乡村振兴示范校建设项目》（宁夏农业学校）

乡村振兴，关键在人，基础靠教育。推动乡村振兴，人才不可或缺。2021年5月，宁夏农业学校入围全国乡村振兴人才培养优质校推介名单，也是宁夏全域唯一入选的院校单位。责任在肩，不负使命，深耕农业职业教育七十余载，始终坚持面向"三农"，以立德树人为根本，以强农兴农为己任，在矢志不渝中践行农业情怀，为宁夏经济社会发展培养了数以万计复合型技术技能人才，为区域经济发展、全面推进乡村振兴、加快农业农村现代化提供了有力人才支撑，得到了社会各界一致认可。

3.3.3　服务高新技术应用，推进企业升级转型

积极开展技术应用服务，助推中小微企业转型升级。 中小微企业在促进经济增长、缓解就业压力、提升市场活力方面有着重要意义。但受规模的限制，中小微企业技术落后、人才紧缺，制约了其升级转型。全国各地中等职业学校充分发挥自身人才、技术、场地、设备优势，积极主动对接中小微企业技术升级、产业转型的个性化需求，通过深化产教融合、校企共建技术创新与服务平台、大师工作室、技术研究所等方式，为企业设备升级、生产线优化、工艺改进、新产品研发等方面提供技术应用服务。《2020中国职业教育质量年度报告》中，研究者对100所国家中等职业教育改革发展示范学校抽样调查显示，开展技术应用研究的中等职业学校占比达到91%，获得专利的学校占比达到72%，85所学校成立了技术开发中心、大师工作室、技术研究所等技术服务机构，共开展应用技术项目研究379个，获相关专利577项，与企业合作开展技术攻关296项[4]。

【案例 46】《产教精准对接　校企协同创新——中等职业教育校企协同创新和成果转化途径探索》（哈尔滨市第二职业中学校）

学校秉承"育人为本，面向市场，质量立校，特色强校"办学理念，通过产教融合、校企合作开展专业建设，校企协同创新和转化成果，促进产业、行业、企业、职业、专业"五业联动"，提高学校办学水平和人才培养质量，推进人才供需精准对接。

哈尔滨市第二职业中学校（以下简称哈二职）以传统优势专业中餐烹饪为引领，以计算机网络技术、汽车运用与维修等专业为支撑，重点建设了国家级、省级品牌专业，较好地服务本区域经济社会发展和产业技术升级。

【案例47】《现代农艺技术高水平专业群建设案例》（濮阳县职业技术学校）

濮阳县职业技术学校着力打造深度融入产业链的现代农艺技术专业群，目的在于进一步适应河南优势农业产业发展需求，以专业对接产业、调整结构为主线，以培养高素质技术技能人才、提升专业服务产业能力为根本任务，围绕濮阳区域经济发展战略和产业结构调整规划，聚焦服务面向，优化资源配置，实行产教融合、校企合作、集群建设，动态调整专业组成、专业结构和专业内涵，强化实践环节，突出理实一体，校企双元育人，推动教育链、人才链和产业链、创新链有机衔接，为推进农产品标准化，增强现代农业产业结构调整和优化升级提供有力支撑。

【案例48】《校企合作促发展　借京强校谱新篇》（涿州职教中心）

涿州职教中心凭借毗邻北京的地缘优势，通过校企合作，深入推进育人方式、办学模式、管理体制，保障机制改革，也在建设高水平职业学校和专业、增强职业教育适应性等方面进行不断探索。

3.4　建设技能型社会的重要基础

党的十九大报告明确指出，要建设知识型、技能型、创新型劳动者大军。全国职业教育大会提出了建设技能型社会的理念和战略。中等职业教育为加快建设国家重视技能、社会崇尚技能、人人学习技能、人人拥有技能的技能型社会做出了基础性贡献。中等职业教育强化"育训并重"职责，培训了大量技术技能人才与高素质劳动者；通过参与职业教育活动周等大型活动，宣传展示技能成才，提升职业教育影响力，营造"人人崇尚技能"的良好氛围；重点服务中小学职业体验，弘扬工匠精神，培养他们掌握技能的兴趣爱好和职业生涯规划能力。

3.4.1 开展职业培训，推进技能型社会构建

大规模开展职业培训，为技能型社会建设提供人才和实用的技术技能支撑。 中等职业院校突出教育类型特色，坚持学历教育与职业培训并重，在提升学生培养能力的同时，充分发挥职业院校培训资源优势，面向企业职工、下岗失业人员、退役军人、进城务工人员、新型职业农民和贫困地区劳动力等人群持续大规模开展在职培训、再就业培训及其他职业性培训，加快建设知识型、技能型、创新型劳动者大军，为推进技能型社会建设，全面建设社会主义现代化国家提供有力的人才和技能支撑。目前，全国中等职业学校共开设了 350 多个专业，覆盖了国民经济各领域。2012 年至 2020 年间完成近 6000 万人次的培训，仅 2017 年，中等职业学校面向社会开展职业资格证书培训 173.07 万人、岗位证书培训 154.76 万人；全年承担企业员工培训 463.99 万人[25]。目前，学历教育与培训并举并重的办学格局基本形成。

> **【案例 49】《发挥职教资源优势 大力开展技能扶贫》**（云南省曲靖应用技术学校）
>
> 培养高素质的农村劳动力，是开发农村人力资源的基础。本文从农民工培训的背景分析，从学校发挥职教资源优势、大力开展技能扶贫培训中采取的主要改革思路、取得的经验策略、成效与反思等方面，就如何加强农村贫困劳动力的职业技能培训进行了探索。

3.4.2 开创职业体验，营造技能型社会良好氛围

中等职业教育是展示技术技能，宣传职业教育，服务中小学职业体验的主体，为营造人人努力成才、人人皆可成才、人人尽展其才的技能型社会良好氛围做出了重要贡献。 2008 年举办了首届全国职业院校技能大赛。10 年来，大赛蓬勃发展，参赛选手由 2011 年的 5038 人增长到 2019 年的 17450 人，举办单位从 16 家增加至 35 家，共有 10.7 万职校学生进入决赛，其中 2.9 万中等职业学生获得奖项，占获奖人数的 44.4%。2015 年国务院设立职业教育活动周。2016 年，教育部将大赛作为重要板块整体并入职业教育活动周。中等职业教育借助活动周开展内容丰富而形式多样的职教活动，宣传中等职业教育特色，弘扬技术技能人才成长成才典型事

迹，推动形成国家重视技能、社会崇尚技能、人人学习技能、人人拥有技能的良好氛围。十年间，全国 4500 余所职业学校支持中小学校开展劳动教育实践和职业启蒙教育，辐射中小学近 11 万所，参与人次超过 1500 万。中等职业学校利用自身优势，为中小学生提供职业体验的同时，也是宣传展示学校的重要机会，让社会了解职业教育，培养职业兴趣和职业意识，扩大职业教育影响力和吸引力，让群众真正体会到了"技能，让生活更美好"的含义。

【案例 50】《开展"职业体验日"活动 展示旅游校园文化》（大连旅游学校）

　　2015 年至今，大连旅游学校（大连女子学校）依托职业教育活动周载体，结合办学优势和专业特色，深入探索和推进职业体验教育，面向中小学生、家长和社区居民重点开展"职业体验日"、教育教学成果观摩体验等活动，积极服务中小学职业启蒙、职业认知、职业体验与劳动技术教育，对接社区需求、提升群众获得感及幸福感。经过近八年的实践，形成了有效的职业体验教育创新模式，宣传展示了办学成果和校园文化的独特魅力，扩大了职业教育影响力和吸引力，取得一定成效。

【案例 51】《小小梦想家 职业启蒙教育助推青少年成长》（单县职业中等专业学校）

　　建设技能型社会是国家全面提升经济实力、科技实力、综合国力的必然要求。全国职业教育大会创造性地提出了建设技能型社会的理念和战略，描述了"国家重视技能，社会崇尚技能，人人学习技能，人人拥有技能"的技能型社会特征，为职业教育改革发展赋予了新的时代使命。单县职业中等专业学校根据青少年职业启蒙的需求，通过"学习+体验+感受+行动"模式，结合"寓教于乐"的方式，组织全县青少年开展职业认知、职业体验、社会实践、自我意识与能力提升等，引导青少年加深对职业的理解，循序渐进地影响青少年的意识、态度、认知及行为，促进青少年健康成长。

3.4.3 开放公共场馆，服务技能型社会建设

　　中等职业教育积极开放公共场馆，提升职业教育影响力，服务技能型社会建

设。十年来，我国中等职业学校办学条件在总量和生均上均得到较大改善，经费保障较充足，各类场馆建设日益完善，设备资源等日渐丰富。中等职业教育公共场馆向社会开放，是中等职业教育主动服务社会的有效途径，不仅能提高资源使用效率，也能让社会更好地享受中等职业教育发展带来的红利。

在不影响学校教育教学的前提下，面向社会开放的场馆主要有体育场馆、图书馆和公共实训基地等。早在2006年，教育部会同国家体育总局共同启动了学校体育场馆开放试点工作。近十年，中等职业学校不断加大学校体育场馆向公众开放工作的力度，开放的场地类型包括操场、各类球场、田径跑道等，实现学校体育场地、设施资源与社会共享，促进全民健身运动的普及和发展。中等职业学校图书馆相较一般县级图书馆，图书种类繁多，专业图书齐全，电子资源丰富，具有较强的资源优势。中等职业学校图书馆向社会开放，可以部分满足公众对专业性的图书资料以及专业技能方面的信息资源需求，实现图书信息资源的合理共享。实习实训是中等职业学校人才培养的关键环节，近十年中等职业学校建设了一系列公共实训基地。公共实训基地在有效培训学生的职业技能，提高动手实践能力，提升职业素养的同时，积极对外开展技能培训服务，是中等职业学校服务社会的重要窗口。

【案例52】《依托公共实训基地　培养技术技能人才》（江苏省相城中等专业学校）

江苏省相城中等专业学校以传承江南文化、服务苏州现代先进制造业发展为宗旨，以企业用人标准为切入点，以职业岗位能力和可持续发展需求为基准，以培养装备制造行业岗位职业能力的高技能人才为目标，采取产教融合、校企共建、技术服务、行业培训等多元手段，高标准建设了现代制造技术公共实训基地。本文以江苏省相城中等专业学校公共实训基地为例，阐述了职业院校公共实训基地的建设和运行等方面的问题。

【案例53】《发挥示范性实训基地优势　构建"六位一体"社会服务格局》（南宁市第四职业技术学校）

南宁市第四职业技术学校高度重视履行社会服务职能。学校依托示范性专业和实训基地等优质资源，构建"六位一体"的社会服务格局。通过合作创办社区教育学院、共建共享实训基地资源、构建职教帮扶合作关系、探索开放职业体验课程、承办各级比赛各类活动、开展岗位技能鉴定等举措,有效提升了学校社会服务能力,产生了良好的社会效益。

3.5 培养多样化人才的重要基础

习近平总书记指出"职业教育是国民教育体系和人力资源开发的重要组成部分,是广大青年打开通往成功成才大门的重要途径,肩负着培养多样化人才、传承技术技能、促进就业创业的重要职责,必须高度重视、加快发展。"人才竞争已经成为综合国力竞争的核心,作为人口大国,必须树立新时代科学的人才观,落实人人可以成才的理念。

3.5.1 提升学生综合素养,成就个性化发展

中等职业学校为每位学生挖掘潜力,设计合适的成长路径,成就人生出彩梦。除了提供丰富多样的专业选择,中等职业学校还通过搭建各类平台,提供学生展示才华的机会。以全国中等职业学校"文明风采"活动为例,活动由教育部、人力资源社会保障部、中央文明办、共青团中央、全国妇联、中国关工委、中华职业教育社联合主办,自2004年第一届活动开展以来,规模不断扩大,影响力不断提升。通过校级初赛、省级复赛、全国决赛,中等职业学生的个性得以全方位地彰显,风采得以广泛地展示。目前,活动已实现全覆盖。全国31个省、自治区、直辖市,新疆生产建设兵团和5个计划单列市均组织参加。从第十七届活动的数据来看,全国共有5990所学校、436.8万名学生参与,初赛提交作品310.2万份,参与学校占全国中等职业学校总数的67%。有18.7万份作品参加省级复赛。推荐至全国组委会的省级优秀作品为3826份[26]。

全国"文明风采"活动的主题紧扣时代要求,如"弘扬民族精神,树立职业理想""我的梦·中国梦""弘扬工匠精神,成就出彩人生"等,设置了征文演讲类、职业规划类、摄影视频类、才艺展示类等中等职业学生感兴趣和期待的项目。活动围绕立德树人的根本任务,又充分挖掘美育和劳育的功能,让学生在参与活动的过程中潜移默化地受到影响和熏陶,帮助学生陶冶健康的审美情趣、树立正确的劳动观念。

中等职业学生在各类多样化展示平台中,依靠实践,不断挖掘自身潜力,最终

找到合适的成长路径，提升综合素养，又兼顾个性化发展，成就人生出彩梦。

【案例 54】《以美育人　构建和乐校园　　以艺润德　孕育出彩人生——以以美育人提高学生审美素养为例》（珠海市第一中等职业学校）

2007 年以来，珠海市第一中等职业学校坚持"以美育人"的教育观，形成了独特的和乐学校文化和办学特色。长期以来，学校利用美育所具有的辅德作用，开展了各种类型的美育活动，以美启真、以美引善、以美养性、以美导行，让学生在内容丰富、形式多样的活动中认识美、塑造美、体验美、提升美。学校重视美育与德育的融合，让美育活动成为促进学生主动和谐发展的重要途径与载体，从而提高学生的思想道德素养，增强学校育人工作的实效性。经过 15 年的实践，学校和谐发展、校风好，学生优雅美丽、礼貌友善、德才艺协调发展，备受领导和社会好评。

【案例 55】《扬时代劳模创新精神　树中职劳动育人品牌——厦门信息学校"一校一案"落实《中小学德育工作指南》典型案例》（厦门信息学校）

为了充分弘扬劳模精神，厦门信息学校以"劳模精神"为引领，借力"劳动素养成长平台"，坚持"以劳树德、以劳增智、以劳强体、以劳育美、以劳创新"的理念，充分发挥学校劳模资源优势，构建了"1+3+N"劳动教育课程体系，旨在把学生培养成未来优秀的接班人，增强学生职业荣誉感，提高职业技能水平，培育学生精益求精的工匠精神和爱岗敬业的劳动观。

【案例 56】《构建新时代中等职业学校"育训结合　四维四化"劳动教育模式的研究与实践》（北京市商业学校）

北京市商业学校坚持以习近平新时代中国特色社会主义思想为引领，全面贯彻习近平总书记关于教育的重要论述，深入落实全国教育大会精神和中共中央、国务院《关于全面加强新时代大中小学劳动教育的意见》，遵循新时代马克思主义劳动观，基于职业教育规律和中等职业学生特点，立足学校工作实际，将劳动教育纳入人才培养全过程，贯穿学校教育教学管理服务各方面，从目标、内容、途径、机制、评价等方面，构建了新时代中等职业学校"育训结合,四维四化"劳动教育模式,学生劳动素养全面提升,学校劳动教育成果丰硕,劳动教育示范引领凸显。

【案例 57】《多元开发 体验成长——以"校园吉尼斯"为载体的体验式德育新模式》(福建理工学校)

近年来,中等职业学校学生素质受到社会各界的普遍质疑,中等职业学生一方面怕吃苦、怕困难、心理较脆弱、自信心不足、手机上网成瘾、无法正确评价自我;另一方面追求时尚,对新事物、新观念容易接受,有表现欲,动手能力较强。现实中,各中等职业学校虽然都非常注重德育教育,但均存在思想上灌输得多、大道理讲得多、未能贴近学生的情况,效果差强人意。中等职业学校急需探索有效的德育新载体,实现育人新突破。

3.5.2 围绕民族文化办学,培养民族技艺传承人

中等职业学校在传承民族技艺、推动文化传承创新中发挥了基础性作用。各地教育部门、文化部门、民族事务部门持续加强对中等职业学校的指导,制定相关扶持政策,完善保障措施,引导中等职业学校围绕民族文化产业办学,不断增强民族文化相关专业建设和人才培养能力。中等职业学校主动适应区域经济社会发展需要,服务民族特色产业、文化产业的转型升级,以提高民族产品的附加价值与国际竞争力为目标,推进专业规范化建设,深化专业课程改革,强化师资队伍和实训基地建设,推进产教融合、校企合作,全面提高了专业建设整体水平。

由教育部、文化部、国家民族事务委员会遴选的两批全国职业院校民族文化传承与创新示范专业点,共计144所院校,162个专业点。其中,有100所中等职业学校的106个专业点入选,占比分别达到69.4%和65.4%[27,28]。有的学校即使没有开设民族文化艺术类专业的学校,也十分注重将优秀的传统民族技艺引入校园。在入选全国中小学中华优秀文化艺术传承学校中,中等职业学校有127所,传承项目近百种[29,30]。可见中等职业学校发挥了国民教育在文化传承创新中的基础性作用。

传统民族技艺的传承还是面临着一些现实问题,比如受到现代化的冲击、文化内涵被淡化、就业问题等。因此中等职业教育还需要进一步创新和传承人才培养模

式，加强民族文化教育，增强文化认同感。

【案例 58】《专业立项建设中立足服务地方经济　实现可持续发展》（上海戏剧学院附属戏曲学校）

长期以来，戏曲学校培养人才，昆曲院团使用人才。彼此各行其道，泾渭分明。随着时间的推移，这一传统模式被打破，现已形成学校与院团联手，订单式培养人才，强强联手，形成合力，最终实现双赢，达到可持续的发展。

【案例 59】《加强民族团结进步教育　建设各族师生共同精神家园》（云南省民族中等专业学校）

云南省民族中等专业学校是云南省唯一一所省属民族类国家级重点中专学校，是培养少数民族专业技术人才的摇篮，是全国民族职业教育示范基地。学校在认真贯彻职业教育政策的同时，探索独具特色的民族团结、民族文化教育模式，通过深入发掘民族教育的内涵，管理突出民族团结，建设突出民族风格，活动突出民族传统，德育突出民族品质，教学融入民族文化；通过设置民族文化技艺类专业、聘请非遗传承人进校、开设民族理论课程等方式，将民族文化和民族团结教育融入到教育教学、学生管理以及校园生活全过程，取得了丰硕成果，创建成了"全国民族团结进步模范单位""云南省民族团结进步教育示范学校""云南民族优秀文化教育示范学校"，成为云南省职业教育和民族团结的一张名片。

【案例 60】《民族团结手工室　体验非遗文化扎染制作》（遵义市播州区中等职业学校）

为加强中华优秀传统文化教育，立足区域特色，将贵州本土优秀传统技艺——扎染引入服装手工课程和中小学职业体验基地课程，引导学生掌握扎染的基本方法及染色要点，体验扎染的丰富性和艺术美，教育引导学生深刻理解中华文明的精髓，坚定非遗的文化自信，提高学生的人文素养，使学生富有爱国心、饱含中华民族情、充满中国文化味，使学生切身感受到传统文化的魅力和各民族的相融和睦，增强学生对伟大祖国、中华民族、中华文化、中国共产党、中国特色社会主义的认同,形成汉族离不开少数民族、少数民族离不开汉族、各民族之间一家亲的局面,让学生发自内心的喜爱并知行合一,践行社会主义核心价值观。

3.5.3 服务国家战略发展,培养"一带一路"共建者

中等职业学校开拓服务项目,培养适应国际标准的技术技能人才。中等职业教育服务"一带一路"倡议获得了有力的政策支持。如《国务院关于加快发展现代职业教育的决定》提出"实施中外职业院校合作办学项目,探索和规范职业院校到国(境)外办学。推动与中国企业和产品'走出去'相配套的职业教育发展模式,注重培养符合中国企业海外生产经营需求的本土化人才。积极参与制定职业教育国际标准,开发与国际先进标准对接的专业标准和课程体系。"《关于做好新时期教育对外开放工作的若干意见》《推进共建"一带一路"教育行动》等文件,要求培养当地急需的各类"一带一路"建设者。这些政策文件共同把培养中国企业海外生产经营需要的人才、服务国际产能合作,作为我国职业教育合作的重要内容。

中等职业学校有效利用自身优质资源和国际合作经验,抓住服务"一带一路"倡议的战略机遇,一些学校先行先试,起到了良好的示范效应。如天津市第一商业学校依托"鲁班工坊"模式在吉布提开设了我国在非洲的第一个鲁班工坊项目,为当地培养物流专业人才;广西柳州市第二职业技术学校与柳工机械股份有限公司开展深度合作,为企业在东盟国家的发展战略提供国际化人才培养;厦门集美工业学校以为"海上丝绸之路"沿线国家华人华侨后裔培养职业教育人才作为服务"一带一路"倡议的基本思路,招收"海丝"留学生[31];宁波外事学校在"宁波-中东欧16+1经贸合作示范区"宁波城市战略背景下,与罗马尼亚德瓦艺术中学组建"中罗(德瓦)国际艺术学校",成为我国首家实施海外办学的中等职业学校[32];上海石化工业学校与国际知名企业开展合作,对接国际标准,构建国际先进培训体系,为区域经济和社会发展培养一线高素质技术技能人才。中等职业教育服务国际产能合作和中外人文交流平台助力及支撑作用日益凸显。

但中等职业学校在"走出去"的过程中仍面临一些难题。如国际化师资队伍建设急需加强,依托企业协同发展能力有待提高,开发高水平国际职业教育课程的力度仍然不够,深度交流的平台和网络尚未完全形成等。

【案例61】《物流服务与管理国际化专业在非洲鲁班工坊建设的实施案例》（天津市第一商业学校）

吉布提鲁班工坊是我国在非洲第一个鲁班工坊，不仅服务"一带一路"倡议，更是职业教育"走出去"的重要举措。我校依据当地经济发展现状和吉布提自由贸易区的物流专业人才需求，充分发挥长期积淀的物流品牌专业建设优势，将我国先进的现代物流行业标准及专业教学标准、先进的 EPIP 职业教育教学模式、全国职业院校技能大赛标准和先进实践装备等中国优势，对接到吉布提鲁班工坊物流国际化专业建设项目中，形成"人培方案-教学模式-实训共享-课程资源-师资培养"五维度的国际化专业建设项目输出，全面提升吉布提工商学校中等职业物流专业的职业教育教学水平，填补吉布提高等职业教育学历层次空白，实现了我国职业教育的优秀成果 EPIP 职业教育教学理念的国际化输出、本土化落地过程，为当地培养具有国际视野的技术技能人才，助力"一带一路"沿线国家发展。

【案例62】《中等职业教育在"一带一路"倡议下有效服务企业面向东盟"走出去"的策略——以柳州市第二职业技术学校服务柳州工程机械股份有限公司国际化战略为例》（柳州市第二职业技术学校）

"一带一路"倡议是我国重要的发展倡议，中等职业教育作为我国重要的技术型人才培养基地，如何有效服务企业更好地"走出去"，是"一带一路"倡议中的重要支撑，也是时代给予职业教育的使命之一。柳州市第二职业技术学校抓住这个教育国际化的重大战略机遇，推动自身教育质量的提升，更加强化了职业院校与企业的合作关系。以学校服务柳州工程机械股份有限公司（以下简称"柳工"）国际化战略为例：2009年学校成为柳工的战略合作学校后，双方长期保持良好的校企合作关系，在研产售服全产业链人才的培养合作中，实现了校企深度合作。2014年开始，学校结合自身实际，将柳工在"一带一路"沿线已建立的多个营销子公司和制造厂，列入学校"走出去"服务的首选对象。把培养柳工海外生产经营需要的人才、服务柳工国际化发展作为柳州市第二职业技术学校核心战略之一，利用"中高企一体化"人才培养模式下的应用型技术人才的职业特性，探索、建立、完善和推动工程机械行业国际化人才的培养，建立服务柳工"一带一路"倡议的技能大师工作室平台、成立职业教育集团参与制定柳工职业培训的国际标准、成立中高企产业学院合作办学培养新模式，开发国际化课程等有效服务企业面向东盟"走出去"的策略和实践。

【案例63】《对标国际标准　打造职业教育高地——上海石化工业学校实施专业国际化建设案例》（上海石化工业学校）

本案例以上海石化工业学校化学工艺专业实施专业国际化建设为例，阐述了中等职业学校专业国际化建设的思路、建设策略与举措，以及所得的建设成效，为同类职业院校的专业建设提供借鉴。

3.5.4 助推创新创业浪潮，培养敢闯会创的弄潮儿

中等职业学校积极开展创新创业教育实践探索，创新思维和创业能力的培养已渗入人才培养的总目标。"大众创业，万众创新"已成为我国创新驱动发展的重要载体。支持鼓励创新创业，是有效破解就业难题、推动中国经济结构加速转型、催生经济社会发展新动力的重要举措。教育改革助推"双创"浪潮，是中国创新创业环境的显著特点之一。

中等职业学校开展创新创业教育，在完善中等职业学校教育改革、促进学生发展、提高就业竞争力、帮助学生通过创业实现自主就业甚至带动就业方面有着重要的意义。学校主要通过将创新创业教育纳入专业教学计划、开设"双创"类学生社团等，培养学生的创新创业能力。充分利用校企合作资源，聘请企业专家、创业成功的优秀校友及各行各业优秀人才为创新创业课程及活动的兼职指导教师。设立校园创新创业基地，帮助学生孵化创业项目。鼓励中等职业学生参加各类创新创业竞赛，以赛促教、以赛促学、以赛促创。根据对2019年中国中等职业学校毕业生就业去向的调查分析显示，合法从事个体经营的毕业生人数为30.48万人，占就业人数的9.08%[33]。

对中等职业学生创新创业能力的培养，是新时代对中等职业学生提出的新要求，也是中等职业学生实现创业就业的现实需要。但相较于高职院校，对中等职业学生的创新创业教育尚未完全铺开，系统性的课程设置以及师资队伍尚需完善，针对中等职业学生的全国性创新创业大赛也尚未设立，一定程度上影响了对中等职业学生创新创业能力的培养。

【案例64】《电商创业助推乡村振兴》（枝江市职业教育中心）

湖北省枝江市职业教育中心2014级机电专业优秀毕业生李杰，在校时胸怀远大理

想，毕业后凭借职业技能，短短五年时间，发展电商产业，带领乡邻致富，助推乡村振兴，他成功创业的事迹为人们争相传颂，令世人刮目相看。

【案例 65】《专创融合　共创青春——Signix 摄念科技团队双创案例》
（上海信息技术学校）

　　面向全体学生开展双创教育，以培养创新意识和创新能力人才为目标，以双创课程为基础、以双创社团为骨干、以双创讲座和培训为依托，借助双创大赛平台，将双创融入专业教育，Signix 摄念科技团队在全校范围创新创业教育的浓厚氛围中应运而生并茁壮成长，最终成为一个成熟的创业团队。其项目"Signix 摄念科技——流媒体技术先驱服务商及硬件解决方案领航者"在第六届中国国际"互联网＋"大学生创新创业大赛决赛中荣获银奖，并在 2021 年"挑战杯"中国大学生创业计划竞赛获得国赛银奖，创造了中等职业类型学校在此类比赛的新突破。

4

中等职业教育面临的问题、对策与展望

近十年来，中等职业学校通过政策的落实、全体教师的身体力行、社会各界的大力支持，在办学条件的改善、学校内涵的提升等方面均取得了较大的发展，为我国经济高速发展提供了大量技术技能人才的支撑。虽然宏观来看中等职业学校的整体水平在不断提高、攀升，但国家政策落实与各地、各校的执行力存在着差异，地域经济发展的水平不同，致使局部范围仍存在发展不充分、不均衡。

本次调研采样的学校，针对各自存在的困难、所做的努力、进一步发展的政策期盼，提供了较为详尽的调研答案，本书将这些数据归类统计为中等职业教育的问题与挑战、对策与经验、建议与展望，分述如下。

4.1 中等职业教育面临的问题与挑战

职业教育是与社会经济发展关系最为紧密的教育类型，中等职业教育主要为社会培养初、中级技术人员及技术工人。十年来，中等职业教育稳步发展，在整个教育体系中处于十分重要的位置。同时也要看到，中等职业教育还存在体系结构不尽合理、教育质量有待提高、办学基础条件薄弱、办学体制机制不畅等诸多问题。通过调研，本书把各地存在的问题主要概括为以下五个方面：

4.1.1 师资队伍结构性矛盾突出

中等职业学校的师资队伍结构性矛盾突出，缺乏高素质专业化教师队伍。从抽样调研数据分析，本次接受调研的学校中有56.51%学校认为师资结构存在多种问题。随着我国社会工业化程度不断加深，产业结构出现高级化和融合趋势，特别是随着人工智能的兴起和运用，产业智能化水平不断提升，机器换人的进程不断加快，加快建设数字化、智能化专业成为必然。但存在的问题是相关专业教师的缺失、双师型教师的不足，影响了专业结构的调整和优化。

调研中反映的问题主要有以下四个方面：49.32%的院校缺乏专业课教师，跨学科教学现象严重；24.66%的院校师资队伍老龄化严重，青年教师招考机制不灵活、渠道不畅通、编制严重不足，对青年教师的激励评价体系不够完善；18.09%的院校缺乏"双师型"教师，导致理论教学、实训环节疲于应付，理论和实训结合不到位，教师的专业实践能力不高；6.20%的院校难以解决薪资待遇问题，导致高学历、高水平、高层次的青年教师引进难度大，严重影响教学质量，导致部分专业无法开展，严重阻碍学校正常发展（图4.1、表4.1）。

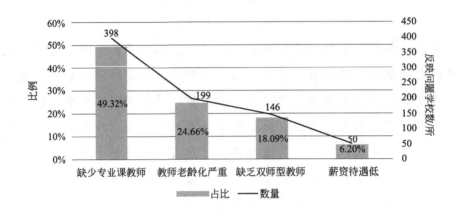

图 4.1 中等职业学校师资问题调研汇总分析 ❶

（数据来源为本次调研；456所反映问题的学校中，有的学校反映了多种师资问题，图中统计的是反映相应问题的学校数）

表 4.1 东中西部地区中等职业学校师资问题调研汇总分析（数据来源：本次调研）

区域	缺少专业课教师学校数	教师老龄化严重学校数	缺乏双师型教师学校数	薪资待遇低学校数	反映问题学校总数量
东部	142	99	62	15	156
中部	81	41	37	17	125
西部	175	59	47	18	175
合计	398	199	146	50	456

表 4.2 不同地区学校反映师资问题的权重分析

区域	被调研学校数	反映师资问题的学校数	占比
东部学校	429	156	36.36%
中部学校	203	125	61.58%
西部学校	175	175	100.00%
合计	807	456	56.51%

从表4.2和图4.2中可以看出，西部地区被调研的学校，全部反映了学校师资问

---

❶ 其中的占比为反映问题的学校与本次调研学校的总数（807）的比值。图中所有数据均为占总调研样本的比例。

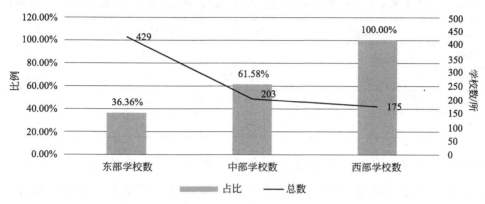

图 4.2 不同地区学校反映师资问题的占比情况

题。为支撑地区经济的发展，西部地区的职业学校受师资限制，对学校、专业的发展有较大的影响，该地区更希望通过政策的引导吸引专业人才加入中等职业教师队伍。

4.1.2 招生生源量不足、质不佳

中等职业学校的招生对象主要是初中毕业生，生源数量严重不足，招收的生源也比较复杂，尤其缺乏优质生源。从抽样调研数据分析，有58.24%学校存在生源问题。从本次调研的总体情况看，十年来，中等职业学校的招生数量逐年下降，2010年中等职业学校招生数量占高中教育阶段学生总数的48%，2020年该比例为42%，下降了6个百分点。

中等职业学校反映的问题主要有以下三个方面：25.77%的学校存在招生困难，17.10%的学校生源数量严重不足，13.38%的学校缺乏优质生源（图4.3和表4.3）。中等职业学校招收的生源比较复杂，学生间的素质差异也较大，生源梯度的整体学业水平较低，缺乏优质生源，缺乏学习积极性，对技术技能教育的接受能力参差不齐；部分生源年龄偏大，随意性较大，增加了管理难度。

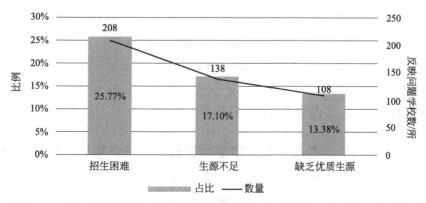

图 4.3 中等职业学校招生与生源问题调研汇总分析（数据来源：本次调研）

表 4.3 东中西部地区中等职业学校招生与生源问题调研汇总分析（数据来源：本次调研）

区域	招生困难	生源不足	缺乏优质生源	总计
东部	81	70	40	191
中部	79	39	38	156
西部	48	29	30	107
合计	208	138	108	454

从表 4.4 和图 4.4 中可以看出，中部地区学校招生反映的问题最多，除生源不足外，无序的招生困难也是反映最多的一个方面，也耗费了很多教师的精力，使他们不能把全部精力放在研究专业教学上，迫切希望出台政策对职业学校的招生行为进行规范。

表 4.4 不同地区反映学校招生问题的占比分析

区域	总数	反映招生问题的学校数	占比
东部学校	429	207	48.25%
中部学校	203	156	76.85%
西部学校	175	107	61.14%
合计	807	470	58.24%

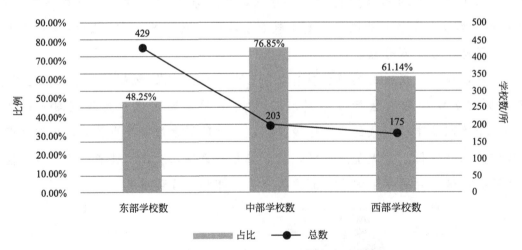

图 4.4 不同地区反映学校招生问题的占比分析图

4.1.3 办学经费不足、设备短缺

中等职业学校的办学经费不足，教学所用的实训设备短缺，已影响到学校办学规模与质量。 从抽样调研数据分析，有 307 所中等职业学校存在经费不足问题，其中有 168 所中等职业学校直接反映缺乏实训基地及实训设备，总占比 57.13%。经

费不足、实训场地及实训设备短缺,导致了学生技能水平不能与社会要求相匹配。

调研中反映的问题主要有以下三个方面:36.31%的学校面临政府配套资金投入不足,生均经费偏低等困难;12.52%的学校随着快速发展壮大致使现有教学用地和用房出现严重不足,实训基地建设与新时代发展需求脱节致使实训资源已不能满足学习的发展和社会的需求;8.30%的学校存在实训设备不足问题,实训设备尤其是新技术、新设备较为贵重,学校无法承担购置,致使办学条件不能得到及时的改善和提高(图4.5、表4.5)。

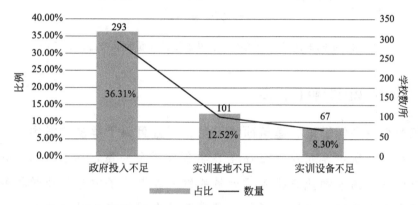

图4.5 中等职业学校办学经费与实训设备问题调研汇总分析(数据来源:本次调研)

表4.5 东中西部地区中等职业学校办学经费与实训设备问题调研情况分析(数据来源:本次调研)

区域	政府投入不足学校数	实训基地不足学校数	实训设备不足学校数	院校总数
东部	132	54	32	134
中部	77	29	23	88
西部	84	18	12	85

从表4.6和图4.6可以看出,中、西部地区的学校在经费投入、实训设施设备方面的问题较多,占调研学校的一半左右。由于中、西部地区学校大多规模较大,学生数量大,对于设施设备的需求量大,因此,制定有效的策略,充分提高设施设备的利用率,开展校企合作,利用好企业的资源是后续需重点关注的问题。

表4.6 不同地区学校对经费投入、设施设备问题的反映统计占比

区域	总数	反映经费投入、设施设备问题的学校数	占比/%
东部学校	429	134	31.24
中部学校	203	88	43.35
西部学校	175	85	48.57
合计	807	307	38.04

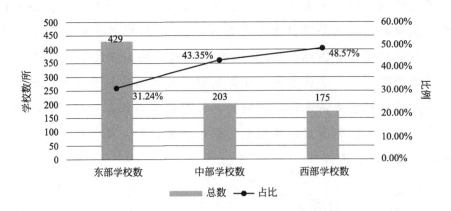

图 4.6 不同地区反映经费投入、设施设备问题的学校占比分析图

4.1.4 办学的资源配置亟待提高

中等职业学校办学场地、建筑面积不足，严重阻碍了学校的发展。从抽样调研数据分析，有 336 所中等职业学校存在办学条件不足问题，总占比 41.64%。虽然经过示范校建设，国家和地方投入了大量的财力，提升了中等职业学校的办学基础条件，但仍有不少学校办学资源不足，其中不乏东部经济相对发达地区，同样存在办学资源不足的问题。

调研中反映的问题主要有以下四个方面：25.40% 的学校办学基础薄弱，学校生均占地面积、生均建筑面积严重不足；7.68% 的学校面临校舍不足问题，无法解决师生住宿问题；4.83% 的学校面临教学楼不足，无法满足学校的教育教学需要；3.72% 的学校缺乏运动场地，运动场地继续扩建或扩建难度大，这些都阻碍了学校的发展（图 4.7、表 4.7）。

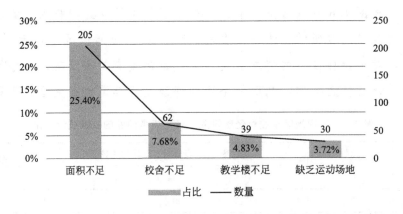

图 4.7 中等职业学校办学资源问题的调研汇总分析（数据来源：本次调研）

表 4.7 东中西地区中等职业学校办学资源问题的调研汇总分析（数据来源：本次调研）

区域	面积不足学校数	校舍不足学校数	教学楼不足学校数	缺乏运动场地学校数	总计	院校总数	总占比/%
东部	116	27	19	10	172	429	40.09
中部	48	15	10	3	76	203	37.43
西部	41	20	10	17	88	175	50.29

表4.8及图4.8反映出不同地区对办学资源均有需求，其中西部地区学校对教学楼、运动场地提出了需求，表现为学校办学的基本资源配置需要加大投入；而东部地区学校主要反映在学校占地面积不足上，经济越发达，越是寸土寸金，扩大校园存在困难，还需要地方政府重视对中等职业学校的基本建设。

表 4.8 不同地区学校办学资源问题的调研数据分析

区域	总数	反映办学资源问题的学校数	占比/%
东部学校	429	172	40.09
中部学校	203	76	37.44
西部学校	175	88	50.29
合计	807	336	41.64

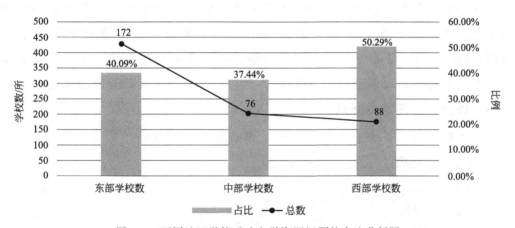

图 4.8 不同地区学校反映办学资源问题的占比分析图

4.1.5 学校发展面临的其他问题

(1) 专业（群）建设需要指导

中等职业学校的专业建设直接影响到社会的用人需求。从抽样调研数据分析，有186所中等职业学校存在专业建设问题，总占比23.05%（图4.9），这些学校专业建设不能与时代需求同步，导致学校传统专业优势不再明显，特色专业不再突出，专业集群建设规划不够，专业设置和调整不灵活，与高职院校对接不紧密，进而影响专业建设和人才培养质量，不仅不能满足学生的期待，也无法满足社会的需求。

（2）内部管理机制亟待优化

学校内部管理机制直接制约了学校的转型升级发展。从抽样调研数据分析，有191所中等职业学校提交的问题自述中表达了学校在内部管理中还没有建立起科学的管理机制和管理方式不够完善，不能够完全适应发展需要，总占比23.67%（图4.9），特别是管理人员的思想跟不上社会的发展，致使学校无法准确定位未来的发展目标，教学管理人员缺乏学习，教、产、学、研和理实一体化程度不高，工作策略和跟进措施不够及时有力，这些内部管理中的问题严重制约了学校的转型升级发展。

（3）中等职业教育社会认可度亟待提高

从抽样调研数据分析，有86所中等职业学校校长表示社会、家长及学生由于传统观念和对职业教育的误解，对中等职业教育存在偏见，总占比10.66%（图4.9）。社会上"重普教、轻职教"的情况较为普遍，加上技术技能人才社会地位不高，职业教育的社会声誉也不高，家长不愿意让孩子上职业院校，而进入中等职业学校多数为无奈之举。

（4）升学数量、通道与学生期望存在差距

如何便捷打通中、高职学历教育，或提升学校办学层次是学校目前面临的最大难题。从抽样调研数据分析，有84所中等职业学校由于办学层次较低，导致学校专业发展、学生就业等方面有一定的局限性，不能满足社会发展需要，总占比10.41%（图4.9）。虽然中等职业学校的学生目前升学通道不少，但规模数量难以满足需求，特别是本科层面的招生数量更少，与学生和家长的期望存在差距。

（5）校企合作还存在壁垒

在"产教融合，校企合作"过程中，学校和企业间始终存在学校热、企业冷的

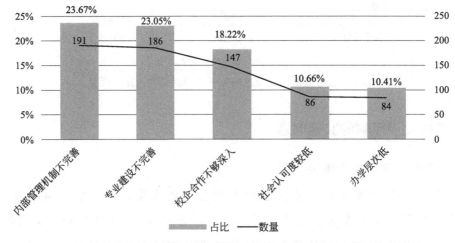

图4.9 中等职业学校面临的其他问题调研汇总分析（数据来源：本次调研）

现象。根据抽样调研数据分析，有 147 所中等职业学校表示校企合作、产教融合一直以来都是中等职业学校最困惑的问题，总占比 18.22%（图 4.9）。出现该问题的原因有：首先，中等职业学校学生大多数会继续升学暂不参与就业，选择就业的学生掌握的技能尚不能完全适应企业的需求；其次，在合作过程中企业承担的风险大于所得的收益，有时甚至需要无偿地为教育服务；第三，企业接收中等职业学校的学生、教师实习，需要承担人员、材料、设备损耗等支出，还要承担技术与商业机密泄露的风险，有些企业还要承担学生因技术不熟练而损坏机器设备或发生安全事故等风险，导致校企合作停留在浅表，无法达成真正的深度合作。

4.2 中等职业教育发展的对策与经验

面对上述问题，各地中等职业学校根据自身所处地域的政策情况，基于学校的实际，积极探索，寻求对策，在多个方面取得了较好的成效，对当地的经济发展、解决民生问题等诸多方面贡献了智慧与力量。

4.2.1 解决师资队伍结构性矛盾突出的策略与方法

师资是学校发展的基石。从抽样调研数据分析，有 592 所学校出招解决了学校的师资问题，总占比 73.36%。为解决师资队伍匮乏问题，学校基于当地与学校的实际情况，得到了多方的支持，突破了困局，取得了较好的成效。

主要举措与具体案例汇集如下：

① 鼓励教师一专多能，鼓励教师专业化发展，建立"技能大师工作室"，建设专兼结合的"双师型"教师队伍。

如：浙江省海宁市职业高级中学，为进一步抓好师资队伍建设，尤其是抓好教育创新团队的建设，研制了教师工作标准，对标开展教学工作；同时，完善复合型教师培养体系，培养具有产业知识、专业知识和辅岗迁移知识的"一专多能"的复合型人才；做好德技并修育人，培养打造一批特级教师和正高级教师。

② 向政府申请适当增加教职工数量，增强学校专业教师招聘自主权，从企业引进能工巧匠，并且放宽年龄界限，优化教师队伍结构。

如：浙江省温州市乐清市虹桥职业技术学校，完善了教师聘用制度，制定了职业教育教师聘用标准，赋予院校招聘自主权，使职业院校能够按照自身发展需求招聘教师；在教师聘用的过程中，改变唯学历的观念，将教师的专业技术水平作为聘用的重要衡量指标；落实教师职称评定制度，在现有教师职称评定标准的基础上，规范技能型教师的评定标准,放宽职称评定的学历等"硬指标",更加注重职业学校教师的专业技术水平,把教师的专业技术等级与学历放在同等重要位置。

③ 建立完善的教师培训制度,通过短期进修、国内访学、讲座培训等形式,促进教师专业化成长。

如:浙江省台州市路桥中等职业技术学校,组建了混合型职教师资团队,形成了一体化教师培训体系。通过聘请行业企业专家技术人员和能工巧匠担任兼职教师或行业技术顾问,以实地讲授、网络教学、微信公众号、项目合作等多种渠道来助力师资团队的建设,实施教师素质提升计划,开展教师在职攻读硕士学位;通过产教融合、校企合作,实行双向培训,建立"双导师"培养培训模式,建立动态培训交流机制,进行云课程等远程培训。

从表4.9和图4.10的数据可以看出,全国和地区的中等职业学校均在想一切办法解决自身师资问题,有的从学校外部自主招聘教师解决师资不足问题,有的从内部培训、鼓励一专多能解决专业教师和双师型教师不足的问题,各地数据较为均衡,总体占75%左右。

表4.9 东中西部地区中等职业学校解决师资队伍问题的策略与方法(数据来源:本次调研)

区域	总数	想办法解决师资问题的学校数	占比/%
东部学校	429	313	72.96
中部学校	203	149	73.40
西部学校	175	130	74.29
合计	807	592	73.36

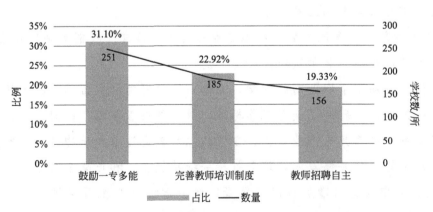

图4.10 中等职业学校解决师资队伍问题的策略与方法(数据来源:本次调研)

4.2.2 解决招生数量不足与生源质量不高的策略与方法

解决好招生数量和质量关乎中等职业学校的稳定发展。从抽样调研数据分析,本次接受调研学校中有21.07%学校为解决招生生源不足、生源质量差等问题，校长们想方设法采取措施，取得了一定的成效。

主要措施如下：

① 加强和改进学校宣传工作，加大学校宣传工作力度，积极主动、客观准确地宣传学校发展、建设和办学成就，扩大社会影响力。

如：四川省乐山市欣欣艺术职业学校，积极主动、客观准确地宣传学校发展、建设和办学成就，发挥好"内强素质、营造活力，外树形象、扩大影响"宣传理念，积极宣传各级政府大力发展中等职业教育的新政策；把握正确的宣传和舆论导向，加强学校宣传工作力度，通过网站、微信公众号、学校宣传册，及时、准确、全面地宣传学校教育教学动态，丰富校园文化，展示学校形象，提升学校知名度，让社会、家长、学生全面了解中等职业教育，推动全社会观念的转变，确保招生规模不断扩大，社会影响力不断增强。

② 扩大招生范围，实行多层次、多形式、多规格办学。

如：浙江省台州市天台文武职业技术学校，采取了六种措施实行多层次办学。一是竭尽全力申报体育训练专业，力争审批到位；二是凭借"省队市办"空手道队近年取得骄人成绩的优势，打造空手道铁军团队；三是靠市县两级体育名师工作室的科研力量；四是引进韩国、日本、伊朗高水平教练；五是挖掘古为今用、洋为中用的训练、方法，增强训练力度，大幅度提高竞技水平，培养奥运冠军；六是加大投入，改善办学办训条件，扩大招生范围，增加收入，以各校效应促进学校健康持续发展，形成办学良性循环。

③ 做好毕业生的就业安置工作，建立健全相应的组织机构和就业网络，提供良好的就业指导、就业安置和跟踪服务。

如：河北省保定市莲池区第二职业技术教育中心，改革教育教学模式，提高教育教学质量。突出实践性教学，注重对学生的职业道德、专业技能、创业精神、团队精神、动手能力的培养；提供良好的就业指导、就业安置、跟踪服务、企业对接服务，使毕业生有一个稳定合适的工作，从而消除后顾之忧，增强学校信誉度和吸引力。

④ 加大校企合作、工学结合力度，开展订单培养。

如：辽宁省鞍山市信息工程学校，强化产教融合、校企合作工作力度，拓展思维，扩大合作区域、领域，在积极与鞍山地区企业开展合作的前提下，加强与外市乃至省外优秀企业积极沟通联系，开展校企合作。学校与大连东软教育科技集团，在专业教师培养、"1+X"证书试点项目、毕业生就业等方面已经开展的合作（图4.11、表4.10）。

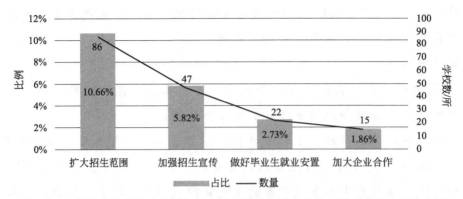

图 4.11 中等职业学校解决生源数量与质量差的策略与方法（数据来源：本次调研）

表 4.10 东中西部地区中等职业学校解决生源数量与质量差的策略与方法（数据来源：本次调研）

区域	总数	想办法解决招生问题的学校数	占比/%
东部学校	429	60	13.99
中部学校	203	47	23.15
西部学校	175	63	36.00
总数	807	170	21.07

从统计数据看，各地中等职业学校均在招生问题上下足了力，也取得了一定的成效，保障了中等职业学校的稳定发展，尤其是西部地区学校在解决招生问题方面做了很多工作，有超过三分之一的学校都在着力解决招生问题。

4.2.3 解决经费不足与设备短缺的策略与方法

办学经费是学校办学的保障。本次抽样调研学校中有 22.18% 学校为解决经费不足问题，主要采取以下几种措施。

① 积极利用企业资源的教育功能，深化校企合作，将部分专业性强的专业学生安排到企业进行实习实训，提升专业学生的技术技能水平。

如：天津市第一商业学校，立足学校商贸类专业优势，建立政府主导、企业行业参与、学校牵头搭建天津市财经商贸职教联盟，在专业布局、教学改革、人才培养模式与校企合作等方面发挥重要作用，促进产教深度融合，校企共生发展。实施现代学徒制、新型学徒制人才培养，重点在物流服务与管理专业和工艺美术专业开展现代学徒制人才培养试点工作。

② 积极争取地方政府支持，加大资金投入，实施资金整合，统一安排协调。

如：河北省邯郸市峰峰矿区职业技术教育中心，深入贯彻实施《中华人民共和国职业教育法》，强力推动职业教育更好更快发展，想尽办法多渠道筹措资金，加大职业教育投入，引入市场经济的管理理念，在吸纳社会资金、改善办学条件的同时，力争做到用于职业教育的经费逐步增长；依法征收的教育费附加安排一定比例用于职业教育。

③ 加大学校内涵建设，开展产教融合，全面提升办学水平。

如：北京市自动化工程学校，坚持内涵发展，围绕学校高质量发展、学生全面发展、教师可持续发展目标，开展深度产教融合，全面施行中国特色学徒制，通过校企合作，抓住专业建设、师资队伍建设、人才培养模式改革、内部管理改革等内涵建设的关键因素，学校得到了优化发展，完善了制度机制，提升了人才培养质量和学校办学质量。

④ 与大型企业、知名企业合作建立"大实训基地"，联合建立校内外实训基地，采用"现代学徒制"形式培训学生。另外，建设虚拟仿真实训平台，实现专业教学与实习实训线上线下结合、虚拟现实同步的实训模式。

如：吉林省白山市抚松县职业技术教育中心，加大校企合作力度，与当地26家大中小型企业进行合作，利用企业的技术优势，组织学生到企业进行跟岗、顶岗实习，解决学校实训基地不足现状。上海市材料工程学校，完善信息化综管平台功能，打通信息孤岛，初步建成智慧校园，积极创建上海市信息化特色学校；实施部分课程网络教学与移动学习功能，实现教学资源与信息技术的融合，基本建成线上线下并行的教学资源（表4.11、图4.12）。

表4.11 东中西部地区各校解决经费不足的策略与方法（数据来源：本次调研）

区域	总数	想办法解决经费问题的学校数	占比/%
东部学校	429	86	20.05
中部学校	203	43	21.18
西部学校	175	50	28.57
合计	807	179	22.18

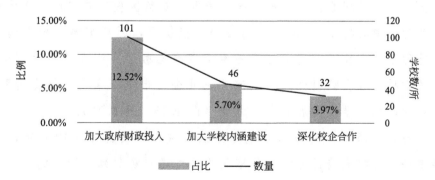

图4.12 中等职业学校解决经费不足的策略与方法（数据来源：本次调研）

从表 4.11 和图 4.12 中数据可见，各地区的学校也在积极解决经费不足的问题。包括利用当地企业的力量，协助发展专业人才培养，借用企业的场地、资源为学校所用，在一定程度上解决了学校经费不足和实训资源不足的问题，特别是西部地区学校，学校从内、外多方出谋策划，为西部学校的规模发展作出了贡献。

4.2.4 解决办学资源配置不高的策略与方法

办学场地不足成为限制学校办学的因素。从抽样调研数据分析，本次抽样调研学校中有 28.50% 学校为解决办学条件、环境不足问题贡献了智慧，也得了上级教育行政部门的大力支持。主要采取以下几种措施：

① 建设网络学习平台，支持微课、慕课、手机 APP 等教学资源的快速录入和有效管理，为学生规划学习路径，提供测试、评定成绩等。

如：深圳市开放职业技术学校，充分利用深圳电大的办学优势，建设网络学习平台，方便学生在线学习，提高学生学习效果；建成的平台将支持微课、慕课、手机 APP 等教学资源的快速录入和有效管理；学生可以按个人需求选择学习主题、学习方法；系统能够为学生规划学习路径，为学生提供测试、评定成绩等。

② 扩大校区或加快建设新校区，重视建设校园网络系统，优化办学条件，强化教学保障。

如：青海省西宁市大通职业技术学校，全面提升学校办学条件，以新校区建设为契机，建成布局合理、功能完善、设施先进的现代化学校，完善实训实习条件，建成省级产教融合人才培养基地，实现学校教学条件基本达标，建成教育信息化标杆学校，建成国家级"优质中等职业学校"。

③ 积极争取上级部门支持，努力改善学校校区基础建设，增强学校吸引力。

如：上海市新陆职业技术学校，积极争取浦东新区教育局支持，将原浦东新区教育局资产管理中心的 10.2 亩土地划拨给学校使用，逐步统筹规划空间布局，扩大校舍建筑面积；学校汽车运用与维修专业实践性教学实训设施将达到标准要求，大大增强了学校的社会吸引力。在上海寸土寸金的市中心拿出土地支持职业教育，足显政府对中等职业学校发展的支持力度（图 4.13、表 4.12）。

从数据看，西部学校更为积极地想办法解决办学资源不足的问题，他们的方法、计谋更多，为扩大校区面积、争取到更多办学资源起到了积极的作用。

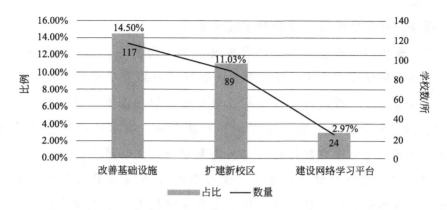

图 4.13 中等职业学校解决办学条件、环境不足的策略与方法调研统计图（数据来源：本次调研）

表 4.12 东中西部地区中等职业学校解决办学条件、环境不足的策略与方法调研统计（数据来源：本次调研）

区域	总数	想办法解决办学资源问题的学校数	占比/%
东部学校	429	109	25.41
中部学校	203	44	21.67
西部学校	175	77	44.00
合计	807	230	28.50

4.2.5 解决其他问题的策略与方法

（1）解决专业建设不完善的策略与方法

专业建设是中等职业学校生存与发展的基石。从抽样调研数据分析，本次抽样调研学校中有 24.29% 学校着力解决专业建设问题。主要采取以下几种措施：

① 突出特色专业、特色办学，坚持以高水平专业建设为基础，从专业到专业群建设。

② 以市场需求为导向，大胆改革，面向市场、服务企业，调整专业设置，突出办学特色。

③ 推进课程改革创新，以思政课程开发为牵手，制定新一轮的人才培养、课程建设开发、创新创业孵化方案。

如：青海省西宁市大通职业技术学校，提升培养能力，创建优质中等职业专业，建立学校人才培养方案公开制度，深化产教融合、校企合作，建成高水平专业群，不断深化教学改革，推进产教研用深度融合，提升人才培养质量，打造"高质量升学、高质量就业"的中等人才培养高地，实现学生的分类培养。全面推进1＋X证书试点，将机电技术、汽车运用与维修、烹饪三个专业建设成为国家级"优质中等职业专业"。

（2）解决内部管理机制不完善的策略与方法

中等职业学校的内部管理机制是学校发展的活力所在。对抽样调研数据分析，发现本次抽样调研学校中有14.37%的学校为解决内部管理机制不完善问题，采取一系列有效的措施，学校得以快速发展。主要可归纳为以下几种措施：

① 根据经济社会发展需求，确定学校发展定位，主动适应地方发展战略，深入分析教育教学工作中存在的问题，坚持问题导向，主动解决问题。

② 完善内部质量管理体系，坚持"依法治校"，完善以章程为核心的校内规章制度体系，健全学校内部治理结构，切实发挥学校质量保证主体作用。

③ 实施科学的绩效分配方案，梳理优化岗位工作职责、工作标准和学校关键业务流程，搭建数字化管理平台，实行按劳分配、多劳多得、优劳优得的原则，加深平台与学校管理机制的融合。

如：北京金隅科技学校，建立人才引进机制，改善师资队伍结构。加大资金投入力度，充分发现和发挥教师的某些方面特长，扬长避短，为教师成长搭建平台，让教师有更多的荣誉感、获得感。建立人才引进机制，营造吸引人才和稳定师资队伍的良好氛围，改善师资队伍结构。探索企业经营管理者、技术能手与学校管理者、骨干教师相互兼职管理机制。聘用有实践经验的行业专家、企业工程技术人员和社会能工巧匠等担任兼职教师，建设一支结构合理的专兼职师资队伍。

（3）解决职业教育社会认可度较低的策略与方法

中等职业学校需通过质量和形象着力提高自身的社会认可度。从抽样调研数据分析，本次抽样调研学校中有12.27%学校为解决社会认可度较低问题出谋划策，取得了一定的效果。主要做法如下：

① 用当地最好的资源建设中等职业学校。争取地方政府的大力支持，为辖区经济建设服务，为学生全面发展和就业、创业服务，为学校和教师发展服务。如四川省成都市中和职业中学利用了当地最好的资源建设中等职业学校，做到外延发展与内涵发展并重、就业与升学并重、职业能力与人文教育并重。

② 培养中等职业优秀人才。挖掘学生的不同智能，发挥他们的长处，让中等职业学生也能成长为优秀人才。如上海信息技术学校利用多元智能理论，根据不同学生的特质，开展个性化培养。一批学生成为拔尖人才，解决了中等职业教育社会认可度较低的问题。

③ 定制各类个性化培训项目，面向初中及以下学历在职劳动者，开设集学历、技能、素养三位一体的课程，送教入企，做大做强职业技能培训，提供职业资格证

书培训，推动企业内部培训。

④ 加强职教宣传。利用好传统媒体和新媒体，加强对职教政策、优秀师生、办学成果的宣传，办好职教活动周，让职业教育走出校园，深入街道、社区，传播职教正能量，唱出职教好声音，讲述职教好故事。

(4) 解决学生升学期望与通道的策略与方法

打造品牌、多元办学，积极探索提高中等职业学校的吸引力。对抽样调研数据进行分析，发现本次抽样调研学校中有 17.60% 学校为解决办学层次偏低、缺乏吸引力问题，采取了以下措施：

① 打造学校品牌效应。准确定位学校发展，从学校实际出发，分析学校的优势与劣势，合理选择与打造学校特色生长点，构筑学校新的可持续发展平台；善于运用各类资源，同时多利用行业、社区中众多潜在的教育资源，保证学校特色建设有更稳固的基础、有更广阔的发展空间；推广学校特色，充分发挥学校引领示范作用，扩大学校特色的社会影响，进一步发挥它的社会效益。

② 保证自身质量。先确立出有效的职业教育要求，从全新的视角上出发，在此基础上来开展教学工作，同时还要确立出有效的教学目标，做好职业定位工作，结合课程结构来对课堂教学模式进行改革，同时还要确立出用以提高综合职业能力的标准，及时调整教学内容与结构，实现综合化的教学。

③ 多元办学，对职教升学班、3+2 大专班、校企合作订单班和技能培训统筹兼顾，提高技术技能型人才培养的针对性和适应性，优化专业设置，提升校企合作办学的层次和水平，提升教育教学质量，促进学校内涵发展。

(5) 打破校企合作壁垒的策略与方法

校企合作是提高中等职业教育实效性的途径。从抽样调研数据分析，本次抽样调研的学校中有 30.11% 学校为解决校企合作、产教融合不够深入问题，主要采取了以下几种措施：

① 切实加强学校和企业的合作深度，"引企入教"，把校企合作作为基本办学制度纳入学校章程，成立校企合作指导委员会，持续开展校企合作项目，让企业参与到学生培养的各个环节，包括学生管理、课程的设置、教学目标的拟定、教学方法的选择与改革、学生考核以及教师教学评价等，加强与企业在人才培养模式、就业创业、技术创新、协同育人、资源共享、共建平台等方面的合作，构建校企合作共同体，形成产教融合的新格局。

② 拓展校企合作平台，丰富校企合作内容，搭建实习实训基地平台、专业建设管理平台、师资队伍管理平台、顶岗实习管理平台，拓宽校企合作领域，创新人

才培养模式,推行校企一体化育人。

③ 立足学校发展,主动寻求政府部门的支持、行业组织的指导评价、企业的参与融合,打通多主体共同参与的通道,加快探索不同专业校企、校地合作新形式,构建立足学校、政府支持、行业指导、企业参与的协同育人机制(图4.14)。

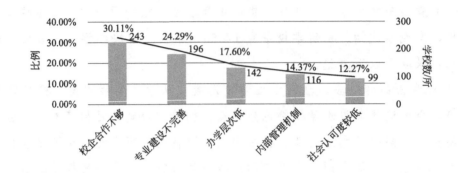

图 4.14　中职学校解决其他问题的策略与方法调研统计图(数据来源:本次调研)

4.3　中等职业教育改革的建议与展望

教育部已明确中等职业教育是高中阶段的职业教育,是整个职业教育体系构建的基础。其发展的基本方向是多样化。除原有的中等专业学校、职业高中、技工学校以外,还可举办综合高中,及以艺术、体育、机器人等特色专业为核心培养内容的特色高中。中等职业教育在培养学生扎实的职业基础能力的同时,还应培养学生扎实的文化基础素质。中等职业教育应与普通教育相互渗透和融通。

新时代中职教育肩负着就业和升学的双重功能;肩负着坚持职教类型特征和开创职业基础教育的双重任务;肩负着适应经济社会发展需要和学生发展需要的双重使命。如何提高中等职业学校的办学质量,办出学校的特色,亟待进行思考与探索。本次抽样调研的学校,在"校长所盼"栏目,以各地中等职业学校校长为代表,提出各自的建议与期盼,希望能通过政策引导,解决职业教育中重点、难点问题。

中职学校作为职业基础教育,需要在教师专业化、双师型团队建设方面获得更大的政策支持,以吸引掌握最新技术、最优经验的优秀人才加入;在办学经费、设施设备更新等方面有更多的投入;期盼各地方行政部门在资源配置、产教融合方面出台相关操作层面的支持政策,解决中等职业教育面临的发展问题。

从调研数据看,大体可以分为两大类,分别为体系制度类和资源条件类的建议与期盼。

4.3.1 建议出台体系制度类政策

(1) 建议出台普职融通、职教高考等指导性文件

本次抽样调研中有35.44%学校建议出台普职融通、中高职贯通、中本贯通等指导性文件;搭建学生多样化选择、多路径成才的平台,健全职业教育一体化人才培养体系,应当把中等职业学校学生升学的通道变成渠道;现代职教体系中,高职应该以中等职业为基础,普通高中生源作为补充,全面提高职业教育系统性水平。

也有学校提议加快完善"职教高考"政策,增加本科招录计划,打破升学壁垒,有这项提议的学校总占比为4.21%。从中等职业学校选拔优秀毕业生为高职院校、本科院校输送优质生源,有利于培养高质量的技术技能人才,打通职业教育升学途径,提高中等职业教育吸引力。

(2) 建议出台统一招生、破除地方保护的政策

本次抽样调研中有43.39%学校建议出台相关招生政策,将中等职业学校招生纳入统招计划。完善招生机制,构建中等职业教育统一招生平台,破除招生地方保护,统一制订和实施中等职业教育的招生办法和年度指导性招生计划,统一生源输送,规范招生秩序,实现公平招生。

(3) 建议出台放宽办学自主权的政策

本次抽样调研中有29.49%学校建议出台政策放权到校,减少对职业学校的束缚,增强中等职业学校办学自主权。真正实行党组织领导下的校长负责制,校长可根据学校的自身实际情况,自主落实内设机构自主权、用人自主权、职称自主竞聘、内部薪酬自主分配、科技成果转化收益自主处置权。

(4) 建议出台进一步规范管理的政策

本次抽样调研中有138所行业和企业主管的中等职业学校建议出台相关政策,在学校土地归属问题上梳理清楚,保证学校办学有自主土地所属权,土地归口到学校,总占比17.10%。企业举办者在办学经费上应有责任和义务出资,办好职业学校,希望国家出台相应的政策,保障行业企业举办的学校与地方政府举办的学校具有相同的发展权益,促进多元办学机制的健康发展(图4.15)。

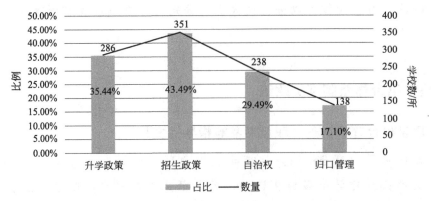

图 4.15 中等职业学校建议出台的体系制度类政策（数据来源：本次调研）

4.3.2 建议出台资源条件类政策

(1) 建议出台提高教师待遇，增加教师职务设岗比例的政策

本次抽样调研中有 38.91% 学校希望可以提高教师待遇，建立健全教师培养体系，优先满足学校师资队伍的数量和质量要求。建议深化教师人事薪酬机制改革，加大人才引进力度，提高教师待遇，调动教职工的工作积极性；优化职务评聘和专业技术岗位比例，建立灵活的师资队伍建设机制，提升教师教书育人能力素质，解决中等职业学校职称设岗比例不平衡问题。

(2) 建议出台加大经费投入，完善财政补贴政策

本次抽样调研中有 497 所中等职业学校希望可以加大财政投入力度、扩大校园面积和建筑面积、增加设施设备的添置，完善对职业教育的财政补贴政策，总占比高达 61.59%。发挥各级政府投入主导作用，加大公共财政对中等职业教育投入力度，结合当地的经济发展水平、学生的职业规划，有针对性采取各种方式来合理、科学、可持续地促进中等职业学校的发展。建立健全中等职业学校经费保障方式和经费管理机制，不断通过多种方式来实现学校经费保障。各级政府除了日常经费保障外还应通过多种方式来不断地筹措资金，以此来实现职业教育的可持续发展。

(3) 建议落实产教融合激励政策，实现多元办学

国家出台了一系列产教融合的激励政策，由于中等职业学校隶属地方管理，学校需要得到地方政府的支持，才能解决本身难以解决的改革问题。本次抽样调研中有 113 所中等职业学校建议落实国家激励政策，推动校企合作，总占比 14.00%。其中，建议搭建校企合作平台深化产教融合，着力激发企业参与职业教育的内生动力，占比 12.76%；创新校企合作基本办学形式，健全多元化办学格局，允许各类企业参与职业教育，占比3.35%；促进企业履行实施职业教育的义务，利用资本、技术、知识、设施、设备和管理等要素参与校企合作，加快构建现代化职业教育体系，推动教育教学改革，占比3.97%（图4.16）。

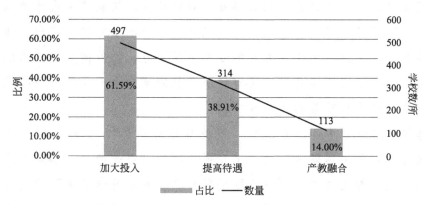

图4.16 中等职业学校期盼的资源条件类政策（数据来源：本次调研）

4.3.3 各地中等职业教育未来的展望

2022年4月20日，第十三届全国人民代表大会常务委员会第三十四次会议表决通过新修订的《中华人民共和国职业教育法》（以下简称《职教法》），并正式颁布，于2022年5月1日起施行。新职教法首次以法律形式明确"职业教育是与普通教育具有同等重要地位的教育类型"，并打通了职业教育走向"本科时代"的最后一公里，为我国高质量教育多样化发展提供了法律依据。

随着我国产业转型升级和发展数字经济需要，国家提出大力发展适应新技术和产业变革需要的职业教育。面对百年未有之大变局，为形成以国内大循环为主体、国内国际双循环相互促进的新发展格局，"推进职业教育改革，提高职业教育质量，增强职业教育适应性，建立健全适应社会主义市场经济和社会发展需要、符合技术技能人才成长规律的职业教育制度体系"（《职教法》第三条），已成为我国经济社会发展的一个重大战略选择。

伴随我国现代职业教育体系的建立和完善，中等职业教育如何开创职业基础教育？中等职业学校如何多样化发展？如何评价中等职业教育的质量？什么是优质的中等职业学校？怎样办出优质的中等职业学校？一系列问题在中等职业学校校长的心中回荡。可以大胆畅想，汲取部分校长的智慧，预测中等职业教育未来多样化发展的趋势。

(1) 中等职业教育模式多样化

推进中等职业教育多样化发展，从原来单纯的"以就业为导向"转变为"就业与升学并重"，升学成为中等职业教育的新使命。"就业与升学并重"将会给中等职业学校带来多种变化与挑战，在升学的同时中等职业教育要保持"职业"的类型特征。因此，中等职业教育可呈现出多样化发展的趋势，三二或三三分段制、五年一贯制、中高本贯通、中本贯通、职教高考、对口单招、技能拔尖人才免试升学等多种渠道升学，除了升入高职专科以外，也能升入本科，也有通过普职融通发展综合高中和特色高中，充分利用职业教育的专业建设实力，类似体育与艺术的专门人才培养，结合数字技术的快速发展，让有科技专长的学生专道发展，中等职业学校学生的升学需求已经得到政策的正视和支持。

从严格控制升学到中等职业教育"就业与升学并重"，背后是构建现代职业教育体系的要求，也是中等职业学生向上发展的刚需，更是产业发展对人才层次高移的现实需要。新职教法的实施，中等职业教育"就业与升学并重"的新定位，为中等职业教育提升吸引力创造了良好的条件，而中等职业教育能否真正成为"就业有能力、升学有优势、发展有通道"的教育，成为学生和家长的主动理性选择，还有待于各项政策的落地。如果职业本科、高水平职业院校和高水平专业只面向中等职业学校招生，则普通高中的一部分学生势必会流动到中等职业学校，以期获得更好的升学机会，从而解决了中等职业教育招生困难的问题，也提高了职业教育生源质量，有利于职业教育类型的系统化发展，也保障大国工匠、高技能人才辈出，解决生产实际中的用人难题，精准服务区域发展要求。

现代职教体系旨在实现普通教育与职业教育的融通，但目前情况是高中学生升入高等职业院校的人数还占较大比例，中等职业学生的升学质量相对较差。现代职教体系不仅要在纵向上贯通，更在普通高中与中等职业学校横向之间打通，即普职融通。因而，普职之间不再是鸿沟，学生之间可以双向流动，不同特质的学生向着不同的方向发展，研究型大学和职业类大学可成为学生的不同选择，真正实现每个学生都有人生出彩的机会。

（2）中等职业学校办学集约化

中等职业学校不再是小规模、低质量的代名词，将教学质量低的学校进行整编，集中优势力量办好优质中等职业学校。出台相应帮扶政策，允许东部地区学校托管西部薄弱学校，从办学理念、管理方式、课程体系等全方面进行改造，花较短的时间和较少的成本提升西部学校的办学质量，为地区经济发展服务，防止人才外流。

中等职业学校与行业企业相互合作、共同培育人才的方式真正落地。从校企合作深入到资产相互合作、权益共享环节，完成真正意义上的校企合作，工学结合，共同培育人才。可以利用集团化办学等形式，将职教集团内的学校资源进行整合。

提高教育教学、理论实践、专业建设等优势力量的利用率，提高中等职业学校办学基础能力，提高职业基础教育的课程开发和研制能力，提高产教融合、校企合作育人的质量。

中等职业学校也可以与职业本科、高职学院合作，建立一体化的办学体系，发挥"双高校"的示范引领作用，开展中高职贯通培养，实现资源共享、优势互补；职业本科也可以与中职合作，设立附属中职学校，带动中等职业学校职业基础教育高质量发展。

(3) 中等职业教育运行模块化

中等职业教育成为职业基础教育，中等职业学校的运行必然发生变化，总体说来包含三个方面。

① 招生应按专业大类。由于中等职业学校具有就业和升学的双重培养任务，因此，学习更为系统化的职业理论、文化基础、技术技能基础将是主要目标，学生在中等职业教育阶段以加强职业基础、文化基础为主要任务。虽然强调校企合作、工学结合，强调理实一体、综合实训等职教特色，但也应增加基础和专业基础课程占比，文化基础与职业技能并重，将会成为学生教育评价的关键内容。

② 按需分层组班。由于中等职业学校具有实施学历教育和职业培训的双重功能，因此，将按不同的目标需要组建教学班级。学历教育的学生可以是企业订单班、现代学徒制班，这些学生是直接要就业，且有明确的职业方向；也有是中高职贯通培养明确去升学的；还可按学生来源不同、基础不同等因素分班的。职业培训更是五花八门，有生源分类、也有目标分类。未来的中等职业学校将设置不同层次、不同需求的教学班，满足各种实用型、技能型人才的培养需求，分层分级，培养不同层次的职业教育技术技能人才。因此，满足教学的课程资源必须模块化，否则无法提高效率。

③ 教学机制——学分制。由于中等职业学校的生源差异大，个性特质迥异，培养的目标要求也种类繁多，适宜采用学分制管理。中等职业学校的每个学生都具有各自的特质，不能拿一把尺子去考核、衡量，对具有不同智能类型的学生应该用不同的标准去培养、教学、考核，实施学分制教学管理制度，设计每个学生不同的成才路径，帮助学生选择最适合的成才路径，实践人人成才的教育观。

未来的职业教育有很多可以想象的发展空间，我国的现代职业教育才刚刚起步，不断探索的任务艰巨，可坚信中国职业教育的未来会越来越好、越来越具有特色，成为国家经济社会发展的重要支撑力量。

总结这十年，职业教育发生了格局性的变化：呈现了定位类型化、办学多样化、体系融通化、制度系统化、合作纵深化、责任下移、高质量为重的新特点和新局面。新修订的职业教育法规定了"高质量发展"的目标追求，规定了"七个坚持"的遵循原则，规定了"六个特征"的现代职业教育体系，规定了职业教育的新内涵和新定位，规定了一系列具有中国特色、职教特点的制度体制机制，是大力发展适应新技术和产业变革需要的职业教育的有力武器。

中等职业教育在为国家的经济发展进程中培养了6000多万技术技能人才，为中国经济腾飞作出了不可忽视的贡献。如今，中等职业教育在党和国家的领导下，历史使命发生变化，在满足就业需要的同时，要为高职输送合格生源；深化教育教学改革，德技并修、育训结合，完成学历教育的同时要为企事业单位广泛开展职业培训。中等职业教育在未来仍将勇于创新，为党和国家培养合格的社会主义建设者和接班人。

5

案 例

案例 1

需求导向"分层次、多形式"培育 交通运输行业紧缺人才的实践探索

广州市交通运输职业学校

【摘要】 广州市交通运输职业学校坚持以习近平新时代中国特色社会主义思想为指导，坚持党的领导，坚持立德树人，深入贯彻习近平总书记关于职业教育的重要指示，立足职业教育和学校专业实际，通过多年的探索和实践，创新"分层次、多形式"工学结合人才培养模式，构建思政育人大格局，并通过不断深化校企合作，建立校企协同育人共同体，培养德技并修的高素质技术技能人才。

一、案例概要

广州市交通运输职业学校运用需求导向理论，以汽车运用与维修专业改革、工学结合课程建设和校企合作等为基础，协同丰田、奔驰和上汽通用等多家全球或全国知名汽车制造企业，构建了"分层次、多形式"工学结合人才培养模式（图1），通过系统开发融合课程思政的工学结合课程、构建思政育人大格局，建立校企协同育人机制等方式，开展校企双元合作育人，破解了该学校人才培养难以适应企业多样化需求、人才培养"重技能、轻素养"、人才培养长效机制难以建立等问题，成效显著。

二、背景分析

（一）改革基础

2004年以来，学校进行了工作过程系统化课程体系改革，在教育教学模式的改革创新方面取得了一些成绩：一是构建了服务区域交通行业的专业体系（专业群）；二是初步形成了较为系统的人才培养改革思路与方案；三是改革创新基于深度校企合作的职业教育课程模式。

（二）存在问题

随着当前社会经济与职业教育的发展，我校在人才培养方面也面临着一些问题：一是学校人才培养需要适应行业企业、社会的多样化需求；二是存在教学与育人脱节以及"重技能、轻素养"的现象；三是人才培养长效机制尚未建立。

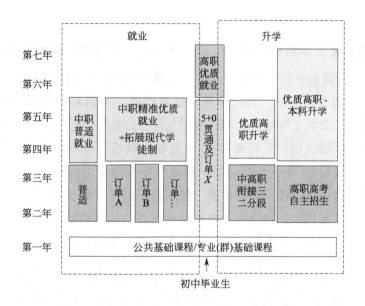

图1 "分层次、多形式"工学结合人才培养模式

三、改革思路

（一）精准对接人才培养需求，改革人才培养模式

通过改革人才培养模式来解决人才培养适应性的问题。一是精准对接各合作企业的人才需求、学生就业及升学需求，对人才培养模式进行改革，将人才培养规格划分为"中高职衔接培养""订单培养"和"普适培养"三个层次；二是针对不同的人才培养规格层次，校企共同制订不同形式的人才培养方案。

（二）重视课堂主渠道作用，构建思政育人大格局

通过构建思政育人大格局解决课程思政及"重技能、轻素养"的问题。一是紧抓教师队伍"主力军"、课程建设"主战场"、课堂教学"主渠道"，动员所有部门、所有教师承担好育人责任，形成协同效应；二是充分发挥政治引领作用，形成党委统一领导、党政齐抓共管、教务科牵头总抓、系部落实推进、相关部门协同、教师主导的课程思政建设工作格局。

（三）拓展校企合作内涵，开展校企双元育人

通过深度校企合作建立人才培养长效机制。一是大力推进工学结合、校企合作、顶岗实习的人才培养模式改革，在各专业全面开发校企合作项目，并进一步提升校企合作内涵；二是以交通运输行业、知名汽车制造企业为依托，搭建职场平台，校企协同育人；三是着力扩宽工学结合、订单培养和顶岗实习学生的覆盖面。

四、经验策略

（一）系统开发工学结合课程，创新"分层次、多形式"精准育人模式

学校运用 BAG 课程开发理论开展汽修专业课程建设，首创性地将"工作页"作为学生学习的载体，并将爱岗敬业、协同合作、细致严谨、劳动精神等课程思政元素有机融入，构建融合课程思政的工学结合课程，共编写了 11 本工作页（图 2），被国内 23 个省、市、自治区的职业学校选用，发行量达 80 多万册。随后，学校将改革成果推广应用到其他专业，先后编写教材 25 本。与此同时，精准对接交通运输行业人才多样化需求、学生就业及升学需求，对校企合作、课程体系、教学组织形式和评价方式等进行多种形式的合理设置，分层、分类推进工学结合人才培养模式改革，从而构筑起多路径、多样化的成才通道，营造人人努力成才、人人皆可成才、人人尽展其才的良好环境。

图 2　学校开发融合课程思政的汽修专业课程工作页

（二）构建课程思政体系，发挥课程育人功能

学校出台并印发"课程思政三年行动计划"，成立课程思政教学研究示范中心，组建以党委书记为组长的学校课程思政工作领导小组，构建由学校党委领导、党政齐抓共管、业务部门联动、全员落实推进、自身特色鲜明的课程思政建设工作格局。通过举办课程思政教学设计比赛、开展课程思政专题教研、修订体现课程思政要素的课堂教学评价量表等方式加强思政课与专业课程之间的融合，梳理挖掘每一门课程蕴含的思想政治教育元素，优化完善专业课程标准，将理想信念教育、"四史"教育、社会主义核心价值观教育、中华优秀传统文化教育、爱国主义教育等方面的思政元素融入专业课程教学中，发挥课程育

人功能，推动专业课教学与思想政治理论课教学紧密结合、同向同行。目前学校的课程思政教学研究示范中心已正式立项为省级建设项目，有4个课程思政教育案例被认定为省级教育案例。图3为课程思政教学设计比赛现场。

图3 课程思政教学设计比赛现场

（三）深度开展校企合作，建立校企协同育人共同体

学校与行业企业精准对接、精准育人，"零距离"培养技术技能人才。校企合作项目实现专业全覆盖，先后与丰田、通用、奔驰、大众、奥迪、广汽集团、广日电梯、港华燃气等40家知名企业深度合作。与此同时，学校积极完善"校企一体化"的合作机制，与企业共建6个技能大师（劳模或创新）工作室（图4），定期开展活动，弘扬"劳动光荣，技能宝贵，创造伟大"的时代新风尚，大力宣传优秀毕业生和技能竞赛明星的先进事迹，形成崇尚工匠精神的良好氛围，建立校企协同育人共同体。目前已成立20个校企合作订单班，自2006年以来订单培养学生近4000人，学校的校企合作项目也在每年全国职业院校的综合评测中屡获好评。

图4 与企业共建技能大师（劳模或创新）工作室

（四）加强教师培养机制建设，锻造高素质育人队伍

学校打造以教学名师、专业带头人为引领，骨干教师、青年教师为主体，结构合理的

育人队伍，见图 5。课程改革、校企合作、技能培训等工作也锻炼了青年教师队伍，不少青年教师快速成长为骨干教师甚至是专家型教师。2010 年以来，先后涌现了 1 名全国优秀教师、1 名国家万人计划教学名师、1 名国务院政府特殊津贴专家、4 名交通运输职业教育教学名师、1 名广东省基础教育系统教学名师、1 名广东省特支教学名师、1 名广东省百千万人才培养教学名师、4 名省级技术创新能手、1 名广东省骨干教师、1 名广州市名家工作室主持人、2 名广州市名师工作室主持人、2 名广州市 121 人才培养对象、2 名广州市高层次人才，一大批市级优秀教师、骨干教师等。

图 5　已立项建设的国家级职业教育教师教学创新团队

五、成效与反思

（一）人才培养质量高

学校通过创新人才培养模式，整体提升了专业建设水平和人才培养质量，学生的综合职业能力不断提升。近 5 年来，学生在参加的国家、省、市各级各类技能竞赛中成绩优异，共获得 11 项全国技能大赛一等奖（图 6），51 项省级技能竞赛一等奖，62 项市级技能竞赛一等奖，汽车车身修复专业 6 名学生入选世界技能大赛国家集训队。近年来，学校的毕业生中涌现出一批劳动模范和技术能手，有全国劳动模范 2 名、省级劳动模范和技术能手 7 名，还有一批各地市劳动模范和技术能手。其中 2018 届毕业生曾俊钦（图 7）在参加的 2018 年中国技能大赛"五羊杯"全国首届机动车检验工（车身修理）职业技能竞赛中获第一名，获评"全国五一劳动奖章"和"全国技术能手"。

（二）学生就业质量好

学校每年为社会输送优秀的技术技能人才达 2000 人以上，每年有 300 多家企业来校招聘，毕业生综合能力强，融入企业快，成长迅速，成为各大企业争相聘用的对象，就业

图 6 学生获 2021 年全国竞赛中职组一等奖

率、就业质量和专业对口率都大幅提升。近五年，毕业生年均就业率 97%，就业专业对口率 85%，就业稳定率 84%。同时，学生的成长通道进一步拓宽，目前与高职院校合作开设 5 个三二分段专业、2 个五年一贯制专业，升学率逐年提升。

图 7 2018 届学生曾俊钦获评为全国劳动模范

（三）示范辐射影响大

学校人才培养模式改革及相关课程开发、教学环境建设和校企合作等方面的经验被全省乃至全国职业学校广泛学习和借鉴。5 年来学校共接待全国同行来校参观考察 200 多次，多所院校派出教师长驻学校学习专业建设和校企合作等经验，国家、省、市媒体共 100 多次宣传报道学校建设和办学成果。学校充分应用多年积累下的成果，通过外派指导、人才培养模式本地化、设备捐赠、师资培养、帮助导入校企合作项目等方式对口帮扶清远工贸职业技术学校、贵州省福泉市中等职业学校、西藏林芝职业技术学校和新疆疏附职业学校（图 8），助力脱贫攻坚。

图 8　冯明杰老师在新疆疏附职校支教

（四）教学成果丰硕

学校在探索需求导向"分层次、多形式"人才培养的过程中取得了丰硕的成果，主持的 2 项与之有关的教学成果分别获得 2014 年国家级教学成果奖一等奖、2018 年国家级教学成果奖二等奖；3 项教学成果获省教学成果一等奖，3 项教学成果获省教学成果二等奖；多项成果获得广州市教学成果特等奖、一等奖。此外，学校分别以丰田 T-TEP 校企合作项目、上汽 ASEP 校企合作项目为依托，深度参与了 2 项教学成果的培育工作，均获得国家级教学成果二等奖。

学校坚信在全面建设社会主义现代化国家新征程中，职业教育前途广阔、大有可为。今后学校将继续以深度校企合作为依托，加强产教融合，深化教育教学改革，推动校企精准对接、精准育人，培养更多高素质技术技能人才、能工巧匠、大国工匠，为粤港澳大湾区建设提供有力人才和技能支撑。

执笔人：刘君科，巫兴宏。

案例 2

构建"大思政"育人格局　落实立德树人根本任务

甘肃省理工中等专业学校

【摘要】甘肃省理工中等专业学校围绕"培养什么人、怎样培养人、为谁培养人"这个根本问题，紧扣"一个核心"，贯穿"两条主线"，实施"三个结合"（学校、家庭、社会),厚植"四史"教育,讲好"五种"故事,构建"大思政"育人格局,真正形成"全员、全过程、全方位育人"的局面。帮助正处于人生成长"拔节孕穗期"的中职学生奠定正确的"三观"基础,扣好人生的第一粒扣子,为社会发展培育具有政治认同、职业精神、法治意识、健全人格、公共参与等核心素养的社会主义事业建设者和接班人。

一、案例概要

中等职业学校的学生正处于人生成长的"拔节孕穗期",他们的理想信念、价值取向、思想意识、道德品质等状况,直接关系到我国产业生力军的素质,而且关系到国家发展和民族振兴的未来。加强和改进新时代中等职业学校思想政治教育,是适应新时代中国特色社会主义发展的必然要求,是全面贯彻党的教育方针,落实立德树人根本任务的重要举措。甘肃省理工中等专业学校坚持用习近平新时代中国特色社会主义思想铸魂育人,深入贯彻落实立德树人根本任务。紧紧围绕"培养什么人、怎样培养人、为谁培养人"这个根本问题,夯实"思政课程"主渠道,聚力"课程思政"主阵地,细耕"实践思政"责任田,构建了"大思政"的育人格局(图1)。

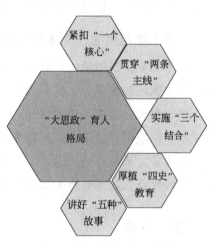

图1 "大思政"育人格局

一是紧扣"一个核心",培育和践行社会主义核心价值观。

二是贯穿"两条主线",推动"思政课程"和"课程思政"同向同行、协同育人。

三是实施"三个结合",建立学校、家庭、社会三方共育会商机制。

四是厚植"四史"教育,学习党史、国史、改革开放史和社会主义发展史,以史鉴今、资政育人。

五是讲好"五种"故事,专题讲授抗疫故事、党史故事、红色文化故事、民族团结故事、生态文明故事,做优特色育人。真正形成"全员、全过程、全方位育人"的局面,为社会发展和民族复兴培养具有政治认同、职业精神、法治意识、人格健全、公共参与等核心素养的社会主义事业建设者和接班人。

二、背景分析

(一)新时代赋予职业教育的新使命

中国特色社会主义进入新时代,世界面临百年未有之大变局,经济全球化和社会主义市场经济迅速发展,加速了生活方式的变化和文化价值观的多元化。面对复杂多变的国际形势，面对中华民族伟大复兴的光明前景，"培养什么人、怎样培养人、为谁培养人"是立德树人的根本问题。中等职业教育担负着培养高素质劳动者和技术技能人才的任务，必须着眼于用习近平新时代中国特色社会主义思想铸魂育人，引导学生增强中国特色社会主义道路自信、理论自信、制度自信、文化自信，厚植爱国主义情怀，把爱国情、强国志、报国行自觉融入坚持和发展中国特色社会主义事业、建设社会主义现代化强国、实现中华民族伟大复兴的奋斗之中。这是新时代赋予职业教育的新使命。

（二）落实立德树人根本任务的新要求

党的十八大以来，以习近平同志为核心的党中央高度重视学生思想政治和德育工作，对学校思想政治和德育工作发表了一系列重要讲话，对培养造就社会主义合格建设者和可靠接班人提出新要求，作出新部署，深刻阐明了新时代学校思想政治教育的重大意义，为做好中等职业学校思政课程和课程思政建设提供了需遵循的根本原则。

（三）中职生成人成才的现实需要

中等职业学校的学生正处于人生成长的"拔节孕穗期"，鉴于他们特殊的学习领域和面向未来职场的前景，尤其需要社会主义核心价值观的教育。他们的理想信念、价值取向、思想意识、道德品质等状况，不仅直接关系到我国产业生力军的素质，而且关系到国家发展和民族振兴的未来。加强和提高新时代中职生思想政治素质，是适应新时代中国特色社会主义发展的必然要求，对于培养高素质劳动者和技术技能人才、培养担当民族复兴大任的时代新人，具有重大战略意义。

三、建设思路

以习近平新时代中国特色社会主义思想为指导，基于新时代立德树人根本任务和铸魂育人的新要求，围绕"培养什么人、怎样培养人、为谁培养人"这个根本问题，强化政治引领，明确培养目标，以培育和践行社会主义核心价值观为主导，全面贯彻党的教育方针。贴近中职学生实际，遵循学生成长规律，构建中职"大思政"的育人格局（图2），真正形成"全员、全过程、全方位育人"的局面，为社会发展和民族复兴培养社会主义事业建设者和接班人。

（一）为学生成长成才奠定正确的"三观"基础是立德树人的落脚点

中职学生大都是15～17岁的未成年人，正处于人生成长的"拔节孕穗期"，处于世界观、人生观和价值观形成的关键时期，最需要精心引导和栽培，帮助他们树立正确的"三观"，扣好人生第一粒扣子。

（二）培育学生过硬的政治素质是立德树人的关键点

加强理论武装、培养政治认同，是思想政治教育教学的首要使命，事关学生的健康成长，事关国家和民族的未来。必须用习近平新时代中国特色社会主义思想武装头脑，帮助中职生树立共产主义远大理想和中国特色社会主义共同理想，厚植爱国主义情怀，自觉培育和践行社会主义核心价值观，坚定中国特色社会主义道路自信、理论自信、制度自信和文化自信。

（三）改进和创新育人方法的立德树人的切入点

根据习近平总书记在学校思想政治理论课教师座谈会上提出八个"相统一"的要求，学校紧密结合社会实践和学生实际，树立起人人都有育人责任、各门课程都有育人功能的教育理念，推进思政课教学改革，实现中职思政课程和其他课程同向同行、协同育人，构建"大思政"的育人格局。

（四）学校、家庭和社会的通力合作是立德树人的联动点

建立学校组织、家长参与、社会支持的共商育人机制，推动思政教育一体化、思政教育全员化、思政教育常态化，形成"全员、全过程、全方位育人"的局面（图2）。

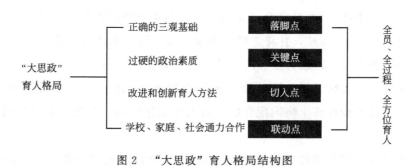

图2 "大思政"育人格局结构图

四、经验策略

（一）紧扣"一个核心"，培育和践行社会主义核心价值观

中职学生正处于人生成长的"拔节孕穗期"，是世界观、人生观和价值观培育的关键时期，对他们进行社会主义核心价值观的培育，无疑是一项"功在当代，利在千秋"的奠基工程。我校健全机制、成立领导小组，制订了"培育和践行社会主义核心价值观实施方案"。

一是加强宣传、营造氛围。 在校门口、教学楼、实训楼墙上张贴"富强、民主、文明、和谐，自由、平等、公正、法治，爱国、敬业、诚信、友善"24字社会主义核心价值观，设计体现社会主义核心价值观内容的宣传栏、黑板报，让社会主义核心价值观入脑入心（图3）。

二是搞活两个课堂、拓展培育渠道。 充分利用课堂教学和课外实践活动，加强对学生的爱国主义教育、人生观教育、社会公德教育、集体主义教育、革命传统教育、荣辱观教育、劳动观教育、自觉纪律教育和法制教育等，提高思政教育的亲和力、说服力和感染力，锻造和培育中职生正确的人生观、价值观。

三是坚持三网共育，确保全维强效。 构建"学校、家庭、社会"三位一体的培育网络，推进市、镇、村（社区）"三个层面"和教育厅、共青团、关工委、妇联"四条主线"

图 3　加强社会主义核心价值观宣传，营造氛围浓厚育人氛围

的网络建设。学校成立了向社区开放的道德讲堂，净化周边环境；力图发挥家庭教育的基础作用，培育学生健康人格，树立正确的人生观和价值观。

（二）贯穿"两条主线"，推动"思政课程"和"课程思政"同向同行、协同育人

习近平总书记指出："思政课是落实立德树人根本任务的关键课程。"我校党委高度重视思政课程建设"一号工程"，并将之纳入党委会议专题研究计划（图4）。

一是推出党委委员、校领导担任思政课助教计划。党委书记、党委委员带头深入课堂上好思政理论课，带头联系思政课教师，形成以党委领导为主导，以思政教师为重点，以班主任队伍为主体的全校师生协同配合的全员思政工作格局，建成了党建思政实践教学研究示范中心。

二是贯彻《中等职业学校思想政治课程标准》，推动思政课守正创新，积极打造铸魂育人"思政金课"。开齐开足思政必修课程，同时把心理健康教育、劳动教育按学时植入课表，形成多门课程协同育人的课程主阵地，全力站稳立德树人"黄金讲台"。学校结合地区区域特点开设了"甘肃历史""甘肃地理""中华礼仪"等系列选修课；立足实际，激发学生热爱家乡、振兴甘肃的民族情，进而培育学生的爱国情、报国行。

三是发掘课程思政的资源，实现其他课程与思政课程同向同行、协同育人。明确把课程思政育人的目标写入人才培养方案和教学大纲中，在课堂教学中充分发挥育人功能。坚持思政课在课程体系中的政治引领和价值引领作用，推动各类课程和思政课程建设形成协同效应，夯实"思政课程"主渠道，聚力"课程思政"主阵地，构建"大思政"的育人格局。2021年依托甘肃省在职业教育创新高地实施的立德树人"百千万"工程，我校培育了3名省级思想政治教育骨干教师，打造了3个校园文化品牌，建设了48门省级"学科德育""课程思政"微课，建成了10门省级精品课程，全力提升了育人水平。

四是发挥名师工作室示范、引领、辐射作用。由名师领衔，聚焦"学习贯彻中职思政新课标"开展课题研究；实施青蓝工程，思政课教师"一徒一师""一师一课""师徒结对"传帮比学，提升理论素养；开展示范课、青年教师过关课、汇报课等比赛，形成思政课教师成长"阶梯制"；请知名专家做专题讲座，提升思政课教师的专业素养，努力培养具备"六要"和"三为"教师，彰显思政课教育的影响力、亲和力和育人的实效性。

图 4 推动"思政课程"和"课程思政"同向同行、协同育人

（三）实施"三个结合"，建立学校、家庭、社会三方共育会商机制

一是我校建立了家校联动工作机制，订立了"家校联系制度"，成立了家长委员会。每学期召开一次家长会、两次家委会，了解学生、会商育人措施。二是不断完善家庭教育公共服务体系。和学校所在辖区、社区建立联动机制，送教送文化进社区，成立家庭教育指导服务机构，聘请辖区内的民警做法制副校长，发挥学校教育的龙头带动作用和校外教育的辐射作用，形成学校、家庭、社会"三结合"的育人格局。

（四）厚植"四史"教育，以史鉴今、资政育人

学校坚持开展党史、国情教育。一是组建党史学习教育读书班，学习党史、国史、改革开放史和社会主义发展史，联合社区开展庆祝建党100周年暨四二三世界读书日活动，全校3000多名师生参与诵读党史故事活动，增强了中职生对中国共产党的热爱和对中国特色社会主义道路的政治认同。二是学校党委书记陈胜利、党委委员张建华带头上党课、讲"四史"，先后分别给党员教师、团干部宣讲题为"接续奋斗、不负人民""知史鉴今，跑好时代的接力赛"的专题党课，增强了师生"四个自信"，激发了学生的爱党爱国热情。三是开展"四史"知识竞赛，以赛促学，知史爱党，知史爱国。四是建立了"党建、思政实践教学研究示范中心"，进行"线上+线下"相融合的思政教学实践，通过智能空间、学习平台、VR红色爱国主义体验等，带领学生学"四史"、知党情、感党恩、听党话、跟党走，做合格的社会主义的建设者和接班人（图5）。

图 5 厚植"四史"教育，培养合格的社会主义的建设者和接班人

（五）讲好"五种"故事，做优特色育人

围绕课程建设，增强思政课的趣味性、亲和力，培养中职生的社会责任和使命感，以专题课的形式重点讲好"五种故事"。

一是讲好抗疫故事。新冠肺炎疫情暴发以来，我校通过线上线下上了4次"战疫"思政大课，讲述"抗疫故事"，弘扬伟大的抗疫精神，阐释疫情防控人民战争中体现的中国特色社会主义的制度优势，感受中国力量和中国精神，强化对学生的爱国主义教育。

二是讲好党史故事。恰逢庆祝建党100周年，我校通过微信公众号，师生共同编辑"我们一起学党史"——党史故事专栏100期，并线上线下联动学习，获得师生好评和喜爱，且每一期点击量均超过3000人次。通过便捷传播和点击，带动家长、社区居民、亲朋好友共同学习党史，激发了爱国热情和民族自豪感。

三是讲好红色文化故事。学校组织红色研学实践活动，带领学生"走出去"，细耕"实践思政"责任田，了解河西走廊地区以红西路军为代表的优秀革命传统文化故事，鼓励广大师生学习先烈，珍惜韶华，奋进新时代（图6）。

图6 组织红色研学实践活动，讲好红色历史文化故事

四是讲好民族团结故事。开展民族团结宣传月活动，通过民族团结主题团课，引导学生树立汉族离不开少数民族、少数民族离不开汉族、各少数民族之间也相互离不开的"三个离不开"观念，从而增强各族人民对伟大祖国、中华民族、中华文化、中国共产党、中国特色社会主义的认同感。

五是讲好生态文明故事。学校多次组织师生走进武威八步沙，共话楷模治沙"六老汉"，学习困难面前不低头、敢把沙漠变绿洲的新时代"愚公精神"，挖掘生态文明建设的"因子"，引导学生树立"绿树青山就是金山银山"的生态文明的理念。

五、成效与反思

学校统筹推进"思政课程"和"课程思政"同向同行，协同育人，将思想政治教育融入人才培养全过程。强化学生的理想信念和社会主义核心价值观教育，实现了职业技能和职业精神高度融合，为社会发展培养了一批具有政治认同、职业精神、法治意识、健全人

格、公共参与等核心素养的职业劳动者和产业生力军。

人才培养成绩显著、满意度高。近五年来，有2301名学生对口升学考入高等职业院校接续学习；50多名学生获省级、行业权威技能大赛一等奖；3545名学生获得相应职业技能资格证书；向企业输送高素质技术技能型人才1244人。企业、家长、社会对学生的满意度逐年提高，社会评价好。

"大思政"格局显现成效、成果丰硕。五年来，建立了学校、家庭、社会三方共育会商机制，形成了"全员、全过程、全方位育人"的格局。学校建成了"党建、思政实践教学研究示范中心"；创建了红色理工、人文理工、"五维-六好"理工共3个校园文化品牌；建成1个甘肃省思想政治理论课名师工作室，1个甘肃省名班主任工作室，2个甘肃省职业教育名师工作室，1个非物质文化遗产工作室；鉴定通过1项甘肃省学校思想政治教育科研课题；48节学科德育微课被认定为省级"思政微课"；10门省级精品课程已在甘肃省信息化教学资源平台公开发布；4名学生在黄炎培职业教育创新创业大赛中获银奖。**在甘肃省职业教育创新高地建设、启动实施的立德树人"百千万"工程中成绩显著。在2020年学校通过评审，被立项确定为甘肃省优质中等职业学校建设单位。**

落实立德树人根本任务是一项长期而又复杂的系统工程，中职学校要在立足发挥职业教育基础作用中提质培优，继续大力推进思想政治理论课改革创新，推进思政教育润物细无声的发展，为社会发展培养高素质的技术技能人才做更大的贡献。

执笔人：张建华。

案例3

突破软性技能培育　让专业教育从"制器"走向"育人"

上海市商贸旅游学校

【摘要】 为满足上海打造"世界著名旅游城市"对高素质人才的需求，上海市商贸旅游学校与上海旅游高等专科学校合作打造的旅游管理中高贯通专业着力于改革专业人才培养实践课程，针对原有的"平台＋模块"课程的模块部分进行大胆创新，打造出专业综合实践课程模块，强化学生在真实情境中的持续性实践和整合性培养，实现了专业"育人"，提升了旅游管理专业人才的软技能。

一、案例概要

未来旅游管理人才不仅需要具备过硬的专业能力，更需要深厚的文化底蕴、跨文化交流能力、艺术素养等"软性技能"，以满足上海打造"世界著名旅游城市"的高素质人才的需求。而后者的培养无法完全依托学校和课堂教学完成，它必须在实践和真实的情境操作中完成。我校中高职贯通旅游管理专业精准定位，大胆进行专业人才培养定位调整和课程改革，特别是针对专业原有的"平台＋模块"课程的模块部分进行了大胆创新，打造出专业综合实践课程模块，着力突破人才培养"软肋"，实现专业教育由"制器"走向"育人"。

二、背景分析

2016年是"十三五"的开局之年，是旅游业加快发展的黄金机遇期。上海将建成具有全球影响力的世界著名旅游城市。通过旅游行业市场调研，发现未来旅游管理人才不仅需要具备过硬的专业能力，即更强的服务意识和五大专业核心技能——咨询推介、讲解接待、活动组织、线路设计、事故处理，还需要具备深厚的国际视野、地方文化底蕴、跨文化交流能力、外语水平、人文艺术素养，以满足上海这座"世界著名旅游城市"对高素质人才的需求。而后者就是人才的软技能，这正是旅游管理专业人才目前培养的瓶颈。

软技能的培养有三个必要条件。第一，基于真实任务或真实环境。第二，持续性实践。第三，跨界融合培养。于是，本专业调整旅游管理中高职贯通人才培养目标，重点打造"跨界、融合、创新"的专业综合实践课程模块，培养德艺双馨、软硬技能兼备的高素质、复合型旅游管理人才。

三、改革建设思路

（一）创新"平台＋模块"课程体系，"软硬"并重

以旅游管理中高职贯通人才培养全新定位为目标，创新专业已有的"平台＋模块"三位一体的课程体系。在保留其优势的同时，分别在"平台"和"模块"两方面做文章，紧密围绕旅游管理专业人才所必备的"五大专业核心技能"，注重学生旅游服务意识、人文艺术素养等软技能的提升，从"加强平台中核心能力课程的实践性"和"开发专业课综合实践课程模块"两个方面解构原有课程体系，特别是针对专业原有的"平台＋模块"课程的模块部分进行了大胆创新，打造出专业综合实践课程模块，着力突破人才培养的难关。将专业课程、公共基础课程和跨专业的相关课程进行有机融合，形成"系统化＋多样化＋融合性"的一体化课程体系（图1）。

（二）系统设计专业综合实践课程，强化软技能培养

全面贯彻习近平新时代中国特色社会主义思想和党的教育方针，落实立德树人的根本

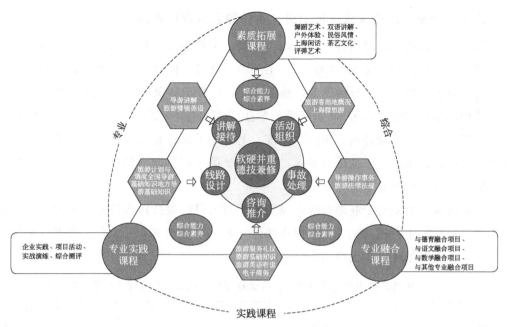

图 1 创新型"平台＋模块"课程体系

任务，从学生认知特点出发，结合学生深厚的国际视野、地方文化底蕴、跨文化交流能力、外语水平、人文艺术素养等综合素质的培养，以及职业发展和自我发展的需要，设置素质拓展课程模块、专业实践课程模块、专业融合课程模块。分别从素养类、校企深度融合实践类、专业能力和素养教育融入全学科出发，开发出系列综合实践项目，共同构成专业综合实践课程模块（图2）。引导本专业学生从专业学习生活、社会生活或与真实的职业情境的接触中提出具有教育意义的活动主题，通过探究、服务、制作、体验等方式，使学生获得关于专业、自我、社会、自然的真实体验，在学习与生活之间架构有机联系，培养和提升学生的综合素质，以适应新时代对旅游人才培养的新要求。

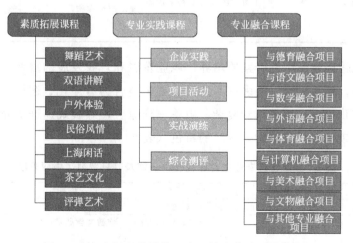

图 2 中高职贯通旅游管理专业综合实践课程模块

(三)设计专业综合实践课程项目,跨界融合全课程育人

课程项目选取典型学习内容,在实地、实景、实战中开发递进式的综合实践活动,让学生在"操作""实验""探究""设计""创作""反思"的过程中,全身心参与活动,发现、分析和解决问题,体验旅游行业,感受生活,提高旅游服务实践创新能力。

素质拓展模块围绕"旅游+",从激发学生兴趣入手,邀请王汝刚工作室、Discovery 探索极限基地、文化传媒公司、黄浦少体校、上海评弹团、雅风国乐古琴馆等各行业顶尖专家共同设计课程内容,以社团的形式,为学生提供多样化的选择,满足学生个性发展需求,加强学生综合素养竞争力。

专业实践课程模块与专业融合课程模块的课程项目的设计以旅游管理专业典型工作任务为主线,打造校企合作的综合实践课程特色(表1),整合知识、技能,提升学生实践性学习的能力,满足学生自主选择的需求。

表 1　中高职贯通旅游管理专业实践课程模块一览表(只罗列了中职阶段)

学期	企业实践	项目活动	实战演练	综合测评
第一学期	走访企业	名师讲堂	旅游"嘉年华"	旅游服务礼仪测评
第二学期	设计春游攻略	企业线路销售调研	营销节活动	旅游销售技能测评
第三学期	企业跟团	上海游览区实地学习	迪士尼主题乐园体验活动	"校园天使"导游讲解测评
第四学期	自组团队设计线路	南京路微旅行	旅游产品推介活动	导游操作实务之突发事件处理测评
第五学期	设计研学旅行线路	"长三角"研学旅行	5公里"长三角"负重徒步	导游模拟综合测评
第六学期	设计旅游线路推广方案	旅游线路推广	参与世界旅游博览会	旅游线路设计综合测评
第七学期	走访企业	上海5A旅行社旗舰店及体验店走访调研	旅游门店市场调研	旅游市场调研及数据分析能力测评
第八学期	策划及组织比赛	策划上海旅游高等专科学校导游风采大赛;策划上海旅游高等专科学校旅游产品设计及网络营销大赛	两场比赛在教学实践周现场组织实施	组织、策划及团队协作能力综合测评

专业融合课程围绕学生综合素质培养、职业发展和自我发展的需要,打破各学科、各专业之间的壁垒,跨界融合,将多种实践活动有机整合为有序化、逻辑化、系统化的课程内容,通过一体化设计,由简单到复杂,由单一到综合,螺旋式递进培养学生的综合素质和实践能力,突现"多样化+融合性"的特色(表2)。

表 2　旅游管理专业融合课程模块一览表(只罗列了中职阶段)

跨学科融合课程	第一学期	第二学期	第三学期	第四学期
与德育融合项目	遇见更美好的自己	借你一双慧眼	阅读上海建筑	青春毕业纪念册
与语文融合项目	校园说明文撰写	诗画楹联欣赏(豫园篇)	旅游文学欣赏(豫园篇)	海派文化探寻
与数学融合项目	上海一日游价格报价计算	长三角三日游价格报价计算	国内七日游价格报价计算	港澳台旅游产品成本核算

续表

跨学科融合课程	第一学期	第二学期	第三学期	第四学期
与外语融合项目	校园英文讲解	南京路英文讲解	上海著名游览区英文讲解	上海城市概况讲解
与体育融合项目	3公里滨江徒步	3公里滨江负重徒步	5公里红色之旅徒步	5公里武康路定向徒步
与计算机融合项目	设计宣传海报（Photoshop）	设计游览地图（Photoshop）	旅游景点宣传视频设计	设计产品推介资料
与美术融合项目	植物写生	旅游摄影	建筑素描	手绘地图
与文物融合项目	青铜研学游	雕塑研学游	陶瓷研学游	书画研学游
与其他专业融合项目	音乐赏析	美食欣赏	艺术插花	营销技能

（四）校企深度合作，实现双主体育人

旅游专业综合实践课程将职业核心能力融入实践操作和各学科教学，实现专业教学与学科教学协同育人，提升学生软技能。创设"名师讲堂"和"校企融合"培养项目，由来自学校、企业、社会的拥有良好学识修养、专业能力出众的资深教师、技术专家或优秀社会人士与学生建立支持性关系，用自身的职业成长演绎"真人图书馆"。组建校内外生涯导师队伍，融合校内外人力资源构建良好的学习成长氛围和机制。

专业综合实践课程通过企业实践、综合实践把专业核心能力和软技能的培养自然融入专业学习、专业实践和学科教学中，贴近学生实际，切入点小，更具说服力、吸引力，既提高了学生对专业的认同度、对职业道德修养的重视，也让学生在实践中体会到敬业诚信的积极意义，增强了社会责任感，最终实现德、技并修。

（五）全员参与、落实实践，保障课程实施

广泛吸纳企业资源、社会资源，形成长短结合、形式灵活的课程项目，让学生在导师的指导下综合运用所学的专业知识和技能，独立或集体完成实践项目，得到典型工作任务的综合职业能力的培养。在三大模块的综合实践课程中，第一模块素质拓展课程模块可以由学生根据兴趣和特长进行自主选择和搭配，以拓展学生个人专业核心能力以外的一项能力专长；第二模块专业实践课程和第三模块专业融合课程为学生必选项。其中第二模块依托多方资源，主要是在"校企深度融合"中完成；第三模块跨界融合其他学科和专业完成，体现出"全课程"育人的特点，实现能力和素养的全方位培养。

四、经验策略

以我校旅游管理专业实践课程模块——"长三角综合实践"项目活动为例，总结出以下我校课程改革创新的经验。

（一）能力整合、协同合作，激活学生自主学习热情

综合实践课程的开展旨在对学生能力进行"整合"训练，其依托真实场景，因此必须

依托社会资源、行业资源、学校资源的协同合作。因为需要通过校企深度合作、校内多部门协同推进实施教学，所以需要校内外多方力量联合开发、积极探索、构建综合实践课程教学实施方案，共同研究、统一制订、统一领导、协同行动。

"长三角综合实践"项目活动就是我校联合企业专家资源打造的经典综合实践课程项目。该项目旨在提高学生的旅游综合实践能力，从2011年开始就已经对三年级的旅游管理专业的学生开展。十年来学生的脚步走遍了苏州、杭州、南京、绍兴等著名历史文化名城，在全国金牌导游和学校教师的带领下，学生全程独立带队，按照食、住、行、游、购、娱旅游六要素进行工作任务分配，针对具体行程设计了导游讲解、游客意见调查、旅游故障处理等丰富的实践内容。在金牌导游点评下，通过小组讨论等方式，在实地、实景、实战中综合运用导游业务、导游讲解、导游基础知识、旅游政策法规等学科知识，提升了学生今后带团的综合实践能力，将这种融合式学习延伸到课堂之外，有效激活了学生的学习热情。

（二）注重体悟、团队协作，提升真实问题解决能力

综合实践课程将过去以传授知识、技能为基本方式，以知识、技能获得为直接目的的学习活动，转变为强调方法的运用、注重习惯的养成，解决实际问题、提升实践智慧的实践性学习，通过"动手＋动脑"的实践方式，关注学生的直接体验，帮助学生从直接的体验中获得感悟，从而培养综合能力，提升核心素养，凸显知行合一。

旅游管理专业学生通过长三角综合实践活动，在实践过程中体验、感悟，从而获得一定的实践经验。提升自身的讲解接待能力、活动组织能力和处理问题能力，提高旅游服务意识、观察能力和团队协作能力。在长三角丰富旅游资源中陶冶情操，在真实的工作环境中锤炼自己的专业核心技能，爱生活、爱旅游，为自己的职业生涯发展打下扎实的基础。

五、成效与反思

专业综合实践课程改革促进了中职专业教师教学观念的改变，保障了学生软技能的提升，大大提升了教师的专业教学效能，凸显了中职教育的重要意义。导游资格证是目前最难考的职业证书之一，但我校专业学生的考证通过率是全国平均通过率的3倍，名列上海院校前列。

综合素养的提升帮助学生从容参与各类活动，上海著名红色旅游资源既是学生的教室，也是学生服务社会的实践场地。学生在增长知识技能的同时，更在社会服务过程中提升了对党、对中国历史的认同度和自豪感，德、技并修；我校开设的旅游咨询点是上海市文化和旅游局与院校合作的第一家公共咨询服务点，既体现了社会公共服务的意义，又帮助学生在实践中直面游客，提升专业技能，加强主动服务意识，积累与游客积极互动的经验，有效提升沟通能力和活动策划能力。扎实的专业教学、充分的实践保证，帮助本专业学生在全国导游服务大赛这类强调综合素养的比赛中，连续3届蝉联中职组个人一等奖，并荣获团体一等奖。

我校以旅游管理专业综合实践课程为载体，强化中职教育基础性作用，凸显课程方面的改革创新，实现专业"育人"。

执笔人：张鹤萍，韩琴，龙睿（上海旅游高等专科学校）。

案例 4

以美载德　风化于成

乌海市职业技术学校

【摘要】 落实立德树人的根本任务，努力使每一位中等职业学生成为德技并修的高素质劳动者和技能型人才。学校坚持五育并举，将美育教育作为学校德育教育工作的重要抓手贯穿于教育全过程，创新德育工作的内涵和形式；秉承"书画正性、强技弘业"的校训，植根中华民族传统文化，开辟第二课堂，推进特色校园文化建设；立足专业建设，实现教学相长；依托工艺美术专业自治区草原英才高技能团队的带动示范和辐射作用，广泛参与城市文化、文明建设，拓展服务社会功能。

一、案例概要

促进中等职业学生德智体美劳全面发展，更加注重美育教育，充分体现"书画正性、强技弘业"的校训；提高专业教学水平质量，学校工艺美术专业教学水平居自治区前列；以专业建设为基础，创建具有职业教育特色的校园文化；增强职业教育服务社会功能。

二、背景分析

艺术教育是中等职业学校实施美育、培养高素质劳动者和技术技能型人才的重要途径，是素质教育的重要内容。特别是对于中等职业学生这一特殊群体，由于其文化课基础相对薄弱、养成教育较为欠缺，中等职业学校艺术教育不但具有德育、智育及美育功能，对职业能力发展具有积极的促进作用，对学生的思想观念、价值取向和行为方式也有着潜移默化的影响。

乌海市职业技术学校是国家中等职业教育改革发展示范学校、国家级重点中等职业学校，是乌海市唯一一所综合性中等职业技术学校。学校按照教育部加强中等职业学校艺术教育的要求，结合学校专业建设，紧紧围绕乌海市"中国书法城"建设，致力于弘扬中华传统书法文化教育，积极探索构建书画艺术教育体系，把美育与德育有机融合，以此推动学校持续健康发展。

学校工艺美术专业是学校的特色专业，开设有素描、速写、广告设计、室内外装潢设计等实用性课程，学生入学可自由选择直接就业和继续升学两个方向。为将教学内容与社会实际需求相结合，建立了多个专业实训室，并统筹规划，将陶艺、油画、版画、皮雕、书法、篆刻等传统手工艺融合创新，打造了约1500平方米集教、研、产、销、体验于一体的文化创意工厂，成为工艺美术专业实践教学和学校美育教学基地。

三、改革建设思路

创建环境优美、平安和谐、文明向上的书画校园，寓德育于校园文化建设之中；积极开展丰富多彩的校园文体活动，让学生的才华充分展现，个性得以张扬；构建良好的师生关系，做好感恩教育和转化教育，提升学生内涵，锤炼个人品性，培养创新精神，让学生树立起奋发向上的自信心。

（一）以立德树人为根本，坚持书画育人，打造书画校园

学校坚持教育立德树人的根本任务，以乌海市书法城为依托、校园书画艺术为主线，努力打造育人环境，形成了"让学生在欣赏和创作书画艺术作品中个性得以张扬"的办学理念；建构了以书画艺术为载体的修身、求真、怡情、向善、感恩、榜样等教育活动体系；形成了与之匹配的校风、教风和学风；形成了无楼不书画、无墙不书画、无室不书画和无人不书画的校园文化氛围，书画艺术特色得到进一步提高，为乌海市书法城建设做出了积极的贡献；秉承"书画正性强技弘业"的校训，倡导写好字、做好人。近年来各级领导来校考察，对学校的书画特色育人文化给予高度评价。

（二）立足专业建设，坚持与时俱进

工艺美术是学校传统的骨干专业，经过多年摸索已经形成一整套教学和管理经验，培养了一支高水平的教师队伍，一大批优秀毕业生遍布乌海。为适应乌海书法城的建设及城市转型，学校本着教育为社会服务的原则，不断研究创新，教学成果丰硕。师生共同参与设计的以乌海岩画为主题的旅游产品中，陶艺圆盘（摆件）、岩石刻画（摆件）、喷绘脸谱（摆件）等三项作品外观的发明设计获得了国家专利证书，版画、皮雕等也不乏佳作精品。2015年获批自治区第五批草原英才高技能工作团队称号。

（三）多措并举，推动持续发展

学校多年来坚持利用第七、八节课开辟第二课堂，面向全校学生进行书法、绘画、石头彩绘、陶艺、扎染、摄影、皮雕等艺术门类的系统训练，教学质量逐步提高。学校代表内蒙古自治区参加全国职业院校技能大赛暨全国教学成果现场展演并获奖，而且连续多年在参加内蒙古自治区技能大赛暨教学成果现场展演中获各类奖项120多项，在全区中等职

业学校中名列前茅,为内蒙古自治区职业教育争得了荣誉,为乌海市增添了光彩,为学校和学生收获了学习的信心及成就感。

(四)以美载德,促进健康成长

一是通过开展书画艺术教育活动,系统建构了书画艺术教育活动体系。举办"暑期三下乡""千人志愿者活动"等志愿者社会实践活动,极大地丰富了师生校园文化生活;长期坚持一年一度的艺术写生实践活动,培养了学生守纪、团结互助、团队精神;承办全市中小学师生艺术展演开幕式及书画展;举办"校企合作杯"书法、绘画、摄影作品展;承办、参加全区中等职业学校师生书法美术摄影工艺品作品展。学前教育专业创作出了《师恩如海》《丝路》《天耀中华》等优秀作品,代表乌海参加全国、全区演出,得到相关领导的赞赏。

二是学校将书画艺术作为校本课程纳入各专业课程体系,全面普及书画艺术教育。除课堂教学外,学校还组建了书法、绘画等学生社团,面向全校各专业学生讲授软笔及硬笔书法、油画等艺术门类的基础知识和技能学习,培养了学生书画艺术创作能力、鉴赏能力,提升了学生的艺术修养。

(五)教学相长,以学促教

通过开展校内外文化活动锻炼培养了一支个人业务素质高、教学能力强的师资队伍,每年5月的技能大赛、职业教育活动周等大型活动,都有大量文创作品展出并获得广泛赞誉。第二课堂的民族传承手工艺教学,使教师队伍得到长足发展。学校承办"内蒙古自治区首届中等职业技术学校师生书法、美术、摄影作品展"并编辑出版了《内蒙古自治区首届师生书法美术摄影作品集》,为内蒙古自治区职业学校素质教育增加了新内容。多年来,学校致力于引导每一位学生发现美、热爱美、创造美,并以此提升校园文化育人氛围。

四、经验策略

(一)春风化雨,润物无声

在德育教育中,学校始终坚持春风化雨,润物无声,让学生徜徉在美的世界、接受美的教育、培养美的心灵、过好美的人生是乌海职教人的初心,并取得了优异的成绩。我校连续多年参加全区中等职业技能大赛暨书画、摄影、工艺品展,报送作品、获奖作品数量始终保持第一;在我校的带动下全区中等职业技能大赛书画、摄影、工艺品展参赛作品数量、质量逐年提高。乌海市各中小学也进一步加大了书画育人力度。内蒙古自治区、乌海市主要媒体多次对我校宣传报道,全国范围30多所学校至我校考察交流书画艺术教育。现在学校工艺美术专业所有工作室及文创工厂为全校师生敞开,为爱好艺术、渴望实现梦想的人敞开。

(二)示范引领,服务社会

一是以示范创新为引领,以高技能人才工作室为依托打造学校教学亮点。近年来,在内蒙古自治区组织部和学校的政策及资金的大力支持下，学校又统筹规划建设了集教、研、产、销及体验于一体的文化创意工坊并投入使用。"学校的产品是学生，工艺美术专业学生的产品就是他们的技能和艺术作品"的办学理念得到充分证明。工作室在实际教学中总结出"把学生大量的各类作品，根据所需以设备功能配置转化为产品，通过网络或实体店把产品提升为商品进入市场"的先进理念，把学校的教学活动延伸到了社会和市场，学生在就业前积累了实践经验，减轻学生的经济负担。工作室免费培训学生300多人次，获得了很好的教育教学成果，各级领导来校调研后都对工作室的成效给予高度赞誉，成为学校专业建设的亮点。

二是发挥师资优势，积极服务社会。根据内蒙古自治区保障厅草原英才团队的相关文件要求，学校工艺美术专业油画工作室在完成日常教学工作的同时，免费为社会培训高技能人才，目前已经完成了培养两批近40名来自社区的油画爱好者的教学任务，每周利用三个半天的时间进行授课。

为提高教学水平，采取"走出去，请进来"的办法：教师参加全国著名画家托木斯的油画原作展和论坛、全国著名的中国油画画派的原作展；聘请中国著名的油画家、内蒙古师范大学美术学院王志平教授，亲临学校对学员进行创作指导。2019年、2021年两次学员作品展获得了参会领导和市美协同仁的好评。学员们在发言中很感慨地讲"感谢政府、感谢学校、感谢老师为我们提供无偿的学习条件，我们在学校学习期间觉得获得了重生，就像回到了童年的课堂。我们会珍惜这次学习机会，热爱生活，热爱生命，赞美祖国，感恩中国共产党。"

（三）提升学生素养，促进全面发展

一是多名学生参赛获奖。2名学生的动漫作品参展全国中等职业学校"文明风采"活动；在内蒙古中等职业学校"文明风采"摄影大赛中，获奖30项；4名学生获得全国中等职业学校文明风采比赛一等奖；6名学生获全国中小学生硬笔书法大赛银奖；在全国少儿美术作品大赛获17个金奖；在全区中等职业技能大赛书画、摄影展获奖136项；2名教师获自治区教师教学能力大赛一等奖，有11名学生获国家奖学金。

二是创新书画艺术创业实践，培养创业意识。注重多元智能开发，结合学校打造书画艺术育人环境工作的推进，创意工坊实现教学作品向商品的转化；组织学生参加各种创业活动，培养学生的创业能力。

五、成效与反思

一是通过实践创新了美育对德育美育工作的形式，增强德育效果，使全面落实"三全育人"成为自觉，把德育工作渗透到学生的各项实践中，使学校的全部教育活动都成为培养和促进学生优良思想品德形成和综合素质提高的阵地；二是提升了全校师生的文化素养，校园环境优美，校园文化浓郁，育人氛围更加浓厚，实现学生在人生关键期的转变；三是促进了专业教学水平的提升。但是如何把他们培养成为高素质劳动者和技能型人才，

不仅是学生和家长的诉求,更是国家和社会的需要,是中等职业教育工作者必须肩负的神圣使命。今后仍需进行不断地探索,努力增强德育工作的针对性、实效性,学校德育工作任重而道远!

执笔人:宋立新。

案例 5

建设特色班级文化 优化职校育人生态
——"江苏省职业教育金月昌名班主任工作室"育人案例

常州刘国钧高等职业技术学校

【摘要】 以名班主任工作室为平台,以"职业学校特色班级文化建设"为研究项目,有效实践"建班育生""建班育师""建班育道"三个层面的"建班育人",让学生在优秀的班集体中健康成长,让班主任在创建优秀班集体过程中得到提升,让班主任在建班育人过程中总结经验,建立思想和主张,形成育人模式,实现发展学生、培养班主任的目标,让职校学生有更好的生命状态,让班主任增值赋能,提升教育格局,享受育人幸福。

一、案例概要

江苏省职业教育金月昌名班主任工作室以发展学生、培养班主任为宗旨,以"职业学校特色班级文化建设"为建设项目,有效实践"建班育生""建班育师""建班育道"三个层面的"建班育人",通过"星星点灯,建立一个示范点""荡起涟漪,形成一个工作面""绘写春色,走出一条德育路"三步走建设思路,开展"项目研究""主题活动""案例督导""班主任能力比赛"等活动,创建了一批优秀班集体,走出了一条建班育人的创新路——从常规管理走向文化创建,促进学生精神成长。带出了一群优秀班主任,引领工作室成员从知识关怀转向精神关怀,从教育叙事走向项目研究,从经验管理成为专业管理,优化了职业学校育人生态。

二、背景分析

《教育部办公厅关于加强和改进新时代中等职业学校德育工作的意见》(教职成厅

〔2019〕7号）指出："中职学生正处在人生成长的'拔节孕穗期'，最需要精心引导和栽培。他们的理想信念、价值观、思想道德状况，直接关系到我国产业生力军的素质，关系到国家和民族的未来。"加强和改进新时代中等职业学校德育工作，是适应新时代中国特色社会主义发展的必然要求，而建设高质量的班主任队伍是有效落实立德树人根本任务，促进职业教育高质量发展的基本。教育部从国家层面做出了"顶层设计"，推动建设名班主任工作室，广泛开展班主任业务能力提升活动，大力提升班主任的业务素养和育人能力。各地各校也相应做出了"基层设计"，以"建机制""搭平台""架梯子"等方式来加强班主任的培养培训，促进班主任专业成长，提高班主任育人质量，保证立德树人成效，推动职业教育高质量发展。名班主任工作室应运而生，以名班主任工作室为平台引领班主任专业成长，促进班主任"自我设计"。名班主任工作室成为了加强班主任队伍建设，促进德育工作高质量发展的一支"轻骑兵"。

三、建设思路

（一）确立工作室宗旨

工作室的根本思想是发展学生。寻求职业教育更优解、最优解，希望职校学生有更好的生命状态，提升班主任教育格局和教育能力，享受育人的幸福。

（二）实施多层面建班育人

立足职业学校现状，确立"建设职业学校特色班级文化"研究项目，实践三个层面的"建班育人"。建班育"生"，让学生在优秀的班集体中健康成长；建班育"师"，让班主任在创建优秀班集体过程中提升；建班育"道"，以人本情怀为根本，培育精神成长。从常规管理走向文化创建，建设职业学校特色班级文化，以文化人，以道育人。

（三）实现"一点""一带""一路"三个目标

以建设职业学校特色班级文化为根本开展实践研究，分三步走，创建出一个优秀班集体并将之作为示范点，带出一批优秀班主任，走出一条职业学校班集体建设新路。

第一步：星星点灯，建立一个示范点。领衔人围绕项目开展研究实践，率先创建出优秀班集体，在工作室推广实验。

第二步：荡起涟漪，形成一个工作面。工作室成员做中学，学中做，围绕项目，结合校情、班情、专业，创建优秀班集体，在校内形成影响。

第三步：绘写春色，走出一条德育路。工作室项目研究取得预期成果，形成影响，建立范式，辐射推广。

领衔人金月昌先后对1232班、1732班进行实验、改革、创新，形成了一套建班主张和做法，在实践研究中取得了很好的效果，其所带领的班级团结和谐，学生自主发展，班级先后被评为市、省先进班集体。金月昌建班育人主张和做法推广到工作室，工作室成员依据校情、立足班情，结合专业特色开展班集体建设，班级文化建设有声有色，在各自学校形成较大影响。

（四）落实五项措施，促进工作室成员专业成长

工作室以五项措施为抓手，推动工作室发展和团队成长。

一是签订合作协议，确立共同发展意愿。名班主任工作室领衔人（甲方）和名班主任工作室成员（乙方）、市教育局（丙方）签订"互相合作、共同提高协议书"，明确培养任务、目标和职责，实现"共生共建发展平台，同志同写教育春秋"。

二是实施项目研究。工作室立项了"职业学校特色班级文化建设实践研究"项目，各成员根据学校、专业、班级情况建立研究子项目，从实践层面积极探索具有职业学校特色班级文化建设的方法和途径，构建新型的符合职业学校学生特点的个性化班级管理模式，创建充满教育力的班级文化。

三是开展主题班团活动。让优秀企业文化、行业文化、专业文化进班级实施活动育人，形成研究个案，提高建班育人能力。

四是研讨专题案例。通过班级管理案例督导，优化班级管理艺术，提高班主任专业修养，提升教育格局，促进师生和谐发展，让班主任在充满劳绩的芳草地诗意地栖居。

五是参加班主任能力比赛。工作室成员参加班主任能力比赛后会有这样的体会：班主任业务能力比赛是催化剂，是班主任最快捷最有效的专业化成长方式；参加班主任业务能力比赛就是在进行一场问道修行，在经受一场精神洗礼后，在经历一次凤凰涅槃后，深化了对教育、对学生的理解，提高了建班育人水平。

四、经验策略

工作室全体成员专注专业成长，对班主任工作孜孜以求，围绕工作室建设项目开展特色班级文化建设，不断有所建树，走出了"一带""一路"。

（一）走出了一条班集体建设创新路，建立了"道路自信"

工作室的项目研究取得预期成效，建立了建班育人思想主张和行动体系架构。2018年4月刊《江苏教育·班主任》"走进老班"专栏介绍了工作室领衔人金月昌建班育人思想主张和具体做法。

育人主张：教育学生、发展学生的核心是促进学生精神成长。

建班策略：从常规管理走向文化建设，建设职校特色班级文化，以文化人，以道育人。

根本抓手：提高学生认知水平，激发学生的主动发展意识。

具体做法：去弊扬善，触动学生内心生长；利他原则，开悟学生明晓事理；指导方法，引导学生自主处理问题。

江苏省无锡市辅仁高级中学唐建勋老师在2018年6月刊"声音"中说："2018年4月刊'走进老班'栏目主要介绍了职业学校金月昌老师，在《向学生心灵更深处漫溯》一文

中，金老师提出了'教育学生、发展学生的核心是促进学生的精神成长'这一观点，让我深受启发。在管理班级时，我常常会不自觉地陷入流程化管理的泥潭，而未能关注学生的生命状态和精神成长。金老师从传统和现代文化中汲取养分来滋养班级，为学生奠定精神底色，这为我们提供了班级管理的新思路。"

（二）带出了一批优秀班主任，增加了"成长自信"

工作室团队成员积极建班育人、有效立德树人、建树成果喜人，工作室成员有着很好的发展，有了获得感和价值感，有了自我实现感，增加了成长自信。

工作室有9名成员先后被评为常州市名班主任（特级班主任1名、高级班主任5人、骨干班主任3人），工作室成员在省市级刊物发表论文数十篇，在省内外开设有关班主任工作讲座150多场，市级以上竞赛（评优课、技能、基本功）获奖26人次（获国赛一等奖6人次，省赛一等奖7人次、三等奖6人次，市赛一等奖7人次），所带班级均被评为区市级先进班集体，有两名成员的班级被评为省先进班集体，两名成员成立了校级名班主任工作室，还有两名成员成立了区级名班主任工作室（表1）。

表1 工作室成员专业成长、成果一览表（截至2021年10月）

姓名	班主任荣誉	班集体表彰情况	论文数/篇	课题	技能获奖情况
金月昌	特级、十佳	省先进	24	省学会2项	两次国一
王蕾	骨干	省先进	4	省规划2项	市二
邵敏霞	骨干	市先进	5	市规划1项	市学带
熊家慧	骨干	市先进	10	市规划1项	省一
赵菁	学带	校先进	6	省学会1项	国一
陈艳菲	市优	校先进	7	省学会1项	省三
方大芳	高级	区先进	4		省三
殷荣荣	高级	区先进	4	省学会1项	
白丽	高级	市先进	4		国一、省一
刘圣颖	高级	市先进	5	省学会1项	国一
程珏	高级	市先进	6	省学会1项	

（三）推动工作室成员实现了三个转变，增强了"理论自信"

特色班级文化建设实践和三个层面的"建班育人"推动了工作室成员在育人方向上从知识关怀转向精神关怀，成为学生成长的精神关怀者；在成长方式上从教育叙事走向项目研究，渐渐从常规管理中挣脱出来，脱离了"问题陷阱"，转向问题研究；在专业能力方面从经验管理上升为专业管理，有了专业眼界、专业水平，更加注重专业发展，向专家型班主任进一步迈进。

五、成效与反思

（一）名班主任工作室是实施教育变革的基层动力

班主任工作室是由具有共同教育理想和研究愿景的班主任组成的学、研、训联合体。名班主任可以成为班主任专业成长的摇篮，成为加强和改进德育工作，实施教育变革的基层动力。工作室建设项目、发展规划与学校校园文化建设、师资队伍发展规划吻合；工作室发展学生的宗旨是在解决职业学校当前现实问题；建设职业学校特色班级文化探索班集体建设新思路具有长远意义，符合立德树人和培养学生核心素养、践行社会主义核心价值观、建立文化自信的方向。

（二）名班主任工作室可以专业形象感染"群众"

班主任工作室在研究班级管理问题、培养专家型班主任、服务学校发展方面发挥着基层学术组织的功能。同时班主任工作室还发挥着以专业形象感染"群众"，专业行动引领同行，专业平台凝聚班主任共识，以根植基层的学习型组织变革社会的巨大作用。工作室有效发挥了一个老班主任培育、引领年轻班主任专业成长、示范班集体建设的应有效能。

（三）名班主任工作室是班主任队伍建设的"特战小分队"

名班主任工作室在先进理论指导下，"自我设计"成长方式，多层面实施"建班育人"，发动一场自下而上的"静悄悄的革命"，建立思想，创新育人模式，发展学生，优化育人生态。

总结工作室的育人实践，主要有以下四个发展特色：

思想先——以人为本，关注学生生命状态、班主任职业生态；理念前——以"适合的教育"立德树人，关注学生精神成长；做法新——从常规管理走向文化创建，探索了一条德育新路；成效明——学生认知水平有提高、主动发展意识被激发，老师在创建中得到提升。

执笔人：金月昌。

案例 6

活动育人　以日以年　缓缓发力　久久为功
——记2020年全国最美中职班主任评选江苏代表马世美的建班之道

江苏省铜山中等专业学校

【摘要】"示以美好，授以希望"，是马世美老师的教育信仰，也是她作为一名共产党员的坚定追求。从教29年、从事班主任工作18载，她模范履行岗位职责，用自己的满腔爱心，坚守着心中的教育净土，培育着职业学校的芬芳桃李。过程中，她摸索出了行之有效的学生管理方法，形成了具有马老师特色的、可升级、可迁移的班级管理方略。

一、案例概要

"教育就是一棵树摇动另一棵树，一朵云推动另一朵云，一个灵魂唤醒另一个灵魂。"基于这样的教育理念，马世美老师把班主任"一把手"工作的重点放在关注师德影响、环境浸润、活动体验、行为激励等方面，并取得了显著的育人成效，马世美老师的班级风清气正、学习氛围浓、精神面貌好。

二、背景分析

江苏省铜山中等专业学校是江苏北部的一所省级示范性中等专业学校，建校三十多年来，学校始终重视学生思想政治工作和班级管理工作，为每个教学班配备专任班主任。学校一方面对班主任工作进行统筹安排，另一方面鼓励班主任围绕中职班主任工作五项主要内容开展特色班集体建设，培养了一批颇具特色的班主任队伍。

特别是近年来，学校以养成教育为发力点，以内务整理为突破口，以主题班会为主形式，以班级风采展和社团活动为展示台，展示班级管理成果，推广先进班级管理经验，扩大学校办学社会影响力。现以2019级升学1班班级活动开展情况为例，以期窥一斑而知全豹。

三、改革建设思路

（一）教室主阵地——营造学习好氛围，渲染舆论正能量

2019级升学1班是由六个专业52名学生组成的大集体，男生25人，女生27人，住宿生47人，走读生5人。文化课集中授课，专业课分开上课，涉及教室6间、技能实训室6处、宿舍6间。班级大，学生情况复杂，为了做到分而不散，合而有序，班主任首先做好学情分析，建立特殊需要学生档案；其次是结合各专业人才培养方案，与学生商讨，制订专业宣言（详见班级风采展），并制作宣言横幅，其作用在于日常上课期间悬挂在教室上方，用来提醒学生不忘专业初心；集体活动时用于宣誓，提振精气神；学期表彰时，横幅变身大红花，披挂在各专业第一名的学生胸前，褒奖优秀，每一次披挂大红花的学生要在上面签字留念，这样不仅节约能源，同时给无生命的物品赋予意义。这样学生就会珍惜，这些物品就变成了记忆，默默记录着学生美好的青春。

教室后面，上端横梁上的社会主义核心价值观、黑板报上更迭的主题、左侧的团员之家、右侧的卫生角；教室前面，横梁上的专业宣言、左侧的由废旧素描纸改造而成的养成教育宣传栏、右侧的三表一历（时间表、课程表、值日表、校历），智能黑板右侧的当日课程和出勤报告；讲桌上的名条、教学用具；教室左右墙上的学生守则、班级公约、名言警句，所有布置都是师生共同商量制订，在师生相互监督下遵守执行。

让教室里的每一张桌子、每一面墙、每一扇窗都充满教育故事，无声地传递班级的建班理念，时间久了，这个班级学生的气质里散发着淳朴的善意、浓浓的专业气质和轻松活

泼的舆论氛围。

（二）活动主渠道——围绕活动话教育，跳出活动看效果

活动育人比单纯说教更有效。开展丰富多彩的活动，依托活动发展学生的核心素养和关键能力，提高人际协调能力，体验角色互动，培养同理心，让学生在活动中体验、感受、反思和成长。主题班会是中职班主任最重要的团体辅导方式。体验式主题班会是马老师的专长。她的主题班会更多是强调学生的参与、体验、表达以及举一反三的迁移能力。

马老师的"珍视生命，正视艾滋""莫负韶华，扬帆起航""欲戴王冠，先承其重""时间规划与管理""师之初体验""呵护生命，感恩成长""母爱似海，父爱如山"等班会和讲座，设计巧妙，效果显著，最大的特点是主题遵循内闭外开逻辑，即对于班级学生来说主题班会关照到每一个学生的当下，但又为学生未来的发展、学生理解力的提升提供开放式路径，具有较强的调节和适应性，可供其他的班主任借鉴使用。

要做到这一点，班主任要做大量的工作。比如，尊重学生从记住学生名字开始。接手新班后，无论班级多少学生，马老师都在两日内记住所有学生的名字，为此她为学生做席卡、胸卡、名签，在手机里存储写有学生姓名的照片等。工作中她从细节上下功夫：与学生交心，与同事交流，与家长交待，全程全方位了解学生的动态，把学生的点滴变化做成视频，编成美篇，写成小结等。

围绕中职生成长过程中的心理困扰，马老师与她所在的团队，自2012年以来一直鼓励学生创作校园情景心理剧，用艺术的方式将沉重的话题转变为既有效保护了当事人，又可以教育引导更多人的心理剧作品。马老师参与创作的校园心理情景剧《追梦的音符》《爱在拐角处》《美丽无痕》《安睡到天亮》《音海拾贝》等获省特等奖和一等奖，先后在南京、靖江、徐州进行优秀剧目汇报演出，学校被江苏省教育厅评为校园心理剧优秀创作学校，马老师被评为优秀指导老师、优秀心理健康教育教师。

针对异性交往失范的现实，马老师主持研究了的江苏省十二五教育规划课题"增能理念下中职生异性交往活动设计与实践"顺利结题，目前正在新疆伊犁支教的她，针对少数民族地区学生的角色互动，正在开展相关研究。

（三）沟通关系网——搭建家校高平台，培育祖国优人才

沟通协调是中职班主任最头疼的事情，中职生大多是义务教育的失利者，家长对他们的重视程度远不及同龄的普高生家长。因为每一个家长在内心深处都是希望孩子向上的，排斥与班主任沟通的主要原因是怕班主任数落孩子，告状。经过访谈、调查和反复做工作，大多数家长改变了看法和做法。

学校与家庭信息不对称，学校的办学理念、职业教育的社会地位和发展前景、职业学校学生就业升学并重，这些重要信息通过家校互助微信群注意传递给家长，家长心结打开了，开始与班主任双向奔赴，学生的教育效果就会事半功倍。

班主任把学生在校的情况及时通过家长群发送，并针对性地开展家庭教育讲座，学生因疫情不能回家，家委会自发组织给学生送生活用品、疫情防控用品，主动关心孩子成长的家长越来越多。现在周末职业学校门口也能看到像重点高中门前一样的景象了。

除了做好家长与学校的沟通，任课老师、教辅人员、实习实训企业也是班主任沟通的重要对象。以尊重做桥，沟通就会畅通。

（四）班级风采展——唱响红色主旋律，展示中职真风采

班级风采展是对班级建设的一次检验。班主任带领全体学生在国旗下进行一次二十分钟左右的集中展示。学校班级众多，能够有机会展示的班级都是在班级管理中别具特色的集体，在全校师生的关注下展示，是每一名学生中职生涯的高光时刻。2021年5月，2019级升学1班迎来了这样的时刻。

他们高呼着专业宣言，"二进制写下天下事，万维网连接五大洲！"（计算机）"清清楚楚算账，明明白白做人！"（财会）"游山游水游天下，爱国爱家爱自然！"（旅游）"体育无处不在，生活无限精彩！"（体育训练）"红黄蓝奠定成长基石，调色板涂抹七彩人生！"（美术）"立大志，明大德，成大才，担大任！机械专业16名男儿当自强！"（机械）展示着专业技能，汇聚成嘹亮的口号"升二（1）班全体同学将谨遵总书记教诲，让青春在为祖国、为人民、为人类的不懈奋斗中绽放绚丽之花"。在共产主义青年团建团99周年、建党百年之际，朗诵了改编的《青春中国》，雷鸣般的掌声会久久回响在52名孩子的脑海中！

四、经验策略

班级建设要循序渐进，一年一个台阶，稳步上升。

高一手把手，班主任示范引领，指导学生如何整理内务、打扫卫生、布置教室文化，要求学生做到的自己率先做到；高二手牵手，班主任与学生分工明确，各司其职，各展其能，各自落实相应的工作和学习计划，学生遇到困难，学会主动向班主任求助，在位不缺位；高三放开手，班委、团委、家委会充分发挥职能作用，班主任发现行为偏离及时提示，补位不越位。

教育是一个慢功夫，班级成长也不会一蹴而就，保持班级各项指标螺旋式稳定上升是她理想的教育模型。基于维果斯基最近发展区理论以及建构主义学习理论和积极心理学理论，她的班级目标逐步升级，不断完善。现以班级口号迭代为例加以说明：

一年级，旨在鼓励学生脚踏实地，避免心浮气躁。班级口号是这样的：文不称雄，武不争霸，凡事尽力，结果可怕！

二年级，旨在激发学生昂扬斗志，避免甘于庸俗。班级口号升级为：文要称雄，武要争霸，文武双全，才算学霸！

三年级，班级管理旨在巩固前两年教育成果，牢固树立学生必胜信念，避免萎靡不振。班级口号进阶为：文也称雄，武也称霸，文武双全，我是学霸。

五、成效与反思

江苏教育新闻网曾对学校的三原色育人做过专题报道，班级管理与学校要求相一致，狠

抓、常抓三原色中的红色（即思政与信念教育），并以此带动黄色（即规则与标准教育）和蓝色（即习惯与梦想教育）。每周一次的青年大学习、迎新联欢会上的师生同台大合唱《四渡赤水出奇兵》、红色经典朗诵《我骄傲我是中国人》《红船 从南湖起航》、团课《献礼建党百年 共品榜样力量》的定期开展等，都给了这个集体极大的鼓舞，充满前行的力量。

建设好一个班集体，班主任很关键，她（他）应该是一个眼里有学生、肩上有责任、手中有工具、脑中有智慧的人，最主要她要懂得取舍，懂得陪伴！教育之道无他，唯爱与尊重。老师关爱学生，学生爱戴老师，这就是最美的师生关系！她的坚守得到了广泛的认可，她先后被评为徐州市优秀教育工作者、区师德先进个人、区模范班主任、区优秀心理健康教育教师、省市区最美班主任、区优秀共产党员、区红旗标兵……她从不停歇，如今在新疆伊犁州教育局负责德育管理工作的她，会通过主题班会公开课、讲座传播她的班级管理理念。在争做"四有"好老师、做好学生四个"引路人"、保持四个"相统一"的大道上她初心如磐，在职业教育这块沃土上，她会守好"责任田"！

六、班级风采

见图1～图14。

图1 班团委成员

图2 班级风采展——各专业课带头人给专业优秀学生佩戴红花

图3 班级风采展——优秀班集体合影

图4 青春远足

图 5　团建活动

图 6　旅游专业学生导游技能展示

图 7　志愿活动

图 8　主题班会"母爱似海　父爱如山"
　　　猜猜我是谁环节

图 9　经典朗诵《红船　从这里启航》

图 10　红歌大合唱《四渡赤水出奇兵》

图 11　运动会入场式

图 12　运动会多人多足现场

图 13　晨会与变废为宝等活动

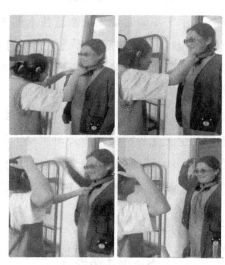

图 14　亦谑亦谐师生情

执笔人：马世美。

案例 7

传承和弘扬"江南文化"的有效路径
——优秀企业文化融入校园文化的探索和实践

江南造船集团职业技术学校

【摘要】"江南造船"创造诞生了一百多个中国第一,更孕育了以爱国主义为核心的江南企业文化。江南造船集团职业技术学校作为"江南造船"重要的生产保障(人力资源保障)部门,积极开拓优秀企业文化育人的有效途径,传承、弘扬"江南文化",为江南造船的高质量发展培育更多的合格技术人才。

一、案例概要

1865年诞生的"江南造船",生产了中国的第一炉钢、第一门钢质炮、第一架水上舰载飞机、第一批万吨级出口船、第一台万吨水压机、第一艘国产潜艇……此后"江南造船"是中国不同时期先进制造技术的先驱和翘楚,铸就了一代又一代江南人,更孕育了以"爱国奉献,务实创新,自强不息,打造一流"为核心内涵的江南企业文化。"江南造船"厚重的企业文化承载着承上启下、与时俱进、继往开来的血脉,是"江南造船"精、气、神的源泉,是学校推进学生思想政治教育取之不竭的宝藏,更是学校校园文化的核心内涵。在21世纪的今天,如何积极开展"江南造船"的优秀企业文化教育,传承"江南造船"企业文化和精神,为公司实现世界一流军工造船企业培育更多的合格技术人才,这既是一个严峻的问题又是一个重大的历史责任。近几年来,学校以"江南造船"优秀企业文化为核心基础,不断拓宽校园文化建设渠道和空间,学生德育工作取得了很好效果。

二、背景分析

(一)企业发展的需求

"江南造船"有着最悠久的军工制造历史和战略性军品的核心竞争力。公司"十四五"规划已明确指出,实现公司高质量发展需要大量的具有浓厚"江南文化"底蕴、政治素质良好、专业技术过硬、职业道德高尚、精神面貌积极向上,能严格遵守"四大"纪律(安全、工艺、保密、劳动),具有较高职业素养的合格技术工人。因此,学生不仅需要技术过硬,具有复合技能,而且要求养成政治思想坚定、道德品质高尚、遵守纪律、自强不息的军工职业素养。加强"江南文化"教育,提高学生的职业素养,已成为学校德育内涵建设的重要任务。

（二）学校发展的需求

在上海市教委和学校主管单位"江南造船"关心及大力支持下，2021年，学校被评为上海优质中职培育学校，这也标志着学校的发展已进入了一个崭新阶段，加快推进学校内涵建设，提升学校办学水平，提高教育、教学质量已成为学校当前最为重要和迫切的任务。德育工作作为学校教育的首要工作，学校始终坚持立德树人根本任务，坚持"育人为本、德育为先"的教育理念，多年来已形成我校"一年成型、二年成人、三年成才"的育人模式。在新形势下，学校将把"江南文化"的优秀因子植入到学校德育之中，深化"三成教育"，创新德育模式，形成鲜明特色，增强学校德育的吸引力和有效性。

（三）学生教育的需求

"江南造船"是经历了上百年风雨的军工企业，长期的革命传统教育和特别能吃苦、特别能战斗、特别能奉献的新时期军工精神，铸就了江南造船文化的基础。然而，目前的00后学生，通常被戏称为在"糖水里泡大的一代"，他们从未经历过艰苦岁月，缺乏吃苦耐劳、爱岗敬业的精神。同时，他们又生活在知识和信息来源是多样化的信息爆炸的时代，积极开展"江南文化"教育的系列活动，能大大增强思政教育的生动性、趣味性和吸引力。通过活动能全方位、多角度地得到信息来源，有助于学生加深加快对政治思想、道德品质、行为规范、心理健康等德育内涵的认知和内化。同时，由于每个人对事物的理解不同，从而能形成隐形的个性化教育，有效激发学生的学习动力和潜能。

（四）德育课程改革的需求

作为德育的主阵地，随着时代的进步，德育课教学需要不断创新与改革。德育课引进企业文化，可以使学生顺利跨越从学校到企业、从学生到员工的文化门槛；可以使学生体验到企业文化和学校文化的不同之处，进而促进思想观念和行为规范水平的提高。"江南造船"自身有着丰富的企业文化内涵，上百年的企业文化积淀构成了精深的德育资源；"江南文化"成为学校得天独厚的德育宝库，学校的德育活动和德育课教学进一步提高了德育课教学质量。

三、建设思路

（一）领会"江南精神"，融入企业文化

深刻领会"江南文化"的内涵，在"江南精神"指引下，理解江南文化的制度文化、物质文化、行为文化的实质，对学生开展有针对性的企业文化教育。以形式多样的活动，融入企业文化，让学生入耳、入脑并内化为行为，成为真正的"江南造船"的预备制员工。

（二）深化"三成"教育，承载有效任务

实现校园文化建设，推动学校德育特色的创新与发展，将校园文化建设与学校"三

成"（成型、成人、成才）教育的任务结合起来，体现在量化目标中，提高德育工作的针对性和实效性，促进理论与实践有效结合。

（三）渗透企业文化，促进教育改革发展

校园文化建设要充分认识与学校文化、专业技能教育、教学之间是相互关联和互相补充的关系。将"江南文化"的精髓渗透到所有学科与课程的教学中，形成课程德育，潜移默化地影响、启发、感染、内化学生，使学校整个教育教学形成多维度的主体化体系，促进教育教学的改革发展。通过建设，进一步促进学生全方位成长，引导学生树立核心价值观、锤炼道德品质、养成行为习惯、提高科学素质、发挥专业特长、发展兴趣爱好、强身健体、培养创新意识和实践能力，成为学校人才培养模式中的重要组成部分。

（四）科研为先导，提升德育质量

要以"江南造船"博大精深的文化内涵作背景，坚持以教科研为先导，大力开展德育课题研究，研究学生、研究德育规律、研究德育形式、研究德育的有效性策略等等，设计研发出更多符合综合实践活动特性的活动内容及教育教学方法，不断提升德育工作水平和德育质量。

四、经验策略

（一）开展入厂教育，明确企业预备制员工身份

由于"企业办校，校企合一"的特殊性质，在新生录取后将对其开展为期1周的"入厂教育"，首先在学生的思想上明确自己的身份是企业的"预备制"员工；在观念上明确我校毕业生大部分将为"江南造船"服务；在要求上必须具有"江南工人"的高素质；在思想品德、行为规范、职业素养、专业技能等方面都有新的目标。因此，长期以来，学校始终把"入厂教育"作为新生入学后的第一堂德育课，并由企业领导、校长、书记、学生科长和企业的离退休老同志等亲自授课。教育的形式丰富多样，教育的内容涵盖"江南造船"的厂史、厂情、企业精神、企业发展趋势、安全、质量、保密、保卫等。通过多年的经验积累和不断对课程进行改进、优化，"入厂教育"已成为学校的经典德育课程，从内容、形式、效果上都收到丰硕成果，见图1、图2。

（二）参观企业"三馆"，加强企业发展史教育

江南造船建有全国爱国主义教育示范基地、全国军工文化教育基地和上海市企业文化建设示范基地——江南造船展示馆。通过组织学生参观江南造船展示馆，使他们充分感受到"爱国奉献、务实创新、自强不息、打造一流"的江南精神，了解江南造船公司要打造成为世界一流军工造船企业的宏伟目标和坚定信念，以及实现这一目标自身应承载的责任和义务。从而有效激发学生进入江南学习、工作的荣誉感和积极进取的源动力，积极引导学生职业生涯规划，培养具有高度使命感、责任心和良好军工素养、勇于不断开拓的高素

质技术工人,见图3、图4。

图1　新生入学军训时就开展入厂教育

图2　学校和企业领导亲自为入厂教育授课

图3　组织学生参观江南造船展示馆

图4　教师为学生讲解企业发展规划

(三)建优秀毕业生展示长廊,正确引导学生的职业生涯规划

"榜样的力量是无穷的",身边的榜样有着更好的教育、引导和示范作用。为此,学校建立了历届优秀毕业生风采展示长廊。从1950年建校至今,学校从各个专业涌现的优秀毕业生中选择具有代表性的人物,将他们成长经历、动人事迹、杰出表现、人生格言等进行整理、编辑、设计、制作成图文灯箱或视频,并将之陈列在学校楼宇之间的廊桥通道的两侧,向在校学生展示这些优秀毕业生在平凡的工作岗位上爱岗敬业、善于学习、自强不息、勇于创新等优良职业素养和风采,为学生树立学习的楷模,正确引导学生的职业生涯规划,激励他们努力学习、奋发向上,见图5、图6。

(四)开展"三成"教育活动,激励学生成长

以实践为途径、以参与为过程、以体验为目的,在体验中不断提高学生的思想道德,促进学生的全面发展。"一年成型",学校将要求一年级新生完成入学军训,积极参加各类兴趣小组和"江南技校我的家"等系列活动,使学生通过寓教于乐的教育活动,在态度上

图 5 优秀毕业生展示长廊　　　　　图 6 学生参观优秀毕业生展示长廊

学会服从,在行为上能够自觉遵守校纪校规,礼貌待人,在各方面养成良好的习惯;"两年成人",学校通过"英雄伴我行"系列活动,对二年级学生进行成人教育,使学生在思想上有正确的人生观、价值观、世界观,态度上能够认同老师和家长的正确观点,积极参加学校、班级组织的各项有益活动,重视专业知识及专业技能的学习和实训,能利用学到的知识和技能为集体、社会作贡献;"三年成才",在三年级学生中开展"祖国、江南、我"系列活动,通过祖国、江南发展与自己进步对照,使学生在态度上进一步内化,做到不浮躁,有较宽阔的胸怀,待人真诚,乐于助人,大气而不傲气。在顶岗实习中学习到更多的综合知识,成为一名掌握中级技能的、受企业欢迎的、具有很高素养的技术人才。同时,学校根据三个阶段的不同要求,制订了阶段性的量化考核目标,使"三成"教育更具有实质性和操作性,见图7、图8。

图 7 "三成"教育系列活动——学雷锋　　　　　图 8 "三成"教育系列活动——清明扫墓

(五)开展"江南寻宝"活动,传承江南企业精神

"江南寻宝"活动以班级为单位、学生为主体,每班可任意选择江南造船150多年历史过程中的某项创世界、国家"第一"的产品,通过实物寻访、人物专访、档案查阅、资料库查询等渠道,用文字、视频、音像、数字故事等方式来反映该产品所处的时代背景、

建设过程、参建人物、技术攻关、困难克服、对国家的贡献度等具体细节情况，并进行公开发布。学生通过活动能深刻了解江南先辈排除万难，敢为天下先的自力更生、自觉奉献的职业品德和"爱国奉献，务实创新，自强不息，打造一流"的江南精神。活动时间贯穿三年，学生在三年"寻宝"活动时间中潜移默化地传承了"江南造船"企业文化和精神。同时，也锻炼每一位学生的组织协调能力，提升表达能力、计划实施能力、综合活动能力等，见图9。

图9 "寻宝"成果发布会

（六）建立企业辅导员制，增强学生的企业认同感

学校聘请企业各部门领导、技术骨干和在岗位上表现突出的优秀毕业生等担任学校、专业和班级的企业辅导员参与班级管理，让学生在校期间就接触企业管理制度和企业各类人员，增加他们对企业的认同感、融入感。通过讲座、现场指导等形式对学生进行企业精神、职业道德、工艺纪律、质量意识、安全环保、保密保卫、职业生涯指导等方面的教育，使学生进一步加深对"江南造船"优秀企业文化的认识，见图10、图11。

图10 公司黄文飞总经理为学生讲课　　　　图11 企业辅导员潘安琪来校作报告

（七）广泛开展志愿者活动，培养企业情怀

学校在原有的志愿者活动基础上，积极向企业拓展，向企业申请参加各种各类志愿者服务活动，比如江南造船展示馆的讲解员工作、企业的重大庆典、船舶下水、命名交船、技术比武的礼仪接待工作等。学生通过参加此类活动，懂得规范自己的言行举止，培养江南独有的情怀，了解企业当前的生产经营状况，增强作为江南接班人的自豪感和责任感，同时也接受了企业文化的熏陶，培养企业情怀，见图12、图13。

图 12　学生志愿者

图 13　我校学生志愿者在社区服务

（八）贯彻"6S"管理，感受企业制度文化

在整个教育、教学过程中，学校有意识引入企业的有关规章制度，实行与"江南造船"一样的"6S"（整理、整顿、清洁、清扫、素养、安全）管理制度。在实训区内布置与企业文化相适应的宣传板报、警示标语等，使学生在潜意识中融入企业文化；通过班前会制度，加强对学生劳动观念、安全意识、生产工艺等方面的针对性教育。同时，学校还根据学生在实习工作中的表现给予相应的积分，鼓励学生从劳动中体现自身价值，见图14、图15。

图 14　宿舍中的"6S"管理

图 15　上课前学生按照"6S"要求整理着装

（九）参加企业各类活动，融入企业氛围

学校作为江南造船的一部分，积极组织在校学生参加企业组织的各项文体活动和技术比赛，让学生和企业员工一起活动、同场竞技，深入感受自己是"江南造船"的一员，逐渐培养主人翁意识。通过参加企业活动，使学生心中职业价值得到了升华，促使学生产生以后进入企业工作的强烈憧憬和目前对自己学习的鞭策。

（十）加强国防教育，增强国防意识

作为"江南造船"的接班人，在我校学生中深入开展国防教育，有着极为深远的战略

意义。学校组织学生进行军事训练,学习人民解放军的优良传统和作风,提高学生国防意识,强健学生体魄,磨练学生毅力,增强学生自信。另外,通过图文、视频等资料展示和聘请驻厂军代表讲座,使学生进一步了解国防建设的意义、国际形势与我国周边的安全环境、海军主战装备及发展趋势。同时,积极开展政治素质教育、保密保卫教育和质量意识教育,培养学生成为能承载国防建设与发展之重任的江南接班人,见图16、图17。

图16　参与国防动员演练

图17　学习军体拳

四、成效与反思

通过全体师生的共同努力,以"江南文化"为核心校园文化项目建设取得了明显的成效。有效地夯实了学校的校园文化基础,丰富校园文化的内涵,拓宽校园文化建设渠道和空间。更重要的是让学生们找到了归属感,使他们充分感受到"爱国奉献、务实创新、自强不息、打造一流"的江南精神,了解江南造船公司打造世界一流军工造船企业的宏伟目标和坚定信念,以及实现这一目标自身应承载的责任和义务。从而有效激发学生进入江南学习、工作的荣誉感和积极进取的源动力,积极引导学生职业生涯规划,使学生们努力成为具有高度使命感、责任心和良好军工素养、勇于不断开拓的高素质技术工人。

近年来,在以"江南文化"为核心的校园文化的感染与熏陶下,学校涌现了一批优秀毕业生。他们中有勇救落水儿童的巾帼英雄——潘安琪,有上海中职"十佳成长故事"获得者、公司最年轻的焊接高级技师——李硕,有攀登技术高峰的中船集团技术能手——高超、杨伟成、汤梦龙……

1865年诞生的"江南造船",具有深厚军工文化底蕴和船舶行业鲜明特色,是中华民族工业的绚丽奇葩,是一个取之不竭的巨大德育宝藏。学校将以江南"中华第一厂"的民族工业发展史和未来规划蓝图为依据,深化校园文化的建设,努力传承和发扬"江南企业文化",全面推进学生素质教育,积极引导学生职业生涯规划,有效激发学生职业潜能,培养具有高度使命感及责任心的、不断进取的、能承受江南品牌之重的新一代江南传人。

案例 8

"八德"式"健康快乐"德育的创新与实践

大连市轻工业学校

【摘要】 大连市轻工业学校为充分发挥德育工作在人才培养中的基础性、导向性、引领性作用，积极探索德育模式的改革创新。面对近年来中职生源的新常态和技术技能人才培养的内在需求，提出了健康快乐教育理念，系统构建了"八德"式"健康快乐"德育体系，致力于学生的缺失弥补、品能兼修、自我教育、多元发展，健康快乐已日益成为学校的文化生态。

一、案例概要

面对中职生源的新常态、学生发展规律和技术技能人才培养的内在需求，学校遵循教育规律和学生身心发展规律，提出了健康快乐教育的理念，确立了"让学生们在学校健康快乐地学习成长，毕业后能体面工作、幸福生活、技能强国"的教育目标，系统构建了"八德"式"健康快乐"德育体系，即信念立德、读书养德、师爱润德、管理育德、疏堵正德、服务筑德、实践修德、激励明德，致力于学生的缺失弥补、品能兼修、自我教育、多元发展。

二、背景分析

健康快乐是人类共同的向往。让每个孩子健康快乐地成长成才，是提高国民素质、实现民族复兴中国梦的必然要求。习总书记在党的十九大报告明确指出："青年一代有理想、有本领、有担当，国家就有前途，民族就有希望。"国务院发布的《国家职业教育改革实施方案》和新修订的《中华人民共和国职业教育法》都明确指出："职业教育与普通教育是两种不同教育类型，具有同等重要地位。"中职学校也要为经济社会发展提供人才和智力支撑。

然而，中职学校在人才培养中却面临以下两大挑战：一是生源现状的挑战。学生多是中考受挫者，其中还有为数不少的来自特殊家庭，部分学生表现出了关爱缺失、教育缺失及思维方式缺失等现象，他们缺少梦想、缺乏关爱、习惯不佳，文化基础薄弱，正能量被掩藏。二是传统德育的尴尬。面对生源的新常态、学生的新特点，传统德育的内容和方式已经难以触及学生的内心。调整传统德育内容、方式，转变、更新教育理念，激活、培育学生的成长内趋力，让学生们健康快乐的学习成长，是摆在学校面前的首要任务和重大使命。

三、改革建设思路

总体改革建设思路见图1。

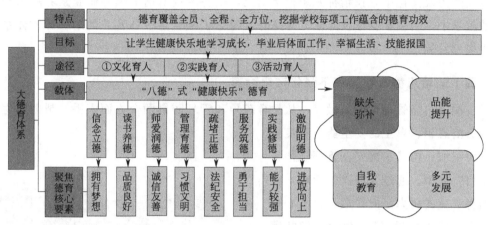

图1　总体改革建设思路

（一）信念立德，主题教育放飞人生梦想

学校把理想信念教育放在首位，建立了"一会、二课、二仪式、N 契机"的"122N 立德"机制，即每周一次主题班团会，每年一次系列团课党课、一次德技辅导员宣讲课，每周一次升旗仪式、每年一次18岁成人仪式，把握 N 个重要时间节点，引导学生筑牢理想信念之基。比如，建党百年，开展了"看影片学党史，心里话对党史说"等五项红色基因传承教育活动；战"疫"中，注意用好战"疫"活教材，开展"战'疫'必胜，共克时艰"等九项主题德育活动。引导学生在活动中感悟责任担当，坚定"四个自信"，厚植爱党爱国情怀。

（二）师爱润德，人文关怀激扬爱他力量

学校注重人文关怀，将爱融入到服务学生的细节中，"服务式教育、服务式管理"营造了温馨健康的"润德"环境。通过长期坚持的"师生连心饺子""中秋团圆月饼""端午幸福粽子"等浸润大家庭温暖的情感交流活动，让学生感受到了学校如家一般的温暖、老师似亲人般关怀。对特困家庭学生，学校特别建立了勤工助学、走访慰问等帮扶制度，为师生搭建感受爱、传递爱的桥梁，见图2。

图2　"师爱润德"相关活动

（三）读书养德，勤学苦练涵养良好品质

学校把读书作为重要"养德"途径，充分发掘各学科的育人资源，各类课程与思政课同向同力。通过晨读、课堂教学和第二课堂活动的"三结合"，让学生在潜移默化中丰富知识储备、积淀精神涵养、锤炼道德品质。晨读中，组织学生诵读国学经典、励志故事等，从优秀传统文化中寻找精神家园；课堂上，把各专业所需的核心职业素养融入到理实一体的教学中，引领学生德技并修；课堂外，建立了覆盖全校各专业的第二课堂体系，服务学生多元发展。

（四）疏堵正德，双管齐下强化法纪素养

学校注重内涵管理、内因激发，从教育疏导和管理防御两个方面入手，帮助学生培养自觉的法治意识、自主的安全能力和良好文明行为习惯，构建了寓安全管理于德育的"正德"体系。通过开展文体活动，让学生们将旺盛的精力正向释放；设立心理工作室和"成长指导员"，为学生们吐露心声、寻求帮助搭建平台；聘请校外法治副校长、美育辅导员等，建立了学校教育与社会教育、专题教育与日常教育、活动教育与文化教育"三结合"教育制度，引导学生明法纪、辨是非、知荣辱、保平安（图3）。

图3 "疏堵正德"相关活动

（五）服务筑德，志愿行动锤炼责任担当

学校通过系列有效的教育、考核、激励策略，把学雷锋活动和志愿服务活动融为一体，开展了定期、随机与常态服务相结合，家庭、社区与学校服务相结合的"筑德"活动。常态化推行的"文明心、志愿情、服务大家我先行"校内志愿服务区认领主题活动中，广大学生踊跃报名认领，并且就像爱护自己家一样，自觉维护自己认领的门窗、地面、橱窗等区域的卫生，实现了从"要我服务"向"我要服务"转变，"奉献、友爱、互助、进步"逐渐成为自觉。

（六）管理育德，精细自律培养文明习惯

学校从建立管理机制、设计管理程序和校准工作思路三个方面入手，对学生管理的各个环节进行了流程整合再造，形成了学生管理的"育德"程序体系。按"大处着眼、细节入手"的思路和"先易后难、循序渐进"的原则，从统一宿舍内务标准这样的简单小事入手，将企业的"6S"管理文化逐渐融入日常管理的各个环节。通过以评促育、以查促改、家校合力等管理策略，学生们逐渐实现了"他律→自律→自觉"的转变。

（七）实践修德，实习实训提升职业能力

学校以学生综合能力培养为主旨，将工匠精神、劳动教育融入其中，德技并修，形成了实训实习、岗位实践、校园活动实践和寒暑假社会实践相结合的实践"修德"模式。依托"校企共育"平台，组织一、二年级学生到企业进行教学实习活动，使学生提升了爱岗敬业、诚实守信的品质，强化了"讲安全、守纪律、重技能、求效率"的意识。还积极发展满足学生个性需要的社团组织，开展丰富多彩的实践活动，让学生们在活动的准备、参与中发展了多元智能，提升了组织协调能力。

（八）激励明德，成功体验点燃进取希望

学校持续推进促进学生"全面发展、人人成才、尽展其才"的多元评价激励机制创新，采取了"三体、三化、一结合"的"331"式学生激励"明德"措施，为学生搭建"人生出彩"的展示平台。学校还注重自我评价对学生品行的自我矫正和激励作用，制订了常态化多维度的评价指标。每周一次的自主评价，加之每月一次的"双争"评比表彰、每学期一次的"校园十星"评选表彰，让学生激扬自信、提高标准、追求进步、发掘潜能、体验成功（图4）。

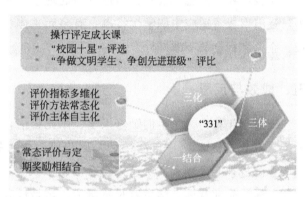

图4 "三体、三化、一结合"激励明德相关措施

四、经验策略

（一）遵循规律、满足合理需求是前提

遵循教育规律和学生身心发展规律，基于学生的身心特点和人才培养的内在需要，提出了健康快乐教育的理念，并从市场、教育、发展三个维度确定了教育的目标定位，重构了学校德育体系。通过"服务式教育、服务式管理"的新模式，致力于学生的缺失弥补、品能提升、快乐成长，教育成效事半功倍。

"师爱润德""疏堵正德"，让1850余名来自特殊家庭的学生在学校感觉到了家一般的温暖、亲人般的关爱，从而阳光地面对生活。如我校一名从家中8楼不慎跌落导致9节椎骨骨折、丧失了生存勇气的学生，在班主任的亲情抚慰下重返校园，师生本色出演的纪实微视频《重新站起来》在全国文明风采活动中获奖。

"信念立德""管理育德""服务筑德"，让学生们阳光自信、人人乐当志愿者。"奉献、友爱、互助、进步"精神被广大学子内化于心、外化于行，校内外拾金不昧、助人为乐的好人好事也越来越多。反映脑瘫学生徐学志在校生活的纪实短片《活着就要精彩》曾荣获全国文明风采竞赛一等奖。

"读书养德""实践修德""激励明德",让学生们收获到了明智的快乐、成功的体验。近五年中有4200多名学生荣获了"校园之星"荣誉称号,近千名家长陪孩子踏上了学校"德技星光"工程的领奖台。多名学生在全国及省市职业技能大赛、文明风采等活动中大显身手、绽放光彩。

(二)科学的顶层设计、有力的组织实施是关键

聚焦育人的核心要素,经过不断研究、探索,提出了"八德式"健康快乐教育模式。"八德"模式全面系统,八个独立的体系相互关联、互为支撑,是"健康快乐"体系的内容,又是"健康快乐"体系的载体;是学校德育工作体系的总体架构,又是具体实施体系的载体、手段和方法。

学校依托"八德"模式,通过有力的理念引领、制度保障、队伍建设等,工作有效推进,逐渐形成了适应中职学生特点、有多元主体参与、有强大合力的育人机制,得到了家长、企业和社会的一致好评。

五、成效与反思

通过多年努力,学生们勤修乐学、阳光自信,发展道路通畅;教师们厚生博教、敬业爱生,专业成长迅速。"健康快乐"逐步成为学校的文化生态。近年来有近百名学生在全国职业院校技能大赛和文明风采德育活动中获奖,毕业生"肯吃苦、上手快、用得上、留得住"深受企业欢迎。学生家长感慨道:这是最有良心的学校!

"八德"式"健康快乐"德育的成功经验,受到了业内同仁、学生家长、用人单位等社会各界的普遍好评,学校先后在教育部举行的德育大纲贯彻落实座谈会、文明风采总结座谈会做典型经验交流,中国教育电视台、大连晚报等各级媒体多次宣传报道。扎实有效的德育工作也促进了学校事业全面发展,学校被列为国家首批改革发展示范校,先后荣获全国教育系统先进集体、全国职业指导先进学校等多项荣誉。

执笔人:刘晓敏,林静,苏丰涛。

真实情境体验　岗位实践育人

新疆林业学校

【摘要】 本案例基于我校少数民族学生的特点,致力于改变德育只限于课堂教学和理论

说教、理论与现实脱节的现状，旨在使学生通过具体的行为载体的实践活动达成德育的内化目标。我校创设了"值周"实践育人情境，持续开展以"实践"为特征的"岗位德育"，形成了鲜明的实践育人和劳动教育特色。

立德树人，是各类教育的根本任务。中职学校面对的中职生，处于走向职业岗位和扮演社会角色的重要成长阶段，找准德育切入点，让他们通过具体的实践活动，学会做人、做事，成为有社会责任意识和立人之本的社会人，不仅关系到他们的未来发展，而且关系到社会的稳定发展。学校结合多年的德育工作实践，开展了以"创设实践情境，践行岗位德育"为主题，从单纯的说教向"情境体验"转变，从单一的认知向"行为优化"转变，通过丰富的岗位实践来强化德育影响，延伸德育内涵，形成了一套有序、有效的运行机制，形成了我校鲜明的"岗位"实践和劳动教育特色，产生了积极而持续的影响。

一、案例概要

知行合一"值周"情境体验，岗位实践育人是基于我校中职生专业特点和校园管理工作实际，创设以"职业体验""荣誉激励""内养外化"等多位一体实践育人情境，设置环境保洁、校园安全、绿植养护、疫情防控、公寓管理、会议服务等6大类学生工作岗位，并制订岗位工作标准、工作流程和评价考核制度，全校30个班级均按照"班级动员、岗位分配、标准流程学习、岗位交接、值周总结、考核评价、荣誉表彰"等环节轮流值周，每周日晚交接，值周生以"准职业人"的身份开展岗位工作。以"岗位实践"为特征的"岗位德育"，在精心设计的岗位工作过程中，帮助学生在工作中受到启迪，逐步懂得吃苦耐劳、乐于奉献，培育主人翁精神，使学生在践行中体验成功，不断改进提升自我，逐步实现由"学生—实习生—职业人"的角色转换，彰显个人价值（图1）。

图1 "岗位德育"活动

二、背景分析

我校成立于1955年，致力于为新疆培养生态建设、特色园艺、果蔬花卉产业和乡村振兴技术技能人才，是第二批国家中等职业教育改革发展示范学校，2019年被评为全国教育系统先进集体。近年来，我校在人才培养的过程中，清楚地认识到面临的两大问题：一是我校生源主要是少数民族学生。招收的学生大多来自偏远南疆四地州贫困地区，具有普通话水平低、文化基础薄弱、行为习惯不好、与人沟通能力有限等特点。二是流于表面的说教型的德育缺乏说服力和影响力。传统的德育工作方式，已经难以产生理想的教育效果。以往的德育实践促使学校致力于改变德育只限于课堂教学和理论说教、理论与现实脱节的现状，旨在使学生通过具体的行为载体达到德育的内化。创设的"值周"行为德育，是一个解决知行统一、知易行难德育难题的好方法。

三、"值周"情境体验，"岗位"实践育人改革思路

开展以"实践"为特征的"岗位德育"，力图通过基本做人做事的规范与职业规则的"行为架构"，突出以岗位工作过程为载体，把德育理论的教育和实践教育紧紧联系在一起，从而使中职生的道德规范、职业规范、行为规范达到高度统一，并见之于行。通过丰富的实践来巩固德育的成果，拓展道德体验和内容。"岗位德育"模式的主要目标特点具体表现在：

① 解决中职生群体身上突出的责任意识不足、行为习惯较差、怕苦怕累、奋斗目标不明晰的问题，引导他们走上一条自信、自律、自强的人生道路，让他们学会担当责任，互相理解和尊重。

② 突破传统德育工作方式的窠臼，解决困扰中职学校多年的责任教育、生涯教育和成功教育瓶颈，填补学生现状和企业需求之间的巨大鸿沟。为此，学校在提出并实践的以"实践"为特征的"行为德育"中，把德育理论和实践紧紧联系在一起，突出以"值周"、职业体验等多位一体、校内校外衔接，内养外化结合的教育载体；制订了早抓、勤抓、反复抓，以正面引导为主，培育良好校风的教育策略；致力于班主任队伍建设，成立德育工作领导小组，倡导全员德育，注重创造良好的德育氛围。

四、经验策略

"育人育心，成德于行"是我校追求的立德树人的最高目标。在实践中学校注重系列情境系统化设计，更注重体验活动和行为评价与激励，"多头并举"提高育人效果。

（一）"行为实践"的载体——"值周"

严字当头，小事入手，关注细节。学生"值周"的岗位任务和要求是学生"值周"过程中，在设定的岗位上合理选定学生人选，明确岗位职责、标准、流程和纪律要求，把一星期的"值周"当作企业的岗位工作来做，把自己当作一个"准职业人"来要求，值周过程中有计划、有组织、有记录、有自评、有班干部检查考核、有学生会干部检查考核、有学生科和班主任考评、有荣誉激励等环节，既有个人工作质量、服务态度的考核评定，也有全班的总体考核评定（图2）。

图 2 "值周"活动

（二）"岗位实践"的重点——"职业岗位体验活动"

实践重在职业体验和成长体验，在职业体验中加深职业道德的理解。因此，创设真实职业情境，开展职业活动综合体验是"岗位实践"的重点。学校将校园和家属区绿化改造项目进行整合分类，园林技术专业和园林绿化专业学生根据兴趣，组成规划设计、绿植修剪、草坪种植、花坛种植等绿化改造项目组，在专业教师的指导下全程实施并养护，学生的责任意识、主人翁意识、敬业精神得到持续强化，学生的吃苦耐劳、认真负责、爱岗敬业的优良品质得到培养，增强了学生的职业自信心，更培养了集体荣誉感（图3）。

图 3 "岗位实践"活动

（三）"岗位实践"的评价——"荣誉激励机制"

让学生赢得尊严和自信。"荣誉激励"的核心是"发现每个学生的每个闪光点"，通过引导学生对荣誉的追求和获得的过程，来激发学生进步的愿望，形成对自我的认同，达到自尊、自律、自信、自强的目标。荣誉激励机制通过合理、适度的一套奖励机制，包括精神鼓励、物质奖励等，使学生能够在实践中获取成功体验，在践行中获得尊重与自信。

1. 多种激励形式并举

一是目标激励，主要表现为德育分级目标管理，严格学生操行分制度。二是奖项激励,主要体现为荣誉称号、证书、国旗下表彰、奖金等,有形的物质奖励与无形荣誉称号往往相互交叉,形成合力。"值周之星"与行为德育的主要形式相对应。三是过程激励和成果激励,特别是过程激励,一周"值周"过程中,班主任一天三检查,定点检查和随机检查相结合,注意突出学生的微小闪光点,将其放大,培养学生的成就感和信心。班主任每天晚上都会组织召开总结班会,及时表扬当天表现较好的同学,并通报每位学生当天的行为积分,包括榜样激励、量化激励、每天在学校宣传电子大屏上展示历次评选的最美"值周生",不断强化学生的获得感、成就感和荣誉激励。这种激励使原本一个个怕苦怕累的学生把厕所打扫成"五星级标准",得到了全校师生的一致好评(图4)。

图4 颁奖活动

2. 坚持激励原则,形成正确导向

一是公平性原则,每个学生在竞争的任何一个阶段都是平等的,每天轮流岗位,值周结束后,每位学生体验过每一个不同类型的岗位。二是适度性原则,制订激励的适度标准,不可太多太重,也不可太少太轻,每周只产生一个"值周之星",于下周一升旗时全校通报表扬并颁发奖励。三是及时性原则,及时抓住学生身上的闪光点,就是抓住了学生转变的最好时机,对于学生表现好的地方,当场或当天总结时及时全班表扬。四是效率最大化原则,重点放在受激励者成就感的获得和体验,用身边事教育身边人。五是多样性原则,在空间上涵盖班级、部门、学校和校外,多岗位体验,多岗位锻炼成长;在领域上涵盖学习、实训和生活;在方式上包括个人和集体荣誉。多维度、全时空的正面激励和强化为学生的健康成长提供最佳的成长环境,校内外各部门的及时公开表彰在某种程度上也大大激发着学生的积极性(图5)。

3. 设计多维度奖励形式,评选"星级学生"

学校搭建各种平台对学生进行表彰,如值周之星、文明班级、文明宿舍、军训标兵、三好学生、优秀团员、优秀团干部、优秀学生会干部、优秀毕业生等奖项(图6)。

(四)"岗位实践"的保障——行为德育系统化、常态化

以"实践"为特征的"值周"岗位德育是建立在学校德育整体构思的精准基础上的,它的有效开展,离不开全体教职员工,尤其是班主任的共同努力,需要营造教书育人、管

图 5　获奖励学生

图 6　"星级学生"

理育人、服务育人的全员大德育氛围。在具体实施中，学校设置了"值周"行为德育"'值周'岗位工作检查评分表""'值周'行为规范考核表"，统一行为德育"值周"实践活动的标准与流程，实现行为德育实践活动的标准化管理，形成学生"值周"行为德育考核档案和操行分档案，将德育日常管理和操行分相结合，使德育常规管理全面化。通过一整套的"值周"行为德育制度和运行模式来确保机制化和常态化。

五、成效与反思

（一）主要成效

"准职业人"能吃苦、修养好、技术硬。以"实践"为特征的"岗位德育"，成功探索并实践了多种有效途径，"值周"岗位德育实践活动极大地丰富了学生的德育实践，形成了以行促德的良好氛围，赢得了以学生品质提升为成果的育人目标。具体表现在：

① 行为德育的实施使学生的精神面貌发生巨大变化。学校通过长期的"值周"岗位实践活动，帮助学生"在劳动中成长""在活动中成熟""在激励中成才"，有效地解决了独生子女教育中的责任教育问题，将好逸恶劳、自由散漫、行为习惯差、经不起挫折和锤炼的学生培养成为勇于挑战、敢于创新、有责任感和职业素养的"准职业人"，解决了学生融入社会慢的问题。

② 岗位德育模式为提高办学质量打下坚实的基础。岗位德育工作的有效开展，促进育人质量的有效提升，使得我校学生在民族团结、遵章守纪、学风培育、劳动观念、环境意识等方面较以往有了飞跃性的进步。2017年以来学校共获得自治区各类奖项合计一百余人次。

③ 岗位德育模式培养出大批综合素养高的中等合格人才,"能吃苦、懂礼貌、技术好"是用人单位对我校毕业生的一致评价。

(二)自我评价与反思

以"实践"为特征的"岗位德育",创出了新疆中职学校德育的新模式,我校的体会是:

① "岗位德育"模式突出了实践引领。针对新疆中职学校少数民族学生的特点,行为德育突出了实践引领这一职业教育基本教学理念,对接了职业教育培养合格职业人和社会人的目标。通过大量的实践情境体验,探索了新的有效途径和做法,积累了丰富的经验,具有一定的示范作用。

② "岗位德育"模式具有开放的特征,中职生的德育教育要基于时代要求,要把这种要求作为德育工作的主题。"值周"岗位德育在以实践和岗位工作作为主要载体这一大前提下,具体的活动、途径、做法可以不断拓展、不断丰富。这是德育工作与时俱进的要求所在,也是"岗位德育"模式保持应用价值和生命力的目的所在。要在时代要求与学生发展的结合点上,找到两者的契合点。

③ 提升"岗位德育",把做人规范教育与职业规范教育融为一体。做人规范教育为职业规范教育打基础,职业规范教育为做人规范教育作深化。离开了做人规范教育,职业规范教育将无从入手,而缺少职业规范教育会使做人规范教育显得苍白。

对中职校而言,最好的德育是在做人、做事规范中实施品性教育,在职业教育中实施责任教育。"值周"岗位德育的成功,就在于两者在基点上的"殊途同归",在不同表现上的"高度吻合"。但基于品质的德育,只有走见之于行的道路,才会有长远的效应。因此,如何通过激发中职生内在的动力,解决他们的困惑,实现人生价值的更大提升,还有许多可进一步探索之处。

执笔人:薛建明。

案例 10

基于"三驼工程"的现代职业教育师资队伍培养体系

浙江信息工程学校

【摘要】 浙江信息工程学校历来重视师资队伍建设,随着学校发展不断推进,师资队伍培养中顶层设计缺乏、培养机制不完善、教师个性发展和师资队伍整体发展关系不协调等问题凸显出来。学校以校园文化——骆驼文化为根据，从完善教师培养机制、打造教师培养体系、建设教师教学创新团队出发破解以上难题，打造基于三驼工程的现代职业教育师资队伍培养体系，推动学校高质量发展。

一、案例概要

浙江信息工程学校从完善教师培养机制、构建"三驼工程"教师培养体系、建设教师教学创新团队出发，打造基于三驼工程的现代职业教育师资队伍培养体系，培养过程中注重师资队伍发展与职业教育发展同向、将个人培养和团队建设相结合、以项目为载体实践做中学，打造一支师德高尚、技艺精湛、专兼结合、充满活力的高素质"双师型"教师队伍，推动学校高质量发展。

二、背景分析

（一）学校高质量发展中师资建设存在的问题

随着国家经济社会发展、技术变革和产业优化升级，社会对高素质技术技能人才提出了新的要求，也对培养高素质技能人才的师资队伍建设提出了更高要求。国务院、教育部多次发文，要打造一支师德高尚、技艺精湛、专兼结合、充满活力的高素质"双师型"教师队伍，推动职业教育高质量发展。近年来，许多中职学校采取有力措施加强职业教育师资队伍建设，教师队伍整体素质稳步提高，有力地推动了职业教育的改革与发展。但在师资队伍建设过程中存在着下列问题：

① 师资队伍建设的结构性顶层设计问题。学校的师资力量需要随着职业教育发展不断"转型升级"，其能力目标和内涵需要不断发展及完善，否则教师能力跟不上发展需求，无法有效推动各类改革发展任务的建设。

② 师资队伍的有效培养机制问题。学校许多教师培养机制是分散的、被动的、缺少针对性的和连贯性的培养机制，造成培养的效果较差，需要建立完善的师资队伍培养体系。

③ 教师个性发展和师资队伍整体发展关系问题。教师个体目标与学校整体目标往往存在着一定的差异，应较好兼顾整体目标的共性需求和个体目标的个性需求，实现双赢。

浙江信息工程学校经过示范校建设和名校建设，师资队伍建设逐步高质量平稳性发展，现正在从注重师资专业技能提高走向强调教师综合职业素养提升，逐步探索出了一条具有学校特色的职业教育师资队伍建设道路。

（二）建设目标

根据国家职业教育师资发展要求，学校结合自身实际情况，明确师资队伍建设目标。建设一支德才兼备、素质过硬、结构优化、精干高效、特色鲜明、充满激情、富有创新精神的高水平师资队伍，造就一批在职业教育领域有重要影响力的专业领军名师、教学领军名师和技能领军名师，建设一批高素质的教学创新团队。

① 依托学校骆驼文化，设计并开展"育驼、行驼、领驼"师资队伍培育工程，建立一套体系完善的师资队伍培养体系。

② 培养一批符合职业教育发展需求的领军名师，助力学校各类职业教育发展建设。

③ 建设一批教学创新团队，推动职业教育研究和建设，引领湖州及周边地区职业学校发展。

三、建设思路

（一）确立教师培养机制

1. "共性＋个性"培养机制

以教师的师德素养、德育能力和教学能力作为公共基础要求，即"共性"能力，将项目建设能力、技术服务能力、教学科研能力、创新发展能力等作为深度发展要求，即"个性"能力。推进教师在"共性"能力上不断提升，符合现代职业教育教学理念和教育技术的发展要求；鼓励教师在"个性"能力上不断提升，形成自己的特色，服务于学校建设发展需求。如司杰老师积极参与地方企业技术帮扶，陆续完成机器换人、信息管理等项目20余项，其中为浙江琰大新材料有限公司设计的原料不落地加工输送和多成分智能配料系统这两个绿色制造系统，是投资3亿元的长兴县政府智能制造示范项目工程。

2. "三型五师"结构机制（图1）

"三型"即"专业领军型、教学领军型、技能领军型"，是学校教师职业发展的三大目标方向，教师根据自身特点、兴趣选择专业建设、教学科研、技术技能应用等研究方向作为其个人成长的发展目标。"五师"指心理健康师、职业指导师、创业辅导师、创新辅导师、生涯规划师，是学校发展所需要的教师多元特色能力方向。如陆婷老师作为学校教学领军人才，在教学方面业绩突出，曾获得湖州市教学能手荣誉称号。同时，她深入探究中职学生的心理健康问题，考取国家心理健康咨询二级证和浙江省心理健康教育A证，承担起学校心理健康中心工作，疫情期间联合湖州市FM103.5广播电台，面向全市开展线上心理健康讲座，复学后又针对性地为全校学生开展心理健康普测和心理危机干预工作。

3. "泛专业化能力"发展机制

泛专业化能力指教师除了本专业（学科）的教育教学能力外，具有能从事相关专业范围教育教学和相关人才培养需求任务的知识、技能、应用、研究、创新等方面的体系化实践能力，主要指核心素养培育能力、现代教学技术应用能力、专业群建设发展适应能力、中高职衔接发展适应能力和创新发展适应能力，具有一定的宽度和广度的要求，是符合目前职业教育发展需求的教师专业化持续发展能力，从而使教师能充分适应科学技术的发展和教育培养目标的发展需求（图2）。

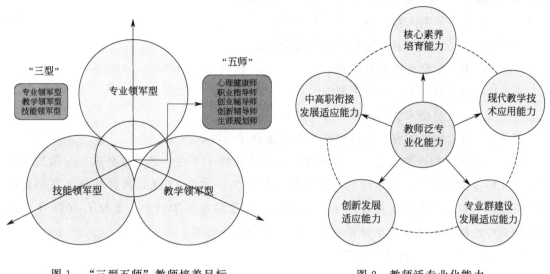

图 1 "三型五师"教师培养目标　　　　图 2 教师泛专业化能力

（二）打造教师培养体系

学校结合校园"骆驼文化"，创新打造师资培养的"育驼、行驼、领驼"三大工程，形成有体系性、有针对性、有方法性、有评价性的师资队伍建设方案（图3）。

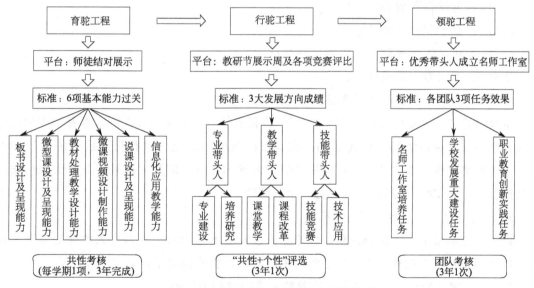

图 3 "三驼工程"教师培养体系结构图

1. 育驼工程——打造青年教师队伍

以30周岁以下青年教师为培养对象，学校为青年教师推荐教育教学能力强的教师作为指导教师，实行师徒结对，进行1对1辅导。以三年为培养周期，以掌握现代职业教育理念和现代教学基本方法和基本技术为目标，以6项基本考核为评价指标，所有任务考核

采取师徒团队共同考核的形式,实施育驼工程培养:

考核1:第一学期末参加板书设计与展示;

考核2:第二学期末参加微型课设计与展示;

考核3:第三学期末参加教学设计;

考核4:第四学期末参加微课制作;

考核5:第五学期末参加说课设计与展示;

考核6:第六学期末完成信息化教学汇报课设计与展示。

在3年6项考核全部合格后,青年教师根据"共性+个性"的发展要求,与师傅共同制订个人职业生涯规划,为后续的个人发展明确方向。如2017级新教师陈汝悦在师傅的指导下深入研究如何将信息化技术更好地融入到日常课堂教学当中,参与了2018年全国中职物理专业教师信息化教学设计和说课比赛并获得一等奖。

2. 行驼工程——打造骨干教师队伍

以骨干教师为培养对象,以具备立德树人的教育教学能力和承担学校改革发展的项目建设能力为目标,以8项活动为培养载体,以"成果为先、创新为优"为考核标准,实施行驼工程培养。

活动1:教学能力类大赛;

活动2:学生竞赛类指导;

活动3:创新创业类竞赛;

活动4:教学科研成果;

活动5:企业和社会服务;

活动6:精品课程建设(含数字化资源);

活动7:参与专业建设项目;

活动8:参与学校发展建设项目。

学校制订"'智行行远'教研节方案",将任务纳入教研节内容范围,在每学年的特定时段,结合市级及以上各类评比活动,在本校的教研节活动周进行任务成果的评比和展示。同时推出校级专业、教学、技能三类带头人评比活动,制订"校级三类带头人量化评分细则",以三年为一个周期进行评选并给予奖励。

3. 领驼工程——打造领军名师队伍

以学校三类带头人为培养对象,以培养市级及以上名师和市级以上人才计划入选为目标,以名师工作室为载体,以3项任务为考核评价,实施领驼工程培养。

任务1:建立校级名师工作室,培养青年教师和骨干教师;

任务2:承担学校发展项目建设;

任务3:参加各类市级及以上名师和市级以上人才计划评比,成为市级以上名师。

学校为优秀带头人提供场地、设备、项目等资源组建校级名师工作室,制订"校级名师工作室管理和评价办法",充分发挥名师引领作用,以点带面带动全校教师发展,同时优先推荐优秀名师参与市级以上的人才培养和培训交流活动。

（三）建设教学创新团队

2019年6月教育部印发《全国职业院校教师教学创新团队建设方案》，明确要打造一批高水平职业院校教师教学创新团队，实现示范引领高素质"双师型"教师队伍建设，深化职业院校教师、教材、教法"三教"改革的目标。学校组建名师教学创新团队，实现在专业建设、教学改革、社会服务等方向的引领性、协同性、创造性发展。

1. 教学创新团队的组建

教学创新团队以学校名师为负责人，以"文化基础教师＋专业基础教师＋专业技能教师＋企业兼职教师＋选修培养教师"为组成结构。聘任合作企业实践经验丰富的骨干、能工巧匠、企业家作为兼职教师加入教学创新团队，可以加强专业课教学或者实践环节教学，引入企业实际项目，并将企业先进的技术技能、管理方式、思维理念等传授给学生。

2. 教学创新团队的任务

教学创新团队不同于名师工作室，其主要目标是研究实践职业教育的创新发展，并起到引领示范和推广成果的作用。如浙江省首批"万人计划"领军人才姚志恩团队是省中职名师工作室、市技能大师工作室，在机电专业建设、三教改革、技术服务等取得优秀成绩，积极服务学校发展。团队目前已经完成湖州市市级教学创新团队申报并成功立项，并通过创新教学理念、重构课程体系、改革评价方式、建设教学资源库、深化校企融合等方式，提升专业教学质量，树立专业建设品牌，建设成学生技术技能的培养高地。团队在推进项目制课程建设和提升信息化教学应用水平的基础上，修订完成机电、信息等14个专业的人才培养方案，制订并实施机电技术专业群建设方案。

四、经验策略

（一）师资队伍发展与职业教育发展同向而行

随着《国家职业教育改革实施方案》等政策文件的颁布，中职学校师资队伍建设需要根据职业教育的国家定位和发展方向的调整而调整，教师应当从只关注认知的单维度即学科知识积累为目标的教育，向现代的职业教育关注认知与行动兼容的多维度，即知识、技能或资格等行动知识的积累与职业能力的提升并重转变，从而确定教师发展所需能力目标。

（二）师资队伍建设应该注重个人培养和团队建设相结合

随着产教融合和"三教"改革的不断深入，企业项目和教学改革项目的复杂性已经超越了教师个人驾驭的范畴。师资队伍建设要注重个人培养和团队建设相结合，团队中要超越知识取向，在实践取向中关注教师本身的局限，关注教师的专业背景，强调团队的合作与和谐，在更大的视野下看待教师的发展问题。

（三）以项目为载体实践"做中学"发展

教师的培养应以课堂改革、学校建设、专业建设、教材开发、教师教学创新团队等建设项目为抓手，采用"做中学"的方式，基于课堂，将研训课赛融为一体，以成果为导向，持续推动教师队伍的成长。

五、建设成效与反思

经过多年建设，学校形成了一支一技多能、技兼于道的"善于教、强育人、重服务、能研发"的现代教师队伍。学校高端装备机电技术应用专业入选第二批国家级职业教育教室教学创新团队建设单位。师资队伍建设案例入选由教育部教师工作司评选的2019年度全国职业院校"双师型"教师队伍建设典型案例。

（一）教师教学能力显著提升

通过"三驼工程"培养，学校形成了一批教学基本功扎实，了解并能应用现代职业教育理念和技术的教师队伍。过去五年中，教师教学业务获奖共计626项、课题结题与获奖88项、论文发表与获奖342项，如朱金仙、娄萍、徐斌、何立团队获得2019年全国职业院校技能大赛教学能力比赛三等奖，廖一茗获得2018年全国中职机械专业教师信息化教学设计和说课比赛一等奖，罗静妮和娄萍分别获得2019年全国中职数学、机械专业教师信息化教学设计和说课交流活动一等奖等优秀成绩。

（二）学生技能培养成果显著

通过"三驼工程"培养，学校形成了一批技能精湛，能够有效指导学生技能水平提升，实现教学相长的教师队伍。学校积极组织师生参与教育部、行业等组织的技能大赛，以赛促学、以赛促教、教学相长。五年来，学校取得国家级奖项71项、省级奖项171项、市级奖项273项，获得世界技能大赛网络安全赛项国赛一等奖1项，全国职业学校创新创效创业大赛二等奖1项。

（三）教师技术服务不断提升

通过"三驼工程"培养，学校形成了一批专业技术先进，了解并能应用现代企业技术技能的教师队伍。

学校成立机电、电子、计算机、烹饪、建筑、电子商务六大研发中心，服务地方经济。如烹饪研发中心服务乡村振兴计划，教师助力各类乡村美食节，制订的湖菜标准成为湖州标准，为酒店研发新菜品，将烹饪流程拍摄成微课视频，便于企业员工学习；机电技术研发中心以"计算机＋数据库＋PLC＋嵌入式系统"的技术框架，开发的"基于配方的多物料混合工艺控制软件"获得国家软件著作权专利，近五年来校企合作产品生产47项，校企合作技术产品研发46项，校企合作技术产品专利35项。

（四）学校名师引领效应显著

通过"三驼工程"培养，学校形成了一批教学理论水平高，能够承担起学校专业建设的教师队伍。

学校高度重视资源整合，发挥团队合作效应，学校拥有国家级职业教育教师教学创新团队1个、校级团队2个；1个市级劳模工作室、3+1（企业）个市级技能大师工作室、2个省级名师工作室，3个省级网络名师工作室、2个市级学科工作室、1个市级班主任工作室和12个校级名师工作室。学校拥有市级及以上名师29人，其中正高级教师1名，省特级教师2名，全国第四届黄炎培职业教育杰出教师1名，浙江省"万人计划"教学名师1名。名师充分发挥引领示范作用，带动学校整体专业发展、教材开发和课堂革命。

师资队伍建设中将个人发展和团队建设相结合，很好地解决了教师个性发展和共性成长的矛盾点，但是基于团队的考核机制和团队中个人考核机制还有待进一步完善；基础性定位视角下的中职"双师型"教师标准和考核机制还有待制订。

案例 11

发挥学校特色优势　破解小众化专业教师培养困局
——以航空服务专业教师培养为例

上海市航空服务学校

【摘要】 学校航空服务专业作为小众化专业，师资队伍建设面临三大阻碍。为破解专业师资队伍发展的困局，学校形成了普适培养、全方位培养、内涵拓展三阶段分层培养模式，以推动航空服务专业教师团队的可持续性发展。

一、案例概要

一般来说，所谓小众化专业是指具有起步晚但发展迅速、国际化特征明显、行业准入门槛高、专业性和垄断性强、人才来源渠道窄等特点的专业。学校的航空服务专业，是典型的小众化专业。但是在专业教师队伍建设过程中却面临着无人可招的聘任窘境、户口及企事业单位人员流动困难的体制鸿沟、快速更新的行业规则三大阻碍因素。为破解航空服务专业师资队伍建设的困局，形成一支有实力、可持续发展的专业教师团队，学校通过多年不断探索和实践，形成了航空服务专业教师三阶段分层培养模式。

二、背景分析

我校一直致力于打造一支由骨干教师领衔的师德高、师能强、育人优的教师队伍，但是受到以下因素的制约，学校的航空服务专业师资队伍发展遇到了瓶颈。

（一）薪资待遇限制了专业教师来源渠道

作为新兴专业，航空服务专业发展迅猛、技术更新速度快，这就要求专业教师与行业企业紧密接轨，吸引行业人才。但是学校的薪资待遇与民航企业之间存在着明显的差距，随着我国民航运输产业的高速发展，企业用工需求量大，大多数专业人员选择企业作为就业单位，在较大的程度上限制了流入学校的专业人员。

（二）人才跨体制流动性较差限制了专业教师流通渠道

基于薪资差别明显的事实，专业人员多流向企业，这是限制学校吸纳专业教师的第一道门槛。而一旦专业人员流向企业，便难以再踏进学校。造成这一局面的主要原因是学校和企业分属不同体制——前者属于事业单位、后者属于企业单位，二者性质不同、人才之间的流动性较差。且目前招聘教师有一定的学历或职称要求，这也导致部分航企专业人才进入学校的机会较小。

（三）行业特点延长了专业教师培养周期

"薪资差别和体制差异"这两大门槛使得学校必须另谋出路解决航空服务专业师资问题。而学校自培专业教师是相对较佳的解决方式。由于航空服务专业具有高端化和知识更新快的特点，从业人员在掌握岗位知识和技能的基础上，还要面对不断变化的行业动态和企业规则，导致学校培养航空服务专业教师的周期会相对较长。

三、建设思路

基于以上背景，结合学校的实际情况，学校探索实践了航空服务专业教师三阶段分层培养模式。

（一）阶段一：未入职先培训，聚焦普适性

面对招聘专业对口教师的困境，学校转换视角，将专业教师的招聘对象集中在研究生层次毕业生，他们有良好的学习能力和适应能力，具备教书育人的基本素养，转岗从事航空服务专业教学有一定的基础。面对航空服务专业广域知识的缺乏，学校首先采取了普适性教育培养，即在未正式开始教学前先到航空企业历练实践，从值机、问询、行李查询等七个岗位参与机场工作。在这个过程中通过机场带教师傅进行实操和理论学习，初步认知学校的航空服务专业和未来学生的工作岗位。

（二）阶段二：入职后全方位培养，理论实践共推进

①"飞翔团队"孕育飞翔巢穴。为迅速提升新入职教师的专业发展能力，学校特别组建了"飞翔团队"，将刚入职的青年教师组织起来进行专业培训，助推教师迅速健康成长。

②"双师带教"充盈飞翔羽翼。对于新入职教师，学校为其配备2名带教导师，分别

负责班主任带教和教学带教，推动师德共育、人格共建、水平相长。

③"继续教育"扎实飞翔翅膀。为帮助教师提高学历层次，学校积极号召专业教师报考南京航空航天大学民航学院交通运输工程等相关专业的在职研究生，接受继续教育，进行二次学历进修。

④"全员机场岗位培训"扩充飞翔视野。学校充分利用寒暑假，定期分批次组织专业教师到机场参加岗位培训，保障教师了解岗位的更新变化和行业发展趋势，见表1。

表1　2017～2021年专业教师机场培训

年份	地点	人数	内容
2017	昆明长水机场	8	客运岗位实践
	香港国际机场	4	货运岗位实践
2018	贵阳龙洞堡机场	10	客运岗位实践
	广州白云机场	5	安检岗位实践
	香港国际机场	4	货运岗位实践
2019	昆明长水机场	12	客运岗位实践
	深圳宝安机场	6	安检岗位实践
2021	昆明长水机场	12	客运岗位实践
	玉树巴塘机场	4	安检岗位实践

⑤"外推教师参赛"提供飞翔机遇。学校鼓励教师参加各级技能大赛、市级教法竞赛以及市级、国家级教学能力大赛等，从而促进教师专业技能发展。

（三）阶段三：稳定后深层次拓展，着力内涵

① 成立名师工作室，引领教师专业发展。学校于2015年6月正式成立了航空服务专业"吕雄工作室"和"范春梅工作室"。名师工作室的成立指引教师专业发展的方向，为专业教师搭建了专业发展的新平台。

② 创造国内外进修交流机会，给予多元职业发展空间。学校鼓励教师参加国内外培训和考察，给予教师多元职业发展空间，帮助教师了解国内外先进的教育教学理念，掌握学术前沿发展动态和趋势。

③ 推动学校项目建设，提高专业发展知名度。学校组织教师参与教科研活动，鼓励教师独立承担或参与本校市级、区级课题，参加市级精品课程建设、在线开放课程建设、网络课程建设、专业教学标准修订、教材基地建设、先进职业教育经验对外输出等各项教学改革项目，提升专业发展知名度。

④ 拓宽教师职称上升渠道，助推职业发展新动力。学校积极响应国家号召，组织教师参加职业教育市级、区级教师业务进修，鼓励教师考取专业技能证书，提升教师专业发展"软硬"能力。

四、经验策略

① 分层培养，以"小"育"师"。根据小众化专业的特色，学校根据见习教师、青年

教师、成熟教师、专家教师类别对教师进行分层培养。阶段不同，培养的重点不同，选择的专题和形式不同，既有一对一的专人形式，也有集中式培养，保证专业教师有持续不断的成长力，见图1。

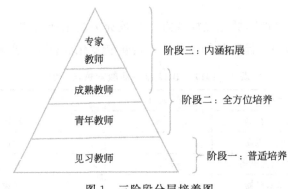

图1 三阶段分层培养图

② 理论实践，双向提升。在学校专业教师的培育中，既有专业理论、教育理论的学习，也有浸润岗位、全程实操的技能锻炼，双向提升为培养双师型教师奠定基础。

③ 教师主动，成效显著。在以往的教师培训中，经常会出现被动抗拒的情况。但是，在专业教师培育的实践中，专业教师的积极主动性显著提升，从可量化的教学比赛获奖和取得各类证书的数据上可见一斑。学校不仅在区的教学比赛中参与人数和获奖率有极大的提高，在省市级、国家级的比赛中教师们也勇夺名次。

五、成效与反思

（一）成效

① 飞翔团队初具规模，引领学校新航标。学校以飞翔团队的形式进行全员专业培训，形成了一支"师德高尚、课堂高效、专业高手"的"三高"青年教师团队。飞翔团队的教师积极参与各类技能比赛，获得了多项荣誉称号（表2）。

表2 2017~2021年专业教师获省市级以上奖项

姓名	获荣誉/奖项年份	荣誉/奖项名称
范春梅	2018	《在礼仪教学中实施服务情感的策略研究》获"中国梦·全国优秀教育教学论文评选大赛"一等奖
刘媛媛	2017	2017"精彩一刻"上海市中职校教师教学能力竞赛获三等奖
	2018	2018上海市中等职业教育信息化大赛二等奖
	2020	2020上海市第四届青教赛二等奖
薛路花	2017	中职课题《服务品性课程建设的探索》获优秀课题
	2019	2019上海市中等职业学校信息化教学能力大赛获一等奖
顾婷婷	2018	中职校"身心健康专项"系列活动获优秀指导老师奖
范军	2019	2019上海市中等职业学校信息化教学能力大赛获二等奖
潘蕾蕾	2020	上海市第八届教学法评优二等奖
吕雄、包文宏、姜爱军、范军	2021	上海市"星光计划"第九届职业院校技能大赛教学能力大赛二等奖

② 中坚群体稳步发展，夯实学校主心骨。学校中坚教师队伍夯实了本校的主心骨。2020年至今，就有9人次中坚教师通过自身的努力考取了专业岗位资格证书，成为了名副其实的"双师型"教师。

③ 专家型群体利用辐射力，扩大学校影响力。以范春梅老师和吕雄老师为首带领的专家型教师不仅为上海市学校、企事业单位服务，更将范围扩展至外省市兄弟学校和全国各大机场，有效提升了学校的影响力（表3）。

表3 2016~2019年服务国内各机场集团技能大赛

年份	地点	项目	决赛参赛选手	教师评委和裁判
2016	上海	上海机场集团贵宾公司2016年度服务技能大赛	15	顾胜勤、吕雄、潘蕾蕾、潘健青
2017	西安	西部机场集团第一届候机楼服务技能大赛	40	
2017	贵阳	贵州省机场集团第二届候机楼服务技能大赛	23	
2017	上海	上海机场集团贵宾公司2017年度服务技能大赛	12	
2017	沈阳	辽宁省机场集团第三届候机楼服务技能大赛	15	
2017	重庆	重庆机场集团候机楼服务技能大赛	30	
2018	北京	首都机场集团第二届候机楼服务技能大赛	38	
2019	贵阳	贵州省机场集团第三届候机楼服务技能大赛	32	
2019	哈尔滨	2019年东北地区第一届机场旅客服务技能竞赛	40	

（二）反思

小众化专业教师的培养不是难解之题，关键在于把好小众化专业的"脉"，重点在于找寻到小众化专业教师培养的思路。本校在培养小众化专业教师方面已形成了一套比较成形的方案，在今后的培养中，会针对航空服务专业教师培养过程中出现的新问题找出更好更优的解决方法。

案例 12

标准引领 职级认证 培育优秀教学团队
——"双师型"教师队伍培养典型案例

平遥现代工程技术学校

【摘要】 平遥现代工程技术学校推进学习型校园建设，实施教师职级认证制度，以标准建设为抓手，提出教师成长的"八个一要求"，引领学校"双师型"教师队伍建设高定位、高标准、高水平发展。同时，建成了教师发展"四维"评价体系，将科学评价的红利释放到实绩突出的教师身上，激发内生动力，开拓发展空间，构建了教师专业成长的新生态。

一、案例概要

平遥现代工程技术学校坚持教师成长与团队建设相结合、教师成长与专业建设相结合、教师成长与学校发展相结合的原则，以标准建设为抓手，以教师成长"八个一要求"为引领，搭建教师职级认证体系。通过实施师德塑造、师能拓展、名师培养、诊改提升四项工程，健全名师阶梯培养、教学创新团队建设、科学评价体系，打造了一支"专兼结合、校企互通、师德高尚、业务精湛"的双师教学团队，推动学校教师向着"双师型＋企业服务型＋行业专家型"的方向发展。

二、背景分析

《国家职业教育改革实施方案》的出台，一如滚滚春雷起萌蛰，迎来了职业教育改革发展的新时节。方案的一大亮点便是把加快标准化进程作为打造职业教育体系软环境升级版的关键举措，推出了一批制度标准，其中包括职业院校师资队伍建设标准。多年来，我校正是以标准建设为抓手，推动我校"双师型"教师队伍建设高定位、高标准、高水平发展。

随着《教育部等四部门关于印发〈深化新时代职业教育"双师型"教师队伍建设改革实施方案〉的通知》（教师〔2019〕6号）、《教育部关于印发〈全国职业院校教师教学创新团队建设方案〉的通知》（教师函〔2019〕4号）等文件的出台，我校根据文件提出的具体工作任务，深化"三教"改革，制订了适应职业教育高质量发展的"平遥现代工程技术学校教师职级认证与管理办法"，系统梳理了教师队伍建设的结构体系和标准体系。

三、建设思路

（一）实施师德塑造工程

依据《新时代中小学教师职业行为十项准则》，制订了"教师日常行为六条红线"，托底师德行为。把师德表现作为教师资格定期注册、绩效考核、职称晋升、岗位聘用、评优评模、职级认定的首要指标，实行师德表现"一票否决制"。从师德、师行、师言、师表四个维度塑造教师形象，制订"平遥现代工程技术学校新时代职业学校教师形象40条"，从理念、制度、行为、礼仪等方面构建具有我校特色的教师文化体系。以文化引领教师成长，提升教师职业素养。

（二）实施师能拓展工程

1. 落实企业锻炼制度

依托校企合作，强化教师到企业实践锻炼，共建实习指导教师与企业带教师傅相结合的双导师制。修订"专业教师到企业实践锻炼规定",落实专业教师到企业实践5年一周期的全员培训制度,专业教师每2年企业实践的时间累计不得少于2个月。要求教师做到了解企业的生产组织方式、工艺流程、产业发展现状及趋势等基本情况;熟悉企业相关岗位(工种)职责、操作规范,用人要求及管理制度等具体内容;学习所教专业在生产实践中应用的新知识、新技能、新工艺、新方法等;结合企业的生产实际和用人标准,不断完善教学方案、改进教学方法,积极开发校本教材,提高技能型人才的培养质量。

2. 落实教师培训制度

制订教师培训规划,有计划、分步骤实施五年一周期的教师全员培训。学校遴选具备资质条件的职教师资培养培训基地、大中型企业等,采取校企合作、工学交替、线上线下等组织形式,分层分类开展教师培训。培训要模块化设置课程,分类制订教师培训必修课程和选修课程,赋予相应学分。开设专业教学法、课程开发与应用、技术技能实训、教学实践与演练等专题模块,重点提升教师的理实一体教学能力、专业实践技能、信息技术应用能力等"双师"素质。实行集中脱产学习和网络自主化研修相结合,开展训前诊断、训中测评、训后考核,加强教师的师德养成、专业知识更新、实践技能积累和教学能力提升。

3. 开展两个拜师活动

一是开展偏向技能型教师与偏向理论型教师的互相拜师活动。按照新老结合、理论型与技能型结合的原则,把教师以小组为单位组织起来,互相学习理论和技能,并安排他们共同参与理论课和实践课"一体化"教学的教材建设、课程建设和教学活动,促进理论教学与实践教学能力的共同提高。二是开展校内专任教师与来自企业一线的实践课教师或企业带教师傅互相拜师活动。通过一对一结对子,校内教师向校外实践课教师传授教育教学基本知识和经验,校外实践课教师向校内专任教师传授来自企业一线的最新技术技能。

(三)实施名师培养工程

1. 提出名优教师"八个一要求"

提出我校名优教师"八个一要求",即获得一次教学能力大赛奖项;完成一项科研课题研究;主持一个省级项目建设(实训基地、重点专业等)或工作室;参加或指导一项技能大赛;主持一门精品课程(或特色课程)建设;主持一个教学创新团队建设;主编一门校本教材;取得一项教学成果。

2. 制订教师职级认证体系

制订教学名师、专业(学科)带头人、骨干教师、教学标兵四个梯队的教师培养、选拔和奖励制度,培养一批能承担本专业发展规划、课程建设、教学改革、课题研究的优秀教师,全面落实"八个一要求"。对经过考核具有职级资格的教师,赋予工作要求:第一是破解难题,着力解决专业建设、教育教学实践中的问题,以项目(课题)和任务方式具体实施,并能在规定的时间内取得一定的发展成果;第二是专业建设,潜心教育教学实践探索,在专业建设、课程开发、教学改革、资源建设、课堂实践、教学评价等领域,研发具有影响力的成果;第三是课程思政,探索课程思政策略,建设德育综合实践课程,聚焦学生核心素养、职业能力培养，取得阶段成果；第四是团队建设，组建教师教学创新团队，构建团队发展目标，明确团队成员职责，实践教师分工协作的模块化教学模式，形成教育教学实践成果，着重团队成果和示范引领。

3. 培育优秀教学创新团队

经过3年左右的培育和建设，重点遴选和建设4～8个高水平、结构化的优秀教学创新团队，引领全校教师以国家职业标准和教学标准为依据，按照人才培养方案和课程标准开展教学和科研的能力全面提升，教师分工协作进行模块化教学的模式得以全面实施。

4. 建立名师工作室制度

实践证明，在新的形势下名师工作室已成为培养优秀教师，促进教学改革的重要形式。利用名师的示范作用带动教师队伍发展，对于改善教师成长环境，建立有效的教师成长机制具有十分积极的意义。学校在条件成熟的专业领域成立名师工作室，选拔工作室成员，推选名师工作室主持人。使名师工作室成为教师专业发展的平台与加油站，专业建设与发展的智囊团，课程改革的实验室，社会培训、技术服务的窗口及先进成果的推广站。

（四）实施诊改提升工程

1. "四维"评价

贯彻《深化新时代教育评价改革总体方案》的精神，建成教师发展"四维"评价体系，将科学评价的红利释放到实绩突出的教师身上，激发内生动力，开拓发展空间，构建教师专业成长的新生态。"教师发展'四维'评价体系"包括4个维度、15个模块、102个观测点、128个指标项，从职业综合素养、专业知行能力、学生管理与服务能力、专业发展能力四个维度，从数量和质量、行为和结果四个坐标点设置目标值、标准值、预警值，建设可量化的观测指标。同时，充分发挥信息化全域赋能作用，以数据为驱动力，建成教师综合发展平台，通过数据采集与分析、发展状态画像与比对，全面呈现教师综合发展状态。

2. 自主诊改

发挥标准在职业教育质量提升中的基础性作用。上承国家标准，下接学校"十四五"规划，确定目标链、标准链，梳理教育教学质量测评、诊断分析与反馈改进闭环流程，形成了"教师个人规划、进行诊断分析、形成诊断报告、不断改进提升"教师能力良好循环的提升机制，有效促进了教师队伍能力素质的提升。

四、经验策略

（一）坚持教师成长与团队建设相结合的原则

落实《全国职业院校教师教学创新团队建设方案》，建设符合学校发展需要的高水平、结构化的教学创新团队，坚持教学名师引领团队建设，优秀团队孕育教学名师的原则。要求教师按照国家职业标准和教学标准开展教学，提高教育教学能力和专业实践能力，培养具备"双师"素质的教学名师；同时推动教师分工协作的模块化教学模式全面实施，打造几支师德师风高尚、结构科学合理、负责人能力突出、教学改革成效显著的校级教师教学创新团队，以点带面推动全校教育教学模式和人才培养模式改革。

（二）坚持教师成长与专业建设相结合的原则

每位教师要全面参与人才培养方案制订、课程标准开发、教学流程重构、课程结构再造、学习管理与评价等专业建设全过程；要积极探索行动导向教学、项目式教学、情景式教学、工作过程导向教学等新教法，形成专业教学模式和个性化教学风格；每位教师要具备良好的专业水平、教学能力和信息素养，能合理运用信息技术建设数字化教学资源、改造传统教学与实践方式、提高教学管理成效。通过教师职级认定，让每位教师成为专业建设和学校发展的中坚力量，让专业建设成果和人才培养质量成为每位教师共同的荣誉和成就。

（三）坚持教师成长与学校发展相结合的原则

坚持目标导向、问题导向、效果导向，根据学校实际情况，做好顶层设计，聚焦解决教育教学实践中的重点和难点，以课题研究和项目实践为驱动，在实践中加强研究，在任务中接受挑战，在团队中实现发展。

五、成效与反思

（一）成效

1. 扩充队伍规模

按照中等职业学校设置标准，师生比不低于1∶20。我校2021年专任教师426人，高级讲师141人，讲师173人，师生比为1∶13.7，兼职教师87人，占专任教师的20.42％，符合标准要求。

2. 优化队伍结构

我校具有中级以上职称或具有丰富实践经验的教师达到60％以上，高级职称达到33.1％；聘请行业专家、企业工程技术人员、社会能工巧匠等三类教师占专任教师总数的20％以上，任课课时数达到总实训课时的1/3以上；"双师型"教师占专业教师（含实习指导教师）的比例达到85％以上，实习、实训项目教学过程中，每个教学班要配备双倍于理论教师的指导教师；专业课和基础课专任教师比例达到6∶4。

3. 建成职级体系

我校建成了完善的教师职级认证体系，培养了"山西省职业教育教学名师"4人，"三晋英才"2人，"晋中工匠"2人，省级专业带头人8人、骨干教师14人、教学能手6人。每个专业群都引进和培养"双师"素质专业带头人2名以上（其中1名来自企业），骨干教师4~6名。组建高水平、结构化的教学创新团队6个，建成市级以上名师工作室3个，校级名师工作室6个，每个专业群都建有名师工作室（或企业大师工作室）。完善教师到企业锻炼机制，并建立兼职教师人才库，建立起企业高技能人才和学校教师双向流动机制。全面启动人才培养工程，使我校专业教师形成专家型、双师型、培养型三层梯队。青年、中年、老年师资比例为 5∶4∶1，以老带新，以新促老。在动态中调增骨干，在流动中优化队伍。

4. 完善机制建设

实施"八个一要求""四项工程"等动态评选和表彰，改革绩效分配制度，实现教育教学业绩与待遇挂钩，不断创新以教育教学质量为核心的教师评价体系，激发了教师工作积极性、创造性。

5. 取得丰硕成果

2019~2021 年，我校教师获得省级教学成果奖一等奖 2 项、二等奖 1 项，获得山西省职业院校教学能力大赛一等奖 5 项、二等奖 2 项、三等奖 2 项，获得全国职业院校教学能力大赛二等奖 1 项、三等奖 2 项，获得山西省职业院校技能大赛一等奖 104 项、二等奖 73 项、三等奖 56 项，获得全国职业院校技能大赛二等奖 1 项、三等奖 3 项。这些成绩使我校在全省职业院校技能大赛中职学校积分榜中遥遥领先，捧回了 2021 年度山西省职业院校技能大赛总冠军奖杯。2020 年 4 月，学校入选首批全国职业院校"双师型"教师队伍建设典型案例。

（二）反思

当前职业教育"双师型"教师认定标准模糊，内涵界定不明确，由此形成了不同的理解。我校主要遵循两种学说：一种是从教学能力角度理解为"双素质说"，即同时具备教师教学和技师操作的基本素质；另一种是从证书角度理解为"双证书说"，即同时具备教师资格证和技能证。这两种学说一个重实质，一个重表象，各有侧重，兼有可取之处，下一阶段将综合理解并运用两种学说，探索总结更加实用的"双师型"教师认定标准和成长机制。

案例 13

制度为本选用有道　特色为要建设有效
——上海市医药学校教材建设规划与管理典型经验

上海市医药学校

【摘要】　基于国家和地方相关文件对职业教育教材的新要求，以及教师在教学过程中遇到的教材编写与应用等问题，上海市医药学校按照医药类人才培养需求，通过教材建设实践管理，及时将新技术、新工艺、新规范、典型生产案例更新到专业教学内容中，坚持落实立德树人根本任务，创新教材建设理念，增强教材育人功能，提升教材管理水平，全面提高教材质量，致力于为生物医药行业培养更多高素质技术技能型人才。

一、案例概要

在国家和省级规划教材不能及时更新教学标准，不能及时将新技术、新工艺、新规范、典型生产案例纳入教学内容的情况下，上海市医药学校根据本校人才培养和教学实际需要，紧紧围绕立德树人根本任务，坚持正确政治方向，弘扬优良传统，推进改革创新，用心打造培根铸魂、启智增慧、反映自身生物医药专业特色的校本教材，包括任务引领型的活页教材、数字化教材、专业特色明显的纸质教材，以满足学校生物医药类专业建设和教学的需求；同时为职业院校教材开发探索可借鉴的建设管理经验，提升、发扬和辐射中国职业教育思想与理念，充实职业教育的研究成果。

二、背景分析

《"十四五"职业教育规划教材建设实施方案》中指出，围绕国家重大战略，紧密对接产业升级和技术变革趋势，服务职业教育专业升级和数字化改造，优先规划建设生物技术等产业领域需要的专业课程教材；服务民生领域急需紧缺行业发展，加快建设托育、护理、康养等领域专业课程教材；改造更新化工医药等领域专业课程教材；推动编写一批适应国家对外开放需要的专业课程教材。

2022年4月，新修订的《中华人民共和国职业教育法》给职业院校的教材开发提出了具体的要求：国家鼓励行业组织、企业等参与职业教育专业教材开发，将新技术、新工艺、新理念纳入职业学校教材，并可以通过活页式教材等多种方式进行动态更新；职业学校在办学中可以基于职业教育标准制订人才培养方案，依法自主选用或者编写专业课程教材。但是，职业院校校本教材建设存在一些问题，如编者政治思想不敏感，教材中没有及时体现爱国主义思想和工匠精神精髓；校本教材审批不严格，审批流程不完善，导致部分质量有问题的教材被选用；校本教材编者经验不丰富，驾驭教材结构和内容的能力欠缺，编写内容和生产实际结合不紧密，难以将新技术、新工艺、新规范、典型生产案例纳入校本教材中。基于校本教材存在的各类建设和管理问题，需要对校本教材建设和开发进行科学有效的管理，保障职业教育校本教材建设质量，为此上海市医药学校近年来在校本教材组织开发过程中积累了一定的经验。

三、建设思路

（一）健全规章制度，保障教材选用规范优质

依据国家文件精神，在校党委领导与监督下，学校制订了"上海市医药学校校本教材管理办法"，形成一套规范的教材选用流程（见图1）。思想政治、语文、历史等三门公共

基础课程选用国家统编教材；其他公共基础必修课程选用国家规划教材；专业课程教材，尤其是专业核心课程教材原则上选用国家和省级规划教材，其次是公开出版教材；在前述条件均不能满足的情况下，由学校发展规划处组织选用建成的校本教材。除了国家统编教材和国家规划教材外，其他教材的选用需由学校教育运行处组织学校教材选用委员会对选用教材进行逐一审核，审核结果由其报教学副校长审定，选用结果最终向校长报备，整个选用过程由校党委领导与监督。

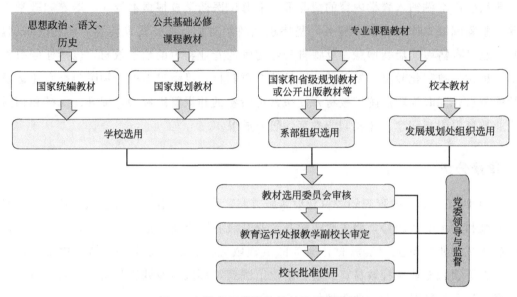

图 1 上海市医药学校教材选用流程图

（二）完善动态机制，助推教材开发高效有序

动态化调整与更新是职业院校教材的一大特色。随着生物医药产业更新升级和区域经济结构调整，需要及时将行业的新技术、新工艺、新规范融入到教材中。基于上述要求，学校确立了"按需开发，控制数量，注重质量"的教材开发原则。学校教材建设管理部门制订校本教材编写制度并进行开发建设管理。主编向学校教材主管部门发起立项申请，评审通过后主编组建由任课教师、职教专家、行业企业专家、技术能手构成的编写团队。在具体实践中，学校探索出了包括教材分析、设计、开发、审定等阶段的教材开发机制。开发总体方案、教材样章审核未通过的，由编写团队重新编写并审核；教材编写完成后，交由专家团队审读，然后根据审读意见进行修改，修改后由一线任课教师试用，在试用的一年中修改完善。为保证教材编写资源充分利用，教材投入使用满三年后，可根据经济社会和产业升级新动态进行修订。

四、经验策略

（一）打通层级渠道，设立标准推动教材升级

为提高学校教师编写教材的积极性，学校打通教材编写升级申报通道。连续使用两届

（含）以上的校本教材，经职教和行业专家评审，推荐申报市级优秀校本教材或市级规划教材，并推荐到国内知名出版社进行出版。特别优秀的教材，比如《医学基础》被推荐参加"首届全国教材建设奖——全国优秀教材（职业教育与继续教育类）"的评选，《药物制剂技术》被推荐参加"十四五"首批职业教育国家规划教材的评选。学校为保证校本教材建设质量，从申报之初就设立了如下建设评审标准：具有较高的教学适用水平；教材能阐明服务课程的基本规律，具有与服务课程相适应的科学水平，系统性、逻辑性较强；在内容体系改革方面有新突破，与国内同类专业教材相比有明显特色和最新医药产业新技术，便于学生掌握相应知识和技能；教材内容组织符合课程标准和课程建设的基本要求，合理取材，体系安排符合学生认知规律和现有知识水平；具有较高的文字写作和制图水平。

在校本教材开发过程中，学校教材建设管理部门严格把握编写节奏，以推进校本教材建设进度和质量。教材编写分四个阶段：教材分析阶段、教材设计阶段、教材开发阶段、教材审定阶段（见图2）。其中，根据教材管理建设实践经验，教材分析和设计阶段需占用教材立项到教材评审结项有效编写时间的一半以上，才能保障教材编写质量。在教材分析阶段，确定主编和团队成员后，编写团队通过查阅文献和学习相关教材案例，确定教材编写思路、要求及计划，并经专家审核。审核通过后，进入教材设计阶段，编写团队设计教材框架结构和梳理相关知识要点，设计教学流程及收集相关资源，打磨教材样章。当教材样章通过专家审核后，进入教材开发阶段，编写团队收集教材资料，时刻保持信息沟通，分工协作，完成初稿。初稿经专家审核通过后，依据专家审核意见对教材修改完善，教材定稿后并试用。

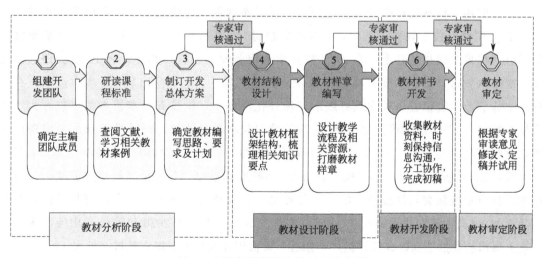

图2　上海市医药学校教材开发机制

（二）聚焦问题解决，彰显教材行业建设特色

在职业教育教材建设中，存在如遵循学科体系逻辑编写教材、教材内容理实二元分离、学生本位教材观念未真正落实等问题。为更好解决前述问题，学校对照医药行业特

色，从教材开发模式、呈现形式等角度进行探索：为引导学生以医药岗位任务开展学习，更好地激发其认知医药职业环境、培养其医药职业精神，把能体现生物医药岗位工作流程、行业企业标准规范的内容融入到教材中，编写任务引领型（活页）教材；为有效地引导学生探索医药技术技能兴趣，把呈现医药产业场景、精密仪器操作等技能流程的内容制作成虚拟仿真和实操交互的数字化教材。同时借助信息化手段，将纸质教材中配套数字化资源整合到"医药云课堂（教材）"小程序平台上（见图3），学生借助智能化移动终端可实时识别并学习，既克服了学习时间和空间的困难，又解决了专业学习"去情境化"和技能训练受限等难题。

图 3　上海市医药学校校本教材内容展示

五、成效与反思

（一）成效梯度引领，提供教材有序升级示范

学校创建了校本教材孵化提升机制，稳步有序构筑建才成长阶梯。学校近几年共建成33本任务引领型校本教材，其中，7本活页教材，5本数字教材，1套医药云课堂教材应用平台。在校本教材基础上，有27本被立项为市级校本教材，其中，有12本被评选为优秀市级校本教材；有5本被立项为市级规划教材，其中，3本待出版，2本建设中；在上海市中等职业学校第五届校本教材展示交流评比活动中，学校有4本校本教材被评为"优秀校本教材"，并荣获"优秀组织奖"。学校编写校本教材的教师还被推选参加全国医药中等职业教育药学类专业"十四五"规划教材的编写，其中6名教师作为教材主编，1名为副主编，12名为编委。《医学基础》在2020年被推荐参加"首届全国教材建设奖——全国优秀教材（职业教育与继续教育类）"的评选，并被评为首批上海职业教育与继续教育类精品教材。《药物制剂技术》在2019年校本教材的基础上，于2020年被公开出版，在2021年被上海市教委推选到教育部评选"十四五"首批职业教育国家规划教材（见表1）。

表 1　上海市医药学校校本教材建设成效统计表

序号	教材建设及申请情况		建设成效
1	校本教材建设情况	任务引领型教材（活页教材）	33(7)本
		数字教材	5本
		医药云课堂教材应用平台	1套

续表

序号	教材建设及申请情况	建设成效
2	市级校本教材立项（优秀市级校本教材）	27(12)本
3	市级规划教材	5本（3本待出版，2本建设中）
4	参加上海市中等职业学校第五届校本教材展示交流评比活动	4本"优秀校本教材"
5	参加全国医药中等职业教育药学类专业"十四五"规划教材的编写	主编6名
		参编13名
		评审委员1名
6	《医学基础》被推荐参加"首届全国教材建设奖——全国优秀教材（职业教育与继续教育类）"	被评为首批上海职业教育与继续教育类精品教材
7	《药物制剂技术》被推荐参加"十四五"首批职业教育国家规划教材	被上海市教委推选到教育部评选"十四五"首批职业教育国家规划教材

（二）树立编排样本，重视教材内涵外延协调

在教材立项开发之初，学校设立教材编写书稿标准，按照规范科学的教材体例要求编写。教材内容设计逻辑严谨、梯度明晰，文字表述规范准确流畅，图文并茂、生动活泼、形式新颖；名称、术语、图表规范，编校、装帧、印装质量等符合国家有关技术质量标准和规范；符合国家有关著作权等方面的规定，未发生明显的编校质量问题；倡导开发活页式、工作手册式新形态教材。为此，学校教材建设管理部门对相关编写要求进行分阶段培训、案例学习、排版选择、图文一致性设计，力求排版、文字、图表具有较高的舒适体验度（见图4）。学校校本教材的排版得到了国家知名出版社的认可，如《药物制剂技术》被公开出版时，就是直接选用校本教材的版式。

图4 上海市医药学校校本教材排版展示

（三）反思

教材是教育教学的关键要素，是立德树人的基本载体。加强教材系统规划和建设以及全过程管理是当前教材工作的重中之重。国家相关文件的出台和实施为新时期我国职业院校教材建设规划和管理提供了制度遵循。校本教材是教师"教"和学生"学"的重要媒介，是教师开展教学活动的主要依据。接下来，学校在继续探索校本教材建设和管理的道路上，会进一步考查学生的全面发展能力。学生不仅是教材的使用者，也是教材的建议者，为使学生在学习过程中与教师时刻有交流，充分展现教育的人文特点，还要充分参考学生的学习情况，考虑教师的教学情况，努力为学生与教师创造更多的互动平台，以提高教师的实际教学效果，帮助学生取得更好的成绩。还应及时根据行业产业技术变化调整教材内容，参考行业标准，在充分考虑当地经济发展和实际就业情况下，在职业教育校本教材建设上，通过一系列科学有效的开发策略，实现技能型人才培养目标，为职业教育的健康发展贡献力量。

执笔人：蒋忠元，田晖，王文静。

案例 14

职业教育在"实境课堂"活起来

——河北经济管理学校"实境课堂"教学模式探索

河北经济管理学校

【摘要】 深化职业教育改革，探索有效的职业教育模式，是职业教育更好地为经济建设和社会发展服务的需要，也是职业教育自身发展的生命力所在。以现代职业教育要求为指导，以职业能力标准和专业教学标准为依据，以"德技并修、全面发展"的育人理念为引领，积极落实习近平总书记提出的"培养什么样的人、如何培养人以及为谁培养人"的具体举措，立足学情确定教学目标，探索校企联合育人、协同推进的"实境课堂"模式，真正把学生当成主体，在课程内容建构、教学组织管理、考核评价机制三方面设计实施全新的体验式教学，实现"教学实施状态实境、教学组织流程实境、教学实施环境实境、教学评价实境"，为企业量身培养适合的高素质劳动者和技术技能人才。

一、案例概要

为解决中等职业教育校企合作推进难、深入难，向社会输送的人才仍需长期培养与适应等难点，解决职业教育教师无法及时掌握行业、产业新技术、新工艺、新规范的痛点，提升学校适应技术进步和产业升级的技术技能型人才的培养能力，学校与企业积极探索创新教育教学模式、产学深度融合之路，构建"双主体办学、双主体育人"的"实境课堂"成为学校教学改革的重要方向。通过校企现代学徒制工作的深入推进，将"企业流程、企业文化、企业管理"引入教学课堂，将企业"搬"进学校，学生入校即入企，角色从学生转为员工，成绩变成"工资"，实现"教、产、研、学、训"相结合，使职业学校的课堂环境展现"企业与教室、学生与学徒、教师与师傅、作业与产品"相融合的特征。

二、背景分析

当前，职业教育发展的趋势是进一步深化产教融合和校企合作，不断完善校企合作育人机制，持续创新技术技能人才培养模式。实践表明，校企合作已成为职业教育发展的必经之路，忽视深耕校企合作的职业教育院校和机构，正在离开职教发展的"第一方阵"，甚至逐渐被淘汰。2019年，国务院印发《国家职业教育改革实施方案》（简称"职教20条"）指出，职业院校应当根据自身特点和人才培养需要，主动与具备条件的企业在人才培养、技术创新、就业创业、社会服务、文化传承等方面开展合作，建设一批资源共享，集实践教学、社会培训、企业真实生产和社会技术服务为一体的高水平职业教育实训基地。可以看出，坚持产教融合、校企合作，是深化职业教育体制机制改革的重要举措，是创新各层次、各类型职业教育模式的必由之路。

三、建设思路

"实境课堂"是一种在全新职业教育机制下运行的教学模式，是将企业一线搬到课堂、将企业文化融入课堂、将企业管理贯穿课堂的教学活动，重构课程体系、革新课堂教学、颠覆评价模式，重新定义了课程、师资、生产条件、教学条件等要素，学生变成"员工"，成绩变成"工资"，在实践中学习新知、锤炼技能、提升素养。

在物流服务与管理专业试点实施"实境课堂"，首先要解决如何在学徒制背景下将企业流程与校内课程体系有效融合问题。结合1+X物流管理职业技能等级制度，校企双导师对原有的课程体系进行重构，并不断完善，开发"活页式"教材，共建教学资源，将职业素养、职业能力、方法能力、通用能力有效融入课程中培养，实现教学内容的"实境"。同时，为了确保"实境"效果，将学生转变成员工角色，引入企业的管理模式，小组成立分公司运营项目，并实行绩效管理，课堂文化变成企业文化，"角色扮演"贯穿全过程。

四、经验策略

（一）顶层设计：破冰之旅——校企协同突破瓶颈，探索打造"实境课堂"

2018年，我校成功申报国家现代学徒制试点。在实施现代学徒制试点之初，虽校企双方合作基础雄厚，但仍存在地域差异、成本高等共性问题。经过不懈努力，校企协同创新出"实境课堂"的全新的体验式教学,按照企业岗位需求和管理模式,对课程内容建构、教学组织管理、考核评价机制三方面进行了再设计。通过整合课程内容,实现"企业流程、文化、管理进课堂"(如图1),打造与企业1:1的"沉浸式"教学环境,提前完成学生企业岗位适应性训练,实现"入校即入企,学生即员工"的效果,实现技能、心理、综合素养等多方面"零距离"上岗。

图1 三结合式"实境课堂"

与此同时,在专业建设指导委员会的指导下构建了"实境课堂"实施组织机构(如图2),并制订"'实境课堂'实施方案",全面模拟企业的项目运行机制、管理机制、分配机制,让学生在学习过程中提前熟悉未来的工作内容、工作强度、工作过程、组织管理,懂得独立与协作、竞争与分享,提前体验企业式管理的氛围,使学生能够掌握足够的经验和技术,形成了颇具专业特色的教学模式。

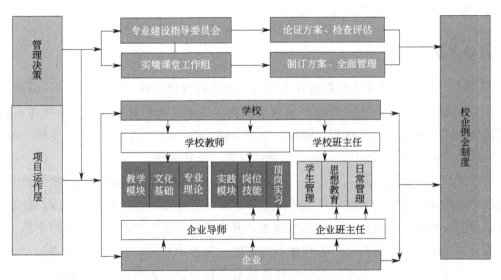

图2 "实境课堂"实施组织机构

(二)实践探索:创新之旅——"实境课堂"的系统建设

1. 开发"实境课堂"课程体系,实现"企业工作流程进课堂"

深入分析物流企业岗位的工作任务和能力需求等内容,是构建"实境课堂"课程体系的重要基石。以项目实践带动理论教学,将适度够用的知识结构体系和实际应用经验与策略贯穿到实训教学的各个环节,教学内容实现"理实一体化"。根据企业的工作流程来序化和架构课程内容（如图3），开发出了模块化核心课程《智能仓储》《运输快递》等7门，开发了基于工作过程的活页式、工作手册式教材，整合了系列教学资源，实现了物流专业课程的职业化、情境化、项目化和信息化。

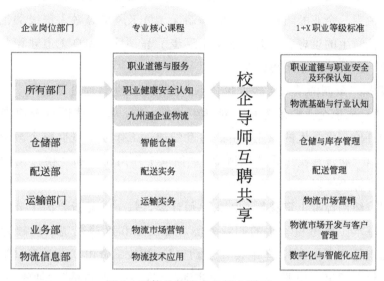

图3 重构的物流专业核心课程

校企双方高度重视"实境课堂"课程体系建设。学校围绕着企业实际工作过程，认真革新课程体系，打造出了企业1∶1的实训环境（如图4），将"真实"的企业环境呈现给学生，制订实训课程学习计划，搭建起校内塑造学生职业素养的优质平台，实现了对学生从业岗位能力的打磨和提升。

图4 "实境课堂"教学环境及课程内容展示

2. 把企业文化"搬"进校园，实现"企业文化进课堂"

在学会职业技术技能的同时,了解职业理念、职业行为规范和职业道德,是中职教育发展和学生职业素质培养的重要前提之一。思想修养、行为规范、做人原则、敬业精神、合作精神,以及活动能力、组织能力、心理承受能力等诸多因素,都已经成为学生踏入企业竞争上岗的基本要求。为达此目的,我校在"实境课堂"实施过程中,将学徒企业的口号、理念、价值观、企业的组织结构、管理制度、员工风采等融入班级文化,通过企业文化来引导和规范学生的思想和行为,使学生逐步了解、习惯和自觉遵守相关职业的素质要求,认可企业,实现校企零距离过渡。

3. 建立虚拟工资制的绩效考核评价体系,实现"企业管理进课堂"

"实境课堂"模拟企业绩效考核,对学生的德、能、勤、绩进行全面考察,由工作绩效决定学生的评价。将学生的职业素养、劳动纪律、工作业绩贯彻整个教学过程,并融入过程性考核,以"布置真实工作考试情境""抽取工作岗位"和"模拟岗位实操"为主要考试流程,依据标准予以"工资"报酬。

学生平时成绩用虚拟工资核算,以人民币计算,每100元折合为1分,设置基本工资和绩效工资。基本工资考核学生的职业素养,即出勤和素养表现,基础为每月1000元,需要学生努力确保"不扣钱",争取得"全勤奖";绩效工资由"导学案(笔记)+作业+月考+实训"综合评定(如图5),需学生主动参与,去"做贡献""创效益"。

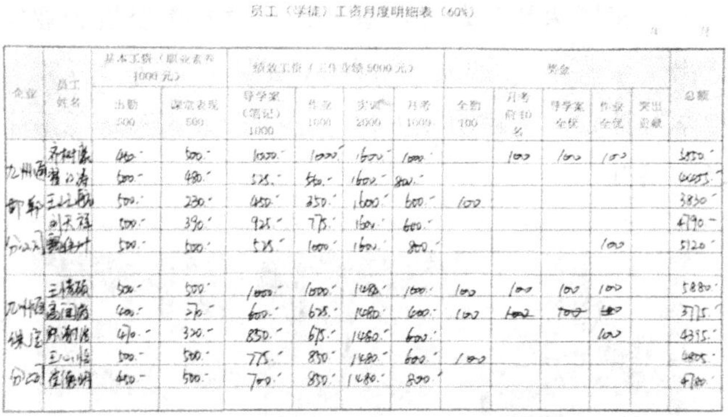

图5 虚拟工资明细表

(三)实效检验:体验之旅——"实境课堂"并非简单造"景",形成了全新的体验式实践教学

1. "实境课堂"不仅仅是体验,更是实践

区别于"实景教学","实境课堂"不仅是对企业生产环境的再现,还能够让学生在学习的各个环节有在企业岗位身临其境的体验式教学,实现了学生在校期间掌握企业要求的核心工作技能,熟悉工作流程,体验岗位工作强度,认同企业管理模式,最终以企业的考核机制评价学生学习成果。通过这一课堂,培养出的学生岗位适应性很强,实现了技能、心理、综合素养等多方面"零距离"上岗(如图6)。

图 6 "实境课堂"学习

2. "实境课堂"实现了全国首例现代学徒制与"1+X"学习成果置换

在工作开展中发现，现代学徒制人才培养的学习内容与"1+X"实操考评内容有 2/3 以上的重合度。在完善课程体系时，着重分析了岗位和考核评价的标准，实现了实训课程和考证课程的融合，特别是"实境课堂"的课程内容和评价标准积极对标"1+X"职业能力标准，在学生完成学徒培养的 12 个项目考核后等同完成"1+X"实操考核。2020 年，学校向 1+X 物流管理认证机构北京中物联采购培训中心申请，在专家论证后获得认可（如图 7），学徒班 54 人过级率实现 100%。该成果荣获全国物流行指委课题一等奖，成为全国学徒制与"1+X"成果置换的典型。

图 7 1+X 物流管理认证机构认证决定

3. 共建物流博物馆，引领学生穿越古今走进"活的"物流历史长卷

"实境课堂"不仅打造工作实境，还创建了物流文化实境。校企共建的"物流博物馆"（如图 8），记录着物流发展的时代变迁，不仅讲述了"一骑红尘妃子笑"的古代冷链物流故事，也描绘了从仓廪府库到现代智能仓的历史足迹。在物流文化实境中，学生们追溯物流文化之源，感受着古代物流的厚重与深沉，深刻体会了中华民族五千年文明史的每一个历史阶段都能看到物流思想的独特闪光和物流文化，从中借鉴经验和获得启发，不断弘扬拼搏进取、精益求精的职业精神，实现创新思维和创新能力的培养。

图 8　校企共建物流博物馆

五、成效与反思

"实境课堂"模式取得了良好的社会反响和较高的社会评价，并于 2021 年荣获河北省教学成果一等奖（如图 9）。

图 9　河北省教学成果一等奖　　　　图 10　相关获奖证书

（一）校内应用

1. 促进本专业学生"创新创业"，带动其他专业开展"实境课堂"

"实境课堂"的实施有效带动了学生对企业运营的认识，打通了中职生创新创业之路。学生在校园创建"365 创客空间"开展自主创业活动，成立"优优小邮局"自营校园快递，特别是在 2020 年疫情封校期间，校园快递由日 200 件提升至日 2000 件，学生们不退缩、想办法的劲头，确保了快递有效运营，得到快递公司的高度评价。该成果还带动电子商务、市场营销等专业积极开展"实境课堂"，紧密围绕企业实际需求培养学生。

2. 大大提升学生技能水平，在技能大赛中频获大奖

"实境课堂"构建了"从理论到实践、从实践到应用、从应用到创新"的实践教学体系，以学徒企业为依托开展企业模块教学，提升了中职生的实践能力、操作能力、分析和解决问题的能力。

该课程培养的学生 2018 年、2019、2021 年连续荣获全国职业院校技能大赛中职"现代物流综合作业"赛项二等奖，跻身全国前 5 名（如图 10）。

3. 教学团队不断壮大，取得多项教学成果

实施"实境课堂"中，校企双导师和学生通过不断的教学实践，不断地发现问题解决问题，教科研能力显著提升。2021年学校物流团队获批第二批国家级教师教育教学创新团队，拥有2名全国物流名师、3名河北省名师、3名全国中职教学标准组专家、3名1+X物流职业技能等级认证专家。

（二）服务社会，成果辐射

1. "实境课堂"在全国多所学校推广应用，媒体宣传效果好

本成果得到佛山南海信息职专、福建晋江职业中专、肥乡区职教中心、阜平县职教中心等全国多所院校的应用（如图11），多次在全国、省级交流会上分享成果，其推广实施产生了良好的辐射、示范效果。

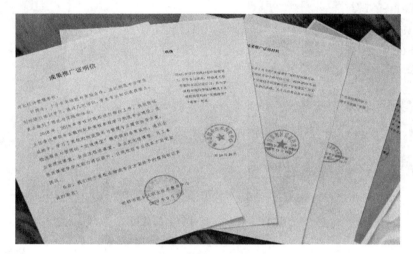

图11 多所院校应用本成果

《学习报》刊登我校"实境课堂"开展情况，得到业界认可。学徒企业杂志《九州通之旅》也转载了该篇文章，"实境课堂"的校企合作模式在集团内部得到推广（如图12）。

图12 媒体报道

2. 发挥了"实境课堂"为企业服务的功能，口碑好

第一，与企业合作完成企业工作任务，该成果不仅提高了学生专业知识、操作技能和企业文化的感受,而且完成了许多企业交给学校的任务,如河北365集团仓库的库区改善、苏宁物流"决战双11"等;第二,为社会培训提供达3000余人次;第三,特色的实训环境,为学校承办物流国培和省培项目、承办河北省中职物流比赛、组织院校之间技术交流提供了必备的保障。

3. 人才培养质量提升,社会评价较高

"实境课堂"在较大程度上解决了学校与企业之间"零对接"的难题,培养的学生深受企业欢迎,就业稳定率高(如图13)。学生和教师的优秀表现让我校物流专业在社会上影响较大,特别是在全国物流专业招生难的大环境下,很多家长慕名而来,招生往往快速爆满且都在分数线以上,每年皆超240人。

图13 来自企业对学生的认可

执笔人:孙明贺。

案例15

教法、教材、监测三落地的中职校本教学改革实践

上海信息技术学校

【摘要】 教学质量是中职学校办学中的生命线。进入新世纪,职业教育的人才培养目标、生源质量等各个方面都发生了巨大的变化,教学质量问题日益凸显。上海信息技术学校对提升中职课堂教学质量的理论框架、操作模型、质量监测与反馈体系等进行了整体设计与研究。以课堂教学问题为导向,启动了探索适合不同专业领域的教学方法研究项目,创建

了 10 种以项目任务逻辑为主线的职业教育教学方法，重塑了师生关系，让课堂教学演变为师生学习共同体，从方法论角度为职教同行提供了开展个性化教学的样本。

一、案例摘要

上海信息技术学校基于教学方法、教学内容、教学评价三个维度对职业教育教学进行改革实践。对应教学对象，创建了 10 种以项目任务逻辑为主线的职业教育教学方法，用以指导教学实践；对接产业发展，制订了规划教材校本化常态机制，形成了项目式、手册式、案例式、工作页式和数字式五种校本化教材呈现样式；对照评价要素，构建了教学质量动态监测反馈系统，全方位系统提升教学质量。

二、背景分析

进入新世纪，随着我国经济高速腾飞，技术不断更迭，职业教育的人才培养目标、生源质量等各个方面都发生了巨大的变化，为快速适应这些变化，迫切需要进行教学改革，开发具有职教特色的教学方法和符合当地产业实际的教材，应用于课堂的质量监测、教与学的新评测点等，以适应国家发展的新要求，提升应用型人才培养质量。

2008 年起，学校对提升中职课堂教学质量的理论框架、操作模型、教材校本化改造机制、质量监测与反馈体系等进行了整体设计与研究，以课堂教学问题为导向，相继启动了"探索适合专业课程教学方法的实践""中等职业教育校本教材开发策略和呈现形式""建立教学质量动态监测反馈体系"项目，通过近四年的研究探索，至 2012 年先后结题完成了三个研究项目，出版了职教教法专著一本——《给职教老师的一把钥匙——职业教育教学方法研究与实践》，另外"中等职业教育校本教材开发策略和呈现形式""构建基于信息化平台的教学质量动态监控系统"获省部级以上课题一等奖 2 项。

2013 年起，教学模式改革在全校内部推广使用。8 年多来，经过实践、反馈、修订、再实践，模式逐渐完善，并在育人实践、教师培养方面取得了突出的成效。还在全国职教领域进行交流辐射，提升了学校影响力，在多次教学改革中均为中职学校的"领头雁"。

三、建设思路

（一）教学问题分析

职业教育是以工作体系设计课程、开展教学，要满足行业企业要求、适应学生学习，关键要解决教师教法的"适切性"，教材内容的"适应性"，教学测评的"适宜性"的"三适"问题，以及统筹推进的系统策略。

1. 教师教法"适切性"问题

职业教育和应用型人才的培养，需要以工作过程、任务逻辑设计教学过程，让学生在

"行动"中将知识与技能连接起来完成工作任务,不能再延续以前学科逻辑的教学。如何构建适切项目任务逻辑的教学方法,需要探索并实践不同的教学方法,适应学生生源的变化。

2. 教材内容"适应性"问题

职业教育规划教材为全国职业教育教学规范奠定了良好的基础,但由于职业学校所处区域经济发展有差异、背靠的行业要求不同,即便同一个产业,在不同地区的发展仍然是有差异的,技术要求、实训设备也会有不同,如何才能让规划教材更好地适应当地产业的实际情况,需结合当地产业做相应的补充调整。

3. 教学测评"适应性"问题

教材、教法调整后,按照项目任务逻辑进行教学设计,评价要素势必出现重大变化。职业教育更重视过程性、规范化的实操即时评价,如何建立适宜的教学质量监测和反馈体系,需要使用信息化手段才能监测和反馈教与学两个方面的即时性效果,作出即时性的调整。

(二)解决问题的主要方法

① 立足中职学生特点,以项目任务逻辑为主线创建教学方法,解决教法适切职业教育学生的问题。职业教育的教学方法必须针对职业教育领域特殊的教学对象和教学内容,建立起教学内容与工作情境之间的联系,通过工作任务引领的实践行动来建构知识体系;同时,要在尊重、爱护的基础上采用以学生为中心、正向引导的方式和适于形象思维学习的方法。

2008年起,学校通过搭建网络教学平台,在任务引领、项目驱动教学理念指引下,研学理论,明晰学生学习路径,深入开展课堂革命。学校16个专业在教学模型、教学理念的指引下,根据不同专业、不同课程,探索不同的表现形式和操作技术。

通过教学项目的研究,推动教师开展教学实践探索,解决教学关键问题。立项15个课题,主要关注学习方式、成长路径、学习评价、思政融合、专业课程教学等方面,出版一本专著,发表221篇论文(表1、表2)。

表1 教法改革部分项目列表

教法改革项目名称	起止年份	级别	支持人
突破教学的瓶颈——典型职业教育教学法的研究与实践	2009~2010年	国家级	王珺萩
适合不同专业教学的教学方法	2010~2011年	市级	王珺萩
体验式学习——突破职业教育瓶颈的学习模式	2013~2015年	市级	王珺萩
"任务引领、做学合一"理念在珠宝专业课堂教学中的有效落实	2014~2016年	市级	夏旭秀
"职业试探与体验"学习模式的研究与实践	2015~2016年	市级	王珺萩
构建基于信息化平台的教学质量动态监控系统	2015~2016年	市级	王珺萩
探索中等职业学校学生成长路径	2016~2017年	市级	王珺萩
职业学校工匠精神融入专业课程的实践研究	2019~2020年	国家级	孙鹏涛
中职专业课程的德育融合实践研究	2019~2020年	国家级	王珺萩
"互联网"特种作业危险化学品安全作业(HSE)课程体系开发项目	2020~2021年	市级	黄虹
信息技术专业群企合作信息化教学创新实践研究	2020~2021年	市级	葛睿
智能制造云互联虚拟仿真在实训教学中的应用研究	2020~2021年	市级	葛华江
基于岗位能力导向的《机械基础》课程教学研究	2021年立项	市级	宫海兰

表 2 主要专著与论文列表

名称	类型	出版刊物/出版社	出版时间
《给职教老师的一把钥匙——职业教育教学方法研究与实践》	专著	化学工业出版社	2009 年
计算机课项目教学法的探索	论文	中国职业技术教育	2005 年
突破与传承——提高中职德育有工作有效性的探索与实践	论文	中国职业技术教育	2009 年
信息化背景下现代化工操作工的培养策略研究	论文	中国职业技术教育	2010 年
易班微平台·校园正能量——上海信息技术学校易班网络微文化德育探索与实践	论文	思想理论教育	2013 年
普职渗透——实现双赢的实践与研究	论文	中国职业技术教育	2013 年
中国现代职业学校建设探索之路——上海信息技术学校的探索与实践	论文	中国职业技术教育	2013 年
信息化背景下中职化学工艺专业建设的改革创新	论文	中国职业技术教育	2014 年
搭三层发展平台,促教研能力提升	论文	中国职业技术教育	2014 年
基于 ASSURE 模式的"物流仿真"课程教学设计实例	论文	职业教育研究	2014 年
学习动因分级理论的提出及阐述	论文	中国教育学刊	2015 年
中等职业学校班主任胜任力模型的构建与应用研究	论文	中国职业技术教育	2016 年
基于数字校园平台的中职学生综合素质评价体系研发与应用	论文	职业教育(中旬刊)	2016 年
线上线下混合式教学质量监控的实践与探索——以上海信息技术学校为例	论文	中国职业技术教育	2018 年
工匠精神融入职业学校机械基础实训课程的实践研究	论文	现代职业教育	2020 年

面向学生,构筑模型。构建课前课中课后的"三评三问"教学模型(图1),模型中注重创设企业工作情境,引入企业规范要求,明确能力标准,对接工匠精神。

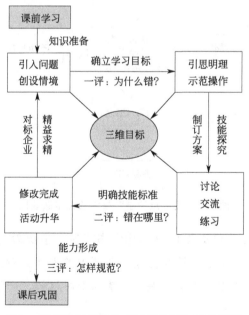

图 1 以工作逻辑设计"三评三问"教学模型

德技并重,创立教法。面向学生,寻找适配的教学方法理论原型,创立了10类职教特色校本教学方法,总结了操作技术和德技双标。比如引入了机电工程领域的闭环负反馈控制原理的"关键点控制"教学方法,"经验塔"教学方法,引入了技术工人培养过程中学习、制作、判断及应变等各类经验的教学方法(图2、图3、图4)。

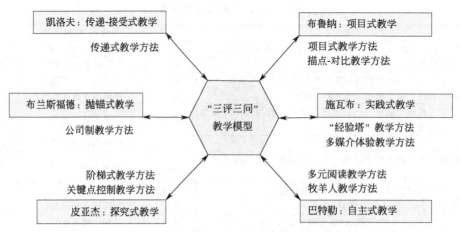

图 2 基于学情、适配原理创立的 10 类教学方法

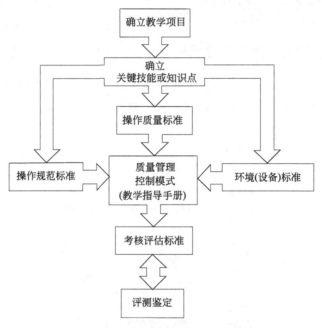

图 3 "关键点控制"教学法技术路线图

② 立足当地产业发展，建立教材校本化常态机制，解决教材适应产业现实技术的问题。职业教育高质量的标志是培养符合行业企业要求的人才，对接区域经济发展，将行业的技术、文化、管理带入课堂，为学生编制鲜活的学习材料，产教融合进行规划教材校本化改造。

为此，学校建立了及时响应当地产业发展的教材校本化改造常态机制，由企业专家、教育专家和专业教师三方组成联合编写组。收集行业最新信息，同时考虑学校现有条件，进行教学化研判，确定教材校本化改造方案。多年来，学校在实践经验中提炼出了五种不同形式的校本教材呈现形式，即项目式教材、手册式教材、案例式讲义、工作页式任务书、数字式资源等。教材改造过程中引入行业的技术、文化、素养等，无缝对接行业生产

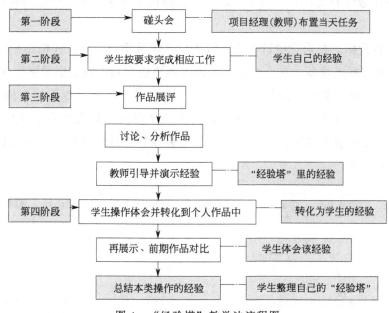

图4 "经验塔"教学法流程图

实际,实现校企合作育人。

对需要整本改造的规划教材,由行业专家行业提供真实的工作项目,专业教师以工作经验"重新定向",以任务为引领,以工作项目来重新编制校本教材,形成项目式教材。

在规划教材基本适用的情况下,可根据具体情况进行校本材料补充。比如根据学校具体实训设施,补充手册式教材或学生活动工作页;根据当地行业企业常见的工作项目,补充案例式讲义;针对教材里学生难以理解的知识点或技能点,校企联合开发数字式资源,将文字转化为可视的立体结构。

同时,学校还建立激励机制,拨出专项基金资助,订立"编写教材工作量补贴办法""优秀教材奖励制度"等,为教材的开发与改造提供保障。教材质量是教材建设的核心,学校推行"校本教材质量跟踪与反馈调整制度",使教材建设质量能有切实保障(图5)。

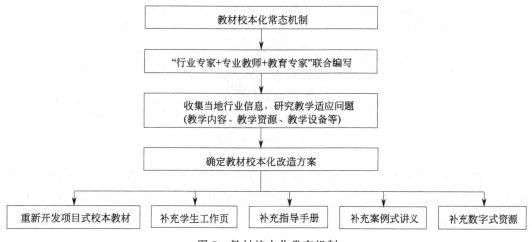

图5 教材校本化常态机制

③ 立足多维教学目标，开发教学质量动态监测反馈系统，解决职教即时性、过程性评价问题。

a. 设计评价指标。 在采用项目任务逻辑进行课堂教学时，学习评价也更趋向于过程化和多元化，评测指标点增多，在设计评价指标时也更应有趋向性地引导学生学习。

导向性策略。 评价具有导向性，专业类别不同，评价侧重点也不同，通过评价手段、评价量表的设计，引导人才培养的方向。如：学校文商类课程应侧重于学生的表达能力、团队协作能力及创新能力等方面，而理工类专业更侧重于操作规范、任务达成度及质量控制等方面（图6、图7）。

项目任务	①观点表达	②团队合作	③活跃次数	④创新表现	⑤实践能力	⑥同伴认可
个人			√			
小组		√				√
老师	√			√	√	

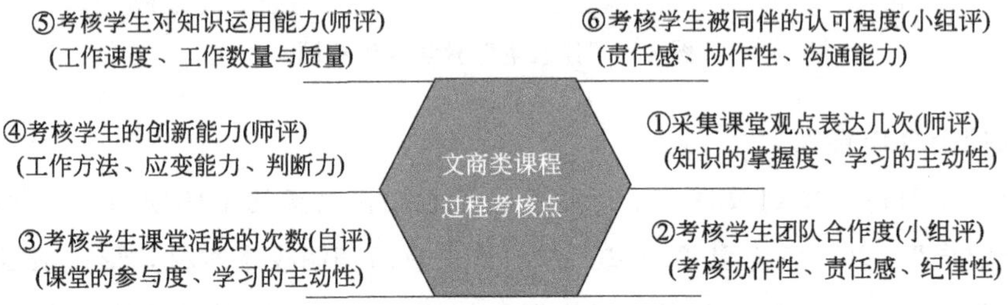

⑤考核学生对知识运用能力(师评)
（工作速度、工作数量与质量）

⑥考核学生被同伴的认可程度(小组评)
（责任感、协作性、沟通能力）

④考核学生的创新能力(师评)
（工作方法、应变能力、判断力）

①采集课堂观点表达几次(师评)
（知识的掌握度、学习的主动性）

③考核学生课堂活跃的次数(自评)
（课堂的参与度、学习的主动性）

文商类课程过程考核点

②考核学生团队合作度(小组评)
（考核协作性、责任感、纪律性）

图6 文商类课程过程考核点

项目任务	①方案拟定	②任务质量	③工艺规范	④过程方法	⑤职业素养	⑥成本核算
个人						√
小组		√			√	
老师	√		√	√		

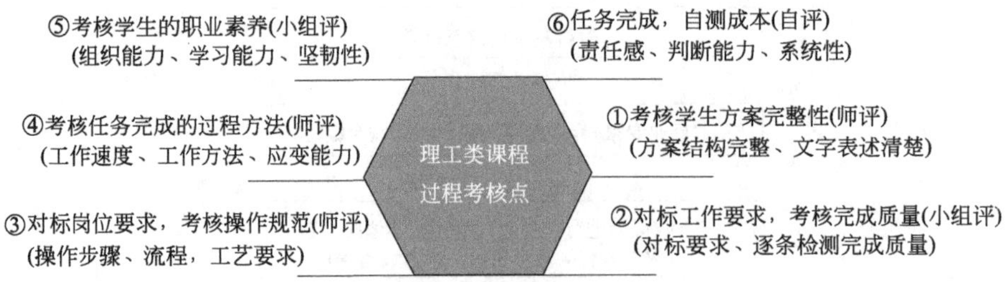

⑤考核学生的职业素养(小组评)
（组织能力、学习能力、坚韧性）

⑥任务完成，自测成本(自评)
（责任感、判断能力、系统性）

④考核任务完成的过程方法(师评)
（工作速度、工作方法、应变能力）

①考核学生方案完整性(师评)
（方案结构完整、文字表述清楚）

③对标岗位要求，考核操作规范(师评)
（操作步骤、流程，工艺要求）

理工类课程过程考核点

②对标工作要求，考核完成质量(小组评)
（对标要求、逐条检测完成质量）

图7 理工类课程过程考核点

多元性策略。 评价不是单边的，学生参与的多边评价有助于学生明确学习目标、反思自己的学习，正向促进学习。同伴的评价让学生认清自己，养成良好的团队协作能力，是学生踏入社会的前奏。

过程性策略。过程评价需要科学的手段和技术支撑,"小步走"是中职学生的学习特征,学习中客观数据、过程数据捕捉能让学生及时更正不足,保持前行的学习态势,也是提高教学质量的重要保障。

b. 应用信息技术手段辅助评价。由于教学评价指标多元,且过程性指标难以采集,学校开发信息化平台辅助监测,并反馈教学质量。

基于课堂,建立教学质量动态监测反馈系统,数据跟踪保质量。以市级课题"建立教学质量动态监测反馈体系"着手,围绕项目任务逻辑课堂教学流程、教学目标和评价指标,建立数据档案,开发教学质量动态监测系统。

动态反馈,促质量提升"更精准"。通过数据平台全过程、多元化获取评价数据,追踪课堂教学动态,精准推送给每位教师,反馈课堂教学执行与改革质量,促进教师修订教学设计、完善教学行为,开展课堂改革,实现从改革到反馈、再改革再反馈的完整教学质量提升增量回路(图8)。

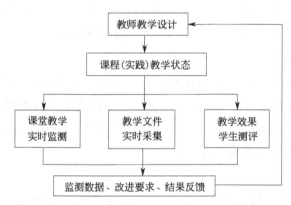

图 8 基于数据驱动的教学质量动态监测反馈模型

四、经验策略

(一)对应教学对象,创建了 10 种以项目任务逻辑为主线的职业教育教学方法

通过"理经验、找亮点、塑特色"的课堂教学实践探索,在职业教学理论的指引下,按照项目任务逻辑设计教学,全面开发和发展每个学生的多项智能,使学生在完成项目任务的同时,获得核心能力和职业素养的提高。创建了面向学生"三评三问"教学模型,明晰学生的学习路径与逻辑,开发了按 10 类职教特色教学方法操作的技术与路径,重塑了师生关系,课堂教学演变为师生学习共同体,从方法论角度给了职教同行教师开展个性化教学的样本。

(二)对接产业发展,制订了规划教材校本化常态机制

围绕地方经济发展和产业特点,按职教"课程对接岗位、教材德技双汇"的要求,构建了以教材校本化改造为抓手、产教融合校本化教材处理与开发策略,形成了项目式、手册式、案例式、工作页式和数字式五种不同的校本化教材呈现样式,并将教材从教程转为

学程，有效激发了学生学习的兴趣。

（三）对照评价要素，构建了教学质量动态监测反馈系统

建立了基于课堂数据驱动的教学质量动态监测反馈系统。收录学生个性化、过程化学习数据，监测教学常规，搭建教学改革与创新平台，鼓励教师开展教学改革；通过可视化方法进行数据挖掘与决策分析，形成教学质量多维度报表，即时反馈教师；调整教学方案与策略，即时反馈学生，使其调整学习行为与态度，以此驱动教学质量提升。

五、成效与影响

（一）应用成效

1. 人才培养成效显著

2008年至今，培育了47个世界技能大赛选手；获中国国际"互联网＋"大学生创新创业大赛金牌1枚，是全国唯一入选的中职院校；获全国职业院校学生技能大赛奖牌65枚，其中一等奖15枚；获上海市星光计划学生技能大赛奖牌355枚，其中一等奖142枚。

2. 成就一批职教名师

获国家级职业教育教师教学创新团队1个；市级以上"劳模"教师5人；正高级教师4人；市级及以上职教名师工作室主持人8人；国家级金牌指导教师4人；市级金牌指导教师9人。在历届上海市教师教学法评优活动和教师教学能力大赛中，共有49名教师获奖，获得国家级教学能力大赛奖项6人。

3. 学校综合实力提升

取得了11项省部级课题研究成果，获评国家中等职业教育改革发展示范校、全国教学管理50强、全国教育系统先进集体、上海市教师专业发展学校、上海优质中职培育学校、上海市教育信息化应用标杆培育校，成为世界技能大赛4个赛项的集训基地。

（二）应用推广

对口帮扶援滇援疆援贵，指导遵义6名教师获得省市教学能力大赛奖项；与对口帮扶地区携手共建同步传递课堂共同体，通过信息化手段辐射改革成果，实现了上海教育资源向中西部地区实时开放。上海市校本教材展示交流评比活动推广获评优秀校本教材21册；工业机器人技术应用系列教材译成法语，输出至法国学校，开创了职业教育教材推广的先河。接待兄弟院校来访3000余次，在全国20多个省市1000多所学校进行交流演讲。

（三）社会影响

出版的《给职教老师的一把钥匙——职业教育教学方法研究与实践》《铺路——让学生有更好的发展》专著，作为职业院校教师的重要培训教材，累计发行1.5万册；出版规划教材16种，发行量近10万册，被全国20多省1000多所学校选用（表3、表4）。

表3　出版物发行量

十二五规划教材7种	发行35000册	其他职业教育规划教材4种	发行40000册
十三五规划教材5种	发行20000册	上海市校本教材展示交流评比	优秀教材21种

表4　部分教材列表

教材名称	类型	出版社
《HSEQ与清洁生产(第二版)》	十二五国规教材	化学工业出版社
《无机化学》	十二五国规教材	化学工业出版社
《试样的采集与制备》	十二五国规教材	化学工业出版社
《仪器分析技术》	十二五国规教材	化学工业出版社
《电气自动控制系统》	十二五国规教材	机械工业出版社
《物流技术与实务》	十二五国规教材	中国财政经济出版社
《三维动画设计软件应用3ds max2016》	十三五国规教材	电子工业出版社
《网络攻防技术》	十三五国规教材	机械工业出版社
《工业机器人认知》	十三五国规教材	中国铁道出版社
《工业机器人编程与操作》	十三五国规教材	中国铁道出版社
《自动化生产线安装与调试》	十三五国规教材	中国铁道出版社
《珠宝网络营销实操》	出版教材	中国地质大学出版社
《珠宝首饰检验基础》	出版教材	同济大学出版社
《宝玉石检验实训》	出版教材	同济大学出版社
《钻石加工入门　从切磨到加工》	出版教材	中国地质大学出版社
《机床电气控制》	出版教材	复旦大学出版社
《可编程控制器应用技术》	出版教材	化学工业出版社

教学改革实践经验得到教育界专家、领导的认可和社会新闻媒体的广泛关注，中华人民共和国教育部新闻网、中国职业技术教育、文汇报、东方网、搜狐网、中国教育在线等多家媒体对学校教学改革工作进行了多次专题报道，取得了良好的辐射示范效应。

案例16

课证融通强技能　三教改革结硕果

攀枝花市经贸旅游学校

【摘要】　随着《国家职业教育改革实施方案》和《关于在院校实施"学历证书＋若干职业技能等级证书"制度试点方案》等举措的落地，这些不仅给职业学校带来了好消息，也拉开了攀枝花市经贸旅游学校"1＋X"证书制度试点工作的序幕。学校在教学过程中结合行业实际应用需求，创新调整教学内容，改进教学方式方法、优化评价模式，在强化实训技能中，注重学生职业综合应用能力提升，依托信息化平台，大力推进会计专业"三教"

改革，促使教师和学生共同成长。

一、案例概要

面对激烈的市场竞争，传统财务人员仅仅扮演数据核算与统计的角色，这已不能适应行业需要，而其应该以管理者的身份融入企业经营管理中，以传统财务为主体，向前融合采购销售，向后融合税务，从而实现企业财税一体，为企业创造价值。我校通过"1＋X"课证融合的实施，将行业新技术、新工艺引入人才培养体系，形成了"综合培养、岗证结合、突出实训、中高衔接"的人才培养模式；修订了人才培养方案，以职业能力要求为导向重构会计事务专业课程教学内容，打造了《基础会计》《会计电算化》《会计综合实训》三门精品课；改革教学方法和评价方法，借助新道云、中联教育等学习平台提高学生学习兴趣和学习效率，及时对学生学习效果进行评价，并打造具备课证融通能力的双师"新"团队，深入推进了"三教"改革，有效提高学生的职业素养和技能水平。

二、背景分析

2019年国务院正式印发了《国家职业教育改革实施方案》，随后又出台了《关于在院校实施"学历证书＋若干职业技能等级证书"制度试点方案》，这标志着"1＋X"证书制度试点工作开始实行。作为学历证书的"1"是反映学校人才培养质量的基础与前提，作为职业技能等级证书的"X"是毕业生职业等级技能水平的凭证，反映职业活动和个人职业生涯发展所需要的综合能力。如何把学历证书与职业技能等级证书结合起来，做到课证有机融合，更好帮助学生获得综合职业技能的提升，是攀枝花市经贸旅游学校关注的重点。

当前，随着互联网和信息技术的普及，会计职业领域也发生着巨大变化，企业信息化的发展正日益深入，要求财务人员能更加高效、规范地利用信息技术处理业务工作，会计人才培养必须紧跟产业发展步伐。作为企业人才供给侧的学校，如何做好"岗课赛证融合"，大力推进"三教"改革，吸收新知识、新技术、新工艺、新方法，更新教学内容，完善课程标准，编写或开发活页式教材，实施项目教学、混合式教学等教学模式，创设真实的工作环境，将理论和实践相结合，是攀枝花市经贸旅游学校教学改革面临的新挑战。

三、改革建设思路

（一）改革探索，引领发展

坚持党建引领，围绕立德树人根本任务，强调社会主义核心价值观，坚持"三全育人"，推行"三教"改革，结合"1＋X"证书制度试点，构建"四层两阶"系统化实践教学体系，打造课证融通精品课程，创新教学方法，构建"综合培养、岗证结合、突出实训、中高衔接"的人才培养模式，促进会计事务专业高质量发展。

（二）产教融合，共建平台

以攀枝花现代服务业职教集团为平台，深化产教融合、校企合作，联手集团内知名企业，结合"1＋X"证书试点项目，以互联网为平台，以信息化技术为手段，推进数字资源、教育数据共建共享。开发课证融通数字化教学资源，包含电子教材、微课资源、动画资源、教学PPT、案例视频等内容，改造支撑数字化教学资源的设施设备，通过网络学习平台共享使用，进行"线上＋线下"混合式学习，为学生获取专业知识提供保障。

（三）德技双修，打造名师

按照"强化师德师风、引进培育并举、绩效目标考核"的原则，搭建教师工作站、名师工作室、教学创新团队等平台。在培训交流、企业锻炼的基础上，通过教师参与专业发展规划制订、人才培养方案修订、"1＋X"证书师资培训及课程标准制订等形式，促使教师准确把握行业最新发展动态和专业发展方向，培养在行业及企业有一定知名度和影响力、能推动专业教学改革与发展的名师团队。

四、经验策略

（一）构建"综合培养、岗证结合、突出实训、中高衔接"的人才培养模式

我校会计事务专业围绕立德树人的根本任务，结合"1＋X"证书制度试点，既考虑教学的人才培养标准，也兼顾职业技能等级证书标准，完善人才培养机制，不断修订与调整人才培养方案，在原有基础上，优化形成"综合培养、岗证结合、突出实训、中高衔接"的人才培养模式。推进学校与行业企业对接、与高职院校专业对接，促进校企育人无缝衔接、中高职无缝衔接、学习就业无缝衔接。推行"岗课赛证融合"，构建"四层两阶"系统化实践教学体系（图1）。

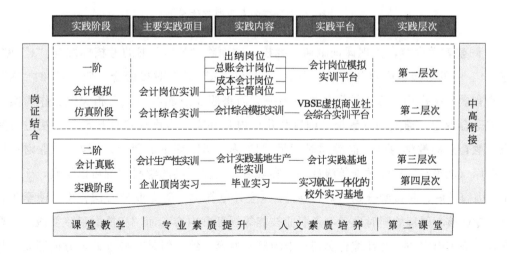

图1　会计事务专业"综合培养、岗证结合、突出实训、中高衔接"人才培养模式

（二）重构课证融通课程体系

我校原来的课程体系主要偏重于理论教学，在实践教学中存在脱离实际工作岗位的短板。针对这种情况，结合"岗课赛证"内容，重构会计专业课程体系，将"X"证书考核内容融入相应课程教学内容中，成功实现了课程开发与证书标准互嵌共生、互动共长。为了实现课程体系的健全与完善，需要综合考虑各方面因素，主要涉及以下几方面内容。

1. 找准课程体系定位，明确育人目标。教育首先要解决"培养什么人、为谁培养人"的问题。我校根据"综合培养、岗证结合、突出实训、中高衔接"的人才培养模式重构会计事务专业课程体系，将企业人才要求标准和规格渗透到课程体系中，整合理论与实践，构建"四层两阶"的系统化实践教学体系。大力推进"三教"改革，吸收新知识、新技术、新工艺、新方法，结合"1+X"证书考核标准，更新教学内容，完善课程标准，编写或开发活页式教材。实施项目教学、混合式教学等教学模式，创设真实的工作环境，将理论和实践相结合，更好实现中职会计事务专业学生培养综合职业素养的目标（图2）。

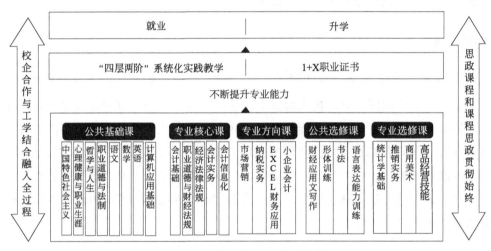

图 2　会计事务专业课程体系

2. 调整教学内容，实现课证融通。我校一方面将"X"证书的考核标准与"1"融合，完善"1"中的对接点内容与要求，形成"1"与"X"证书对接融合，使"1"对"X"证书起到有效支撑作用，嵌入课程体系。另一方面将职业技能等级证书相关内容作为实训内容形成融合课程，通过课程置换、内容强化、内容补充、深度或广度拓展等方法进行完全融合，融合后的教学内容，能够同时满足"1"和"X"证书的要求。例如，"业财一体信息化应用（初级）"职业技能等级证书内容较多，且在不同的学科中都可以学到，于是将该证书的内容分解，对接融合到《基础会计》《会计电算化》等专业核心课程中，使学生在学习这些专业核心课程的同时也学习了职业技能等级证书内容。而"智能财税（初级）"职业技能等级证书内容与《会计综合实训》中的部分内容一致，但是在税务处理方面还要更加翔实，于是我校将该证书的内容置换合并到《会计综合实训》当中，针对更新内容后的三门课程开发活页式教材，并根据不断变化的岗位能力需求及时修订和调整教材内容。

（三）创新教学方法，改进评价方式

为更好落实育人目标，促进学生高效学习，我校将课内学习和课外学习有机结合在一起，与企业合作开发网络教学资源库，开展混合式教学和在线共享开放课程教学，结合"X"证书考核标准，完善评价机制。

1. 创新教学方法，提高学习效率。在教学过程中，借助新道云、中联教育等学习平台提高学生学习兴趣和学习效率。课前，学生可以在学习平台观看课程视频，做题检测预习效果；老师可以查阅学生预习结果，针对性地进行备课，解答学生预习过程中的疑难问题，查阅学生对问题的理解，对认知有偏差的问题，课堂上再作重点讲解。课中，学生技能操作训练，学习平台自动判分，检测学习效果；教师可根据学生提交结果进行分析，根据反馈结果安排重点分析讲解内容。课后，学生在学习平台完成技能点训练；老师查阅学生训练结果，评判学生掌握情况，后续跟进指导。

2. 改进课程评价方式，完善多元评价。我校在原有单一课程考试评价的基础上，既结合"X"证书的考核标准对学生理论知识与实践操作能力进行考查，又结合学生实践中企业的反馈信息，对学生进行全方位综合评价。通过以上手段，对学生的综合能力与职业素养的评价更为精准、全面，使会计事务专业培养出的学生更加符合现代企业需要。

（四）打造一支课证融通能力过硬的师资队伍

我校会计事务专业抽调8名优秀专业教师组建"1+X"师资团队，组织团队全体成员学习《关于在院校实施"学历证书+若干职业技能等级证书"制度试点方案》等文件精神，了解"1+X"证书制度试点工作的背景、地位以及内涵。组织团队成员采用"线上+线下""平时+假期"的形式先后参加了"业财一体信息化应用证书（初、中级）""智能财税证书（初级）"等师资培训。通过培训，老师们均取得了相应讲师资格。同时通过团队成员深入研究证书考试内容和与之匹配的专业课程内容，利用假期完成课堂教学设计、教学PPT课件制作及部分线上数字资源建设等，使整个师资团队具备较强的课证融通能力。目前，我校会计事务专业教学团队名师荟萃，多位教师在全省的各项教学能力比赛中荣获二等奖，在四川省中职学校学生技能大赛中获优秀指导教师（图3、图4）。

图3 教师参加"业财一体信息化应用"证书培训

图4 教师参加"智能财税"证书培训

（五）认真开展学生培训，规范组织证书考核，取得可喜成绩

学校积极推进"1+X"证书制度试点工作，多次召开会计事务专业学生动员大会，为学生详细解读"1+X"制度以及岗位层次的具体要求，让学生领会意义，提升专业技能学习的意识。针对报名参加"1+X"证书培训的学生，为其拟定相应证书的培训计划，安排"1+X"师资承担培训任务，认真开展培训。严格按照证书考场设备设施配置标准建设考核站点，按照证书考核流程组织考核工作；严守考试纪律，考场技术保障有力，系统稳定，秩序井然，顺利完成证书考核工作。两年来，我校会计事务专业学生参加的"1+X"证书考核，考核通过率均高于80%，位居四川省前列（图5）。

图5 开展学生培训

五、成效与反思

（一）学校育人质量得到提升

经过课程重构后，课程整体遵循案例探究、项目化教学等方法，坚持"做中学，学中做"的教学方式，旨在让学生在仿真企业业务需求场景中，熟练利用新技术工具解决企业实际问题，融合专业理论与技术素养，增强岗位竞争力。通过任务驱动法、案例教学法等方式，提升了教师的教学能力以及学生学习新知识的效率，更好地激发了学生的学习兴趣，加深了对课程的理解。我校学生连续6年在四川省中职学校学生技能大赛中获一等奖；近两年，学生"1+X"证书获证率一直处于四川省领先水平，为高职院校输送了大量的优秀人才。

（二）"1+X"师资团队建设效果显著

在开展"1+X"证书培训、评价工作时，我校进行培训师资的组织、选拔，通过教师参与各项专题培训及深入企业挂职顶岗实践，帮助老师们掌握了企业岗位工作所需的基本知识和技能，掌握了教学过程中基本技能方法，积累了一定的企业业务实践体验、授课实践；也满足了对专业教师企业财务处理职业素养、财务应用职业能力的培养，辅助教师进行相关课题科研，促进科研课题成果产出。

(三)"复合型"实践内容增强

根据"1+X"证书面向的岗位群分类以及工作领域、工作任务,我校在现有专业课程外增加集中实训内容,学生在仿真工作环境中体验真实企业案例、人机协同、共享管理模式,不仅提升了学生综合运用专业知识与技能的水平,还促进了教师案例探究教学法的创新应用。

执笔人:傅梅,唐箐,干达圣。

案例 17

数字出版专业建设

上海新闻出版学校

【摘要】 为推动数字出版专业建设和课程改革,解决专业人才教育培养与数字出版行业发展不同步的问题,学校探索产学研三方协同育人新模式,从专业人才培养目标的合理定位、先进行业企业技术标准的及时引进、任务引领型职业教育课程体系的科学构建、专业课题与数字化教学资源等的开发完善、双师型教师队伍的合作培养等各个方面进行广度和深度合作,打开了学校、行业协会、企业及学生多赢的新局面,提升了学校数字出版技术技能人才培养质量,实现了学校面向行业市场、服务区域经济的社会职能。

一、案例概要

为推进数字出版培养模式试点工作,落实人才培养目标、专业设置、教学过程等方面要求,积极探索适应"上海文化"建设需要和特点的高素质劳动者及技术技能人才培养模式,培养上海数字媒体行业紧缺的应用型、发展型技术技能人才,建设产教研合作机制高效能、专业课程教学改革高水准、社会服务能力高层次专业,学校与行业协会、优质企业合作,发挥上海新闻出版教育培训中心行业人才培养优势,共建"数字出版人才培养基地",借助行业协会标准、课题、流程研发优势和企业高新技术能力,共同进行教材、课件、微课等优质教学资源的设计、制作和优化,引入基于企业真实项目编订的前沿实训项目,联合打造一套面向融合出版的全方位人才培养实训课程,携手合力构建顺应数字出版行业人才需求趋势、方向前瞻、目标清晰的专业实训平台,让学生在真实工作场景中,磨炼自己的职业能力、职业素养和工作态度，满足学生技能学习新需要，并同步进行生产实践输出，增强社会服务能力。

二、背景分析

作为出版行业的战略性新兴产业，数字出版自问世以来，发展非常迅猛，规模迅速扩大，形态逐渐完备，产品日益丰富，技术不断创新，成为出版业新的增长点，得到了政府部门的高度重视和着力扶持，得到了业界的广泛关注和积极参与，业外企业及机构也积极投身其中。数字出版是未来出版行业的发展方向，以数字化内容、数字化生产、网络化传播为主要特征的现代内容制作产业是大势所趋。随着未来出版业分工趋向细化，从事将出版内容用文字、图像、音频、视频、Flash、检索、关联等进行整合并最终以适合的形式表现的专业数字出版产品制作企业将不断涌现。

在这过程中，数字出版产品制作技能人员也在快速增长，需求量日益增加。我校作为上海中职院校中唯一培养复合型出版人才的行业学校，数字出版专业应运而生。学校现有数字出版采编撰系统、数字出版产品制作、数字发行系统、数字版权保护技术 4 个现代化实训室，总工位超过 300 个。可以完成纸质图书数字化生产与发布，互动电子图书设计与制作，以及从拍摄到后期合成再到发布的影视制作流程，提供学生日常实践需要。

但传统出版单位信息技术方面的人才非常缺乏，中职学校很少涉及数字出版专业，且师资力量不足，造成人才教育培养与数字出版行业发展不同步。具体表现为以下几方面：

1. 专业课程设置不够完善

教学与企业实际脱节，学用不一致，开设的课程实用性不强，有些课程开设过于笼统，没有和学生的岗位核心技能进行有效对接，未能顺应新形势下行业的发展及时调整课程设置，有的课程还主要停留在对传统出版人才的培养，学生对数字出版物知识等缺乏学习。另外在一些专业课程设置中，将理论与实践结合在一起进行教学的课程不够多。理论教学学时偏多，实践教学学时偏少，理实学时比例不合理，不能很好地实现理实一体化与工学结合。

2. 专业教材资源亟待填补

在教材资源上，还存在教学内容滞后的现象，对近几年发展起来的行业新技术、新模式等在教材中体现不够，不能贴近数字出版企业的实际需要。任务引领型教材非常缺乏，不能很好体现专业的实际技能与操作。尚需根据数字出版职业岗位目标采取完全综合化，摆脱学科体系的束缚，对若干相关学科进行融合，按照职业岗位或专业实践活动要求重新组合教学内容，开发出一套适合中职学生使用的任务引领型教材。

3. 教师队伍结构有待优化

目前学校担任数字出版专业教学的专任教师，均具备本专业或相关专业大学学历，并具有中等职业学校教师资格证书及相关学科的专业理论知识与教学能力。但对数字出版行业总体情况缺乏全局了解、数字出版产品制作完整流程掌控稍欠缺、企业个性化需求了解不够全面，专业教师实践操作能力尚不能完全胜任新形势下中职学生的教学工作。

4. 专业发展能力需要增强

应用新技术、开拓新领域的能力有待提高，专业服务社会能力仍需进一步提升。校企合作仍需深化，按特定企业的生产流程和经营特点组织教学，按企业需求开展培养数字出版人才。同时要加强德育教育，使学生的思想、意志、品德、作风有较大的改变，这是企业最期待的。只有面向社会，面向市场，以就业为导向，才能为企业培养有良好职业素养的中职毕业生。

综上所述，要健全数字出版专业建设，亟待顺应服务行业转型升级需求，立足职业教育跨界属性，实施"标准先行、平台支撑、机制保障"的开放融合专业办学模式，持续提升资源整合能力，持续深化高端校企合作，行业企业共同参与教学标准制订、教学组织实施和教学实践资源开发，通过专业共建、资源共享，提高人才培养质量，提升社会服务能力。

三、改革建设思路

1. 制订基于需求调研的人才培养方案

深入研究行业发展态势、职业教育发展方向，调研新闻出版行业企业人才需求数量和规格，借鉴同类型职业院校专业发展经验，形成专业建设调研报告，在此基础上合理定位专业人才培养目标，对接国际或国内先进行业企业技术标准、职业资格标准的相关内容，在保持现有专业结构稳定的基础上，调整优化人才培养方案。

2. 构建专业层面的产教融合机制

探索政府引导、依托企业和园区、充分发挥行业作用的校企合作新模式。依托行业主管部门和印刷行业协会、出版协会、上海广播电视节目制作行业协会、国家融合出版重点实验室等，主动对接张江国家级数字出版基地和新华传媒、犹水、触讯、融博等龙头骨干企业，建立紧密校企合作关系，围绕数字出版课题、行业标准、流程等共同研发，服务行业人才培养。

3. 构建以岗位工作任务为引领的课程体系

构建任务引领型职业教育课程体系，组建由职业教育专家、专业带头人、骨干教师、行业企业专家构成的课程体系开发团队，结合国际标准、国家职业技能标准或国内先进行业企业技术标准，针对学生目标岗位（群）职业能力，整合设置课程，构建任务引领、理实一体、技能模块型课程体系，将企业中职业岗位的职业能力融入课程内容和教学中，进一步加强数字化、网络化等方面内容的课程建设，并根据行业新发展及时调整专业课程的设置。

4. 校企合作共建双师型教师队伍

合作开展教师培养与培训，落实教师进企业实践制度。制订个性化培养方案，针对教育教学、专业理论、实训技能，以讲座、互动、案例分析、考察学习等形式，进行数字出版产品制作课程教学的专业培训，培养自己的数字出版产品制作课程教师队伍；通过参加国家及市级职业教育理论与实践培训、参与教育教学改革实践、到企业挂职锻炼、参与企业技术提升与管理、获取职业技能证书等措施，培养专业带头人和骨干教师。

5. 完善专业教学资源，搭建数字化教学平台

使用行业编写的工学结合型教材；编写适合行业新发展、紧贴行业新特色的校本教材，填补教学资源空缺，在对教材的解读中，强化技能，并将理论知识充分融合到技能教学中。以学生为中心、老师为把关人，高度对接企业项目、技能岗位，建立具有专业特色的数字化教学资源库。学生、教师、企业三方既是资源建设者，又是资源使用者，使数字出版专业实训流程真正实现闭环。

6. 完善专业跨界资源整合机制

积极探索与企业共建实习实训基地、技术服务机构等合作方式；邀请行业企业全面参与学校专业人才培养目标、专业建设规划、课程改革方案、专业教学标准和方法等的制订；注重发挥行业企业评价主体作用，邀请行业专家共同参与教育教学改革，深度参与教育教学评价，建立实践教学标准和考核评价体系；定期与合作企业定期开展技术、文化交流，把现代企业的经营、管理、文化理念吸收进教学、科研和管理之中。

四、经验策略

1. "数字出版人才培养基地"建设

依托新闻出版行业、协会，与行业协会、优质企业合作，科学规划专业发展，推进校企深度合作。让企业最新技术和行业资讯能通过机制的建设，畅通、高效地走进课堂、服务学生。学生企业实践与校企合作单位深度开发合作项目，与企业合编教材，以前沿行业动态，促产教深融合，进一步培养适应现代数字出版新业态所需的职业素养高、技能扎实、岗位适应能力强的发展型技能人才。以学科带头人和教学骨干为教学中坚，注重开展校企合作，建立了上海书展学生实践课堂，与行业协会、龙头企业、新兴小微企业等不同特点的对象寻求合作，加强内外联动策略，力争实现从理念到操作多方位与社会接轨，有效整合资源，创设专业学习氛围。同时，探索校企合作下的教学和课改创新模式，让工程师进课堂成常态，并邀请企业专家听课评课，参与专业课程标准的制订、实践活动的组织。

上海新闻出版学校和上海市印刷行业协会在上海犹水数据科技有限公司合作建立"数字媒体专业人才实训基地"，共同探索研究理实一体化人才培养模式，开发制订行业人才考核评价标准，为行业人才培养提供保障。以上海犹水数据科技有限公司生产平台为实践基地，开发建立了"图形图像处理""三维制作""视频拍摄与制作"学生实习实训技能操作模块，旨在培养训练数字出版专业在校学生的专业认知能力、实践操作能力和职业素养，以及完成工作任务的能力。将行业标准引入教学课程，开发专业课程，选拔培养一支兼职教师队伍。

后续以此为基础，联合行业协会和多家数字出版优质企业，深入探索开发新的合作内容，合力打造"数字出版人才培养基地"，与喜马拉雅、世纪出版集团、期刊协会、阅文集团、华东师范大学出版社、慈怀文化等知名企业合作，举办出版融合创新发展讲座等专题论坛、建设数字出版物运营课程和数字编辑等一批在线培训课程、开发数字编辑等一系列数字培训资源，服务上海数字出版产业人才培养。

（1）图形图像处理。应用 Photoshop 图像处理软件，按照排版设计要求处理 2017 年、2018 年纸上创意艺术展的所有图片；应用 InDesign 排版设计软件，制作纸上创意艺术展作品集的电子书。4000 张作品图片，每位学生需制作 18 页电子书、约 143 张图片，最终形成数字培训课程——图形图像制作实训模块微课件 34 个。

（2）三维制作。学习 3DMAX 和 Zbrush 软件交叉建模制作《巫婆村》女巫动画人物模型。对 80 件 2019 年美国印刷大奖参评作品进行三维扫描和拍照，每组学生需扫描制作 2~3 件作品。每个组用 2 天时间进行三维扫描，与外出拍摄交叉进行。与上海融博信息技术服务公司进行合作，面向平面设计、影视制作、动画制作等行业领域的数字媒体虚拟仿真 3D UI 人机交互设计及其应用实训课程，包括 UI 设计、UX 用户体验设计、人机交互设计、Unity 3D 开发应用、软件制作、虚拟现实、增强现实等，同时教学实时应用 3D、VR/AR/MR、UI 设计和人机交互等技术，最终形成数字培训课程——三维设计与制作实训模块微课件 15 个。

（3）视频拍摄与制作。从 2019 年美国印刷大奖获奖企业中挑选 8~10 家有新闻报道价值的企业，进行采访拍摄。执行视频拍摄任务时，每周出去 1~2 个小组，与其他任务交叉进行。拍摄企业前，先制订采访计划。应用专业摄像机实地拍摄新闻素材，学习新闻写作，使用 Final Cut ProX 进行 1 分钟新闻视频剪辑制作，每个小组有 2 天编辑时间，每组制作一条新闻视频。了解二维动画制作流程，掌握二维软件 Adobe Effect、Adobe Character Animator 的基本操作以及属性调节。由课程老师讲解动画制作过程中卡通人物或动物角色制作和场景设计，掌握渲染的类型以及属性调节，能够熟练制作人物角色骨骼绑定、表情设定、情景转换。理解角色性格分析、表演、运动规律在动画调节过程中所占的重要地位，并运用到实际的动画项目制作当中，最终形成数字培训课程——视频剪辑制作实训模块微课件 5 个。

（4）AR 技术应用。授课教师讲课 AR 制作流程和方法，将图形图像处理、三维制作、视频拍摄与制作三个项目的实训成果整合，完成一个简单的实训成果 AR 汇报项目。AR 技术应用基础课以大堂课形式在实训基地授课，实训成果整合以小组指导方式为主，与其他任务交叉进行。

（5）考核鉴定。各实训项目教师编制考核内容，对参与实训学生进行理论和实操考核鉴定。考核成绩合格者获得由上海市印刷行业协会颁发的资格证书。

通过校企合作实现的数字出版专业人才培养模式，有以下经验特色：首先，循序渐进、由浅入深，从理论到实践，企业集中组织学习数字出版的一些基本知识，包括基本概念、基本理论、目前发展情况等；其次，模块化讲解，从局部到整体，中间又时不时穿插整体，强调大局观同时，又注重细节教学；将平台的具体使用，逐一击破、逐一理解，并始终保证学生对平台整体理解的习惯，确保随时巩固；再次，采用仿真案例教学的办法，借助企业教学的优势，撇除敏感信息之后，让学生复制、再造企业既有的产品案例，能够让他们所见即所得；最后，寓教于实践，组织其中部分学生，参与到企业实际的数字出版工作中，真实可感地来体验数字出版实际的场景和环境，让他们共同深入出版社、与编辑交流、与技术人员交流，彻底融会贯通所学的知识。

通过校企合作实现的数字出版专业人才培养模式，有以下启示：首先，让企业来讲理论知识，效果可能更好。在校企合作教学的实践中，往往会强调具体的案例、实务工作让企业着重完成，但实际上，通过本次校企合作发现，现在的很多企业，其企业的管理人员也不单纯只擅长实务教学，其实他们本身也积累了丰富的专业领域的基础知识背景，而且他们可以利用他们在实践的优势，说理论知识的时候不会枯燥乏味，学生更能够理解。其次，产教融合，需要建构在真实的实践场景中。这种真实可能不单是以往认为的，以数字化为例，现在不仅是模拟一个仿真环境，而是在此基础上，真实地采取一定的方式方法，让学生可以部分参与到实际的生产工作中去。通过校企合作，学生真正参与到了上海部分国有出版社的一些数字出版产品的搭建和内容的生产中，在这个过程中，学生才能真正体会到从理论到实践，并且得知真实的实践到底如何，哪些是相通的，哪些则可能是完全不同的。再次，引入了一些较为先进的设计理念和设计原则，包括使用图片、文字等视觉元素的组合及编排来表现设计理念及形象，提升艺术修养，开拓设计思路和创意方法，学到来自一线艺术设计者的工作经验，例如如何与客户交流、揣摩客户心理，注重创意的同时兼顾时效性、营销等。最后，以任务为引领，以分组团队合作的形式学习新的知识、新的技术、新的能力，实训环境更接近公司实际工作氛围，学生在实际项目的管理和实践过程中，学习如何进行团队分工、如何以积极的心态去抓住项目设计和制作的关键点，每一个项目既需要实际操作，又需要详细规划，在这个过程既学到了新知识、新技能，又感知到团队合作的重要性。在以后的学习中，使学生意味到既要重视理论技能的学习，又要以项目的形式查漏补缺，熟悉流程，积累经验。

总之，"数字出版人才培养基地"的建立发挥了学校行业人才培养优势，符合了职业教育发展要求、适应了信息化的发展趋势，与行业产业相对接，带动数字出版专业师生与行业的进一步融合，深化产教融合，有助于进一步完善专业建设，提升人才培养质量，提高专业服务水平。

2. 融合出版生产型实训平台建设

为了使学生实际操作最新、最真实的融出版制作系统，上海新闻出版学校联合国家新闻出版署出版融合发展（华东师范大学出版社）重点实验室经过慎重调研，挑选了目前已在上海各大出版单位使用的"阅门户"融出版系统。

"阅门户"融合出版应用发布云平台由上海触讯信息科技有限公司开发，实际已经应用于多家出版社，已经过了较长时间的行业检验，颇受好评。该平台搭建了我校专有的融出版实训系统，为每名教师与学生开设了专门的账号，为数字出版教学提供非常重要的生产模拟场景再现，学生可以一名数字编辑的身份实际体验出版单位制作融出版产品的全过程，帮助学生更好地理解数字出版的工作，并基于数字化 APP 理解前端应用具体是怎么回事，生动可感。该系统全程无需学习代码，以所见即所得的形式使学生能够按照自己的意愿拼装一个产品，大大加速了融出版产品的生产流程。通过与同期完成的融出版实训教材的配合，学生可以顺利完成教材教学的内容，并举一反三，制作出更加精良、更加符合市场需求的内容。同时，该系统无缝对接各大出版社现有融出版生产系统，学生掌握技能后，可以更有助于其毕业后工作的对接。

自 2019 年以来，连续三年，我校已有 86 位数字出版专业的学生，通过该平台，基本掌握"阅门户"系列融合出版工具中有关产品制作的技术，理解了数字出版产品的基本属性、基本特点，在此基础上进一步形成自己对于产品的整体认识，拥有判定产品优劣、自主形成产品价值观的能力，并逐渐在实际的操作、实践过程中，适应拟真的岗位环境，培养团队协作、创新创造的能力。平台使用量超过 4 万次，学习功能超过 100 个，案例超过 50 例，学生实操完成的模拟产品超过 50 个数字化 APP 作品。具体实现的任务目标包括：理解"阅门户"产品制作板块的基本组成和逻辑构架；了解当前市场环境中数字出版产品的分类、特点、属性、典型案例；能判断某个数字出版产品的优劣（从多种维度）；掌握"阅门户"产品制作后台——超媒体电子书模块；掌握"阅门户"产品制作后台——专栏轻内容模块；掌握"阅门户"产品制作后台——复杂数字交互课程模块；掌握"阅门户"产品制作后台——题库模块；掌握"阅门户"产品制作后台——微库（数据库）模块；理解各类产品适应的用户群体；了解未来一段时间内，数字出版产品类型和特点的发展方向。通过该平台，学生已经能够独立掌握数字出版 APP 的制作和排版，包含超媒体电子书、专栏轻内容、复杂数字交互课程、题库产品、数据库产品、可视化排版等重要模块。各模块的掌握程度由浅入深，结合企业导师的寓教于实践的教学方式，学生基本都能掌握具体操作方法。

在融出版实训系统基础上，依托国家新闻出版署出版融合发展重点实验室，与华东师范大学出版社有限公司、上海触讯信息科技有限公司等数字出版企业合作，产学研三方融合，完成了包含"面向融合出版的数字内容加工实训""面向融合出版的数字产品制作与发布实训""面向融合出版的数字产品营销实训"三大部分的融出版实训课程教学资源建设，具体情况如下：

（1）面向融合出版的数字内容加工实训："融出版资源加工"是融合出版工艺链中的基础，主要进行有关"内容碎片化"及"内容标引"模块相关内容的教学，让学生在平台上可以模拟真实的内容加工场景；并进一步细化各模块，介绍各类融合出版产品的加工模式，涵盖音视频加工、富媒体加工、分类标引等大类，是整个融合出版的学习基础，对于今后深入学习融合出版的知识有极大的帮助。最终打造了"融出版资源加工"课程标准 1 套、配套教材 1 本、教学课堂实录 10 个、"内容碎片化"实训操作微课 5 个、"内容标引"实训操作微课 5 个。课程挑选当前融出版行业常见的产品形式，分别以"数字内容加工"与"数字内容标引"为主题，完成 14 个知识小类案例，并提供 2 个综合案例，具体如表 1：

表 1 数字内容加工实训活动

序号	知识大类	知识小类	序号	知识大类	知识小类
1	数字内容加工	电子书城的构建	9	数字内容标引	纸质图书数字化管理的基础构建
2		在线培训融合出版产品的制作	10		纸书配套资源服务
3		出版单位听书业务上线准备工作	11		在线课程教学实现
4		音频服务在线出版物的制作	12		在线教育平台的知识点标引
5		视频分享在线出版物的制作	13		知识服务体系的构建
6		出版单位资源汇聚平台整理	14	综合案例	小型卡片式融合出版案例
7		在线课件制作案例	15		期刊类融合产品
8	数字内容标引	点读功能实现	16		网络电台融合出版

（2）面向融合出版的数字产品策划与制作实训：在"融出版资源加工"教学资源建设完成的基础上开发建设，主要进行有关数字内容策划、制作、发布相关内容的教学，并进一步细化各模块，介绍各类融合出版产品的制作发布模式，涵盖融合出版业内各经典场景，如期刊出版、大众出版、教育出版等大类，这些是整个融合出版的核心内容。学生在学会加工基础内容后，可以独立完成融合出版物的制作与发布，全面了解融合出版物制作的知识。最终打造了"融出版策划与制作"课程标准1套、配套教材1本、教学课堂实录10个、配套微课10个、课程教学案例20个。共涉及10个工作任务，具体如表2：

表 2 数字产品策划与制作实训活动

序号	工作任务	序号	工作任务
1	"期刊类"融合产品策划与制作	6	"O2O在线学习"产品策划与制作
2	"纯音频类"产品策划与制作	7	"中小学题库"产品策划与制作
3	"数字阅读类"产品策划与制作	8	"在线课程类"产品策划与制作
4	"点读类"产品策划与制作	9	"专业数据库类"产品策划与制作
5	"卡片式学习"产品策划与制作	10	"知识服务类"产品策划与制作

（3）面向融合出版的数字产品营销实训："融出版产品营销"是在教学资源建设完成、融出版产品制作完成的基础上开发建设的，主要从两个不同的维度进行有关数字产品营销相关内容的教学。一方面挑选典型的出版类别，介绍基于产品的销售（服务）模式；另一方面介绍基于新型运营手段的营销模式。两者各自挑选5个典型案例，构成全体系的完整"融出版产品营销"教学体系。面向融合出版的数字产品营销实训课程，介绍融合出版产品的营销及进一步细化的融合出版相关知识点，涵盖融合出版业内各经典场景。学生将学习涉及融出版的各类产品营销方法，并根据产品及受众的特点，挑选合适的营销方案进行产品运营。最终打造了"融出版产品营销"课程标准1套、配套教材1本、教学案例10个。具体如表3：

表 3 数字产品营销实训活动

序号	课程名称	所属领域	区分维度
1	在线学习模式	教育出版	基于产品的销售（服务）模式
2	"一书一码"用户定位模式	大众出版	
3	数据库产品销售模式	专业出版	
4	数字阅读平台营销模式	电子书	
5	纸书配套精准化微视频模式	音视频	
6	基于微信的产品运营		基于新型运营手段的营销模式
7	基于社群的产品运营		
8	基于直播的产品运营		
9	会员制运营		
10	在线读书会运营		

"融出版资源加工""融出版产品策划与制作""融出版产品营销"三期教学资源建设层层递进，又互相关联。通过选用企业真实项目，案例式教学资源编制，为学习者提供了实用的学习素材，能够尽快掌握融出版资源加工技能，为提升专业技术能力提供了有效保障。学生在完整地学习完三期内容后，即可从零开始搭建并推广一款融出版产品。通过"融合出版生产型实训"课程教学，数字出版专业学生已经能在阅门户平台参与实际数字出版物开发制作，服务面向华东师范大学出版社、复旦大学出版社、上海交通大学出版社等各大知名出版企业。数据显示，目前为止，我校数字出版专业学生已参与平台创业生产实践累积勤工俭学收入近 10 万元，后续该专业学生还将持续进行生产实践输出。

在融出版实训系统基础上，依托国家新闻出版署出版融合发展重点实验室，与华东师范大学出版社有限公司、上海触讯信息科技有限公司等数字出版企业深度融合，科学规划专业发展，共同制订学校融合出版实验室（基地）建设方案的可行性研究报告，制订建设实施方案，就资源的碎片化、内容的体系化、产品的多元化、运营的便捷化等方面共同研究，构建了一个集数字内容资源加工（生产方式）、产品制作与分发（传播方式）到数字资源营销（运营模式）等为一体的新时代融合出版生产型实训系统，并建设了一套"融合出版生产型实训"教学体系及资源，共同推动融媒体实验室研究成果在新兴媒体发展转型过程中的应用和推广，让企业最新技术和行业资讯能通过机制的建设，畅通、高效地走进课堂、服务学生，加快培养符合"出版融合发展"大趋势的高水平、专业化新型技术技能人才。

五、成效与反思

随着社会进步，职业教育的培养目标和职业导向决定了职业学校必须与企业合作。校企合作是职业教育改革的重要方向，是学校培养企业需要的技能型实用人才的最佳途径，也是大力发展职业教育的必然要求。校企合作可以有效避免学校教学与企业需求脱节的矛盾，避免产生学校培养的人才到企业不适用，而企业又招不到需要的实用人才的尴尬局面。

近年来，学校为了与企业深层次合作，让学生走出课堂、走出实训室、走出学校，在职业环境中进行现场教学，提升学生就业途径，按照服务学生、沟通服务企业、搭建平台、合作共赢的定位，积极探索政府引导、依托企业和园区、充分发挥行业作用的校企合作新模式，实行产学研三方融合，使校企合作向广度和深度发展。实践证明，通过发挥行业协会和企业主观能动性，开拓创新，认真研究实践，充分利用现有资源，配合学校教学进行专业建设和课程改革，在专业人才培养目标的合理定位、先进行业企业技术标准的及时引进、任务引领型职业教育课程体系的科学构建、专业课题与数字化教学资源等的开发完善、双师型教师队伍的合作培养等各个方面，产学研三方合作机制无疑都起到了不可替代的促进作用。学校主动了解企业的需求也可以创造企业的需求，在此基础上把握市场动态，调动校内各种资源动态调整培养体系和培养模式来适应企业的需求，极大地为校企在专业设置和人才培养的供与需方面减少了盲目性，是学校、行业协会、企业及受训学员的多赢之举。同时，与企业共建实习实训基地、技术服务机构，将"消耗性"实训转变为了"生产性"实训，创效创收，提升了学校数字出版技术技能人才培养质量，实现了学校面向行业市场、服务区域经济的社会职能。

通过与行业协会、企业合作，我校深深体会到中职学校所培养的人才合格与否，企业最有发言权；中职学校办学水平的高低决定于学生受社会的欢迎程度；企业新工艺、新技能如何转化到学校实际教学环节，行业研究协会和学校最需要大力配合。中职学校要培养高素质应用型人才，必须将教学过程与企业的生产岗位相结合，依托企业的技术、设备、生产和管理优势，把学校的教育功能与企业的生产需求相结合，办出特色，使中职教育走上健康、良性循环的发展道路。相信坚持以政府为主导、学校为主体、行业指导、企业参与的原则，搭建产学研合作平台，加强学校与企业的合作，教学与生产的结合，产学研三方鼎力支持、互相渗透、多向介入、优势互补、资源互用、利益共享，是实现职业教育人才培养和教学研究及企业管理现代化、促进生产力发展、加快企业自有人才的培训、使教育与生产可持续发展的重要途径。

案例 18

中等职业学校教学诊改机制建设

天津市第一商业学校

【摘要】 职业教育与普通教育具有同等重要的地位，作为一种教育类型，如何实现职业教育的高质量发展，为各行各业培养高素质技术技能人才是一个亟待解决的问题。学校坚持全面质量管理理论，从组织架构调整、工作标准建立、工作流程再造、管理制度完善、8字形质量改进螺旋实施等方面进行了实践探索，构建了中职学校教学诊改机制及人员动力机制，提高了学校的治理水平及育人质量。

一、案例概要

学校作为全国中职学校教学诊改试点单位及中职学校教学诊改秘书长单位，先行先试，对教学诊改机制的建立进行了实践探索。依据"五纵系统"思路，调整组织框架结构，引入大部制管理思想，优化部门设置，发挥组织机构最大效益；对应部门职责及岗位职责，制订工作标准，具化工作要求，形成管理岗位标准体系；开展数据治理，再造工作流程，解决流程重复、较长、管理权重偏高等问题；依据8字形质量改进螺旋流程，补充了目标管理、标准管理、工作反馈等方面的制度，制度体系日趋完善。部门重点工作构建8字形质量改进螺旋，依托信息化平台运行实施，提高了职能部门的管理效能。教学诊改机制的建立及运行在责任主体内生动力激发、工作思维模式形成、管理方式转变等方面效果显著，形成了人人参与、人人享有的良好局面。

二、背景分析

党的十九大报告中，习近平总书记提出"建设教育强国是中华民族伟大复兴的基础工程"，强调职业教育要"着力提高人才培养质量"，把职业教育摆在了前所未有的突出位置，标志着职业教育进入了新时代。国务院印发的《国家职业教育改革实施方案》，明确了新时代职业教育发展的顶层设计和施工蓝图。作为一种类型教育，如何提高职业教育人才培养质量，以适应国家经济向提升供给侧质量改革的需要，成为职业教育适应时代发展新常态的新课题。主动选择内涵质量提升，是职业教育发展的必由之路。

2015年5月，教育部出台了文件《教育部关于深入推进教育管办评分离 促进政府职能转变的若干意见》（教政法〔2015〕5号），指出以落实学校办学主体地位、激发学校办学活力为核心任务，加快健全学校自主发展、自我约束的运行机制；以进一步简政放权、改进管理方式为前提，加快建设法治政府和服务型政府，主动开拓为学校、教师和学生服务的新形式、新途径；以推进科学、规范的教育评价为突破口，建立健全政府、学校、专业机构和社会组织等多元参与的教育评价体系。教育教学评价进入以"管办评分离""放管服"为主要特征的新发展阶段。学校将在不依靠外部评估的情况下，自我承担质量保证主体责任，自我诊断教学质量并改进，自我发展。

"十二五"期间，学校获批首批国家改革发展示范校建设项目，紧密依托"项目建设"发展机遇与资金支持，实现了学校专业建设、师资队伍建设、实训基地建设和基础设施建设的多重提升，实现了学校综合实力的全面提升。但"十三五"期间，即后示范校建设时期，学校发展遇到了瓶颈，如何突破实现学校的内涵式发展、螺旋式提升，成为迫切需要解决的重要问题。实施教学诊改，构建诊改机制，动态调整，实时改进，为学校持续发展提供了理念支撑与方法论指导。

三、教学诊改机制建设的路径与策略

全面质量管理（Total Quality Management）是一种预先控制和全面控制制度，其主要特点在于"全"，包含三层含义：管理对象全面，针对横向而言；管理范围全面，针对纵向而言；参与人员全面，针对质量责任主体而言。依据全面质量管理理论，可从以下六个方面构建教学诊改机制。

（一）科学设计，逐步实施，健全组织机构

1. 依据"五纵系统"，搭建组织框架

从管理学角度来看，组织机构主要是为了保证有效的通信和协调，确保目标达成。五纵系统即决策指挥系统、质量生成系统、资源建设系统、支持服务系统、监督控制系统。按照"五个纵向系统"思路设计，明确部门定位，厘清部门归属，构建学校内部质量保证组织体系框架，制订组织机构优化调整方案并逐步落实，日趋优化部门设置，发挥组织机构最大效益（图1）。

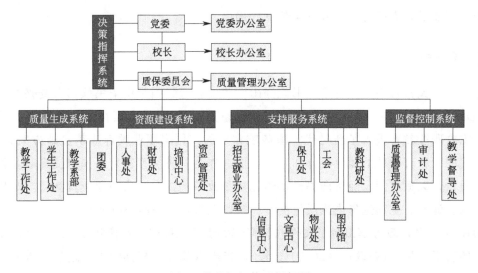

图1 学校组织体系框架图

2. 基于体系设计，合理调整部门

依据系统定位，合理调整部门设置。一是增设必要部门。成立质量保证工作委员会，负责学校质量保证体系框架构建、质量保证工作制度制订和业务指导；确定质量目标；审议规划、标准等重要质量管理文件。成立质量管理办公室（以下简称质管办），主要负责学校内部质量保证体系的搭建和基于教学质量诊断的考核工作，由校长（质量保证委员会主任）主管。二是撤销合并部门。为提高管理效率，依据组织体系框架和大部制管理思想，整合相关部门，实施扁平化管理，减少部门间的接口，提高管理效能。教学工作处是学校教学管理的一个核心部门，对其实施大部制，将专业建设、课程建设、学籍管理、校企合作等多种职能纳入教务职能，有效提升了学校的专业建设水平。

3. 服务专业发展，重组教学系部

专业建设是学校的核心工作,教学系部是实施教学管理的单元部门。为进一步激发专业(群)的发展活力,学校以人才培养为根本,主动适应地方经济发展需要,依据各专业的核心技术关联度及相关性,通过新增、调整专业设置及专业方向提升组群建设优势,重组专业群。作为配套的教学管理部门,学校打破原教学系部建制,重组教学系部,凸显办学优势及专业发展特色(图2)。

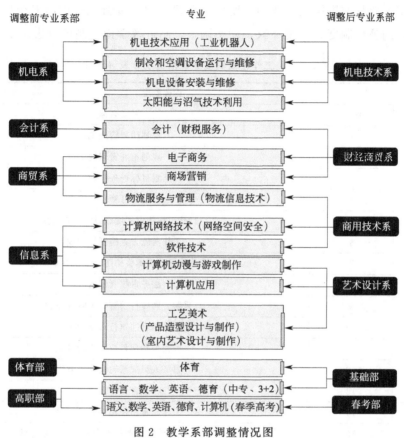

图 2 教学系部调整情况图

(二)对接岗位职责,制订工作标准,明确诊断标准

标准是进行诊断与改进的依据,也是工作的起点。若将教学诊改工作视作设计一节课的话,标准建设则是这节课的难点。学校可以部门岗位工作标准建设为突破口,对照部门岗位职责,细化岗位任务,岗位工作标准与岗位职责对应关联,将质量要求、工作完成时限等进行明确要求,形成管理岗位标准体系,使具有繁杂、多样特点的管理工作的质量诊断有据可依,助推各项管理支持服务工作的质量提升。

(三)完善工作流程,打通部门接口,提高工作效率

制度管人,流程管事。为打通工作路径,学校依据管理思路,开展数据治理,梳理调整工作流程,厘清部门职责边界,明确责任、流向及流通内容,有效解决流程重复、较长、管理权重偏高等问题,避免部门间互相推诿扯皮,使各项工作程序更加明晰,工作实施更加顺畅、高效。

(四)基于8字形螺旋,梳理制度,将诊改融入日常

1. 基于8字形螺旋逻辑,搭建制度体系框架

学校在多年办学过程中,形成了大量的管理制度,但不够系统,整体效能没有得到有效激发。对此,学校基于8字形质量改进螺旋的逻辑,搭建制度体系框架,增强制度建设的系统性。

2. 梳理业务事项,查漏补缺

基于8字形质量改进螺旋构建的制度体系框架,学校重新梳理横向五个层面的业务事项及与其对应的管理制度。查漏补缺,动态调整,制订教学诊改制度(表1)。

表1 学校工作诊改制度建设情况统计表(部分)

诊改环节	诊改制度	
	序号	制度名称
目标	1	规划编制管理规定
	2	规划论证管理规定
	3	规划目标任务管理规定
标准	4	标准制订管理规定
	5	行政工作规章制度建设与管理规定
设计	6	工作实施方案编制管理规定
组织实施	7	工作质量改进螺旋构建与实施管理规定
	8	法务审核管理制度
	9	采购合同履行预警提示管理办法
	10	履行采购合同执行跟踪管理办法
	11	涉密采购项目范围管理规定
	12	财务人员交流轮岗管理制度
	13	校企合作管理制度
监控预警	14	工作质量监控预警管理规定
	15	人才培养工作状态数据平台建设与管理办法
	16	数据采集工作指南
诊断改进	17	质量分析报告管理制度
	18	学校质量年度报告编制管理制度
	19	大项目诊改管理流程
学习激励	20	中层管理人员考核办法
	21	班主任职级评定办法
	22	教师教学工作学期考核办法
	23	行政管理人员工作考核实施办法
	24	工作考核反馈管理规定
	25	教职工进修培训管理规定
	26	中层管理人员培训工作管理制度
	27	教师下企业实践管理规定

3. 制订制度管理规定，构建制度动态调整机制

规范的管理制度，能使学校教学工作有序进行，提升学校的人才培养质量。在查漏补缺解决制度缺失基础上，如何发挥每一项制度及制度体系的最大效能是质量管理者应思考的问题。学校制订了"行政工作规章制度建设管理规定""标准制订管理规定"等制度，对制度废改立进行明确规定，对制度进行统一管理。

（五）以点切入，构建内控机制

在学校管理中，人员考核相对普遍，但问题之一是缺乏对专业建设、教学活动、管理行为等"事"的监控，尚未实现对每一项工作、每一件事的控制。对此，学校根据天津市财政局的相关文件要求，基于构建大内控的管理思想，搭建内部控制体系架构，构建内控机制，包括学校行政管理、经济业务活动、教育教学工作、学生管理工作等，对学校内控体系构建进行顶层设计。一方面以财务工作为试点，邀请会计师事务所对经济业务（预算、收支、政府采购、国有资产、建设项目、合同）进行全方位梳理，形成学校经济事项内控规范；另一方面梳理部门岗位风险点，确定重点岗位的关键风险点、风险等级，对人员及其工作过程进行风险控制。

（六）推进重点工作实践机制运行

机制建设是否合理，需通过各项工作实施进行检验。学校可以部门重点工作诊改为突破口，构建8字形质量改进螺旋，在工作实施过程中执行相关制度、标准，使诊改机制运行起来，促使各项工作螺旋提升。

每年年初，各部门依据工作职责及年度工作计划，选定1~2项工作构建8字形质量改进螺旋。明确工作目标，确定工作起点；制订工作实施方案，对其进行策划设计。依据实施方案，有序推进，实时改进。在螺旋构建与实施过程中，诊改小组人员定期与部门负责人沟通，研讨标准制订、质控点挖掘等，对其进行指导。年末，各部门负责人依据标准自主诊断，衡量目标达成情况。基于各责任主体的自主诊断，诊改小组人员根据各部门提交的支撑材料对自诊报告进行复核，复核情况纳入中层管理人员绩效考核。通过部门专项工作8字形质量改进螺旋的构建，可形成一个个系统工作包，为部门工作规范化管理提供支撑，现已构建了110个部门系统工作包，涵盖学校的方方面面。

以学校质管办工作为例，对机制运行进行解释说明（表2）。

表2 质管办重点工作一览表

序号	重点工作	对应制度	建设情况
1	学校内部质量保证体系搭建		
2	学校内部质量保证体系运行监控	1. 工作质量改进螺旋构建与实施管理规定 2. 工作质量监控预警管理规定	新定
3	组织规划编制	1. 规划编制管理规定 2. 规划论证管理规定 3. 规划目标任务管理规定	新定

续表

序号	重点工作	对应制度	建设情况
4	组织标准制订	标准制订管理规定	新定
5	数据采集	1. 人才培养工作状态数据平台建设与管理办法 2. 数据采集工作指南	新定
6	数据分析	质量分析报告管理制度	新定
7	学校质量年度报告编制	学校质量年度报告编制管理制度	新定

质管办针对上述重点工作逐一构建 8 字形质量改进螺旋，现已针对规划编制、标准制订、数据采集、质量年度报告编制、数据分析五项重点工作构建了 8 字形质量改进螺旋并实施，其他两项工作将陆续构建与实施，学校每一个部门重点工作亦如此。最终，学校各项工作均会以 8 字形质量改进螺旋的形式实施，各项工作制度、流程、标准等会在螺旋实施过程中得到检验。数据采集工作的 8 字形质量改进螺旋构建情况见图 3。

四、教学诊改机制建设的成效与反思

学校教学诊改机制的建立，将教学诊改理念自然融入日常管理工作，使学校发生了如下变化。

1. 由管理向治理的转变

学校以教学诊改为引领，搭建了目标链和标准链，制订了教学诊改制度和业务工作流程，全校教职员工各司其职，各项工作依据制度有序实施，人人创造质量，人人是质量生成的主体，实现了学校由管理到治理的转变。

2. 由被动向主动的转变

"全员、全过程、全方位"的全面质量管理理念，全体教师积极参与课程诊改工作，实现教学工作与课程诊改同步进行。教师主动运用诊改思想，对教学过程进行即时评价，一改以往单纯通过督导、教师考核的外界手段，促进教师成长的局面。同时，按照学校诊改制度，全体中层管理人员及教职工已初步形成在一个诊改周期结束后进行自主诊改的意识，变"要我成长"为"我要成长"。

3. 由零散向系统的转变

依据全面质量管理理论，质量的提升需要构建完善的质量保证体系。学校以构建内部质量保证体系为目标，搭建目标链、标准链，形成上下贯通、左右关联的目标体系和标准体系，并构建完整的 8 字形质量改进螺旋，形成一个完整的工作过程，实现了零敲碎打向有机融合的转变。

4. 由主观向客观的转变

诊改实施前，对工作成效及问题的判断多较主观，凭印象下结论，而现在会通过各业务管理系统生成的数据进行判断，用数据说话。

5. 由一时向常态的转变

教学诊改工作已深入人心，每位教职工对其均有了深刻的理解与认识。诊改理念已融

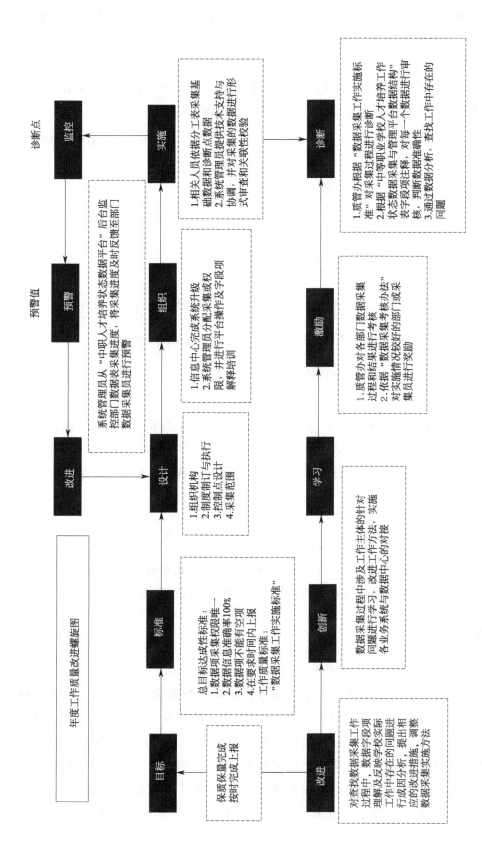

图 3 数据采集工作 8 字形质量改进螺旋图

入日常工作，成为常态。如今的学期或年度工作总结现场，能听到发自中层管理人员的诊改声音，他们采用诊改的思路进行汇报，通过数据分析挖掘问题、分析原因、提出改进措施，并将其融入下一年度工作计划。

教学诊改机制建设是一个永恒的话题，需要中职学校坚持不懈的努力，才能形成一种自觉、自律的质量文化，才能助力学校人才培养质量的螺旋式提升。

执笔人：郭葴，尚雪艳。

案例 19

构建"八有"工作体系 赋能现代学校制度建设
——四川省成都市礼仪职业中学的教学工作诊改之道

四川省成都市礼仪职业中学

【摘要】 职业教育作为一种类型教育，持续提高办学质量，办老百姓满意的职业教育是中职学校办学的核心。本案例从树立现代学校治理理念、构建内部质量保证体系、优化高质量发展工作路径三个维度，探索实践中职学校现代学校制度建设，为学校治理赋能。

新时代中职学校肩负着落实立德树人根本任务、培养德智体美劳全面发展的社会主义建设者和接班人、培养国家急需的技术技能人才的重任。积极探索有效工作措施，加强共同治理，促进现代学校制度建设，办人民满意的中职学校，是职教人的初心使命。

一、案例概要

我校 2016 年被确定为国家首批中等职业学校教学工作诊改试点学校。学校围绕诊改目标，整合各类资源，推进各项工作。通过持续培训教育引导教师更新观念，树立全面质量意识；设立质量保证委员会，调整办公室、教务处、学生处等处室职能，明确诊改职责，各司其职，各尽其责，把诊改融入日常工作；制订发展规划，确立目标体系，构建引领机制；梳理工作要求，形成标准体系，构建动力机制；完善制度流程，形成工作体系，构建内控机制；建设数据平台，提供技术支撑，构建监测机制；运行诊改制度，提升工作质量，构建激励机制等。这些措施为学校实施诊改提供了保障。

二、背景分析

2013年，我校在建成国家首批中等职业学校改革发展示范学校后，进入到后示范建设期。随着成都产业加速转型升级和新信息技术加快应用，学校原有办学定位、专业设置、课程体系、师资队伍、人才规格等必须调整改造。2015年，学校开始专业转型升级工程，构建内部质量保证体系。2016年，学校借助诊改试点对照诊断项目、要素和诊断点，对学校、专业、课程、教师、学生五个层面开展自我诊断。

另外还发现，学校层面存在质量文化意识不强、服务面不广、服务能力不强、基础能力尚待增强等问题；专业上存在过于集中在服务业、实训条件需要改善、与产业对接程度下降、专业结构不优等问题；课程上存在标准不完善、课程内容需要优化等问题；教师层面存在发展动力不足、知识技能与教学方法需要更新等问题；学生层面存在发展目标不清、能力要求不明、学习动力不足等问题。

三、工作思路

基于上述问题，我校制订了"以摸清现状为依据，以目标标准为引领，以规章制度为基础，以各司其职、各负其责为关键，以共同参与为特征，以考核评价为准绳，以自我诊改为动力"的工作思路，有序开展诊改工作。

党的十八届三中全会通过的《中共中央关于全面深化改革若干重大问题的决定》提出国家治理体系和治理能力、社会治理、政府治理等概念，"治理"理念尤其鲜明。在教育领域，"治理"更强调主体的多元性、参与性、协同性，它要求学校建立从人治走向法治、从封闭走向开放、从控制走向协调的治理体系，优化内部组织结构，完善制度体系，不断提升治理能力，推动学校现代转型。

治理的着眼点是促进民主参与。"治理"强调简政放权和促进参与，学校在推进治理过程中，将大力促进学校利益相关方在学校事务中的参与。

治理的着力点是激发办学活力。变"管"为"治"突出学校利益相关方共建共治共享，并为此构建多元主体共同参与的渠道平台，完善多元主体平等协商的体制机制，激发学校办学活力。

治理的落脚点是提高教育质量。学校按照教育部中职学校教学诊改总体要求，着力建设学校履行主体责任、多方参与的质量保证体系，搭建信息化数据平台；建立诊改工作机制，构建8字形质量改进螺旋，以形成促进学校质量可持续发展的强大内生动力。

四、经验策略

有效的学校治理应该是以目标标准为引领，以规章制度为基础，以各司其职、各负其责为关键，以共同参与为特征，以考核评价为准绳，以自我诊改为动力的一套工作体系。

我校在推进现代学校制度建设中，大胆创新学校治理方式，逐步形成"发展有目标、工作有标准、管理有制度、做事有流程、过程有监控、结果有考核、分配有激励、诊改有机制"的"八有"工作体系（图1）。

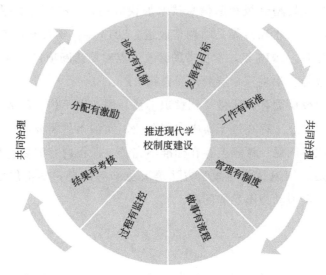

图1 "八有"工作体系图

（一）发展有目标

学校"五年发展规划"明确整体发展目标，各项建设由牵头部门制订专项规划。教科室负责专业建设，教务处负责课程建设、师资队伍建设和信息化建设，外联处负责校企合作，学生处负责学生素质教育，质管办负责质量保证体系建设等。专业部根据专项建设规划制订适合本专业建设发展专项子规划。这样，形成学校发展目标体系和目标链，各项事务以目标为指引，方向感更强。

（二）工作有标准

基于目标体系，学校从五个层面构建标准，形成标准体系和标准链。学校层面梳理部门岗位职责、工作标准，完善岗位标准体系，强化诊改职能；专业、课程层面制订完善计划标准、资源标准、实施标准和结果标准，形成专业、课程质量标准体系，强化事前、事中、事后的整体治理。教师层面建立由新入职教师、合格教师、骨干教师、学科/专业带头人和专家等五阶段组成的教师专业化发展标准，促进教师自我诊改；学生层面建立完善包括思想品德发展、职业素养发展、文化素养发展、个人兴趣发展、阳光成长等5个方面20个要素的学生发展标准，促进学生德智体美劳全面发展。标准体系对目标体系细化，二者共同形成学校发展目标链和标准链，引领学校建设发展。

（三）管理有制度

以目标链和标准链为依托，学校在五个层面上形成学校内控体系。学校层面修订完善教学管理、学生管理、实习就业管理等，专业层面修订完善专业质量评价制度、专业质量报告等，课程层面修订完善课程建设、课程开发、课程实施、教学运行、课程评价等制度。教师层面修订完善教师聘用、教学常规、教学评价、教师绩效考核、师资培养、发展保障等制度，学生层面修订完善学生素质教育、日常行为规范、班级管理评价、毕业考核、"家校社"共同育人等制度。

（四）做事有流程

学校建立自上而下和自下而上做事流程体系。各部门代表学校注重规范和优化工作及部门管控流程。学校发展规划、重要改革、安全稳定等重大事项和涉及师生切身利益的重要问题，由学校领导班子集体研究决定，并充分听取广大师生的意见，主动接受监督。按流程办事，有利于事项更有效推进。

（五）过程有监控

任何事情，总是存在执行方和管理方。学校推进共同治理，一方面促进双方形成团队，执行方提出需求和反馈事项信息给管理方，管理方为执行方提供支持和帮助；同时，管理方将事项进展情况及阶段性成效反馈给执行方。另一方面，学校借助诊改大数据平台，采集各环节工作状态数据，实施实时监控、及时预警，双方共同研究，精准诊改，共同推动事项完成。

（六）结果有考核

学校建立完善的考核体系。基于诊改需要，建立学校、专业、课程、教师、学生五个层面，专业部、职能部门、质管办共同负责的考核性诊改制度。各部门年度自我诊改报告制度，以及年度质量分析、报告和信息发布制度，及时反馈实施、运行和管理中出现的问题，反馈质量诊断结果与改进建议。基于事项本身，建立考核办法。教师、学生完成每一项事项后在考核办法中均有一定赋分，年终考核时汇总这些赋分，形成教师的年度考核分，用于体现事项的完成效果。

（七）分配有激励

学校事项分配到部门处室，由部门处室进行考核评价反馈。根据事项自身特点，学校事项分为常规事项和其他项目事项。常规事项各部门进行常规考核，其他项目事项由项目组和学校考核。年终对各项考核分进行汇总确认。考核分作为基础性绩效、奖励性绩效、质量提升奖、各部门评优选先等评价奖励的重要依据。学校通过分配激励，构建起"多劳多得、优劳优酬，注重实效、鼓励创新"的分配体系，充分调动老师们的积极性、主动创造性，激发干事创业激情，促进学校高质量发展。

（八）诊改有机制

学校按照人才培养质量保证体系总体要求，在"目标-标准-计划-组织-实施"的运行机制基础上，构建8字形质量改进螺旋，对人才培养质量生成的各环节进行监控、预警、诊断、改进。五个层面均按诊改机制，在质管办推动下，各自运行相应流程，形成具有礼仪职中特点的质量保证机制（图2），全面保证学校人才培养质量，促进共同治理，推进现代学校制度建设。

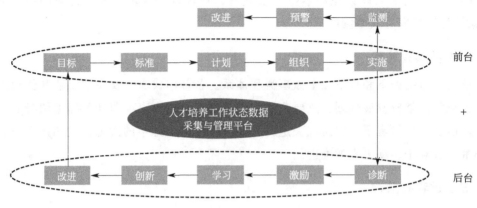

图2 8字形质量改进螺旋图

五、成效与反思

学生成长更加优质。每个同学在各自目标引领下，充分用好身边资源，助力梦想实现。近三年，我校学生升入高校人数从2018年的61.02%上升到2021年的87.97%。学生发展更加符合自身需要，在职业岗位快速成为优秀员工。学生比赛成绩优异，在个人品性、职业道德、文化素养、个性特长上得到显著提升。

教师发展更加高效。老师们制订了年度目标、三年计划、五年规划。发展目标清晰，任务明了，成长快速。以八有工作体系为指引，工作热情和创造力显著提升，成绩更显著。区级以上名师优师不断涌现，具有高级、中级职称人数显著提升，比赛成绩更优异。"八有"工作体系和共同治理，成为学校高质量发展的重要保障。

办学质量持续提高。学校主动协调各利益相关方参与学校建设，实施共同治理。学校整体办学水平持续提升，多次荣获省市区荣誉称号，多年连续获得区级综合督导评估优秀奖（最高奖）。学校治理经验得到上级主管部门高度评价，影响力和示范作用在西部地区乃至全国进一步增强。

学校将进一步扩大诊改范围，推动实现师生全面参与，全员参与，全程参与。加快数据平台建设，让八有工作体系更加高效运行，体现其应有的力量感和优越性，切实赋能现代学校制度建设。

执笔人：杨建辉，文成忠。

案例 20

顶层引领　精准施策　平台助力　以质赋能学校内涵发展

广西理工职业技术学校

【摘要】 教育质量是职业院校发展的生命线，建立并实施内部质量保证体系诊断与改进制度，是持续提高人才培养质量的重要举措。广西理工职业技术学校依托"831"教学诊断与改进工作模式，以质图强树理念，营造质量文化氛围；顶层引领建体系，强化诊改机制建设；精准施策定方案，推进常态化运行；平台助力理数据，加强过程监控预警。实现了学校内涵式高质量发展和人才培养质量的持续提升。

为推动建立常态化人才培养质量自主保证机制，促进学校产生内生动力，以持续提升人才质量，根据教育部办公厅《关于建立职业院校教学工作诊断与改进制度的通知》和《关于做好中等职业学校教学诊断与改进工作的通知》以及自治区教育厅《关于印发<广西中等职业学校教学诊断与改进工作实施方案>的通知》等文件精神，学校从2017年10月正式启动教学诊断与改进工作，建立诊改工作机制，将诊改工作常态化。

一、案例概要

学校自启动教学诊断与改进工作以来，坚持以质图强，注重顶层设计和目标、标准引领，结合学校自身特色和发展需求统一规划，设计组织保障。注重管理与服务实现常态化和可持续发展，精准施策，构建了教学诊断与改进内部质量保证体系。按照"831"教学诊断与改进工作模式，运用"8字形质量改进螺旋"，围绕事前"目标、标准"、事中"监测、预警"、事后"诊断、改进"3个中心，并依托1个信息化平台扎实推进，从学校、专业、课程、教师和学生五个层面实现教学、管理、服务等全要素自我诊断与改进，提升了教学诊改的工作成效，促进了学校内涵式高质量发展和人才培养质量的提高。

二、背景分析

教育质量是职业院校发展的生命线，国家在相关文件中指出，要持续提高技术技能人才培养质量，就必须建立职业院校教学诊断与改进制度，全面开展教学诊断与改进工作，发挥学校教育质量保证主体作用，不断完善内部质量保证制度体系和运行机制，持续提升教育治理能力和服务水平，树立教育服务观、学生发展观等质量观念，让质量意识深入人心、融入教职工血液，形成浓厚的质量文化氛围。

我校作为国家级重点中专学校，于2013年获得首批国家中等职业教育改革发展示范校。在创建示范校期间，学校在制度体系建设、人才培养模式改革、课程改革、师资队伍建设等方面得到长足发展，学校品牌效应日益凸显，规模日益庞大，从在校生不足600人迅速发展为21321人的万人大校，成为了广西中职教育的航母和标杆。然而，学校在教育教学治理、信息服务管理等方面还不够深入，存在信息孤岛、全员质量意识树立难、缺乏高效质量管理手段、内生发展动力不足等问题。因此，通过教学诊断与改进为抓手，以自我约束、自我评价、自我改进、自我发展为核心，引领学校内涵式高质量发展迫在眉睫。

三、工作思路

学校坚持"人人有才、人人成才、人人出彩"的教育理念，坚守"面向职教、服务职教、引领职教"的办学定位，坚定"国际水准、全国一流、广西第一"的发展目标。采取的措施包括：以质图强树理念，营造质量文化氛围；顶层引领建体系，强化诊改机制建设；精准施策定方案，推进常态化运行；平台助力理数据，加强过程监控预警。建立以质量为核心的"831"教学诊改工作模式，在学校、专业、课程、教师、学生五个层面全面推进教学诊断与改进；各层面在学校诊改框架指导下，运用"8字形质量改进螺旋"方法实施。围绕事前、事中、事后3个中心进行诊改，即事前"目标、标准"中心，规划目标、制订标准、制度流程化，打造诊改起点目标链和标准链；事中"监测、预警"中心，分解任务、组织落实、实施监控、做好实施过程中的监测和预警；事后"诊断、改进"中心，对标准诊断，激励学习、创新改进，通过发现问题找原因，提出有效改进措施，保证目标实现。同时，依托1个信息化平台，全员、全方位、全过程深入推进教学诊断与改进工作，实现内部管理水平和人才培养质量的持续提升。

四、经验策略

（一）以质图强树理念，营造质量文化氛围

一是学习动员。学校将教学诊改工作确定为"一把手"过程，校长亲自在全校性诊改工作启动与统筹安排布置会上作动员报告，确立学校将诊改工作纳入学校重点工作的方针。二是请进来、走出去。聘请区内外诊改专家到校对全校教职工进行诊改专题讲座，学校领导班子和全体中层干部专程前往诊改工作先进学校取经学习，陆续派出诊改工作骨干参加全国和广西职业院校诊改工作系列培训和专题会议。三是集中指导。学校诊改办及时编写"广西理工职业技术学校教学诊断与改进工作指南"，从应知应会和操作实务两个层面全面指导全校理念提升和诊改工作实施。四是分层学习。中层干部专题学习诊改工作实施方案，将诊改要求落实到每个部门和全校师生；诊改工作组组织部门和系部分别围绕学校、专业、课程、教师、学生的诊改实施开展专题培训。通过动员学习培训，以提高全校教职工的思想认识，建立以质量为核心的诊改工作理念，营造良好的质量文化氛围，为进一步结合实际工作开展诊改夯实基础。

（二）顶层引领建体系，强化诊改机制建设

1. 建立教学诊改制度体系

学校下发"广西理工职业技术学校关于实行教学诊断与改进管理的通知"，具体在学校、专业、课程、教师、学生五个层面制订诊改工作制度，从主体责任、实施流程、保障机制等方面对五个层面的诊改管理做出规定，规范明确了相关部门和各级工作组的责任，促进了诊改工作的有序进行。同时，修订学校"教职工绩效工资与考核奖励实施办法"和"优秀教师、先进工作者、先进德育工作者评选办法""教学质量评价体系"等，将诊改绩效纳入考核范畴，建立激励机制促进教职工产生内生动力提高工作成效。

2. 建立教学诊改组织体系

学校成立诊改工作领导小组，常设诊改办公室，负责领导、组织、推进学校诊改工作的总体实施。结合"五横系统"成立5个诊改工作组，即内部治理、专业（课程）、教师、学生、信息化平台工作组，以信息化平台为支撑，在学校、专业、课程、教师、学生五个层面，组织推进诊改实施。

3. 建立教学诊改目标体系

修订学校五年教育事业发展规划，确定十一大项重点任务，围绕重点任务分解目标，确定责任部门与协同部门和完成时限。在学校发展规划总体目标的指引下，编制9个专项规划，将规划目标分解到年度和部门，各部门在制订子规划的基础上，再将任务具体分解到项目和个人（团队），形成"学校总规划-专项规划-子规划-部门年度工作计划-团队（个人）年度（学期）工作计划"共五个层级的目标链，形成诊改目标体系，确保学校工作方向和任务明晰。

4. 构建教学诊改标准体系

按照对标行事的原则，从2018年起，学校开展一系列标准制订和修订工作：在出台"广西理工职业技术学校标准制订管理规定"后，完善学校209个岗位工作职责与岗位工作标准，制订325项主要工作流程，尤其在针对专业层面、课程层面、教师层面、学生层面和信息化平台方面，参照国家和自治区相关工作标准要求，修订工作标准90项，新制订工作标准514项，形成诊改标准体系，为科学诊改提供依据。

（三）精准施策定方案，推进常态化运行

依据"广西理工职业技术学校教学诊断与改进工作实施方案（修订）"有序推进。在学校、专业、课程、教师、学生五个层面全面推进的前提下，重点对学校、专业、教师层面和信息化平台建设加强诊改实施。

1. 学校层面

建立常态化、周期性的诊断与改进机制。各部门定期向诊改办上报诊改落实情况，诊改领导小组深入各部门检查落实情况，形成年检制度，及时发现问题、解决问题，确保执行到位。

在推进诊改实施过程中，一是事前定目标、对标准。强调各部门、各岗位根据学校教

育事业发展规划，梳理细化年度工作任务制订工作计划，依据相关工作标准开展工作。二是事中监控管理贯始终。利用学校建立的"三段-六层-七级"教学质量评价系统监控教师教学质量；利用信息化平台监控学校的办学质量；建立校内自检机制，形成诊改主体自检、诊改专项组检查、诊改领导小组参与检查的三级检查制度，确保各层面诊改工作的正确开展。三是事后问题诊断和改进。结合任务完成情况，梳理短板，科学分析问题原因，切实找到解决问题的具体办法，通过协同努力解决问题，进而达成目标。

2. 专业层面

建立专业（课程）诊改工作组，由教务科牵头组织，指导六个系部实施各专业的诊改工作。按照学校的规划目标，制订专业建设专项规划，形成以自治区示范特色专业为带动，各系建重点、建特色的专业建设格局。学校要求各专业找准建设定位，制订专业建设子规划，在专业对行业发展、企业需求、未来预测进行分析的基础上，参照国家专业教学标准，制订学校的专业教学标准，编制专业人才培养方案。结合专业建设标准，聚焦人才培养，顶层设计指导性专业建设的质控点（9个维度，13个诊断点，39个诊断要素）。依据年度工作计划目标与完成值，对标开展自我诊断与改进，促进专业建设发展。

3. 教师层面

建立教师诊改工作组，由人力资源科牵头教师发展的诊改工作。结合学校的发展规划，制订师资队伍建设规划，将规划任务分解到部门，重点完善教师考评机制、加大教师培养培训力度、改善教师队伍结构、建设专业带头人和优秀团队、建设高水平"双师"队伍，并将五大工作要点传递到系部、专业和教师个人。学校顶层设计指导性质控点（7个维度，26个诊断点、26个诊断要素），指导教师结合任务制订个人三年发展规划，依据标准设计自我发展的质控点，开展自我诊断与改进，推动教师个人的职业发展。

（四）平台助力理数据，加强过程监控预警

2017年12月，学校依托成为教育部"第一批教育信息化试点优秀单位"，通过五年建设投入3840.86万元，打造"1个门户、3个基础平台、24个业务系统"的数字化校园有机整体，在数字化校园硬件平台建设、应用系统建设、共建共享资源库、网络远程服务等方面，为万人大校的管理内涵提供了有力支撑，也为建成诊改数据平台和大数据中心，完成数据实时抓取、数据化监控预警的实现奠定了基础。

学校数字化校园环境为诊改提供了条件，建立全国中等职业学校人才培养工作状态数据管理系统数据链，同时利用建立的数字化办公系统、教师管理系统、教学管理系统、课堂教学监控系统、学生管理系统、学生就业跟踪系统等为诊改工作提供基础保障。根据诊改工作的具体需要，在现有网络基础上不断完善网络环境建设和对信息平台进行整体升级，进一步满足各项业务应用系统运行和质量控制工作的数值运算、存储需求。通过建成大数据中心，力求实现对观测点的实时状况与变化趋势监控预警的可视化。

五、成效与反思

（一）取得成效

1. 学校管理水平得到提高

学校以诊改工作为契机，逐步架构起"五纵五横一平台"的内部质量保障体系框架，并不断丰富实施内涵。重新梳理了 24 个部门的工作职责和 209 个岗位工作标准，制订了 325 项工作流程，进一步理顺了各项工作，优化了内部关系；进一步修订完善了校务管理、财务管理、教学管理、学生管理、总务后勤管理、党务管理等系列工作制度，实现了全校管理规范化。作为推进学校内部治理的重要一环，借助科技力量建立内部控制工作机制、决策机制，建设并采用事业单位内部风险控制系统，在预算管理、收支管理、采购管理、合同管理、资产管理、项目管理等六大模块上采用一体化的信息化手段，全面实现内部风险控制体系化管理。

2. 学校提质培优成效显著

从 2017 年底开始诊改工作以来，学校教育教学水平得到了快速提升：荣获全国教育系统先进集体、全国职业院校实习管理 50 强单位、第三批全国中小学中华优秀传统文化传承学校、全国职业院校传统技艺传承与示范基地、全国第三批广西第一批现代学徒制试点单位，获得国家级建筑技术虚拟仿真实训基地和国家级装配式建筑教师教学创新团队建设项目；2018 年和 2021 年两次被评为广西中等职业教育五星级学校，获得自治区首批民族建筑示范性民族文化传承创新职业教育基地，以主持单位荣获广西职业教育教学成果奖 10 项，建筑装饰、机电技术应用专业获广西职业院校品牌专业建设立项，获批自治区级世界技能大赛瓷砖贴面项目集训基地、建筑工程施工等 5 个示范特色专业与实训基地、机电技术应用虚拟仿真实训基地、建筑装饰和机电技术应用 2 个广西职业教育专业发展研究基地，以及"装配式建筑"专业资源库，另外《建筑装饰施工技术》被认定为自治区示范性在线精品课程；师生在各级各类比赛屡获佳绩，教师参加自治区级以上教学技能比赛获奖 98 项，学生在自治区级以上技能大赛中获奖 261 项，连续 12 年蝉联全自治区中职学校技能大赛金牌数、奖牌数、获奖人数"三第一"，学校的建设改革不断深化。

3. 教师队伍素质持续提升

教师自我诊改激发内生动力，借助学校为教师搭建的成长平台，通过内培外训、参加各级各类技能比赛、开展课题研究、制作创新作品等途径不断提升综合素质和能力。2019 年，2 个教育教学案例入选全国职业院校"双师型"教师队伍建设和个人专业发展典型案例；2021 年，学校获得全国第二批国家级职业教育教师教学创新团队。2019 年，陈良和陈春丽老师被教育部评为"全国模范教师"、韩祖丽老师被评为"全国优秀教师"、农荣书记被聘为"第九届自治区人民政府督学"、伦洪山和周宝誉老师分别荣获自治区教育厅"广西教学名师""优秀教育工作者"称号；伦洪山、殷灿贤老师获得自治区级技能大师工作室、伦洪山、罗秋怡老师获得自治区级重点建设名师工作坊。2021 年，拥有"双师型"教师 527 人，正高、副高职称教师 157 人；在教学工作、技能比赛、教学质量、科研等方面获奖和获"优秀教师""优秀教育工作者""优秀德育工作者""优秀班主任"称号的教师达到6415人次,形成"千人获奖、竞相成才"的局面。

4. 学生对学校的整体满意度高

通过规范治理,学校打造了布局科学的书香校园、人文校园、生态校园、安全校园,学习条件有保障,学生宿舍、食堂管理规范,校园文化和学生社团活动丰富多彩,后勤服务周到,校风、教风、学风良好。如在2019年,通过对在校生和毕业生的调查问卷结果进行分析,发现:学生对专业学习、实习实训满意度为98.3%,对校园文化与社团活动满意度为97.8%,对生活和校园安全满意度为95.7%,毕业生对学校的总体评价满意度为96.2%。数据显示,学生的在校体验满意度总体来说较高,各方面工作获得了学生的肯定与认同。

5. 质量文化深入人心

学校的教育服务观、学生发展观等内部质量观念带来了深刻变化,学校不仅实现了从经验引领向战略引领的转变,而且还实现了从被动发展向主动自主发展的转变。自定目标、自我诊断、自我激励、持续改进,各部门、教职工能够自觉运行"8"字形质量改进螺旋中的"目标、标准、设计、实施、诊断、创新、改进"等具体策略来推进各项工作,全面激发了学校内生动力,质量意识深入人心,质量文化氛围日渐浓厚。

(二)改进和发展方向

1. 完善体系,进一步优化打造"两链"

质量标准体系建设是质量保证体系优化的着力点,虽然在学校、专业、课程、教师、学生五个层面已形成了目标体系和标准体系,但目标的科学分解和有效传递,以及标准的细化、量化、合理化、完整化方面仍需进一步优化。今后将继续站在纵向五系统、横向五层面的内部质量保证体系框架高度,着重从学校新一轮的五年规划入手,加强目标任务量化、具体化,科学分解任务,并将任务逐级传递具体落实到部门和专业,确保规划目标的实现;进一步完善标准体系,在科学性、完整性和可量化、可考核方面做好补充和修缮工作,发挥在诊改实施过程中的作用,做到目标有标准支撑,标准有数据支撑,执行有诊断数据反馈,反馈利于评价与改进。

2. 开发系统,加快大数据中心建设

学校建成了信息化校园系统和数据中心,但系统的功能问题和使用的缺失导致数据不够完善,直接影响诊改数据分析和监测预警,信息化平台对各层面诊改的支撑力度仍需加强。未来将加强与信息化平台建设公司深度合作,解决数字化校园中技术与实际管理中的难点,重点推进信息化管理平台各业务系统的二次开发,完善学校数据中心,推进混合式教学平台的普及应用,打通信息孤岛,为五个层面诊改提供有效数据支撑,加强对数据的分析、利用,完善诊改数据监控和预警,切实提高诊断准确性和有效性。

3. 精益求精,构建全过程人才培养质量诊改体系

以提升人才培养质量为根本,从学校"十四五"规划发展战略、提质培优建设任务、

人才培养方案等多个维度，围绕生源质量、过程质量到结果质量建立全过程人才培养质量诊改体系，从学生入校、在校成长、毕业就业和职业发展全过程进行跟踪评价和诊断改进。依据人才培养工作状态数据采集平台、学校教学质量诊断与改进信息化平台等获取学生全过程发展数据指标，覆盖招生、培养、就业各个环节，用数据为学校管理构建人才培养提供真实画像，通过对指标数据的动态跟踪、监测、采集和分析，形成人才培养质量多维评价结果。并对标国家职业教育教学诊断与改进平台要求，持续诊断与改进学生职业道德、职业素养、技术技能水平和创新创业能力，全面提高人才成长质量。

执笔人：李如岚，李妍。

案例 21

聚焦学生发展　诊改落地生根

石家庄工程技术学校

【摘要】 石家庄工程技术学校自2016年被教育部确定为教学工作诊断与改进试点学校以来，诊改制度的建立、诊改机制的运行始终围绕学生的成长、围绕立德树人进行。学校注重文化营造，力图激发学生自主成长、自我发展的动力；构建了学生发展标准体系，成为学生综合素质自我诊断的依据；运用信息化平台，即时采集学生个人成长数据，显示学生成长轨迹。学生在教师指导下自主确定目标，制订规划，按照发展标准落实成长措施，进行周期性的自我评价、自我诊断、自我分析、自我改进。学生获得了全面发展，学校的治理水平、人才培养质量显著提升。

一、案例概要

本案例以石家庄工程技术学校学生层面诊改为例，概述了学校坚持以立德树人为根本、不断探索职业学校育人模式的一些做法。学校针对中职生身心发展特点，遵循教育规律，营造育人环境，聚集学生自主诊改，注重构建科学性、专业性、客观性的学生自我诊断体系，引导学生在自我诊改中获取知识、掌握技能、提升素养，助力学生德智体美劳全面发展。

二、实施背景

学校坚持把立德树人作为根本任务,培养德智体美劳全面发展的社会主义建设者和接班人。职业学校办学的根本着眼点在于学生的发展,在于培养德智体美劳全面发展的高素质劳动者和技能型人才。教育部发布《关于建立职业院校教学工作诊断与改进制度的通知》(教职成厅〔2015〕2号),启动相关工作,就是要着力推动职业院校履行人才培养质量主体责任的作用,深入推进育人方式、办学模式、管理体制、保障机制改革,增强职业教育的适应性,培养更多高素质技术技能人才、能工巧匠、大国工匠,为全面建设社会主义现代化国家提供有力人才和技能支撑。

我校作为建校70年的老牌中专学校,厚重的历史文化积淀和规范严格的管理传承,都是学校宝贵的无形资产,但进入新时代,学校对管理反馈及时全面性的需求,以及实现治理能力现代化的追求,都进一步凸显了诊改工作的必要性与紧迫性。同时,在国家大力支持职业教育的背景下,学校"国际化办学,质量立校,创建全国精品职校"的总体目标,正契合了推行教学诊改工作的宗旨与任务,为做好学生层面诊改提供了非常好的基础和土壤。

三、建设思路

作为学生诊改的"引路人",学校分析学情、合理布局、科学谋划,形成了明确的诊改思路与机制保障。

(一)立足基本情况,深入分析学情

分析学生基本情况,明确学生管理教育工作优劣势,为诊改工作提供了基础条件。

学校在籍学生数为8000余人,生源来自河北省11个市,其中男生占60%、女生40%。在学制上分别有三年制中专、3+2高职高专和3+4中本贯通班。整体呈现出学生数量多、地域分布广、基础素质差异化、发展诉求多元化等特点。学生年龄在15岁至19岁之间,他们活泼好动精力旺盛、易于接受新鲜事物、竞争意识强,他们同时是网络信息化的一代,网络和信息化电子产品早已融入其学习和生活日常。通过SWOT分析,可以看到中职学生在自我认知、自我控制、自我规划方面存在欠缺,揭示了诊改对学生成长的潜在需求。学校必须以学生为本,制订适合不同层次学生的发展目标和评价标准,使用信息化手段,及时精准掌握学生的成长指标,重点突破并全面带动提升学生的培养质量。

(二)明晰育人目标,营造育人环境

1. 明确目标

学校推进"三全育人"大格局的建设,将"五育并举"要求落实在各科课堂教学之中、渗透在校园生活各环节、延伸到学生发展各方面,形成了更高水平的人才培养体系。结合我校学生特点,明确了育人目标,即:全面贯彻党的教育方针,坚持立德树人,服务

学生全面发展，从品德行为（德）、学业水平（智）、身心健康（体）、艺术素养（美）、社会实践（劳）五个方面促进学生发展，使学生成长为理想信念坚定，自觉践行社会主义核心价值观，文明素养高，综合职业素质强，身心健康，具有高雅审美情趣的社会主义事业建设者和接班人（图1）。

图1 学生五维度发展目标

2. 以文化人

深入挖掘学校的历史文化积淀，对接现代行业职业人才需求，打造特色鲜明、适用性强、美观大方的立德树人环境。借鉴世界名校，设计建筑墙体为暗红色。系统规划楼宇命名——教学楼"德"系列，实训楼"行"系列，道路名"校史"系列，邀请知名文化公司设计"石"系列导视系统。悉心培育学生事务服务中心、"校舍"咖啡厅、书吧、图书角等文化苗圃。广泛运用石工文化元素，以文化人、以美育人，将德育引导、行为规范注入艺术因子，在日常礼仪教育中濡养学生气质（图2）。

图2 以文化人

3. "五育"并举

根据学生德智体美劳全面发展的需求，学校结合一年里各个时段的重点工作和重大节日、纪念日，将一学年分为四个活动文化季，分别为体育文化季、劳动文化季、班级文化季、艺术文化季，突出活动的体系化和完整性，在四个文化季中贯穿"五育"，落实"五育"。并利用建成的诊改平台记录学生在四个文化季中的具体表现，注重学生的参与度、体验感和成长性。

（三）贯彻诊改理念，构建诊改体系

围绕育人目标，贯彻"全员、全过程、全方位"的三全育人理念，聚焦学生个人成长方向和学生管理工作方向，实施了打造两链、建立螺旋、贯彻理念等诊改体系构建工作（图3）。

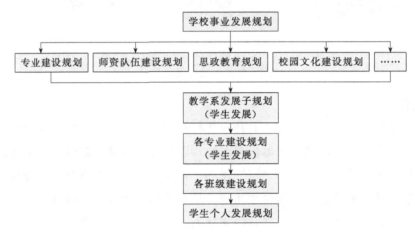

图3 学生诊改目标链

1. 打造两链

依据学校事业发展规划，完善学生培养、校园文化、专业课程、师资队伍等专项建设规划，学年初制订并滚动修订专业人才培养方案、德育工作实施方案、教学工作要点和学生工作要点，各教学系、各专业、各班级分别制订学生发展规划。学生根据自己的现状、对照发展标准制订个人成长规划，由此形成完整的目标链；梳理国家、学校各执行标准，研制学生发展标准，形成了由"中等职业学校学生公约""中国学生发展核心素养""德育与学生管理过程控制程序""中职生文明十六条""三好学生、优秀学生干部评比办法""学生发展星级标准"（有合格、良好、优良、卓越等星级）、"学生发展标准"（由品德行为、学业水平、身心健康、艺术素养、社会实践的5个维度、17个诊断要素构成）等构成的系统标准链（图4）。

2. 构建螺旋

一是建立8字形质量改进螺旋：基于学生管理工作设计运行学生管理工作运行8字形螺旋，基于学生个人成长设计运行学生个体诊改运行螺旋。以智能化管理信息平台为依托，以监测数据为依据，通过上、下螺旋周期运行，实现常态纠偏与阶段改进，不断推进

学生管理工作和学生个体成长的诊断改进。二是建立运行诊改螺旋的质量保证体系：明确了五层级管理体系，逐级监控负责，并编制了"学生层面诊改运行实施意见""阶段自诊报告制度""学生自诊报告基本要求"等学生层面诊改专项制度，确保了学生层面诊改"有规依、有人理、有人做"（图5）。

	项目	合格（★★）	良好（★★★）	优良（★★★★）	卓越（★★★★★）
整体要求	质控点	学生德智体美劳各维度平均分不低于60分，各维度单项分不低于总分的55%	学生德智体美劳各维度平均分不低于70分，各维度单项分不低于总分的65%	学生德智体美劳各维度平均分不低于80分，各维度单项分不低于总分的75%	学生德智体美劳各维度平均分不低于90分，各维度单项分不低于总分的85%
德	思想政治	思想政治表现合格，参加政治学习及升旗仪式，爱国爱校	思想政治表现良好，积极参加政治学习及升旗仪式、爱国爱校，较积极争取入团入党、担任班级学生干部	思想政治表现优良，积极参加政治学习及升旗仪式、爱国爱校，较积极争取入团入党、担任系级学生干部	思想政治表现优秀，积极参加政治学习及升旗仪式、爱国爱校，积极争取入团入党、担任校级学生干部
	道德品质	道德品质合格，能做到礼貌文明、乐于助人	道德品质良好，能较主动做到礼貌文明、乐于助人、受到班级通报表扬	道德品质优良，能较主动做到礼貌文明、乐于助人、受到系级通报表扬	道德品质优秀，能主动做到礼貌文明、乐于助人、受到校级通报表扬
	遵章守纪	严格遵守各级各类规章制度，遵章守纪，无违纪记录	严格遵守各级各类规章制度，遵章守纪，无任何违纪记录	严格遵守各级各类规章制度，遵章守纪，无任何违纪记录	严格遵守各级各类规章制度，遵章守纪，无任何违纪记录
	劳动表现	参加劳动且表现合格	积极热情参加劳动且表现良好	积极热情参加劳动且表现优良	积极热情参加劳动且表现优秀
	生活习惯	拥有较好的生活习惯，能按要求做到文明就餐，有安全意识，注重个人卫生及仪容仪表	拥有良好的生活习惯，能做到文明就餐，有安全意识，注重个人卫生及仪容仪表	拥有良好的生活习惯，自觉主动地做到文明就餐，有较强烈的安全意识，注重个人卫生及仪容仪表	拥有良好的生活习惯，自觉主动地做到文明就餐，有强烈的安全意识，注重个人卫生及仪容仪表
智	课程成绩	课程成绩达到合格水平	课程成绩达到三等奖学金水平	课程成绩达到二等奖学金水平	课程成绩达到一等奖学金水平
	职业资格	取得1个技能证书	取得1个技能证书	取得1个技能证书	取得2个及以上的技能证书
	技能大赛	获得校级三等奖及以上荣誉	获得校级一等奖及以上荣誉	获得省级二等奖及以上荣誉或校级一等奖及以上荣誉	获得国赛三等奖及以上荣誉或省级二等奖及以上荣誉或校级一等奖及以上荣誉
	军训表现	注重素质教育，军训表现达到60分以上	注重素质教育，军训表现达到70分以上	注重素质教育，军训表现达到80分以上	注重素质教育，军训表现达到90分以上
	入学教育	注重素质教育，入学教育达到60分以上	注重素质教育，入学教育达到70分以上	注重素质教育，入学教育达到80分以上	注重素质教育，入学教育达到90分以上
	课堂活动参与率	课堂活动参与率达到60%以上	课堂活动参与率达到70%以上	课堂活动参与率达到80%以上	课堂活动参与率达到90%以上
	智慧课堂得分	智慧课堂获得分值达到100分以上	智慧课堂获得分值达到200分以上	智慧课堂获得分值达到400分以上	智慧课堂获得分值达到800分以上
	随堂测验正确率	随堂测验正确率达到60%以上	随堂测验正确率达到60%以上	随堂测验正确率达到60%以上	随堂测验正确率达到90%以上
体	体重指数	体重指数轻度偏离正常范围	体重指数轻度偏离正常范围	体重指数达到正常范围	体重指数达到正常范围
	体质达标	体质达标达到合格等级	体质达标达到良好等级	体质达标达到优良等级	体质达标达到优秀等级
	心理健康状况	心理健康状况良	心理健康状况良	心理健康状况好	心理健康状况好

图4

	项目	合格（★★）	良好（★★★）	优良（★★★★）	卓越（★★★★★）
美	社团活动	积极主动参加系级社团活动	积极主动参加系级社团活动，并在校级、系级活动中取得优秀成绩	积极主动参加校级、系级社团活动	积极主动参加校级、系级社团活动，并在校级、系级活动中取得优秀成绩
	比赛展示	积极主动参加各级文艺比赛，并取得系级三等奖及以上荣誉	积极主动参加各级文艺比赛，并取得系级二等奖及以上荣誉	积极主动参加各级文艺比赛，并取得系级一等奖及以上荣誉	积极主动参加各级文艺比赛，并取得校级二等奖及以上荣誉或系级一等奖及以上荣誉
	现场观摩	参加一次校内艺术类观摩	参加两次及以上校内艺术类观摩	参加一次校外艺术类观摩	参加两次及以上校外艺术类观摩
劳	志愿活动	每学期志愿活动达到1次	每学期志愿活动达到2次	每学期志愿活动达到3次	每学期志愿活动达到4次及以上
	学联干部	能按班主任及班委要求做自己本职工作	担任班级学联干部	担任系级学联干部	担任校级学联干部
	假期实践	假期实践不低于3天	假期实践不低于7天	假期实践不低于11天	假期实践不低于15天
	劳动教育	劳动周成绩达到60分以上	劳动周成绩达到70分以上	劳动周成绩达到80分以上	劳动周成绩达到90分以上

图 4　学生发展星级标准

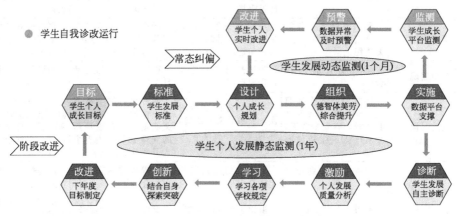

图 5　学生诊改 8 字形质量改进螺旋

3. 贯彻理念

自开展诊改工作以来，学生诊改理念的贯彻经历了一个由点及面、不断完善的过程。2017 至 2018 学年，20 名学生干部接受老师的培训指导，按照"德智体美劳"五方面的发展标准进行对照，自我诊断；2018 至 2019 学年，200 名学生干部进行了第二轮自我诊改；2019 年 9 月起，全校全体学生都能够通过"学生发展中心"平台制订自我规划，并在一个学年结束进行画像自诊。学期末学校汇总学生的自诊数据，形成学生工作自诊报告。经过几年的实践，在老师的带领下学生对自主诊断、自我改进有了较深的理解和认识，实现了从"为家长老师学习"到"为自己确立的成长目标而努力"的观念转变，他们自我负责、自主诊改、自力更生，表现出越来越强的主人翁精神（图6）。

四、经验策略

学生层面诊改是以学生个人为主体，通过数据即时采集、实时呈现、及时预警，学生在教师的帮助指导下对照目标和标准实施自我诊断、自主改进、全面发展的过程。

图 6 教师培训指导

（一）基于 8 字形螺旋，落实诊改行动

一是确定目标标准。学生个人发展目标是学生自主诊改的起点。在自主诊改的开始阶段，教师指导学生根据自身条件，在合格、良好、优良、卓越四个星级的发展目标中进行分析和选择，并对照发展目标中德、智、体、美、劳 5 个维度条件，明晰发展标准，确定个人发展目标。

二是制订个人规划。学生个人成长规划，包括：学生自主诊改的依据。在确定了目标和标准后，学生在教师的指导下系统剖析自身的优势与劣势，了解所处学习成长环境的机遇和威胁，对照所选定的目标标准，合理制订个人成长规划。

三是组织自我实施。学生围绕德智体美劳 5 个方面，在教师的指导下具体实施成长规划，包括：有效修正自身品德行为；合理规划知识技能学习；自发增强体魄心理锻炼；积极投入艺术鉴赏活动；主动承担劳动实践任务等。

四是深入诊断改进。学生根据数据平台实时采集的数据，横向比较，纵向对照，对自身成长做出监测和预警，并及时调整实施计划。学生在老师的帮助下对一个周期的成绩和不足进行分析，并与学校均值和本人上学年数据进行比较，写出成长质量报告。通过自诊分析，获得激励，对自身的不足进行不断的改进提升，完善个人发展目标，开启下一阶段的诊断与改进。

（二）借力数据平台，学生自诊自改

学生层面的诊改离不开信息化的支持，而且作为成长在网络信息化时代的学生，他们对诊改信息化平台的接受度很高。学生对于信息化平台的运用主要通过手机端与电脑端两个途径。手机端常用的信息化平台包括学生成长平台、超星学习平台、闪动校园 App 等，学生在组织实施过程中，通过实时观测日常品行、学习表现、运动体质、艺术活动、劳动

实践等数据，准确掌握自身发展变化状况。电脑端可用的信息化平台包括大数据分析学生画像、学生发展中心、学生画像系统、青果智慧校园等，学生能够通过平台界面制订自我发展规划、编写自我诊改报告。德智体美劳 5 个维度的发展状态，会以画像形式呈现在平台中，学生可以直观地掌握自身规划的完成情况，通过横向与纵向的观测比对，明确自身强弱项，做出合理调整（图 7）。

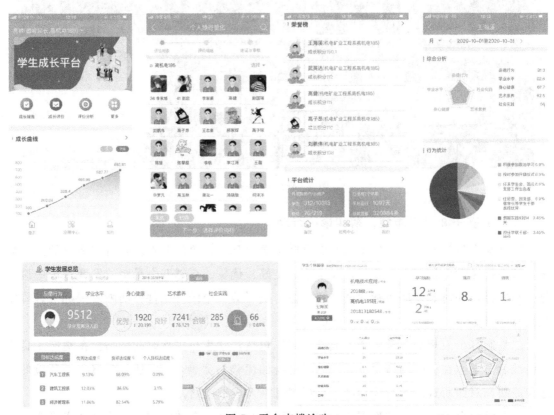

图 7　平台支撑诊改

（三）知悉发展状态，激发内生动力

通过诊改的运行，每个学生都能实现"知己知彼"，从而总结经验方法，激发学习与创新，完善改进措施，为下一周期的成长注入动力。

"品德行为（德）"方面，学生积极投入文明校园建设，做到亲师爱友、自觉克服陋习、自发接受思政教育；"学业水平（智）"方面，绩优的学生获得了肯定，后进的学生也明确了进步方向，比学赶帮不肯落后，学生形成了参加技能大赛的热潮，组成了多个技能竞赛团队；"身心健康（体）"方面，学生明晰了自身的强弱项，在相关体能数据及竞赛成绩的"刺激"下，参加体育锻炼的热情也越来越高。同时，学生开始学习心理健康知识并参与心理健康团辅活动，"既要身体棒，又要心智强"成为成长的主题；"艺术素养（美）"方面，学生了解了自身的艺术素养水平，体验到了参与艺术活动的乐趣，更多的学生开始踊跃加入艺术类社团，积极参与艺术类课程的学习，争得艺术素养积分，开拓文艺素养提升的路径；"社会实践（劳）"方面，以提升社会实践能力、增强劳动意识为出发点，学生们逐渐自觉融入我校全方位、立体化、隐性显性结合的"大"实践教育网络，自愿参与劳动周、工学一体化、志愿服务等活动，对劳动有了更加深刻的认识。

五、成效与反思

（一）诊改成效

学校近几年的实践证明，研究、实施学生层面的诊改，起到了引领学生自我诊断、激发学生不断努力进步的作用，学生收获了个人成长，学校育人水平获得提高。

1. 领悟诊改，学生自主成长

在诊改的带动下，学生树立了"自知、自省、自强"的意识，学生不断努力进步，形成了强劲的自主成长力量。

一是学会正视自己。在教师的指导下，学生通过 SWOT 分析，开始认真正视自己。从客观、主观、可控、不可控几个因素入手，学着自我认知、自我剖析。二是主动描绘梦想。基于自身的实际条件，学生能够对照学校制订的目标和标准做好选择题，在一个周期内明确发展目标，产生第一内生动力，为未来描绘了清晰的"梦想"。三是能够自省自励。在向目标前进过程中，学生结合日常评价数据生成的画像系统，通过比对分析，实时掌握了自己的位置，产生第二内生动力，激发了荣誉感和竞争意识。四是成长"进无止境"。在一个发展周期结束后，学生通过撰写"自我成长质量报告"，客观分析，深挖问题根源，提出改进措施，养成了事事反思、时时反省的良好习惯。同时制订下一周期新的目标，进入下一周期的成长过程，真正做到了"进无止境"。

2. 践行诊改，学生全面发展

学生综合素养焕然一新。在校内外日常生活中，学生养成了良好的精神风貌。面对师长能够尊敬礼貌，对待同学能够亲和友善。自觉维护校园环境，让"砖缝不蒙半星土、屋角未结一缕尘"；主动向优秀学生看齐，使乐学、勤学蔚然成风。

学生技能竞赛硕果累累。2017 年以来，学生参加省级技能大赛获得一等奖 151 人次、二等奖 139 人次、三等奖 88 人次；参加全国技能大赛获得一等奖 4 人次、二等奖 15 人次、三等奖 15 人次。特别是在 2018 年全国职业院校学生技能大赛"沙盘模拟经营"赛中，取得了一等奖第一名的好成绩。

学生得到社会广泛好评。实习或就业阶段的学生受到德国戴姆勒、法国施耐德、青岛海信、青岛五菱、保定长城等国内外 500 强企业的高度认可。1600 人次学生参加了第十三届天津全运会、第七届世界军事运动会和第十四届西安全运会志愿服务，获得主办方和运动员广泛好评，朝气蓬勃的石工校志愿者团队也因此荣获"河北省青年志愿者服务优秀组织奖"、河北省国资委团委"金牌青年志愿者服务先进集体"的殊荣，学生孙望舒作为全省唯一职业院校代表担任全国学联第 26 届委员。我校二十余年的劳动实践教育体系，也得到"中国教育报""石家庄日报"等媒体浓墨重彩地大篇幅报道（图 8）。

（二）思考体会

① 立德树人是学生自我诊改的根本。要始终围绕"培养什么人、怎样培养人、为谁培

图 8　学生全面成长

养人"去设计、实施、引导学生进行自我诊改,保证育人的方向。

② 目标导向是学生自我诊改的依据。有了明确的目标,才能形成诊改的依据,及时发现不足和短板。

③ 信息化技术是学生自我诊改的支撑。诊断需要获取的是真实、准确的学生成长数据,信息化平台的应用使诊改实现了全面系统和客观实在。

④ 注重引导是学生自我诊改的保证。中职学生年龄小,文化基础弱,需要教师耐心细致地指导、帮助、引领,循序渐进,保证诊改的成效。

执笔人:赵霞,王晓彤。

案例 22

新基建——从"数字校园"到"数智校园"

宁波市职业技术教育中心学校

【摘要】　宁波市职业技术教育中心学校倡导人文化的智慧校园建设,赋能中等职业学生成为手中有艺、腹中有墨、肩上有担、目中有人、心中有爱、脸上有笑的六有新人。新基建环境下,大力建设泛在学习环境,教育教学的全过程中伴随式收集、汇聚全样本多维度数据，建设并应用教育大数据生态系统、数据超脑系统，挖掘数据智能，实现学校的智慧决策、学生个性化的教育和全景式的评价，建设智适应学习环境，实现从数字校园向数智校园的跃升，赋能中等职业学生幸福成长。

一、实施背景

教育信息化2.0行动计划指出，应用大数据技术进行数据采集，全面提高利用大数据支撑保障教育管理、决策和公共服务能力，充分应用大数据、人工智能等新技术构建全方位、全过程、全天候的支撑体系，助力教育教学、管理和服务的改革发展。应用大数据新技术进行智能学习效果记录、转移、交换、认证等有效方式，形成泛在化、智能化学习体系，推进信息技术和智能技术深度融入教育教学全过程，进一步应用数智生态实现精准管理、全景评价、个性教学。

二、改革与应用实践

五年来，学校自主开发并实践应用智慧校园教育大数据分析生态系统，重点建设与应用了教育大数据分析决策系统和数字画像系统，利用教育大数据技术，实施全样本数据分析，促进学校提升数据智能的应用能力，完善教育教学决策支持系统，实现精准管理，用数字画像系统全面改变学生评价方式，全面提升个性化教学能力。

（一）现状"扫码"：教育改革亟待"第三只眼"

大数据应用于教育评价和个性化教育方面具备明显的优势，使用全样本数据实现评价数据、内容、过程、人员全息化，从整体上关注学生，在全样本数据基础之上构建算法模型进行学业发展和成长预测。

宁波市职业技术教育中心学校利用大数据源平台，自动采集学校各个信息化平台中的全量多类型数据，构建了数据仓库平台，通过建立分析模型，综合学习、德育、心理、社交、消费、考勤、RFID无线定位、一卡通、多元智能、图书阅读、上网行为、在线阅卷、AI视频人脸表情及行为识别、体检体测、食堂就餐等多维度数据关联挖掘和分析计算。应用大数据超脑决策系统和学生数字画像系统解决学校精准管理，开展学生绿色综合评价和个性化的教学实施，打造了具备全息透视功能的"第三只眼"（图1）。

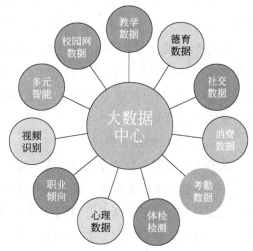

图1　教育大数据主要来源示意

（二）蓝图擘画：数字画像系统聚集教学改革关键领域

通过教育大数据数字画像系统的建设和应用，学校实现了：

1. 实施全景式绿色综合评价

传统教育评价手段以切片式成绩评价为主，评价维度单一，并依靠教师经验进行模糊式判断，评价依据缺乏大数据支撑，对教育主体缺乏全面的认识，实施的是针管式评价，无法实现全景式的评价。

学生数字画像系统（图2），可实现"全景式绿色综合评价"，平台汇聚了每个学生在校产生的全样本多维度数据，通过大数据的获取、关联、分析、传递与结果应用，基于以教育过程性大数据为主、结果性数据为辅的学生综合评价，反映学生的全面素养（图3）。

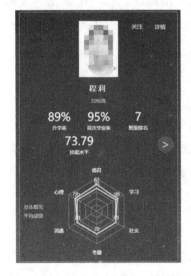

图2　学生数字画像多维度数据

平台实施了学习、德育、心理、社交、消费、考勤、兴趣、多元智能等多维度数据的关联挖掘分析，实现全景式的评价。对学习评价也改进为 Z 分（标准分）评价系统（图4），对每个学科、每个班级和每个学生的成绩定期进行动态分析，使用了从起点看发展的评价方式。平台为每一位学生自动生成绿色综合评价报表和诊断报告，促进综合评价从"经验主义"走向"数据主义"、从"宏观群体"评价走向"微观个体"评价、从"单一评价"走向"综合评价"。

2. 实施个性化成长指导

教育大数据平台的数字画像系统，通过数据整合、分析，挖掘出每个学生的学习、生活状态，全面展示学生的各方面素质，根据学习的过程性数据预测出学业走向、职业倾向以及可能出现的一些"特殊状况"。基于对学生多维度的表现数据关联挖掘分析，依据学习、德育、图书阅读、社团兴趣、多元智能测评、心理和职业倾向测评、网上阅卷系统数据分析得到个人知识图谱和能力图谱。消费数据分析应用于精准资助，通过刷卡、考勤、RFID 无线定位数据，老师可以对学生的社交情况进行分析，实施对学生的个性化教育指导。

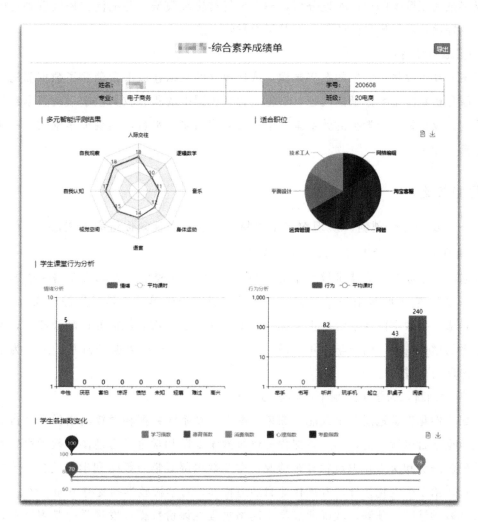

图 3 大数据全景评价：综合素养报表（部分）

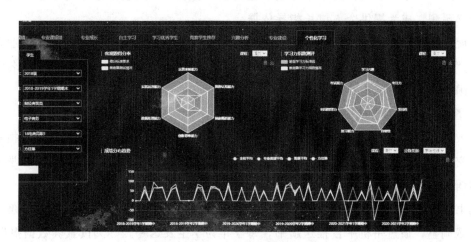

图 4 班级 Z 分（标准分）分析

从数据描述到"诊断报告"，数字画像系统还能为班级"画像"为专业"画像"。根据各班级多维表现数据的双向对比分析,建立出优秀班级模型,并把优秀班级管理经验进行推广,更好地培养了班主任队伍,提升了教学管理能力。

3. 实施教师高效管理力

系统自动生成每个学生的数字画像,依托建立的数据仓库平台消除了数据孤岛,多维数据关联分析解决了数据烟囱问题。学生在智慧校园中的所有教育教学活动数据经处理与分析后均集成在每一个学生的数字画像中,无需遍历多个平台,实现了多维数据一像式高效极速查询分析。

三、经验策略

(一)实现三个创新:展现教育个性特征,以数据视角促进教育发展

1. 德育创新:为学生成长进行绿色诊断

期末时,宁波市职业技术教育中心学校约2500名在校生每人都会获得一份的"绿色评价报告单",它由两张报告单组成,一是学习成绩报告单,二是学生综合素养报告单。这些都是由学生数字画像系统自主生成,其中呈现了学生八类数据的诊断及建议,展现了学业水平的增值情况,引导学生可持续"绿色发展",教师在数据分析基础上可为学生个体提出诊断与改进。

2. 教学创新:为学生定制个性化学习服务

形成个性化教学地图和个人能力图谱;网上阅卷系统数据和学校网络教学平台的数据进入大数据平台进行分析,形成某课程的班级教学地图和学生学习地图,教师可以直观地查看到任教班级和个人知识点状分布情况,据此数据部署学习策略和学习任务;干预学生学习表现,给予个性化指导,开展作业自适应推荐,对学科教学的支持更加有效。

开展教学诊断性预测。教师通过学生网络过程性评价数据,发现学生学习特征,推送相应资源到学生学习空间,为学生定制个性化服务。入学不久就形成了每个学生的升学和毕业概率预测,成为提供个人成长指导依据。

开展竞赛学生选拔,依据"竞赛学生推荐"专栏的综合数据,科学地挑选出适合比赛项目的"千里马"。今年2名学生入选世界技能大赛全国选择赛;近年,至少30名学生获得了全国职业院校技能大赛的奖项。

3. 管理创新:为管理决策提供数据智能服务

大数据分析系统可整体进行教研创新,教育大数据平台可将班级个性化学科报告及学科素养宏观分析数据推送给教师,各年级文化课程的微观分析数据则系统提出各学科知识教学薄弱点,便于教师开展基于大数据的教研。

图书馆服务创新。管理员根据学生借阅数据分析个人阅读书籍与专业的关联度,精准进行馆藏调整,通过手机平台推送新书,每学年为学生发送一张"阅读素养数据报告单"。

学校决策支持创新,运用大数据超脑系统(图5)可以对学校的师资、专业建设、生源解读、职业发展等根据分析结果提供辅助决策,学校画像和报表系统可整体反映学校运

行状态。通过对相关数据进行关联度比对，可为学校专业调整做决策依据，选择试验班，采集决策实施后的反馈数据，形成云标签，学校决策因此"有据可依"。数据平台监测与学校相关的网络舆情并预警。

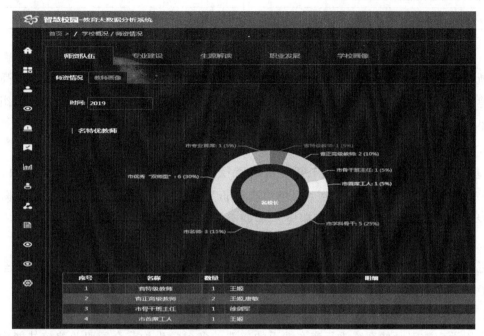

图 5 数据超脑之学校画像、师资、专业、生源、职业发展辅助决策系统

（二）放大数字资源优势，实现校园数智化

目前为止，宁波市职业技术教育中心学校已为2014级到2021级近6000名学生创建了学生个人数字画像，其已成为近200名教师进行教育教学的有力助手。大数据平台经过清洗转换后的有效数据达到了550GB左右。教育大数据系统为人工智能技术逐步深入应用到学校教育教学过程中奠定了坚实的基础（表1）。

表 1 Hadoop 大数据平台转换处理后的数据情况表

Configured Capacity：	1.4TB
DFS Used：	222.1GB
Non DFS Used：	333.98GB
DFS Remaining：	881.56GB
DFS Used%：	15.45%
DFS Remaining%：	61.32%
Block Pool Used：	222.1GB
Block Pool Used%：	15.45%
DataNodes usages%（Min/Median/Max/stdDev）：	15.45%/15.45%/15.45%/0.00%
Live Nodes	1(Decommissioned：0)
Dead Nodes	0(Decommissioned：0)

续表

Decommissioning Nodes	0
Number of Under-Replicated Blocks	208390
Number of Blocks Pending Deletion	0
Block Deletion Start Time	2019/9/11 上午 11:15:37

1. 专家高度认可

浙江省中职名校验收专家组对大数据分析平台和学生数字画像系统应用给予高度评价，建议在全省推广应用。宁波市"十三五"教育体制改革优秀试点项目验收专家组认为该成果值得在全市范围复制推广。

2. 课题引领大数据平台建设

《基于教育大数据平台的人工智能实现路径研究》获浙江省教育信息化专项课题，《基于教育大数据平台创新学生"绿色综合评价"的实践研究》《基于教育大数据的中职数学个性化教学应用模式实践研究》等两个课题分别立项为市教育规划课题。

3. 教师的信息化教学能力提升

近3年4位教师获得全国职业院校技能大赛教学能力比赛一等奖，7名教师获全国信息化教学能力大赛一等奖，10余位教师获全国说课大赛一等奖。

4. 学校综合管理水平提升

利用学生数字画像系统进行竞赛选手的遴选，多名学生均获全国职业院校技能大赛金牌，两名学生入选世界技能大赛全国选拔赛。学校被评为2019年度全国教育系统先进集体、浙江省区域和学校整体推进智慧教育试点单位。2020年被浙江省推荐参评全国文明校园，是浙江省首批现代化学校。

四、成效与反思

随着学校智慧校园建设与教育大数据生态系统开发与应用，近几年已经陆续接待全国上百所学校4000余人次来校观摩学习。在全国数字校园实验校建设中，我校年度报告、中期和总结报告均获评为全国优秀，在浙江省智慧校园建设和职业院校信息化交流活动中、浙江省"智能化＋深度改革发展校"活动中多次作主题报告，切实发挥示范、辐射、引领作用，为全国中职学校的智慧校园建设提供了一个可供复制的样本。

（一）所取得荣誉和奖项

所取得荣誉和奖项见表2。

（二）新闻报道与示范辐射

1. 新闻报道

浙江教育报、中国教育报和多家媒体关于宁波市职业技术教育中心学校智慧校园建设与应用的新闻报道超50篇。中国教育报以《互联网＋给职校带来无限可能》为题进行了

表 2　学校所取得荣誉和奖项

序号	主要荣誉及奖项
1	2021年全国文明学校；2019年学校被教育部评为全国教育系统先进集体；2018～2020年度校园网站获宁波市文明网站
2	2019年获浙江省区域和学校整体推进智慧教育试点单位，是宁波地区入选浙江省该项目的两所学校之一，且是唯一职业学校
3	职业院校全国数字校园样板校；2020年浙江省首批现代化学校；宁波市首批智慧校园示范校；浙江省数字校园示范校；浙江省数字化资源建设示范校；浙江省数字化资源应用实践基地校
4	2019年，在中央电教馆主办的全国教师教育教学信息化交流展示活动中，宁波市职业技术教育中心学校教师获全国一等奖三个，二等奖一个，三等奖三个的优秀成绩；多位教师制作的资源和网络课程获得浙江省一、二等奖
5	2021年全国职业院校技能大赛教师教学能力比赛中，周立山、季妍、刘国强、陈天翔四位老师获得全国一等奖；2017年曾珍、余挺挺、唐敏、任枫等7位教师在全国信息化教学能力大赛获得一等奖；另有10多位教师获全国说课大赛一等奖
6	2017年在第七届中国智慧城市技术与应用博览会中荣获优秀展示奖；2019年在世界数字经济大会暨中国智慧城市与智能经济大会，荣获"行业应用优秀案例奖"
7	智慧教育案例《第三只眼：教育大数据之学生数字画像系统》获宁波市智慧教育优秀案例、浙江省智慧教育典型案例
8	《中职学校教育大数据生态系统平台开发与应用》获宁波市教育局"十三五"教育体制改革优秀试点项目
9	"大数据数字画像系统"智慧教育案例入选《数字驱动　智能发展》一书中被介绍，在《浙江省中等职业信息化研究报告》一书中被介绍

大版面介绍宁波市职业技术教育中心学校智慧校园建设的全面报道；另外，中国教育报在报道宁波市智慧教育建设与应用中，宁波市职业技术教育中心学校的教育大数据、学生数字画像均作为重点案例进行了介绍，在全国范围内形成了一定的影响力（图6、图7）。

图 6　中国教育报在《宁波智慧教育，打造现代教育新生态》报道中介绍宁波市职业技术教育中心学校

图7 中国教育报《"智慧教育"激活教育智慧》中介绍宁波市职业技术教育中心学校

2020年9月16日,由光明网主办的"云职播"第五期节目上线播出,主题是"中职高能汇:信息化建设支撑'三教'改革"。来自全国七所职业院校的专家、领导进行深度交流,宁波市职业技术教育中心学校张国方书记做"教育大数据,为中职生的幸福成长赋能"主题发言,节目同时在"中华网""中国网""职教圈"等网络媒体播出(图8)。

图8 中国职业技术教育网报道

2. 示范与辐射。教育大数据系统平台在第七届中国智慧城市技术与应用博览会进行展示，吸引大批专家、领导和教育相关人员参观（图9），获得最佳展示奖（图10）。教育大数据生态系统在2019年9月6日~8日，世界数字经济大会暨中国智慧城市与智能经济博览会上展示，获行业优秀案例奖。

图9　第七届全国智博会教育局领导来教育大数据展台参观　　图10　"最佳展示奖"奖杯

（三）反思

要自动汇集与分析过程性的教育大数据，需要建设一些教育教学过程数据自动采集设备，需要对大量的数据进行治理，分析模型的精准性尚待进一步研究与提高。收集哪些数据、怎么收集，需要进行科学合理的规划。更重要的是，教师对于教育大数据在教育治理和个性化教学能力的应用理念上还需要进一步的提升。

执笔人：周立山。

案例 23

推动数字化转型　打造新时代铁军
——新基建背景下铁路产业技术技能人才培养模式探索及实践

合肥铁路工程学校

【摘要】　为适应新基建及"一带一路"背景下中国铁路产业数字化转型与高质量发展需要，合肥铁路工程学校从构建"点-线-面"三层课程标准体系、数字化师资培养体系、探索"三课堂、五提升"的培养模式及校企深度合作共建共育机制四个方面进行了卓有成效的探索实践,突出"一基双轨多枕"路径,产教深度融合,校企有机对接,持续推进铁路产业数字化技术技能人才培养培训,取得显著成效。该案例在中国教育网、安徽省教育厅官网、人民论坛网等主流媒体被宣传报道,并产生了积极的社会影响。

一、案例概要

2017年以来,学校团队依托"面向数字化铁路建设的教学改革实施方案"项目进行了五年多的实践探索,与中国中铁四局、上海工程局等"国"字号企业紧密合作,积极抢抓"长三角一体化"发展新机遇,与沪苏浙皖轨道交通产业无缝对接,率先在行业院校提出"强基固本、德技并修、数字赋能、综合提升"的育人思路,领先创设双师型教师职业能力"三阶梯"提升通道,成功完成了数字化创新型教学团队建设;以学生职业化成长为目标,突出铁路专业特色,建设优质教学资源,构建"点-线-面"三层课程标准体系,创新数字化技能人才培养模式;适应新时代职业教育作为类型教育的发展定位,提质培优,畅通办学"高架桥",形成了纵向贯通、横向联通的校企深度合作机制,成功搭建了数字化技术技能人才培养实践创新平台并形成人才"长宽高"发展全链条体系,致力打造新时代"铁四军",为服务建设"技能安徽"与"轨道上长三角"提供了有力的人才支撑。

二、背景分析

为适应新基建及"一带一路"背景下中国铁路产业数字化转型与高质量发展需要,合肥铁路工程学校针对本行业数字化技能人才培养模式"不适"、教学内容"不新"、师资力量"不强"、校企合作"不深"等问题,锚定需求端,探索专业人才培养供给侧改革,以提升数字化人才培养质量为核心,着力"奠基、铺路、架桥",积极探索全方位、多元化、复合型铁路产业数字化技术技能人才培养新模式。

三、建设思路

(一)构建数字化技术培养"点-线-面"三层课程标准体系

围绕学科方向,凝练专业特色,我校以铁道工程专业为核心,打造包括城市轨道交通工程、高速铁路工程、工程测量、工程造价四个专业在内的专业群,定位于培养知识、能力和素质协调发展,服务于土建施工、运维管理一线的"一专多能"数字化技术技能人才。基于现有的专业基础课和专业核心课程,构建数字化技术培养"点-线-面"三层课程标准体系(图1)。

① 以图学知识为起点,培养识图技能。通过工程制图、CAD两门专业基础课,培养学生识读专业图纸的能力、计算机绘图的能力。

② 以数字化技术类课程为线,培养专项技能。学生学习多种数字化建模软件。在桥

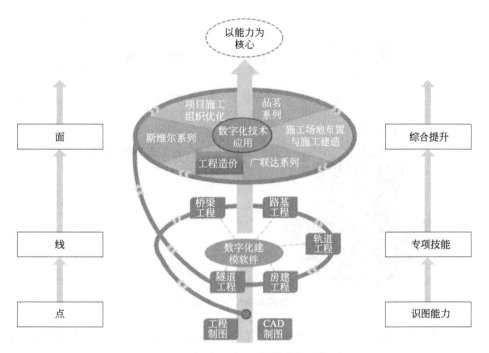

图1 "点-线-面"三层课程标准体系

梁、隧道、路基、轨道、房建等专业课程教学中,打破专业壁垒,将数字化技术植入专业教学中。通过数字化实施三维立体建模,帮助学生加深对各种工程结构构造的理解,彰显专业特色。

③ 以数字化技术实训为面,提升综合技能。实训中,学生学习多种数字化应用软件,模拟施工流程,进行工程造价的统计分析、施工组织优化设计等,实现专业知识和数字化技术的融通,完整地体会到数字化技术在项目的全寿命周期管理中应用的连续性。

(二)搭建"强化师德,三阶推进"数字化师资培养平台

1. 全面提升教师思想政治素质和师德师风水平

利用课程思政新载体,强化教师社会实践参与。学党史,明事理,发挥党员教师的先锋模范作用。建立教师荣誉制度,引导教师以德立身、以德立学、以德施教、以德育德(图2)。

2. 三阶推进,搭建数字化"双师型"师资队伍培训平台

(1) 依托合肥市"智慧轨道"教学创新团队建设,提高教师教学能力。立足三教改革,培养团队教师的课程开发、课程设计、课程实施、课程评价等教学能力。团队教师以自学、培训、教学能力大赛、企业实践等多种方式,提高数字化技术应用能力,能胜任数字化技术教学及实践实训指导工作。

(2) 以赛促教,提高教师培训能力。团队教师指导学生参与多项数字化技能比赛,积累了丰富的教学经验和教学资源,促进了团队教师专业水平和数字化技能的不断进步。

(3) 参与企业项目合作,提高教师科研创新能力。本教学团队凝聚创新资源,与中铁四局

图 2 "师德师能"三阶培养体系

集团、安徽周行信息科技公司等企业合作完成了合肥地铁 5 号线、北京地铁 19 号线、淮安高铁东站等多个工程项目的数字化建设,在行业比赛中多次获奖,促进产学研协同发展。

数字化教学团队建设实践,充分整合优化校内外资源,形成了由"普通教师-骨干教师-技能大师"的递进发展机制。

(三)创建"三课堂、五提升"培养模式

学校加强数字化技术技能人才培养的顶层设计,构建并实施"三课堂、五提升"培养方式,成效显著。"三课堂"为常规教学课堂、技能拓展课堂、校企合作课堂,其实施差异培养,个性化指导。

① 常规教学课堂,通过"点-线-面"的课程标准体系改革,将数字化技术全面覆盖相关专业课程。教学中吸收数字化发展的前沿技术,赋予专业教学新的内涵,激发学生的学习兴趣,帮助学生明确学习方向。

② 技能拓展课堂。成立数字化技术协会,开辟技能拓展课堂。该课堂以实践教学为主要形式,教师引导,学生以"老带新"的模式实施帮扶助学,自我管理,自我提升。通过技能拓展,学生参加 1+X 证书考试,实现课证融通;通过考核选拔,学生参加数字化技能大赛,鼓舞其积极向上的斗志。

③ 校企合作课堂。校企共建"教-学-做"一体化的实践基地,采取项目导向法,以解决企业的实际生产需求和培育学生综合能力为目的。组织优秀学生参与项目建设,完成项目设计、场地布置、模型生成、视频生成等任务,企业导师参与指导考核。校企合作开发课堂,将教学内容项目化、学习情境职业化,培养与工作岗位零距离的人才。

"三课堂"调动了学生学习的积极性,针对学生的个体差异,实施个性化指导,学生实现"工程识图能力-模型建造能力-模型应用能力-项目实战能力-岗位实践能力"的"五提

升"。

教学团队研发制作了网络教学资源，学生可以选择不同的学习方向。教师通过网络平台精准把控学生学习效果，帮助学生调整学习策略。校企合作项目实践中，以任务驱动、自主探究、团队协作的模式完成。

"三课堂"实施过程中，注重加强课程思政与职业综合素质提升，培养学生稳扎稳打、吃苦耐劳的劳动精神，齐心协力、精诚合作的团队精神，精益求精、追求卓越的工匠精神。使学生素能一体、德技并修，使学生的实践能力和创新思维得到极大提高（图3）。

图 3 "三课堂、五提升"人才培养模式

（四）共建校企深度合作，数字化协同发掘育人新路径

在新基建背景下，我校在数字化技术人才培养过程中，产教融合，共享共建共用各类资源，实现学生学习与就业、学校教学与企业岗位对接，提高学校人才培养质量和企业生产效益，进而实现"学生、学校、企业"三方共赢（图4）。

① 对接企业的用人需求，校企双元制订培养方案，完善人才培养机制，对课程体系改革提供了有力的指导。

② 产教融合，共建数字化教学资源库，实现数字化信息交替和资源共享。共同开发教材，团队教师参编了中国铁道出版社出版的《铁路桥涵工程建模基础教程》。共建课程，我校在铁道工程、高铁轨道与路基两个专业开设了数字化技术课程。共同开发铁路桥梁、铁路隧道、高铁轨道等BIM族库。共建数字化实训基地，实行"双导师"制，以企业实际工程项目为案例，打造了校企合作第三课堂。

③ 共建双师培养基地，聘请企业专家来校开展专业知识讲座；教师定期到企业顶岗进修；选聘企业高级技术人员担任导师，充实团队力量；团队教师参与企业数字化技术研发与服务工作等。

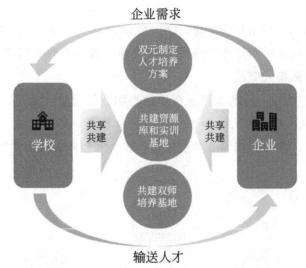

图 4 校企协同育人途径

四、经验策略

（一）聚焦铁路产业数字化转型，树立"一基双轨多枕"的铁路特色育人理念，实现"三全育人"

结合铁路行业数字化技术现状及发展，总结了数字化技能人才培养与成长规律，创设了"一基双轨多枕"的铁路特色培养模式。

该模式以立德树人为"路基"，以培养高素质数字化技能人才为目标，促进"师资队伍建设，学生技能发展"双轨并行；以"理实一体，团队建设，赛教结合，产教融合"为重点的多枕支撑，将学科优势、队伍优势、平台优势转化为人才培养优势，形成高水平数字化技能人才培养的局面（图 5）。

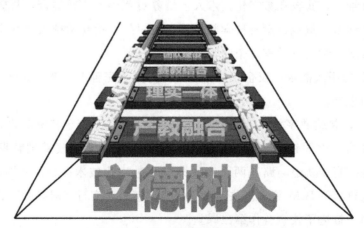

图 5 "一基双轨多枕"培养模式

学生、教师、学校领导、企业全员参与，覆盖全体学生。以数字化技术教学教改为导向，优化专业课程体系。以师资力量提升为驱动力，推进我校数字化技术一流教学队伍建设。以学生自我发展为牵引，搭建"三课堂"，动态考核，合理流动。学生从入校到毕业，通过数字化技术的学习和实践，从夯实基础到差异培养、强化技能，最后达到综合能力与创新思维的整体提升，实现全程育人。学校利用各种教育载体，利用课程思政、综合测评、奖学金评比、社会实践、校园文化等实现全方位育人。

（二）创建校企深度合作机制——"四局模式"，形成了数字化技能人才"长宽高"发展全链条体系

学校与中铁四局集团有限公司创设了多渠道、多维度、多层级的沟通机制。双方签订了校企合作战略框架协议，明确了数字化技术合作的意向；与中铁四局第四工程公司、企业大学、管理研究院等部门确定数字化技术合作方向与路径；与四局下属项目部开展数字化项目应用合作及技术交流。在学校内部治理上，健全职能部门、专业群、数字化产学研中心的协同机制，发挥数字化产学研中心在落实校企合作中的主体作用，引导数字化教学内容主动对接产业，突出重点、发展特色，形成纵向贯通的校企合作"产、学、研、训"长效运行机制，着力打造新时代"铁四军"（图6）。

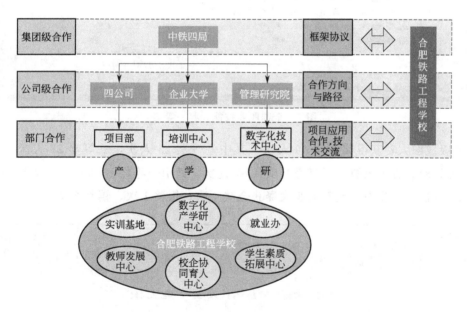

图6 "四局模式"校企合作机制

学校与中铁四局共同完善校企合作的管理办法和运行机制，为数字化技能人才培养提供了制度保障。校企双方在制订人才培养方案、建设双师队伍、实训实践教学、开发数字化教学资源库等多方面实现深度融合，提升了职业学校校企合作的层次，延伸了产教融合的内涵。培养的人才普遍工程实践能力强，人才试用期短缩，人才后续发展潜力十足，成为新时代"铁四军"，解决了数字化技能人才培养与企业需求脱节问题，实现教育链、产业链的有机衔接。

五、成效与反思

（一）人才培养质量稳步提升

2017年～2021年，教学改革实施以来毕业生就业率大幅增长。中职毕业生平均就业率大于95%，对口就业率达79%，升学率达71%，企业对学生满意度高达85%以上。高职毕业生平均就业率高于92%，2021届对口就业率达81%，企业对学生满意度高达83%以上。

学生参加全国职业技能大赛获一等奖1次（图7）、二等奖1次，省职业院校技能大赛获一等奖6次。

图7 全国职业技能大赛一等奖

国家级成图大赛获得奖项共69人次，其中一等奖23人次，二等奖28人次，三等奖18人次（图8）。省级成图大赛获得奖项共67人次，其中一等奖10人次，二等奖25人次，三等奖32人次。学生参加创新创业大赛获金奖1次、银奖1次、铜奖2次。

图8 龙图杯全国BIM大赛三等奖

学生的实践能力、专业技术能力和再学习能力突出，数字化技能人才质量和发展潜力得到了企业的认可和好评。

（二）创新型教学团队培养成效明显

5年多来，团队教师有3人荣获省级优秀模范教师，省中职学校"专业带头人"1人，省中职学校"教坛之星"1人，中国职业院校教学名师1人。参编出版规划教材3本，发表论文12篇。参加省教学"三优"评比获奖4次，教学能力大赛获奖3次。在省教科院课题研究项目中取得良好成绩，其他课题研究共5次。团队教师参与数字化行业科技创新比赛，获奖4次。

（三）反思与改进

铁路产业数字化技术技能人才培养模式，较好地解决了行业转型升级进程中的紧缺人才问题，为产业行业企业培养并输送了一批批适用人才，教师团队的信息化教学技术也得到了全面提升，能够利用数字化技能直接参与企业实践项目。但受制于中职学校的现有层次地位，社会化服务项目的范围及产值还很有限。

学校将深入学习贯彻新的《中华人民共和国职业教育法》，不断创新体制机制，建立并完善社会化服务项目管理办法和考核细则，以便激励更多的师生利用数字化技术参与更多的企业实践项目，及时将新技术转化好以服务行业企业、服务社会，创造更大的价值。同时加大宣传和推广力度，不仅培养在校生，更要利用好新技术手段，拓展更宽、更优的职业社会培训。

执笔人：张世军，周玉强，吴迪。

案例 24

聚力数据智能改革　赋能职校现代治理

重庆市万州职业教育中心

【摘要】 以数字化为抓手，增强职业教育适应性，是重构职业教育高质量发展的重要举措。重庆市万州职业教育中心探索新一代信息技术与学校治理的深度融合，在实践中夯实数智治理环境，提升学校现代治理效能，通过以大数据、区块链、物联网等信息技术为核心应用，严格按照《职业院校数字校园建设规范》，从"管理服务、人才培养、科教融合"三个方面，打造"基础数据、办公服务、科教一体"三个平台，研发推广"教育技术、智慧应用、学生档案"三套系统的智慧校园综合服务生态，实现了学校管理服务智能化、决策支持数据化、考核评价可视化的治理目标，推动了学校的高质量发展。

一、案例概要

为提升新时代职业学校的治理能力,以数智化为抓手,聚焦数据治理,探索信息技术与学校治理的深度融合,开展数字化网络的学校管理体系和模式创新,构建"2+7+N"智慧管理模式;开展区块链技术的"无边界"学习体系创新,构建智慧教学治理体系;开展教学和科研的无缝融合构架创新,推动科教融合发展。经过近10年的探索实践,形成了教、学、管、科"四线贯通"的学校现代治理改革新范式,打造了管理服务智能化、决策支持数据化、考核评价可视化的现代化中职学校治理新格局。

二、背景分析

2014年,《国务院关于加快发展现代职业教育的决定》(国发〔2014〕19号)文件明确要求,职业学校要"完善学校内部治理结构,提升学校治理能力";教育部《职业院校管理水平提升行动计划(2015-2018年)》(职成〔2015〕7号)文件中也对职业学校治理体系和能力建设提出了明确要求;2017年教育部印发了《教育部关于进一步推进职业教育信息化发展的指导意见》(教职成〔2017〕4号),对职业教育信息化工作作了顶层部署;2019年,《国务院关于印发国家职业教育改革实施方案的通知》(国发〔2019〕4号)文件也对新时代职业学校的治理能力建设提出了更高要求。

重庆市万州职业教育中心坚持以项目建设推动学校高质量发展,在落实职业教育提质培优行动计划中,充分认识到完善学校治理结构,提升治理能力,加快推进治理能力现代化,是学校改革发展的核心工作,也是加快推进职业教育现代化的必然要求。

三、建设思路

以大数据智能化为引领,运用云计算、大数据、物联网、人工智能等新一代信息技术,着力构建网络化、数字化、个性化、终身化的智能学习环境,提供高质量教育服务供给,推动实现"管理服务智能化、决策支持数据化、考核评价可视化",经过深度讨论、反复论证,确定了基于大数据、区块链、物联网等新兴技术建成"3+3+3"智慧治理模式的建设思路。

学校以新技术融合应用为先导,通过开发数字技术特有的计算属性和结果属性,将自然科学的"算力技术"和社会科学的"治理能力"有机结合,促进了治理过程中的决策能力提升,从而提升治理效能,带来更优质的治理效果。建设实施过程围绕管理、决策、评价三个环节的开展创新,从学校、专业、课程、教师、学生五个维度实现了全程、全量的数据无感采集,运用云计算、大数据等技术,为学校管理决策、考核评价提供了实时、全面、精准的数据支持,通过数据挖掘与可视化分析的高效敏捷动态反馈,提高学校的科学决策水平,实现资源的最优配置,达到新一代信息技术赋能学校治理能力提升的最终目的。

四、经验策略

(一)管理服务智能化:开展数字化网络的学校管理体系和模式创新,构建"2+7+N"服务平台

基于"互联网+",开展数字化网络的学校管理体系和模式的创新,旨在将大数据、云计算、物联网等新型数字化网络技术融合到中等职业教育学校的管理工作中,构建"2+7+N"的基础服务平台,实现管理工作的数字化和智能化。

优化建成了智能感知环境。学校网络环境基础完备,目前已实现数字化网络全覆盖,1000Mbps带宽接入校园、100Mbps到桌面,全校39间办公室、54间教室、47间实训室及512间学生宿舍实现了网络全覆盖;依托校园安防、智慧食堂、智慧教室等项目建设,通过高清视频监控、智能图像分析、人脸识别、车牌识别、NFC与报警管理等物联设备和物联感知技术的融合应用,夯实了校园智能感知环境的基础(图1)。

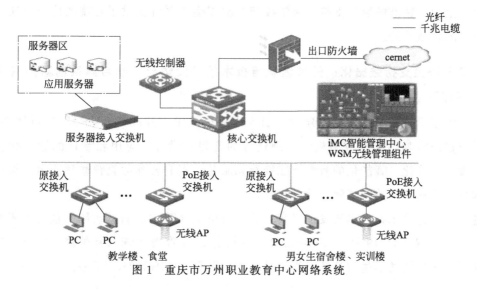

图1 重庆市万州职业教育中心网络系统

建成运行了智慧校园体系。学校坚持需求牵扯、应用为主,构建"2+7+N"基础服务平台,即:2——打造基础数据统一管理、数字办公一体服务平台基座;7——提供招生就业、教务管理、课程教学、学生管理、人事管理、财务管理、质量管理七大应用服务;N——根据学校实际需求,集成N个物联网应用。该平台以"数字孪生+人工智能"作为学校管理数字建模体系和数字分析框架,架构于重庆市万州职业教育中心数据分析决策核心大数据库上,内嵌大数据分析引擎、SQL查询接口、流数据处理、机器学习等工具,通过Hadoop技术和Hbase解析模型实现大规模分布式NoSQL数据库,可随机存取大量的非结构化和半结构化海量办公数据,为异构感知数据库、业务知识库等提供了结构化、半结构化、非结构化数据的处理功能(图2)。

该系统的推广与使用推动了科室(专业部)管理智慧化、党建工作教育培训信息化、教务工作服务精准化、三方评价评估决策智能化、师生交互协作扁平化,为管理决策提供

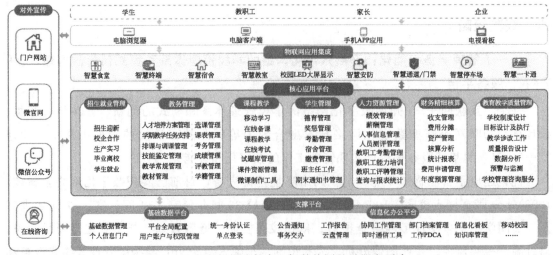

图 2 重庆市万州职教中心智慧校园基础服务平台

了及时、全面、精准的数据支持，为学校智慧治理生态系统提供了宏观的构建方法，达到较高程度的智慧管理。

（二）决策支持数据化：开展区块链技术的"无边界"学习体系创新，构建智慧教学治理体系

基于中职学校教学治理能力建设，引入区块链技术，开展"无边界"学习体系创新，完善教学资源框架，实现数字教学治理资源的开发、设计、应用和管理的标准化、规范化，实现了个性化、智能化的教学智能推荐和服务，提升教师的教育教学能力，加速职业教育信息化发展，构建智慧教学治理体系。

基于区块链技术，自主研发了三套中职学习系统（图3）：智慧校园管理技术服务平台（软著登2019SR0883319号）、基于区块链的智慧校园管理系统（软著登2019SR0883224号）和基于区块链的学生成长档案管理系统（软著登2019SR0883237号）。

图 3 基于区块链技术的三套中职学习系统

"智慧校园管理技术服务平台"对接重庆市终身学习学分银行,为每位学生开通"互联网"学分银行。学分银行设置个人学习账号,一人一账户,通过记录个人学分的认定登记、积累转换、存取使用情况,实现学习过程和结果的数字化、可视化记载,灵活化、可跟踪使用,线上线下的可追溯、可查询。"基于区块链的智慧校园管理系统"对接学生学习大数据库,通过挖掘认证记录和成果档案,多维度呈现学生学习绩效,记录了学生在学校的学习历程,包括兴趣、爱好、特长等成长信息。教师通过查询学习者的学习记录,持续跟踪学习者的学习轨迹,从而有效开展成果导向的个性化教学。"基于区块链的学生成长档案管理系统"对接学生成长大数据库,与学生实习、实训企业数据对接,构建起基于区块链的校企院(所)协同育人体系架构。该体系构架借助区块链的诸多有益特性,设计协同育人体系的运作机制,以促进各参与主体之间互动协调,形成开放、共享、互信、自组织的校企院(所)协同育人新模式(图4)。

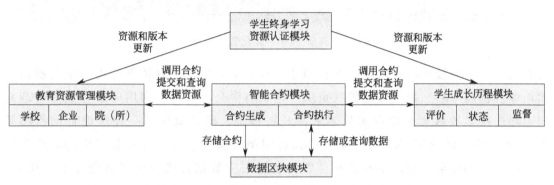

图4 基于区块链的校企院(所)协同育人体系架构

(三)考核评价可视化:探索教学和科研的无缝融合构架创新,建成科研-教学一体化管理平台

以科技创新为驱动,构建"432"多元创新平台,基于信息技术开展教学和科研无缝融合构架创新,建成学校科研-教学一体化管理平台,助推智慧科研,促进科教融合。

构建"432"多元创新平台。即:4——重庆英才·创新创业示范团队、重庆市课程思政示范教学团队、万州区创新创业示范团队和重点创新团队,3——绿色制造人才培养和创新中心、智能制造应用技术研发中心、三峡旅游实训中心,2——万州区名师工作室和技能大师工作室。"432"多元创新平台集教学、科研、成果转化和应用于一体。

建设科研-教学一体化管理平台(图5)。学校依托"432"多元创新平台,坚持"教学与科研相互促进"的强校战略,不断完善人才培养和科技创新,对学校师生的科研创新、实习实训及社会实践等活动进行可视化管理,注重教师专业化发展,促进学生的可持续发展。

开展科技创新活动。学校与德国马格德堡应用科技大学、泰国拉空沙汪皇家大学等国外大学和重庆三峡学院等国内高校开展联合科技攻关,开展"可编程控制关键技术在智能制造中的研究及应用"等系列科研项目和成果转化。学校与世界500强企业——施耐德电

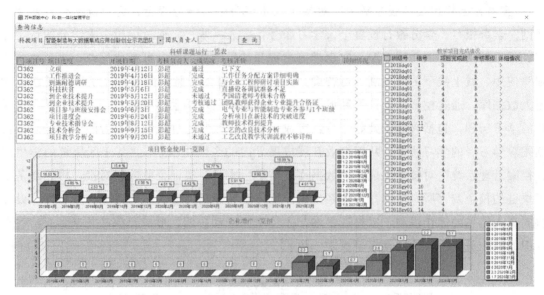

图 5 科研-教学一体化管理平台

气有限公司开展校企科研合作，共同投资 1600 万元将学校的科研机构"绿色制造人才培养及创新中心"建在施耐德（重庆）电工有限公司厂内，利用施耐德能效管理系统远程连接学校教师和企业实际需求，开展科研，研发成功"一种影像自动检测装置"（ZL20192109467.X）等成果，并在施耐德（重庆）电工有限公司应用，产生了巨大的经济和社会效益。学校依托"智能制造与大数据集成应用创新创业示范团队"科研成果，将校内智能化实验系统为学生实习实训、教师科学研究、服务地方经济发展的桥梁，建成集教学、科研和实用为一体的校内光伏发电站。该光伏发电站占地200 多亩，安装容量 10.6MW，是全国中职院校校内建设的"第一个开工、第一个投运"的清洁电力项目。该电站于 2021 年并网发电、售电给三峡水利股份有限公司，有力助推了国家和地方的"双碳"目标达成，实现了经济效益和生态效益的双赢（图6、图 7）。

图 6 绿色制造人才培养及创新中心

图 7 校内智能光伏发电中心

五、成效与反思

（一）成效

学校通过新一代信息技术的融合应用，助推学校实现智慧治理，取得三大成效：（1）学校治理能力提升，学校荣获"全国教育先进集体"，以校长为领头人的管理团队入选为"重庆英才·创新创业示范团队"；（2）人才培养质量突出，近三年学生获国家级技能大赛奖 8 项，重庆市各类技能大赛奖 75 项，高考上线突破 2600 人，参加跟岗、顶岗实习 6000 人，2021 年学校育人成果获得重庆市优秀教学成果奖二等奖 1 项；（3）科教融合成果显著，发表学术论文 14 篇，出版专著 2 部，授权专利 4 项，软件著作权 8 项，科研成果全部转化，产生经济效益 1.2 亿元。

目前，重庆市万州职业教育中心已经初步建成"发展质量重庆一流、创新育人国内领先、国际合作融入世界"的高水平中等职业学校。

（二）反思

当前，学校在智慧治理能力上有较大成效。在下一阶段，学校将持续从管理服务、决策支持、考核评价三个方面进一步挖掘数据治理的服务能效，提升数智治理能力，主要路径为：（1）优化数智化管理制度，提升管理服务质量；（2）完善数据化决策机制，提升数据支撑决策的能力；（3）打造数字化评价模式，强化基于数据的常态化考核评价。

执笔人：秦小滨，彭超，李贤强，张京花。

案例 25

校企深度融合　助力地方经济腾飞

弋阳中等专业学校

【摘要】 随着区域经济的快速发展和产业升级的进一步加速，作为与经济关系最为直接、最为密切的职业教育也必然要与社会经济的发展相适应。职业教育肩负着培养技能人才的重大责任，而服务地方经济社会发展是职业教育生存与发展的根本。本文主要分析、探讨弋阳中等专业学校是如何为地方经济社会发展服务的。

一、案例概要

地方产业发展的需要，无论是地方传统产业，还是蓬勃兴起的高新产业，都急需大量人才。人才培养综合成本最优的是本土人才，不但熟悉本地情况，而且培养成本低、进入角色快，可以避免引进人才存在的周期长、不稳定等弊端。因此，本土不但是职业院校的生源地，也应当成为职业院校人才培养的"服务地"和"就业地"。加快发展面向地方经济服务的职业教育，有助于培养能够留得住、用得上的"永久牌"本土人才，形成本土就业人才培养和使用的长效机制。

二、背景分析

以习近平新时代中国特色社会主义思想为指导，深入贯彻落实省委、省政府决策部署，2019年，江西全面启动"2+6+N"计划，推动产业高质量跨越式发展，要打造2个万亿级、6个五千亿级、N个千亿级产业。其中，有色金属、电子信息2个产业主营业务收入迈上万亿级，力争在铜、钨、稀土、光伏等领域培育1～2个世界级产业集群。

江西鸥迪铜业有限公司（下称江西鸥迪）是2012年由浙江艾迪西和广州海鸥卫浴两家上市公司共同投资兴建的综合性铜材加工企业。公司被认定为国家高新科技企业，主要产品也从铜材原材料生产升级到对铜产品的深加工。空调行业是用铜深加工产品大户，江西鸥迪和美的、格力、TCL、奥克斯等空调企业深度合作，了解终端用户的真正需求。随着社会分工越来越细，新产业、新业态不断涌现，以及市场经济各要素流动配置，各地凸显一个问题，就是地方企业招员工难、地方职业院校就业难。为解决这个问题，必须把准职业教育发展方向和目标，即要为地方经济发展服务。于是，2018年4月弋阳中专与江西鸥迪踏上了校企合作之路。

三、建设思路

1. 加强对中职生的就业思想教育，特别是"为地方经济服务"的教育

我校时常会邀请为本地经济作出杰出贡献的企业劳模来校作创业成就或服务地方经济的讲座，也会请在本地工作的优秀毕业生回校做工作感受的报告。学校平常在抓好职业技能教育的同时，也非常注重就业思想教育，利用班会课、黑板报、校园广播等围绕"为地方经济服务"的主题进行宣传。通过这些活动，使中职生树立为本地经济发展作贡献的思想，增强学生为家乡服务的意识。

2. 全面开展校企合作，让职业教育与地方经济实现无缝对接

作为承担职业教育的学校可以说是企业的大后方，我校与江西鸥迪全面开展校企合作，充分利用鸥迪公司的人力资源、设备资源、客户资源。江西鸥迪安排了数十名有实践经验的人员来我校任专职教师，为学校解决了专业教师不足的难题。江西鸥迪成为我校的校外实习基地，并将学生安排到江西鸥迪的关联企业（海鸥、艾迪西等）、客户（美的、格力、志高等）等名企实习，开拓学生的视野。同时，江西鸥迪还解决了学校的部分经费，改善了学校的软、硬件条件。通过合作办学创新了办学机制，拓宽了办学渠道，彻底转变往年我校毕业生不能很好地适应当今社会需要的状况，探索出了一条充满活力的办学模式。学校每年进入江西鸥迪工作的毕业生，也因优异的工作表现深受公司上下一致的好评，可以说真正实现了校企双赢，也让职业教育与地方经济实现无缝对接，实现"办好职业教育，服务地方经济"的目标。

3. 利用各种形式让学生了解本地企业，增强中职生到本地企业发展的信心

我校经常组织师生到本地知名的企业去参观或见习，了解公司的企业文化、企业规模、发展前景、人才需求等，让学生进一步了解本地企业。比如每个学期，我校都会安排机械加工专业学生轮流去江西鸥迪进行为期两周的实习；定期安排学生去本地的上饶宇瞳光学科技有限公司实习；安排学前教育的学生去本县及周边区域的幼儿园进行实习等等。通过在本地企业的实习，让学生现场感受企业的气氛，更好地了解企业，增强学生到本地企业发展的信心。

4. 探索订单办学的新路子，为企业输送"适销对路"的毕业生

社会需要什么人才，学校就培养什么人才。"订单办学"这种新模式，为职校的教育教学工作明确了培养目标，为学生的就业铺平道路，也为企业量身订造需要的人才；同样"订单办学"也是职业学校为本地经济服务的一条直接途径。

我校与江西鸥迪签订订单式人才培养班，江西鸥迪提供专业课程软件，按时派人来校培训或者通过网上技术培训等形式指导学生专业课的学习。学生定期去企业实习，学校成立实习指导小组，安排专门实习指导人员，对学生实习情况进行指导、监督和管理。学生毕业后全部安排就业。通过实行订单式专业培训和对口就业，实现学生就业满意、企业用工满意的双赢局面。

5. 联合开展现代学徒制，服务区域经济发展

学校与企业共同研究制订人才培养方案，确定相应的教学内容和合作形式，改革教学质

量评价标准和学生考核办法，将学生工作业绩和师傅评价纳入学生学业评价标准。学徒的学习是将在企业的实训和课堂上的学习有机结合，一半以上的时间在企业接受培训。企业全程参与学徒班级的教学，委派技术人员担任兼职教师，指派能工巧匠担任学生的师傅。教师经常性与企业进行研讨，开设符合学生学习理念及企业实践特点的校本课程，学生在校学习期间要接受学校和企业的双重管理。2019年，我校与江西鸥迪联合申请了现代学徒制试点，其中机械加工技术专业招生了350人。学生在企业接受培训期间无需交纳学费，还享受学徒工资，大大提高了学生的学习积极性。所以在我校实行现代学徒制试点工作，对学校、企业、学生及家长都是很有必要的。目前我国企业用工难、招工难，而现代学徒制"招生即招工"，解决了毕业生就业难问题，也是一条很好的职业教育为当地经济发展服务的途径。

6. 打造特色专业，助力地方经济发展

我校成立专业建设指导工作委员会，由校长牵头，为学校提供专业发展建设和专业人才培养的研究、咨询、指导、服务等工作；指导和促进学校专业的教育教学改革、建设和发展；对学校新设置专业进行专业论证，对市场进行调研，为学校决策提供依据，使专业设置适应地方经济社会发展需求。如我校通过与江西鸥迪的校企合作，结合江西鸥迪公司产品特点，先后开设了机械加工技术（为生产、研发、品质等部门服务）、会计（为财务部门服务）、软件（为信息部门服务）、电子商务（为销售部门服务）等专业。学校目前总共开设五个专业，其中四个专业是为铜产业服务。我校把专业设置与地方经济发展紧密联系起来，充分发挥职业教育服务地方经济的作用。

7. 建高水平中职学校，服务地方经济发展

我校全面引进国内高端人才，充实我校师资队伍。聘请中国科学院院士陶文铨教授和中国科学院院士何雅玲教授担任我校名誉校长；聘请省内高校教授、国内知名企业家担任导师，为我校学生授课、辅导。近几年，我校学生在各级各类技能大赛上都取得了出色的成绩。以最权威的职业院校技能大赛为例：在国赛上，即使受疫情影响，比赛规模缩小，每个省仅有一支队伍参加国赛名额的情况下，近三年我校依然获得全国一等奖一个、二等奖两个；在省赛上，近三年我校取得了16项省一等奖、12项省二等奖、4项省三等奖的优异成绩。2020～2021学年我校在校生，有9名学生表现出色，获得国家奖学金。在实习期间，多名学生因工作表现优秀获得表彰，其中先后有5名学生在实习期间，就被美的厨卫提拔为班组长等等。学校培养出的一批批高素质、高水平毕业生，能更好地为当地企业服务。经调查，各用人单位对我校的毕业生满意度达到98%以上。

8. 加强实训公共基地建设，为地方经济的发展培养更多更实用的人才

为了打造符合地方经济社会需要的、具有一定特色的职业教育品牌，中职学校应切实抓好实训基地的建设，加大对校实训基地建设的投入。有较好的实训场所和优良的师资队伍，中职生才能真正学到职业技能，学校才能为地方企业培养出合格的人才。我校2020年申请了江西省区域性职业教育产教融合公共实训基地，2021年5月完成项目的建设，并投入使用。实训基地自建立以来，我校成功地组织了多次电工、钳工、数控、模具制造和工业机器人等多项专业技术培训工作。参加培训的人员除了我校师生之外，其他主要都是

来自于本地各行各业的社会人员。

四、成效与反思

1. 服务地方经济社会发展成效显著

近几年,我校多次成功地组织了创业人员培训、残联残疾人的培训、预备役军人培训、家政服务人员培训、红十字会救护等社会培训,也多次成功组织了电工、钳工、数控、模具制造和工业机器人等专业技术培训。参加培训的人员除了我校师生之外,另有来自于各行各业的社会人员。截至目前,学校开展的社会培训达已达3000余人次。上饶市委市政府将上饶市公共实训基地建在我校,该项目具备公共性、公益性、开放性、综合性等属性。项目建成后,项目开设实训工种18种,建设面积31770平方米,总投资10000万元,其中中央预算投资6000万元,地方配套4000万元。预计该项目,每年将为社会、企业培训超过30000人次。

2. 旧的传统职业教育观念与新的就业形势难以调和

近年来,党和政府出台了一系列关于大力发展职业教育的政策法规,很多人认为职教的春天已经来临,但一些职业学校招生、管理、就业并没有达到预期的效果。社会上还是普遍存在对中职学校的偏见,认为在中职学校学不到什么知识,只是混日子,即使上了中职学校,也是被迫无奈的选择。这些想法导致中职学校招生难,即使招来了学生,也通常是文化基础差、品行不规范的,教育管理的压力大。而且人们传统就业观念也根深蒂固,认为本地企业少,就业机会小,工资低,与经济发达地区差距大,用工不规范,社会保障不健全等。这些都严重制约了职业教育的发展,也制约了职业教育为当地经济发展作出贡献。

执笔人:万志维。

案例 26

岗课赛证专创融通 校企双主体精准育人
——广东省佛山市三水区理工学校双精准示范专业建设案例

广东省佛山市三水区理工学校

【摘要】 广东省佛山市作为全国唯一的制造业转型升级综合改革试点城市,大力推动制造业数字化、智能化转型发展。佛山市三水区理工学校坚持"走进园区办职校、对接产业开专业、学做合一强素质、紧密合作育人才"的办学理念,依托广东省中等职业教育"双精准"示范专业建设项目，主动适应佛山装备制造产业转型升级需要，着力打造机电技术应用品牌专业，以产业需求为导向强化专业内涵建设，以技能竞赛为平台推进产教深度融合，形成了"岗课赛证融通，产教专创融合"的专业特色，增强了服务产业发展的主动性，提高了职业教育办学的适应性。

一、案例概要

装备制造业数字化、智能化的转型升级，需要大批掌握智能制造技术、具有创新意识的复合型技术技能人才，这对职业教育人才培养提出新挑战、新要求，传统专业教学内容和教学方法难以适应企业岗位需求。学校依托广东省中等职业教育"双精准"示范专业建设项目，主动对接海尔、北汽福田等龙头企业，开展校企精准合作，精准育人专业建设改革实践。探索实践"岗课赛证专创融通，校企双主体精准育人模式"，构建四维评价体系，做到"课岗融通，以岗定课；课赛融通，以赛促教；课证融通，以证促学；专创融合，以专促创"。经过四年多的实践，使机电技术应用专业人才培养与佛山装备制造业全方位融合，构建了适应佛山装备制造业发展需求的高质量人才培养体系。

二、背景分析

作为全国先进制造业基地、广东重要的制造业中心，佛山全力推动先进装备制造业的发展，加快制造业数字化、智能化转型，促进制造业高质量发展。佛山装备制造业高质量发展、制造业转型升级，需要大批掌握智能制造技术、具有创新意识的高素质技术技能人才，目前人才供给存在两大问题：一是职业学校人才培养与企业岗位需求不匹配，技能水平不高，难以满足企业制造业转型升级的需求；二是专业教师教学能力与实践能力不足，难以满足培养高素质技术技能人才的需求。

作为一所理工类职业学校，必须迎接装备制造转型升级对技能人才培养提出的新挑战，推动人才资源供给侧结构性改革，加强专业内涵建设，精准定位人才培养目标，动态调整专业方向，优化人才培养方案，重构课程体系，提升教师教学能力与实践水平，构建以产业需求为导向的多元多维评价体系，充分挖掘学生潜能，培养学生实践能力、信息技术应用能力、创新创业能力等职业适应能力和可持续发展能力。

三、建设思路

聚焦佛山高新区已形成的高端装备制造千亿产业集群人才需求，遵循"服务产业转型升级需求为导向，以优化专业结构为前提，以创新人才培养为根本，以课程体系建设为支撑"的专业建设思路，依托广东省中等职业教育"双精准"示范专业建设项目，探索实践"岗课赛证融通"育人模式改革，精准定位专业人才培养目标，以岗定课，构建课程体系，实现课岗精准对接；以赛促教，转化竞赛成果，全面提升师生技能水平；以证促学，融通职业证书，提升学生职业技能水平和就业竞争力；以专促创，创业教育融入专业教育，拓展学生创业本领；构建四维评价体系，挖掘学生潜能，培养适应产业发展需求的高素质技术技能人才。

四、经验策略

（一）课岗融通，实现人才培养与区域产业人才需求精准对接

针对学校机电专业人才培养与佛山装备制造业企业岗位需求不匹配的问题，学校从两方面着手解决。

1. 依据产业需求，校企共同修订人才培养方案

学校建立健全了由行业专家、高校教师、企业技术人员、学校骨干教师组成的专业建设指导委员会，制订了"佛山市三水区理工学校专业建设和专业方向动态调整管理办法""佛山市三水区理工学校专业人才培养方案制订管理办法"等系列文件，规范专业建设及管理工作。学校定期深入企业调研、开展专业研讨，精准定位佛山装备制造业人才需求，明确专业发展规划和人才培养目标，修订人才培养方案，专业高度契合产业需求，实现专业人才供给侧和区域产业需求侧的全面对接。

2. 依据岗位需求，校企共同构建模块化课程体系

围绕佛山装备制造业设计制造、焊接装配、安装调试与维护保养四大核心岗位群，明确企业岗位典型工作任务，梳理企业工作岗位的上岗条件、职责要求、规范要求，学校教师与企业技术人员共同分析归纳总结企业典型工作任务所需的专业知识、职业技能、职业素养、文化素养，整合重组岗位典型工作任务，以岗定课，设计开发课程。

借鉴全国职业院校技能大赛中职组"电气安装与维修、机电一体化、工业机器人应用与维护"三大赛项的技术方案，将竞赛内容融入课程教学内容，将职业技能等级证书"电工中级"、1+X证书"工业机器人操作与运维"等证书考试内容纳入课程教学内容，校企共同构建"岗课赛证融通"的模块化课程体系。专业核心模块课程定位岗位通用能力课程与考证技能实训课程，拓展模块课程以创新创业能力培养为特色，对接企业岗位标准与行业职业标准，开发企业岗位能力嵌入课程，实现课程与岗位、课程标准与岗位标准的有效对接（图1、图2）。

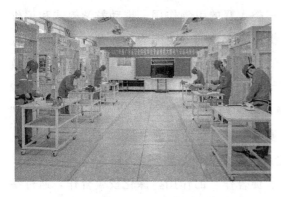 

图1 机电专业学生安全规范地开展电气安装实训　图2 机电专业学生安全规范地开展机器人焊接实训

（二）课赛融通，引领专业建设与教学改革，提升教育教学质量

针对机电专业教学与技能竞赛体系不衔接、学生专业技能水平不高、难以满足企业用人需求的问题，学校将技能大赛作为人才培养质量提升与改革创新的着力点，引领专业建设与教学改革，引领青年教师专业化成长。

1. 以赛促学，全面提升学生职业技能与职业素养

学校通过承办全国职业院校技能大赛"电气安装与维修"赛项，积累了丰富的竞赛资源，转化竞赛成果为教学资源，将竞赛内容融入教学内容，将竞赛训练融入实训教学，将竞赛评价标准融入教学评价体系，构建"国家-省-市-校"四级竞赛体系，面向全体师生实现竞赛训练常态化，育训并举，校企联合举办比赛，引入企业真实项目，师生同台竞技，培养学生精湛技能与优良品德（图3、图4）。

图3 学校承办2021年全国技能大赛电气安装赛项　　图4 全国职业院校技能大赛电气安装赛项比赛现场

2. 以赛促教，打造高水平"双师型"教师队伍

提高职业教育人才培养质量的关键是提升教师教学与实践能力，学校出台修订"佛山市三水区理工学校青蓝工程实施方案""佛山市三水区理工学校教师综合评价与考核聘用办法"等文件，强化制度育人导向，引领青年教师专业化成长；创新青年教师"3+1"专业成长模式，以党建为引领，创新师德师风建设，提升青年教师思想品德修养；充分发挥技能大赛、教学能力大赛、班主任能力大赛等三类大赛的引领作用，推动教学模式和评价模式改革，提升教师的技能水平、教研能力，提高班主任的专业能力和教育智慧；以产教融合为主线，采取"请进来教""送出去学"和"项目共育"相结合的方式，提升青年教师实践能力与创新能力；聘请企业工匠、技能大师到校兼职授课，成立技能大师工作室2个，指导教师专业化成长，打造一支师德高尚、技艺精湛、专兼结合的高水平"双师型"教师队伍，促进教师队伍结构优化，保证教学质量和人才培养质量（图5、图6）。

3. 以赛促建，学校、行业、企业三方共建产教融合实训基地

学校充分发挥技能大赛"搭平台、聚资源、促合作"的作用，深化校企合作，通过举办比赛"招商引资"，引入企业资金，引入企业管理制度和企业文化，学校、行业、企业

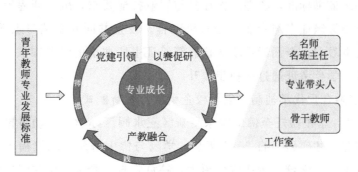

图 5 青年教师"3+1"专业成长模式

三方共建实训基地，打造集"技能实训、技能竞赛、技能鉴定、技术服务"四位一体的产教融合实训基地。2019年，学校、海尔集团、科技协会三方共建海尔在华南地区的首个产教融合双创基地，为师生创新创业搭建平台。2021年，学校联合中国焊接协会、广州逆变新纪元科技有限公司三方共同投资500余万元建设的机器人焊接（佛山）培训基地，是广东省中职学校内设置的首家培训基地。基地获得"焊接机器人应用人才培训和考试"授权，引

图 6 第44届世界技能大赛焊接冠军宁显海分享会

入和应用行业权威、国家认可、互通的职业技能证书"焊工特种作业操作证""焊接技术中高级技能等级证"，为学生、企业员工技能提升、岗前培训等创造条件（图7、图8）。

图 7 学校机器人焊接（佛山）培训基地签约仪式　　图 8 学校"海尔佛山产教融合双创基地"签约仪式

（三）课证融通，育训并举，校企多模式精准育人

依据佛山装备制造业设计制造、焊接装配、安装调试与维护保养四大核心岗位群，选取职业技能等级证书"电工（中级）"、1+X证书"工业机器人操作与运维（中级）"作为机电专业人才培养的方向，组建由企业专家、校内专业骨干教师构成的创新团队，研究

分析职业技能等级证书标准，梳理工作任务与职业技能要求，融入课程教学内容与教学过程，实现职业技能等级证书与专业课程有机融合。校企共同开发编写工学结合的活页式、工作手册式的校本教材，全面涵盖职业技能等级证书所要求的专业知识、职业技能、职业素养、文化素养，学生考证通过率稳步提升。

1. 1＋X证书融合现代学徒制，创新校企精准育人新模式

2011年10月，学校搬迁至佛山国家高新区三水园区办学，主动对接海尔等龙头企业开展校企订单培养人才实践。自2018年起，学校与佛山海尔、北汽福田等企业开展现代学徒制人才培养工作，学校与企业联合招生，签订学校、企业、学生三方培养协议，明确培养对象"学校学生"和"企业学徒"双重身份。依托海尔佛山产教融合双创基地，学校骨干教师与企业技术人员共同组成教学团队，校企共同制订人才培养方案，将1＋X证书的职业技能等级标准融入课程教学内容与教学过程，修订课程标准，重构课程体系，校企"双导师"共同开展教学，校企共同管理与考核评价学生，实现1＋X证书与现代学徒制有机融合，校企精准育人。

2. 技能培训与技术服务并举，创新专业服务产业新模式

依托机电专业佛山产教融合双创基地与机器人焊接培训基地，开展多层次、多渠道的技能培训与技能鉴定服务。通过"送教入企，联合培训"等方式，为海尔、中建钢构广东有限公司等企业培养紧缺高技能人才，开展电工、焊工技能鉴定服务；依托校企合作项目和技能大师工作室，发挥校内骨干教师在设备维护、工艺改进等方面的技术优势，与企业骨干技术人员共同实施技术改造；支持教师主动参与企业的产品研发，校企联合申请"一种基于物联网数据管理安全的智能网关装置"等多项发明专利，为企业提供技术支持，解决企业难题，助推企业高质量发展，增强了机电专业服务产业发展的能力（图9、图10）。

图9 学校与海尔开展紧缺技能人才培训　　图10 学校承接央企中建钢构广东有限公司员工培训

（四）专创融合，构建"三联动三融合三平台"创新创业教育体系

针对创新创业教育与专业课程教学分离、学生创新意识与创新能力不强的问题，学校增设由校企合作委员会、专业建设指导委员会、双创工作委员会组成的中职学校创新创业

人才培养"三级联动"管理机构，创新创业教育融合专业教育、创新创业比赛融合技能竞赛，组建"专业教师＋企业导师＋创业导师"组成的教学团队开发新创业教育课程，开展创新创业培训。学校依托三水区创客实践基地、海尔佛山产教融合双创基地、合肥工业大学广东研究院国家级创新创业孵化基地等平台孵化学生创新创业成果（图11）。

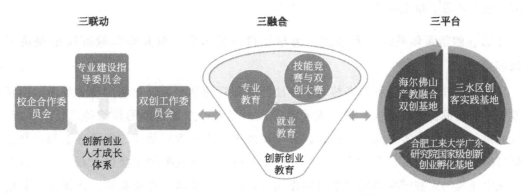

图11 "三联动三融合三平台"创新创业教育体系

（五）构建"岗-课-赛-证"相结合的四维人才质量评价体系

制造业转型升级对劳动者的综合素质提出了新要求，需要改变以往单一的评价机制，构建以产业需求为导向的多元、多维评价体系。搭建与"岗-课-赛-证"所对应的行业企业、学校教师、学生、职业证书培训评价组织四个评价主体构成的多元评价共同体，设计以企业岗位所要求具备的专业知识、职业技能、职业素养、文化素养为核心的四维评价指标，注重过程和结果评价。行业企业评价，是对学校教师教学质量和学生综合职业能力的监测，根据评测结果调整优化课程体系，调整教学方法和手段；学校教师评价是对学生学习过程、学习能力和学习结果的评价；学生自我评价和同学互评，是通过学生自主评价激发学生自主学习的内在动力，增加学生学习成就体验感，引导学生树立自我监控、自我认识、自我改进、自我提升的正确评价观念；职业证书培训评价组织，是通过建立健全规范的专业能力考核及专业技能考核标准，科学评价学生的学习行为和成果，有针对性地提高学生职业技能水平和职业素养。

五、成效与反思

（一）实施"岗课赛证融通"育人模式，为实现人才培养与区域产业人才需求精准对接提供了新路径

一是建立校企合作长效机制。学校制订完善了专业建设管理办法、校企合作管理办法等系列文件，规范专业建设与校企合作管理工作，强化专业内涵建设；引导企业深度参与机电专业建设与人才培养全过程，实施"校企六共同"，共同组建教师团队、共同制订人才培养方案、共同开发课程、共同建设实训基地、共同管理实习学生、共同开展人才培养质量评价，构建了"共建共享、共育共赢"校企精准育人机制。

二是实施"岗课赛证融通"育人模式。深入企业调研，精准了解掌握企业用人需求，精准定位专业人才培养目标，以企业岗位需求为导向开展专业建设，以岗定课，修订人才培养方案，重构课程体系，实现课岗精准对接；以赛促教，转化竞赛成果，全面提升师生技能水平；以证促学，育训并举，提升学生职业技能水平和就业竞争力，实现人才培养与区域产业人才需求精准对接。

（二）创新青年教师培养模式，为学校打造高水平"双师型"教师队伍提供了新思路和新方法

学校修订教师综合评价与考核聘用办法等教师管理制度，强化制度育人导向，引领青年教师专业化成长，建立校本青年教师专业发展标准，立足教师的师德师风、教学能力、实践能力、创新能力等方面，多路径、分阶段地进行青年教师培养。以党建引领，严把师德师风标准，强化全员、全方位、全过程师德养成。充分发挥师生技能大赛、教学能力大赛、班主任能力大赛等大赛的高端引领作用，通过项目组队、专家指导、成果互享等措施推动教学模式和评价模式改革，以提升教师教研能力和专业能力。通过技能大师工作室、名师工作室培养更多的骨干教师、专业带头人、名师，为职业教育高质量发展提供师资保障。

机电专业建设卓有成效，办学实力获得广泛认可。机电专业学生参加省级以上技能比赛获奖52项，其中国赛一等奖4项、二等奖12项，省赛一等奖14项。学生创新创业项目共获5项省级奖项，2020年学校获第六届中国国际"互联网＋"大学生创新创业大赛广东省分赛优秀组织奖。2018年、2021年学生参加全国职业院校技能大赛荣获机电一体化与电气安装赛项第一名。2021年7月承办了全国职业院校技能大赛中职组"电气安装与维修"赛项，吸引了省内外兄弟学校前来交流学习，扩大了佛山职教的社会影响力，机电专业建设成果推广到省内外中职学校，受益学生达3000多人（图12、图13）。

图12　电气安装赛项荣获2021年国赛一等奖第一名　　图13　学校荣获大学生创新创业大赛优秀组织奖

根据第三方调查数据，用人单位对学校毕业生满意度超过98%，毕业生就业率达100%。大批毕业生成为海尔等知名企业技术骨干，涌现出钟有健、卢蔡东等一批优秀毕业生，2018 届毕业生钟有健荣获佛山技术能手称号，成为上市企业佛山恒力泰机械有限公司加工中心技术主管。

执笔人：徐胜，麦建华。

案例 27

对接岗位需求　服务学生发展　构建职业秘书培养体系

上海市行政管理学校

【摘要】 现代服务业持续融合发展，随着社会分工细化和办公手段更新，对文秘人员的需求和培养也提出了更高的要求。本文从上海市行政管理学校文秘品牌专业建设经验出发，提出了构建职业秘书培养体系的策略、成效及反思。

一、案例概要

随着现代服务业不断细分融合发展，职业秘书正从基础性文秘向综合性行业性文秘发展，新的岗位需求对人才培养提出了更高要求。本文从品牌专业建设实际出发，基于校企合作，积极推进产教融合，创设"231"文秘人才培养模式，打造专业结构动态调整机制，构建持续发展的职业秘书人才培养体系。

二、背景分析

（一）职业教育和现代服务业的发展机遇

《国务院关于加快发展服务业的若干意见》《上海现代职业教育体系建设规划（2015—2030年）》等文件相继出台，为职业教育的改革和发展提供了前所未有的重大机遇，做强做精现代文秘是加快现代服务业发展的必然要求。

（二）学生生源数量和质量的下降

上海市初中毕业生数量和质量仍在下降，且社会对职业教育认可度不高，影响了文秘专业学生的整体素质。文秘专业如何提质培优，如何提升学生职业综合能力成为亟待解决的重要问题。

（三）行业改革和市场人才需求的转变

随着上海"五个中心""四大品牌"建设及现代服务业内部融合发展，不仅对秘书人才提出了新需求，也对职业秘书提出了新要求。现代人才市场愈发看重"出思路、定方针、打市场、搞开拓"的"综合型"秘书人才，文秘从业者正朝着行业背景的职业细分方向发展。如何围绕主动适应上海地区企事业单位文秘专业人才需求，成为专业建设的重中之重。

三、实施过程与举措

（一）分层精准专业调研，为职业秘书培养模式修订提供依据

文秘专业人才市场需求调研。"上海人才招聘网"最新统计数据显示：文秘岗位总需求为1.38万人，占全市专技人才需求第三位。而走访的单位均表示目前合格的文秘人才缺口确实较大。

职业秘书能力需求调研。学校自2016年起就对上海市人才交流中心、上海市档案局、嘉教集团下属多家企业进行了文秘职业能力需求跟踪调研。结果显示，用人单位对文秘人员综合能力要求不断提高，对良好写作功底、熟练运用办公软件设备、新媒体等能力尤为重视。

满意度多维调查。学校坚持采用用人单位、毕业生、学生及家长等多元评价。近五年对文秘专业毕业生所在的近200多家单位进行了毕业生跟踪调查，回收有效问卷共计189份。综合调查结果显示，文秘专业学生职业道德、合作沟通能力得分较高，但在外语听说水平、新媒体应用能力、财务基础等方面相对不足。

（二）对接市场岗位和学生发展需求，优化文秘专业课程体系

文秘专业及时融入"四新"经济发展需求，增加行业产业发展形成的新知识、新成果、新标准，构建以职业能力为核心的课程群，优化课程结构内容和体系，形成以开放实训中心为依托的"教学做"一体化专业课程体系课程标准。

学校建有上海市现代办公实务开放实训中心，通过校企合作开展项目建设，与嘉教集团合作开发和完善文秘专业课程标准，与上海市档案局开展"双证融通"试点工作。在专业指导委员会指导下，根据专业调研情况，"增、减、合、改"重构课程结构和课程内容，完善11门核心课、技能课标准，开发"办公室实务""会议实务"等2门市级在线开放课程。《办公室实务》新增以"件"归档，淘汰"飞耀速录"，在"中英文录入"中新增语音录入整理技巧，任意选修课增加了"茶艺实训"等专业素养类课程，同时适当加入创新创业课程。

（三）以学生综合素质为引领，产教融合，创新人才培养模式

学校积极应对文秘人才市场结构性矛盾，以创新模式为引领，拓展学生综合素质发

展，形成了"231"人才培养模式（图1）。

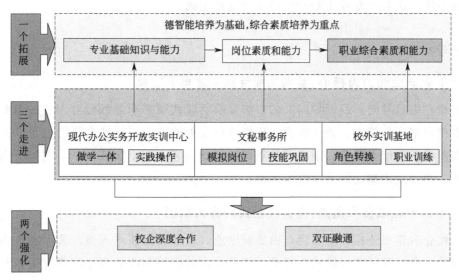

图1 文秘专业"231"人才培养模式图

1. 两个强化

（1）强化校企深度合作。积极融入嘉教集团，开发适合职业教育的教材与实训大纲，完成了2个集团重点项目"校企合作培训企业办公人员的实践""基于开放实训中心的校企合作开发文秘专业课程的实践"。学校与"兰台科技""易贸""康德莱"等知名企业都有良好互动和合作，牵手企业共同培育职业秘书。

（2）强化"双证融通"。与上海市档案局开展"双证融通"试点工作，在与企业密切合作下，将教学体系与"档案员上岗证"有机结合，把"档案管理""文件管理""档案保护技术""电子文件与档案管理"作为4门核心融通课程，助力学生获取职业证书。

2. 三个走进

文秘教学必须走进现代办公实务实训中心、文秘事务所、校外实训基地。实训中心让学生更快对接岗位，夯实实践操作能力。文秘事务所可巩固学生职业技能，提升社会服务能力和意识。校外实习基地可促进角色转换，培育秘书职业素养及创新精神。

3. 一个拓展

文秘专业教育始终以德智体美劳全面发展为基础，以培养综合素质为重点，拓展学生终身发展能力，为未来职业发展筑基。开设"插花与茶艺""形体训练""影音制作""会计基础"等专业技能类、能力拓展类课程，不断拓展职业发展潜质。

（四）丰富秘书人才培养内涵，服务学生职业发展

面对新时代，文秘专业迫切需要拓展新方向，继承创新，转型发展。2013年学校与上海工商职业技术学院合作试点中高职贯通文秘专业，构建以职业能力为核心的"深层次、全进阶、贯通式"人才培养模式，目前四届毕业生受到用人单位一致好评。同时紧抓上海建设"全球电竞之都"的巨大机遇，2019年开设了文秘（电竞秘书）专业方向，专业课程

设置与"电子竞技运营师"（职业编码：4-13-05-03）基本一致，一经推出便受到家长学生的好评和追捧，让老牌专业在新时代焕发出蓬勃生机。

四、经验策略

（一）以职业能力为核心，重构文秘专业人才培养方案

要按照"需求导向、目标导向"的方法分析新时代秘书职业细分对人才的新要求，准确定位现代秘书写作能力、表达能力、新媒体信息处理能力、交往合作能力、解决实际问题能力等关键职业能力培养。动态调整新课程、新内容，突出实践教学，重构结构优化的课程体系，设计应用型文秘人才培养方案。

（二）以产教融合为重点，完善校企协同育人机制

成立校企合作专业指导委员会，由协议企业、行业资深技术人员、管理人员和学校相关人员组成，共同开展市场需求与专业设置调研，共同编制职业秘书培养方案，开展行业技术服务培训，搭建产学研协同育人平台，建立校企合作产教深度融合育人的动力机制和长效机制。

（三）以多元评价为保障，推动职业秘书培养体系持续发展

为确保秘书专业人才培养的持续发展要求，要以人才培养模式改革、课程体系构建、教学团队建设、实训条件建设、特色创新等为指标，结合专业自我诊断、行业企业、毕业生、学生及家长评价、第三方评价等构建评价主体多元、内容多维、方法多样的评价体系，并根据反馈及时改进调整培养举措，促进职业秘书培养体系建设全面持续提升。

五、成效与反思

（一）成效

1. 校企合作打造专业结构优化调整机制

基于校企合作的专家指导委员会机制全程参与专业的人才培养方案制订、课程开发、教材编写、实践教学及重大实际问题研究，打造专业结构优化调整机制，建立了多途径协同育人。学校也制订了一系列规范制度和保障措施，推动校企合作、产教融合深入有效地推进，增强文秘专业的核心竞争力与可持续发展能力。

2. 以职业能力为核心深化课程教学改革

对接企业典型工作任务进行教材的编写，注重"理实一体化教学设计"，注重实践导向，建立多元化评价体系。近5年本专业共计10多人次获国家、市级教学法大赛特等奖、一等奖。校企合作完成的《文书处理档案管理》获得2016年度上海市优秀校本教材。

3. 构建了多层级的职业秘书培养体系

学校积极构建对接岗位需求、服务于学生终身发展的职业应用型秘书培养体系。横向拓宽，开设了文秘（电竞秘书）专业方向；纵向深挖，积极探索中本贯通人才培养，努力

构建符合市场分层需求的"中专-中高-中本"多元职业秘书培养体系,全面提升文秘专业人才培养质量。

(二)反思

职业秘书培养体系建设中面对的问题和挑战不容忽视。要继续改善职业秘书培养的实习实训条件,改善顶岗实习与实习单位及岗位不完全匹配的问题,进一步扩大与知名企事业单位深层合作,拓展人员交流互聘长效机制。未来行业发展定位及人才需求规格问题还格外突出,职业秘书各层次在新行业形势下如何定位的问题也日益显现。

在创新秘书职业人才培养中要充分依托校企深度合作模式,尽可能融入新知识、新技艺、新工艺,以企业标准、行业发展引领专业教育变革,以素质拓展体现文秘职业教育特色,以专业方向和贯通层次突破为发展抓手,努力使文秘职业教育越来越有成效地满足行业企业新需求,重新焕发出蓬勃昂扬的生命力。

执笔人:许晖。

案例 28

基于 DTP 理念的药学专业教学改革个案研究

开封市卫生学校

【摘要】 自 2019 年起,开封市卫生学校与开封大学医学部在药学专业中,开启了基于 DTP 理念的教学改革与实践探索。经过 3 年多的研究与发展、探索与创新,该项教学改革在人才培养方案、课程实施标准、考核评价体系等方面取得了初步成效:首先,形成了根据 DTP 药房需求重构的人才培养方案;其次,制订了基于校企合作的课程标准;第三,经过教学资源的开发与整合,改革了教学方法;第四,构建了清晰明确的考核评价体系。尤其是,在疫情考验之下交出了职业教育提质增效、立德树人的优质答卷,更为职业院校教学改革与人才培养提供了发展方案,具有一定推广价值。

一、案例概要

随着社会经济的发展,人民群众的诊疗模式、用药需求与过去发生了巨大变化。一方面,在高附加值的"特药"(如肿瘤药品、慢性病用药)采购与使用方面,传统的诊疗、购药服务供给乏力，直销患者药房（Direct to Patient Pharmacy，简称"DTP 药房"）应运而生。另一方面市场对药学专业人才的需求由生产制造业转向服务业，以培养高素养药学服务型人才为目标的一系列教学改革举措势在必行。

药学专业人才需要更多的知识储备、实践动手能力和更强的服务意识。2019 年起我校在药学专业中开启基于 DTP 理念的教学改革，经过 3 年多的教学实践，该专业建设已取得初步成效，对培养学生医药行业职业素养的途径和方法进行了探索与实践，取得了初步成效。

二、背景分析

目前我国职业教育药学专业的人才培养方案更多偏重于通识教育，以培养生产领域药学人才为主，缺乏对药学领域高素质服务型人才的培养。而随着社会经济的发展与进步，人民群众的诊疗模式、用药需求已与过去发生了巨大变化，尤其是在一些高附加值的"特药"（如肿瘤药品、慢性病用药）采购与使用方面，传统的诊疗、购药服务供给乏力，直销患者药房（Direct to Patient Pharmacy，简称"DTP 药房"）应运而生。

"DTP 药房服务"是指在零售药店通过获得制药公司授予的产品经销代理权后，患者通过医师获取处方，然后根据处方信息去 DTP 药房自行取药甚至在约定地点接受送药上门的服务，尤其是患者急需的高附加值"特药"，如肿瘤药品、慢性病用药等。DTP 药房服务的产生与发展为解决新药、特药可及性问题提供高效解答，在缓解病患医药供给矛盾的同时，也对药学专业教学改革提出了新的发展要求。

近年来医药分开、药品零差率、招标采购、分级诊疗等政策驱动着药事服务的发展，药事服务从单纯的药品调配，发展为建立健康档案、提供用药咨询和用药指导、开展随访等全程药学服务。药师则是 DTP 药房药学服务的主要提供者，是保障合理用药的关键人物，因此培养高素养的药学服务型人才的教学改革势在必行。

2021 年 5 月 10 日，国家医保局会同国家卫健委联合出台《关于建立完善国家医保谈判药品"双通道"管理机制的指导意见》，明确提出，拟将定点零售药店纳入谈判药品供应保障范围，与定点医疗机构一起，形成谈判药品报销的"双通道"。该举措可以更大程度地提升药品可及性，随着新医改的不断深化、国家医保政策的助力，DTP 药房服务发展潜力巨大，人才供给乏力，药学专业教学改革刻不容缓。

依据《零售药店经营特殊疾病药品服务规范》《国家中长期教育改革和发展规划纲要（2010—2020 年）》，基于产业、行业要求以及人才发展需求，研究制订相关人才培养方案、课程标准及配套教学资源迫在眉睫。

三、改革思路

本次教学改革与实践伴随学校的专项课题研究一同进行。课题组通过调查研究 DTP 药房药师的工作现状与服务能力、考察 DTP 药房质量评价体系以及药师的知识结构，构建了以药学服务为核心的药学专业面向 DTP 药学服务的教学改革方案。教育改革之后的人才培养活动通过教学实践培养学生具备胜任 DTP 药房所需要的相关岗位知识、岗位技能和职业素养，为患者提供高质量的药事服务。

本课题将以实地调研作为基础，从实际调研中得到 DTP 药房从业人员所需要的岗位知识、岗位技能和职业素养；然后在校企合作委员会的指导下进行人才培养方案的修订、师资队伍的提升、课程标准的制订、教学内容的整合和取舍，针对不同的教学内容选择与之相适应的教学方法和评价体系并应用于教学实践中；最后通过对用人单位和我校毕业生的回访，分析我校毕业生培养中所存在的不足并及时改进，使我校药学专业药学服务方向毕业生能够与 DTP 药房的就业岗位实现零距离对接。本次课题研究及教学改革主要运用了文献研究法与调查研究法，立足职教改革发展现实、专业建设要求以及人才发展需求，重构人才培养方案、课程实施标准与教学评价体系。

四、经验策略

依据 DTP 药师的工作职责，课题组研究并修订了人才培养方案、制订了"药学服务"的课程标准。DTP 药师的工作职责主要有：为患者提供专业的药学服务、处方药品的销售服务以及适应期疾病治疗的高性价比药品；为患者提供相关疾病的慢病管理合规的处方药配送服务和相应的心理疏导、配套的营养建议等服务；提供其他的如相关赠药、药师随访等增值服务。学校通过与行业内优选 DTP 药房联合成立校企合作指导委员会，依据校企资源优势和可行性，建立产教融合的人才培养模式，建立课程标准。

（一）职业道德标准与核心素养

在职业道德培养方面，DTP 药房的药师要从"以药品销售为中心"到"以为患者服务为中心"转变，注重自身素养，建立服务意识，做到全方位服务、全病程服务、上门服务，处处尊重患者，酌情向患者介绍病患情况，同时注意保护患者隐私权，使患者能够感觉到服务者的亲切与友善，进而产生对疾病治疗的积极态度和行为。

在医学知识学习方面，DTP 药房的药学服务者能够全面掌握高血压、糖尿病、痛风等慢性疾病相关知识，各种癌症、肿瘤及罕见病的临床知识，正确解读各种疾病的诊断数据，及时掌握患者病情变化，指导正确用药并向药企反馈药物使用效果。

在药学知识掌握方面，DTP 药房的药师要不断提高药学专业知识，掌握专科用药特点，在药品调剂时能够审核处方内容，正确无误的发放药品，并做出合理的用药指导。

（二）《实用药学服务》活页式教材

我校与多家医院的医师、药师合作编写了《实用药学服务》教材。教材的编写立足于新时代药学服务岗位，介绍了每种岗位所需的主要知识、工作技能以及常见问题，以药店和医院实际案例为实践训练课题，是一本高效能的训练药师药学服务岗位胜任力的新型教材（图1）。

（三）基于岗位，设置教学项目

本次教学改革将药学服务中 4 个岗位的工作内容细化为 21 个教学项目，组织师生进

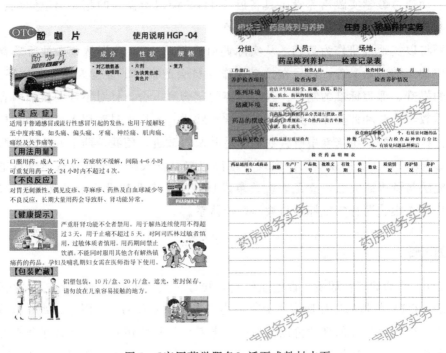

图 1 《实用药学服务》活页式教材内页

行训练,在教学中为学生树立以患者为中心的药学服务理念,并培养学生发现问题、解决问题和持续改进药学服务岗位的胜任力。

（四）基于信息化技术创新教学方法

1. 线上线下混合教学。本次教学改革利用资源库和职教云的课程,将便于自主学习的知识内容安排至课前的在线学习,培养了学生的自主学习能力。课堂上采用小组讨论、团队合作等教学活动检查学习效果,进而发展个性化辅导（图2、图3）。

图 2 基于云平台的线上学习　　　　　　图 3 案例分析与小组讨论

2. **微视频教学。**本次教学改革根据专业化药店的药学服务需求，拍摄了一系列药学服务的示范性微视频。学生课前通过微视频的自学活动，了解药学服务的详细内容、完成慕课平台上的测验。教师通过测验结果及时了解学生对于相关理论知识的掌握程度，调整实训课的理论讲解重难点。

3. **角色扮演。**本次教学研究通过设计讨论，进行分组模拟实训。以6人为一个小组，每两个同学分别扮演药师和患者进行模拟训练。以小组为单位制订工作计划和实施方案，分工协作，每两个同学进行研究讨论、设计资讯内容和答辩研判，进行咨询模拟训练，教师巡视指导。

（五）建立教学评估体系

本次教学改革形成了适应岗位综合实践能力的教学评估体系，包括慕课平台上的微视频自学、理论知识的回顾测验、情景模拟的考核测评等。该评估系统将实训课程的考核重点放在情景模拟的考核测评上，将药学服务所需的岗位技能培训前置到学历教育阶段，富有成效地提升本校药学专业毕业生的药学服务技能（图4、图5）。

图4 高血压患者用药指导

图5 患者家属取药时用药交代

五、成效与反思

（一）方案成果

1. **成果特色。**通过调研发掘职业院校药学专业人才培养中存在的问题，以"三个转化"为核心，充分发挥校企合作中企业的重要主体作用，通过开发适应DTP药学服务与管理岗位的课程，将企业的生产资源转化为学校的教育资源，通过资源的开发、整合及应用，将学生培养成为切合岗位需求的技术技能型人才，成为企业高效的人力资源，企业将人力资源又转化为生产资源，最终实现校企命运共同体的构建。课题通过"三个转化"以及校企深度协作，精准解决"教什么""怎么教""谁来教"的问题，切实提高职业教育的人才培养质量，提升毕业生的岗位实践能力。

2. **实践创新点。**本项教育改革，在实践方面有四个创新点：建立校企合作、产教融合的工作制度；开发应用型活页教材与任务型工作页；构建"三模块、三阶段"的实训教学体系；形成"双师联动"的教师资源开发与整合。

（二）教学成果

1. 基于校企合作，共建实训基地，进行课程资源开发

由学校教育工作者、企业管理者及工作人员共同探讨相关岗位所需知识技能以及综合职业能力，进行课程资源的开发。

2. 基于校企合作，共建实训基地，创建实训教学体系

探索建立以职业技能训练为主线、以专业能力培养为导向、以职业资格培养为标准、强化实践能力培养、强化创新意识培养、强化复合技能培养的"三模块、三阶段"实训教学体系。

3. 基于提质增效、双师联动、三能合一的师资队伍建设

要实施一体化教学，高素质的师资队伍是关键。首先，要建立优质的师资队伍，形成良性的管理机制，促成教师、药师的"双师联动"；第二，要通过在企业建立"教师实践工作站"、在学校建立"技术实训中心"等途径，加大教师综合素质的培养力度；第三，要促进教师教学能力、生产实践能力、技术服务能力的"三能合一"，发展壮大专兼结合、药（药师）教（教师）结合的教师队伍。

（三）实践成果

1. 信息化教学资源库

基于企业典型岗位与人力资源需求的分析，本项教学改革实践研究梳理出了适应岗位的三级能力清单。按照教学规律重组能力目标，明确课程性质、目标和要求，列出三模块课程任务清单。遴选典型任务，融入思政元素，建设教学任务，制订信息化教学课程标准。以活页教材、任务工作页、视频、动画、虚拟仿真实训平台等立体化资源，建设开发满足DTP药学服务岗位需求的信息化教学资源。

2. 产教融合研究创新点

通过共建实训基地，推进三教改革，融通产教发展。通过设计理实一体化的教学模式，共建课堂生态，实现产教深度协同，促进职业教育教学改革与发展。通过DTP药事服务典型案例探究，建设融合型思政课程，深化立德树人，培养学生职业自豪感。

3. "三能合一"、专兼结合、药教一体的师资队伍

本项目教学成果已运用至我校药学专业，大幅提升了毕业生的岗位适应力和就业质量，也即将推广至更多领域，通过构建"三能合一"、专兼结合、药教一体的师资队伍，为人才培养提供有力支撑。

（四）研究反思

由于疫情原因，学生的DTP药房顶岗实习被迫中断了一段时间，教学效果受到一定影响。此外，由于课题组的研究时间与精力有限，科研成果推广有待进一步检验、分析、研判、改进与发展。未来我校计划进一步拓展校企合作的深度和广度、升级校内模拟药房

的设施设备、完善《实用药学服务》校本课程资源。

执笔人:张薇,高原,李志伟。

案例 29

现代学徒制人才培养模式的实践研究

北京市电气工程学校

【摘要】 为持续提高中职校人才培养质量,完善校企合作双元育人的制度、机制建设,学校与企业联合设计研究,广泛开展"中国特色现代学徒制"人才培养的试点项目。构建校企"分层对接,多点联动"双主体长效育人机制,"三段五级,能力递进"教学目标。探索以"师徒传承"为核心,全面提高人才培养质量的有效途径和方法,形成"师徒传承,工学交替"的育人方式,重塑了教学关系、实习关系和劳动关系,解决了技术技能人才培养过程中校企价值取向同向同行、学校教育与企业需求相融合、教学内容与岗位标准相对接的瓶颈问题。

一、案例概要

在传统的学习、实习模式中,学生是学校的学生,并不是用人单位真正意义上的劳动者,且很多实习岗位与学生所学专业不对口。学生工作热情和积极性不高,实习单位甚至把学生当廉价劳动力,实习往往流于形式,失去了教育的意义,还可能引发矛盾纠纷。实行"学岗对接,师徒传承,能力递进"人才培养模式,对学校而言,学生依然是"我的学生";对实习单位而言,学生则转变成了"我的员工"或潜在的"员工",学生的双重身份意味着学校教育与企业发展的高度融合。学校定期派教师到学生实习、实践的企业进行跟踪教学。学生定期返回学校课堂上课,教师针对学生在工作中遇到的实际问题进行专业辅导,并结合实际问题以及企业需求,调整、完善、优化课程设置。学生在企业的"工作"过程精准对接学校的教学过程,促进学校的课程设置、教学质量紧跟行业前沿,更接地气,更符合教育规律。企业为学生制订更长远的培养方案,师傅信任学生并悉心指导,让学生得到更有价值的锻炼机会,有助于学生学到更多书本和校园中学不到的技能和知识,推动学生高水平就业。企业获得更有质量的劳动回报,愿意培养、储备更多素质较高的后备人才,为企业的长远健康发展蓄力。

二、背景分析

近些年，北京市中职教育存在家长不认、学生不选、质量不高；人才供给与经济社会发展不相适应，与企业、行业对人才的需求不匹配；学校育人标准与企业用人标准脱节；校企价值取向存在显著差异等普遍问题。北京市电气工程学校以科研为先导，以试点项目为驱动，分析人才培养中存在的四个主要问题，即：

① 产教融合深度不够，企业参与学校人才培养的程度低，校企紧密联系的可持续发展机制不完善。

② 人才培养的针对性不强，难以实现人才培养与行业企业用人标准的"无缝"对接。

③ 人才培养系统性不强，仅靠学校教师教学难以满足技术技能传承全面质量要求。

④ 人才培养质量的过程性诊断评估缺失，专业技能和综合职业素养评价不完善。

学校深入推进行业企业参与专业建设，深层次开展校企联合培养、协同育人的实践研究。实践证明，基于现代学徒制"学岗对接，师徒传承，能力递进"人才培养模式很好地解决了上述问题，人才培养质量成效明显，在构建产教融合、校企合作的制度、机制方面取得创新性突破，进一步扩大专业影响力和美誉度，学校吸引力持续提升。

三、建设思路

遴选行业内具有代表性的知名企业，如寰影星光文化有限公司、施耐德电气、海尔等头部企业，树立"战略联盟"发展观，校企联合构建"学岗对接，师徒传承，能力递进"的人才培养模式（图1）。以深化产教融合、校企合作，弘扬"劳动光荣、技能宝贵、创造伟大"的新时代工匠精神为主线，校企联合构建双元学习环境，按照"以岗定学，以学定教"原则，将岗位技能与学生学习内容进行有效对接，双导师联合开展师徒传承的系统化

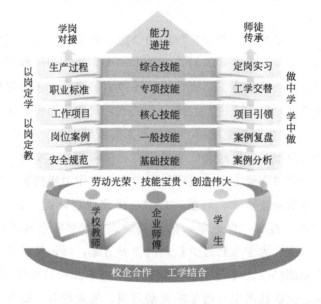

图1 "学岗对接，师徒传承，能力递进"的人才培养模式

技能训练，通过工学结合、"做中学，学中做"的学习方式，学生的职业能力逐步进阶。学校、企业、学生联合成立现代学徒制学生学业评价管理团队，保障高质量人才培养。

四、经验策略

（一）构建校企可持续发展的双主体育人机制

1. 整合形成"五双元"校企合作格局

立足可持续发展，契合校企共同利益需求，针对产教融合的重点领域，整合校企相关部门及人员，建立"五双元"校企合作格局，即双元招生、双元教学、双元实践、双元师资、双元环境。

2. 建立"分层对接，多点联动"校企合作运行机制

由校企高管作为合作理事会第一级领导机构，为校企合作牵线搭桥；由专业带头人和企业部门负责人组成专业指导委员会作为第二级管理机构，协调企业用人需求、专业人才培养和专业建设等工作；由专业教师和企业一线技术人员组成的工作组，负责定岗实习管理、教师企业实践等各项具体工作。建立校企例会制度等，使企业能够深度参与人才培养全过程，形成学校全面开放、企业深度参与的校企合作运行机制（图2）。

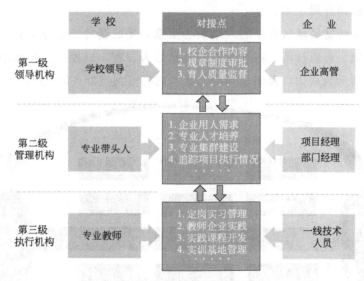

图2 校企合作运行机制图

（二）构建三段五级"能力递进"的教学目标

组织专业教师深入业内具有代表性的知名企业，对企业的岗位群进行调研，精准制订人才培养过程的三个阶段、五个梯级教学目标。

第一阶段学习，学生达到岗位基础技能及岗位一般技能水平。通过跟岗实习，以师傅示范的学习方式完成技能训练。第二阶段学习，学生达到岗位核心技能及专项技能水平。通过轮岗实习，以师徒传承的方式完成不同岗位的核心和专项技能训练，学生在校学习和企业学习交替进行。第三阶段学习，学生达到岗位综合技能水平。通过定岗实习，学生在

师傅的指导下，在企业综合生产项目中，独立完成生产任务（图3）。

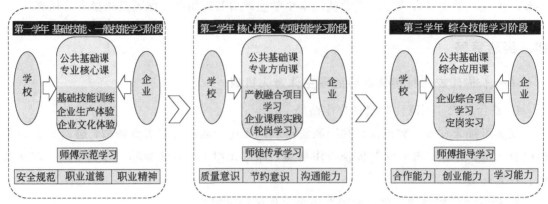

图3 教学目标达成过程图示

（三）开展"师徒传承、工学交替"的系统化训练

完善双导师管理制度体系，规范双导师评、聘过程，先后制订了"双导师认定及培养办法"等制度。企业引导支持师傅到校开展实践教学，并给予特殊补贴；学校采用"集中＋分散"的方式安排教师，到企业进行顶岗实践，并按照相同职称教师的平均岗位津贴进行补助，激励教师开展工作。

校企共同提炼师徒传承过程中的六个核心要素：工匠精神、企业文化、优良作风、职业道德、行业规则、经验技巧。将六个核心要素融入课程，以校内实训活动、大师进校园活动、企业生产活动为载体，保障"师徒传承"内容落到实处（图4）。

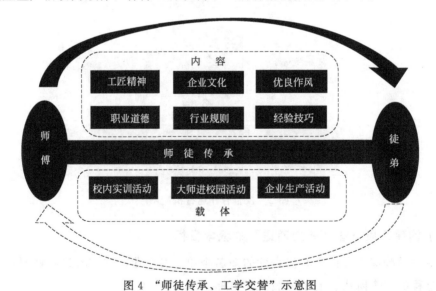

图4 "师徒传承、工学交替"示意图

（四）"三主体五维度"过程性评价体系精确指导学生职业发展

组建由学校代表、企业代表和学生代表共同组成的现代学徒制学生学业评价管理团队，建立了校内外结合的学业评价管理体系。从五个维度的日常表现，建立数据库，形成

诊断评价的"雷达图"和"柱形图",为人才培养的标准化和学生个性化成长提供保障体系(图5)。

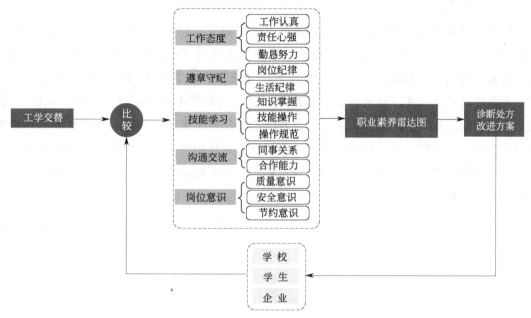

图 5 "三主体五维度"过程性评价体系

五、成效与反思

(一)成效

1. 优秀毕业生榜样示范,人才培养质量成效显著

毕业生初次就业岗位质量好、薪酬高,明显提升了企业、学生及家长满意度。用人单位的满意度由84.2%提升到97.4%、毕业生专业对口率由83%提升到95%、知名行业企业就业率由15%提升到47%,实现了人才培养的低进高出。

培养出"北京大工匠"提名奖1人、外交部国家集体三等功3人、北京市优秀学生1人、北京市希望之星9人。累计荣获全国职业院校学生职业技能大赛三等奖和北京市一等奖学生累计超过100余人次,被誉为北京市职业教育领军校。

2. 教师职业能力持续提高,示范辐射作用不断增强

职教名师荟萃,群英争先绽放,队伍建设硕果累累,北京市学科带头人、骨干教师、特级教师、正高级教师占比10%以上,全市领先。技能比赛国赛高级裁判占比14.5%、国家级技能证书考评员占比22%,北京市教师教学创新团队3个,北京市青年文明号1个。实践期间,双导师团队获得全国教师教学能力大赛一等奖13人次,北京市教师教学能力大赛一等奖36人次。

通过试点项目,将汇聚的各行业的能工巧匠、导师大师、企业文化等优质社会资源双向互动。学校成为高等教育本科、硕士实习基地,全国骨干校长、骨干教师挂职培养基地,成果在河北、河南、贵州、云南等对口帮扶、攻坚脱贫地区中得到推广应用。

(二)反思

中职教育和中职校办学面对的生存危机所带来的压力和挑战,不会一蹴而就。培养适应新时代需要、"能说会做"的"双师型"教师、优秀教师团队和专业领军人物,尚需建立一套完善的培养、选拔、培训、实战的激励制度,任务任重而道远;中职学校办学质量、专业建设质量、人才培养质量的诊断与评价,尚需标准和机制保障;产教深度融合、校企长远合作关系的确立,尚需多方力量的统筹和法律的有效支撑。我校将继续深入研究职业教育的发展规律、人才培养的规律,挖掘校企合作的着力点、产教融合的契合点,丰富现代学徒制人才培养的创新点,为更多、更快、更好地培养高素质复合型技术技能人才做出努力和贡献。

执笔人:王林,崇静。

案例 30

校厂一体 产教融合 打造职业教育人才培养新高地

长沙航天学校

【摘要】 长沙航天学校依托校办工厂,创新"校厂一体、产教融合"办学模式,打造职业教育人才培养新高地,具有较高的推广应用价值。

一、案例概要

校企合作、产教融合是职业教育的核心特征和必由之路。长沙航天学校创办于1978年,为长沙市教育局直属中等专业学校、湖南省示范性中等职业学校。学校充分依托湖南航天军工企业及独立法人的校办工厂——"长沙航天星宇机电厂",不断完善"厂中校、校中厂"办学格局,创新形成了"校厂一体、产教融合"的办学模式,真正实现了"教、学、做"合一,促进了专业、课程、师资力量、校园文化、人才培养质量的全方面提升,学校"校厂一体、产训结合"的办学模式是长沙市教育局向社会推介的7大职教办学模式之一。

二、背景分析

（一）国家政策的要求

2018年12月31日，湖南省印发了《关于深化产教融合的实施意见》；2019年度湖南省教育体制改革试点项目"对接产业园，融入产业链，推进有长沙特色的职业教育'产教融合'深度发展"成功立项。国家、省市一系列文件和举措充分体现了深化产教融合、推进校企合作是加速产业转型升级、提升职业教育社会贡献力、推动区域经济高质量发展的重要动力支持。

（二）长沙地方经济发展的需求

长沙作为全国重要制造业基地，在新兴的22条产业链中，制造业在长沙经济格局中占比达1/3，工程机械、新材料、电子信息、食品、汽车等制造业都形成了千亿产业集群。长沙航天学校目前共开设了飞行器制造、电子工程、汽车工程、航空旅游服务4大专业群15个专业，专业开设紧密对接了长沙市22条新兴产业链中航空航天、增材制造、汽车、工程机械、集成电路等产业链的人才需求，确保了学校培养的人才服务于地方经济的发展。

（三）学校不断增强职教办学特色的需要

在40年的办学历程中，我校始终坚持"产教融合、校企合作"的办学模式，逐步形成并完善"一体两翼、产教融合"的办学格局，进一步推进产教融合、校企合作向纵深发展。"一体"就是以学校自身为主体，"两翼"分别为校办工厂（含航天军工企业）和引企入校，从而为学生搭建起技能训练和就业创业的宽广平台（图1）。

图1　校办工厂

三、改革及建设思路

（一）充分发挥"校中厂、厂中校"独特优势，引入现代企业管理模式，不断深化航天校园文化建设

我校校办工厂是学校独立自主产权的工厂，对外承接中联重科的加工生产任务，是该

企业的甲级协作单位。校办工厂的所有一线管理、技术、生产人员均由学校教职工在完成学生实习指导的过程中兼职担任，工厂管理、内部设岗、职责完全按企业模式进行，实行利润管理、成本核算，企业管理意识和文化浓厚。生产加工的所有利润全部用来添置设备，弥补学生实习消耗。

（二）充分发挥"校中厂、厂中校"独特优势，着眼产业布局，大力推进了专业改革步伐

学校从校办工厂和航天军工企业中聘请了一批技能水平高、工作经验丰富的企业管理者和技术能手，与学校专业负责人、学校名师共同组建成专业建设指导委员会。专业建设指导委员会成员大力推进学校专业改革，及时调整学校专业设置，使学校专业的开设不断科学化、合理化。

学生人才培养的质量，关键在人才培养方案的确定。专业建设委员会集中企业、学校精英，每年适时开展教学研讨活动，将企业对学生的岗位需求、各专业最新技术、最前沿的发展情况与专业人才培养方案深度融合，形成了独具特色的"长沙航天学校专业人才培养方案"，并根据专业发展情况，每年进行修订调整（图2、图3）。

图2　学校专业课程开设研讨会

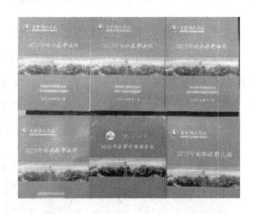

图3　学校制订的教学标准、教学大纲等文件

（三）充分发挥"校中厂、厂中校"独特优势，紧盯人才培养方向，精准构建了课程设置方案（图4、图5）

图4　校办工厂机械加工车间

图5　校办工厂电子装配生产线

（四）充分发挥"校中厂、厂中校"独特优势，完善师资结构，提升了教师业务能力

学校着眼师资结构的进一步完善，形成了一支结构合理、素质优良的专兼职教师队伍。近几年，我校积极引进企业能工巧匠和技能大师来校担任外聘兼职教师，外聘教师数量达到25人，占比26%。同时，校办工厂的一线生产、实训指导教师均为我校正式在编在岗的人员，这些老师在生产的同时指导学生实习，专业理论和技能水平高，是学校发展的一支重要的生力军。

（五）充分发挥"校中厂、厂中校"独特优势，建立校内外稳固实习基地，提升了学生技能水平

在"校中厂、厂中校"平台上，以学校校办工厂（长沙航天星宇机电厂）和湖南航天局所属企业为稳固实习基地，学生在校学习理论基础课程的同时，集中时间（第1、2学期）首先安排学生到校办工厂进行生产技能训练，在基本技能和生产流程熟悉后，再安排学生定期（第3、4、5学期）到企业顶岗实习，真正实现了"教师即师傅、学生即徒弟、课堂即车间、课题即产品"的高度融合和校企培养与需求的无缝对接。学生毕业后，进入企业即成为熟练工人，能真正做到与市场的"零接轨"（图6）。

 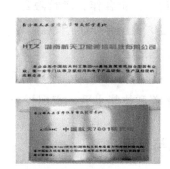

图6 长沙航天学校所依托的湖南航天管理局及所属军工企业

（六）充分发挥"校中厂、厂中校"独特优势，以问题为导向，提高教师教研及技术攻关能力

校企双方紧密合作，携手共进，以问题为导向，积极参与科研、技术攻关工作，提升教师科研能力。学校制订"教师职业能力三年行动计划"，要求专业教师在企业挂职锻炼期间，必须要"学会一项技能、解决一个难题、做好一个课题"，并以成果评定其挂职成效，与教师绩效考核紧密挂钩。这些举措给教师明确了下企业锻炼的任务，无形之中大幅度提高了教师教研及生产攻关能力。校企合作、产训结合在教师科研和技术攻关上产生了强大的推力和巨大效益，使专业教师教科研水平得到全面提高。

（七）引企入校，拓宽校企合作、产教融合渠道，提高学生创新创业能力

学校正式引进湖南创业赢品牌、湖南思洋信息技术有限公司两家企业入驻校园，学校提供场地、办公用房，企业提供技术和人力资源，合作开设长沙航天学校"互联网＋创客空间"，每周安排服务类专业学生到创客空间进行顶岗实习，熟悉生产和管理流程，提高学生就业创业能力。基于企业平台和模拟真实市场，我校学生创新创业意识大为增强，创新能力得到质的飞跃，创新创业项目及成果受到省市媒体的高度关注、报道和社会推广（图7）。

图7　长沙航天学校"互联网＋创客空间"

四、经验策略

① 通过"校企合作、产教融合"，建立健全学校专业建设委员会，实现学校专业建设、课程改革与时俱进，与社会需求、企业要求相匹配。

② 通过"校企合作、产教融合"，共同实现师资培养、人才互通和资源共享。

③ 通过"校企合作、产教融合"，改革教学方法，强化实践技能教学，共建校内外实习实训教学基地。

④ 通过"校企合作、产教融合"，使校园文化与企业文化精神相互渗透、交融，提高学生职业素养和技能水平，实现校企"无缝对接"。

五、成效与反思

（一）形成了"产教融合、校企合作"办学模式，并在此基础上催生出了"教、学、做合一"的教学模式

在校办工厂，学生实习实训内容均采用项目式教学，实施分段考核晋级制，使教、学、做有机统一。教学中以一个个具体任务牵引着学生一步一步向前走，一个项目的完成过程与企业的生产服务流程高度吻合，缩短了就业时学生身份到员工身份角色转换的时间（图8）。

图8　长沙航天学校学生"教、学、做合一"的教学模式

（二）促进了校园文化与企业文化深度融合

由于校办工厂为真实企业环境，学生在实习实训中，能充分感受企业严格的管理制度，接受企业文化的熏陶，在工作中逐步培养学生遵纪守法、爱岗敬业、吃苦耐劳、团结协作等职业素养（图9）。

 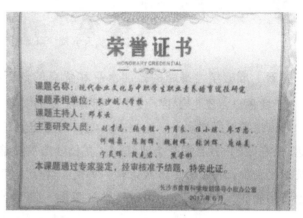

图9　校园与企业文化课题研究成果、专业及课程改革成果

（三）有效降低实习实训教学成本

我校通过实习工厂的"生产产品课题化"和"产教融合"，有效解决了实习成本消耗过高的问题。校办工厂在承担实习实训过程中以课题训练代产品加工，校企深度融合，通过校企双方交换服务、技术、资源，学校以最小的投入为学生赢得了更好的锻炼机会和最佳的实习实训基地，为学生的成长创造了最好的条件（图10）。

图10　长沙航天学校实习实训"生产产品课题化"

（四）建立了"双师型"教师培养的长效机制

由于"产教融合、校企合作"的实施，为我校"双师型"教师的培养创造了良好的条件。新入职的教师必须到实习工厂工作一年，老教师必须一年有不少于一个月的合作企业挂职锻炼时间，通过参与实际的生产过程，熟悉工厂的管理制度、生产流程、操作规程和技术要领，考核合格才有资格走上讲台。对于专业教师来说，这是一种与学校教学工作紧密结合的内生的培养机制，具有非常好的效果与价值（图11）。

 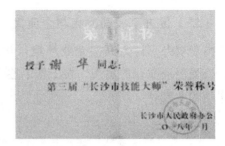

图 11　长沙航天学校"双师型"教师杰出代表

（五）成就学生高超的技能水平和优良的创新创业能力

"产教融合、校企合作"使学生拥有优良的实习实训条件、充足的操作机会和科学合理的训练指导，操作水平迅速提高，创新创业能力显著增强。我校毕业生每年对口就业率均达95%以上，并且深受企业好评。在长沙市的技能抽查中，合格率达100%。在省、市的技能比武中，我校学生多次荣获一等奖，并代表湖南省参加全国比赛。学生的技能水平和创新创业能力得到社会的普遍赞誉（图12~图14）。

图 12　学校学生技能比赛部分获奖证书　　图 13　学生技能比赛获国赛二等奖

 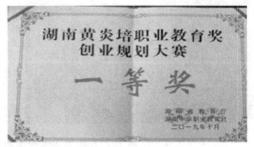

图 14　学校学生多次荣获湖南省创新创业大赛一等奖

学校通过"产教融合、校企合作"，目前已初步形成了"三位一体"的管理、育人机制，使学校、企业、学生既能充分发挥各自的独特优势，又能高度融合、形成合力，实现共同成长和发展的多赢目标。在后续的发展中，我校将进一步创新思路，形成合力，不断优化、完善、丰富"产教融合、校企合作"的办学模式内涵，总结已有的经验，因地制宜开展校企合作、产教融合，真正实现校企"优势互补、资源共享、互惠双赢、共同发展"的合作目标，使产教融合、校企合作的价值最大化，更好地服务于学校、企业和学生，继续致力于打造职业教育人才培养新高地。

执笔人：廖万忠，刘才志，喻如兵。

案例 31

"复制—转换—迁移—创新"双元本土路径
——南京高等职业技术学校现代学徒制的探索和实践

南京高等职业技术学校

【摘要】 产业结构转型升级对职业教育人才观作出了新的定位、提出了新的要求，"校企合作、产教融合"成为新时代职业院校生存和发展永恒的主题。职业院校必须不断创新人才培养模式，寻求"校-企"结合点，发挥优势互补，才能培养出适合企业需求的高素质技术技能人才。南京高等职业技术学校（前身为南京建筑职业技术教育中心，以下简称"南京高职校"）以德国"双元制"职业教育培训模式为蓝本，用40年中德合作的成功经验践行现代学徒制，形成了"政府支持、学校主体、校企双中心"的本土化"双元制"人才培养模式，对新时代职业教育高质量发展具有较好的借鉴和推广价值。

一、案例概要

1982年，在教育部、建设部的关心指导下，南京市教育局、南京高职校与德国巴伐利亚州汉斯赛德尔基金会（以下简称"基金会"）合作，引进世界先进的德国"双元制"职业教育培训理念，成为教育部在职教领域与德国合作最早的项目学校（图1）。2006年，在基金会的牵线搭桥下，学校与博西华电器（江苏）有限公司（以下简称"BSH公司"）签订校企联合培养合作协议（图2），与BSH公司组建"博西华项目"（简称"BSH项目"），按照"双元制"人才培养模式进行校企合作，将新技术、新工艺、新方法和新规范等纳入教学标准和教学实践，实现教室、教师、学生的"双重身份"，即"教室＝车间""教师＝师傅""学生＝学徒（企业准员工）"，共同培养具有熟练专业技能的"操作能手"。2015年，学校和BSH公司成立五年一贯制博西华"订单班"，将"双元制"人才培养模式、校企合作的广度和深度再次向前迈进了一大步，培养的规模和质量走在同类职业学校前列，为企业输送一大批高素质技术技能"免检"人才，真正实现了校企育人与用人"无缝对接"。

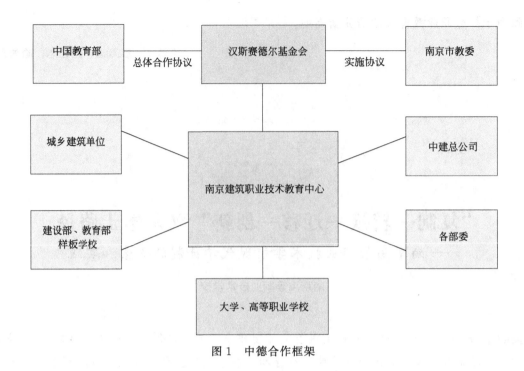

图 1　中德合作框架

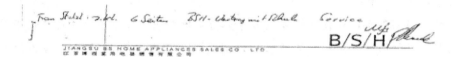

图 2　校企联合培养合作协议

二、背景分析

职业教育离不开产教融合、校企合作，发展职业教育必须发挥企业的重要作用。然而，实践中存在校企合作"一头热"、人才供需"两张皮"的现象。传统职业教育提倡"能力本位"，偏重于培养人的技能，缺乏人文素质的关怀。传统职业教育的实施主体是学校，而作为职业教育的受益者企业的作用却发挥不够，同时也会造成学校职业技能教育与企业职业技能需求相剥离的情况。南京高职校在推行"双元制"本土化过程中，发现存在着以下四个方面的主要问题。

一是企业无法主动参与学校人才培养全过程。"双元制"重要特点之一是企业全程主动参与人才培养。我国尚未形成校企共育人才良好环境，多数企业不能基于自身发展需要主动参与培养。

二是教学过程难以对接企业工作过程。"双元制"教学过程结合真实的生产环境，按照企业生产的工艺规范要求，使学习贴近未来工作的需要。中国企业和学校分属不同管理体系，学校不了解企业需求，做不到课程内容与工作内容、教学过程与生产过程、考核标准与职业标准对接，达不到培养学生职业能力的目的。

三是教师能力不能胜任双元制模式教学。借鉴"双元制"需要大批既能教理论、又能教技能的教师。我国教师基本是学科型的，理论功底相对厚实，实践能力相对薄弱；企业兼职教师实践能力较强，教学能力不足，均无法满足"双元制"理实一体化教学要求。

四是实训条件无法满足职业技能训练。各种职业都必须在实践中才能掌握各自的专业技能，这就需要充足的实训实习场所和设施设备。由于学校引进"双元制"早期主要由合作企业承担职业技能训练，学校的实训室及设备数量不能完全满足训练要求。

因此，在职业学校进行有深度、有高度、有厚度的产教融合、校企合作越来越重要。学校积极内化40年中德合作办学经验，坚持16年的现代学徒制实践，为同类职业学校产教融合、校企合作提供了"南高样本"。

三、建设思路

南京高职校深度解析"双元制"校企合作、工学结合本质，坚持职业教育的职业性与教育性相结合的原则，坚持"重企业、重实践、重技能、重能力"办学特色，以职业能力培养为重点，以育人为目标，践行现代学徒制，助推专业对接产业、课程对接岗位、专业课程标准对接职业标准、教学过程对接生产过程，持续提高人才培养质量，培养高素质技术技能人才。

学校与BSH公司合作确定了"联合招生-改革模式-构建体系-建立队伍-综合评价-健全制度"的建设思路，在实践中逐一破解现存的四个问题。建设思路是：一是建立校企联合招生、共同培养、资源共建共享、一体化育人的长效机制；二是深化工学结合的人才培养模式改革；三是构建标准化"双元制"培养体系；四是建立"双导师制"的师资队伍，组建"混编"教学团队；五是建立教考分离的综合评价体系；六是建立健全现代学徒制配套管理制度。学校及时总结试点经验，辐射带动本校其他专业及省内外其他学校的现代学徒制试点，逐步完善具有"双元制"本土化特色的现代学徒制制度体系。

四、经验策略

深度的校企合作和学徒学习是德国"双元制"的两个主要特征。在中国特定政治、经济和文化背景下，采取因时顺势、因地制宜方式，渐进地促进企业与学校相结合、工作与学习相结合、实践教学与理论教学相结合，这是"双元制"本土化的关键。

经过40年的探索实践，南京高职校的"双元制"人才培养模式的形式、内涵都发生了巨大的变化：由少数中专层面的培养延伸至学校高职层面的全覆盖，由少数示范专业层面的培养延伸至学校所有专业层面的全覆盖，由学生层面的培养延伸至学校教师层面的全覆盖，由原版"双元制"延伸至本土"双元制"共存发展与互补发展的良好格局。从原版到本土，"南高样本"历经"复制—转换—迁移—创新"过程，将"双元制"人才培养模式的方法精髓融入校情，形成具有高职学校特色的职业教育理念和行动模式。学校BSH项目教研室与企业培训中心按照教学计划，分别承担学校部分和企业部分的教学任务。学生每两个月在学校和企业交替学习，参加德国工商行会考试（AHK）和中国职业技能鉴定。相比德国，学校是办学主体，承担更多教学任务，更加注重育人功能，不仅培养岗位人、职业人，更培养社会人、文化人（表1）。

表1 双元制德国模式与学校本土化模式的比较

	对比内容		德国双元制模式	南京高职校本土化模式
相同点	校企		相互衔接的教学计划	
	教师		共组团队、共享资源	
	学生		工学交替、职业资格考核	
不同点	主体		企业	学校
	时间占比		企业60%~80%	学校50%~80%
	内容	企业	专业知识、专业技能、岗位实习	岗位见习、企业项目实训、顶岗实习
		学校	专业基础知识、基本技能	专业知识、专业技能、模拟项目实训
	地点	企业	实训室、车间、跨企业培训中心	培训中心、岗位
		学校	实训室	单工种实训室、多功能实训室、模拟实训中心、教学工场、跨企业公共培训中心

（一）推进校企联动"一体化"招生模式

学校和BSH公司共同组成招生工作组，采取"政府主导，以企为主，校企联动"的择生方式，分别由学校和企业派出有经验的教师和企业专员共同选拔培养对象，通过口语能力、理论笔试、技能操作、结构化面试及心理测试等综合考核，掌握学生的团队合作、服务意识、奉献精神、生活习惯等信息，择优确定培养对象。BSH公司与每一位学生及其监护人签订培养合同,明确双方的责权利,学生具备了在校学生和企业准员工的"双重身份"。学生进入 BSH 项目后,前 3 个月为试读期,确因学习困难、品行不端或能力未达标者将转入普通班级。

(二)深化工学结合人才培养模式改革

学校专门成立双元制协调部,与 BSH 公司的人力资源部共同管理 BSH 项目,教学工作由 BSH 项目教研室和企业培训中心联合负责。采用从入学开始 2 个月在学校、2 个月在企业的工学交替学习形式。在校期间,学校负责文化基础、专业基础知识和基本技能的教学及训练。在企业期间,BSH 公司配套建设有千余平方米的培训车间,配备专职企业实训指导教师负责工种专业知识和技能的教学。双方教师定期进行交流和培训,做好教育教学衔接。

(三)构建标准化"双元制"培养体系

在德国原版"双元制"教学计划框架下,建立了一个完整的标准化"双元制"人才培养体系(表2)。校企双方结合实际情况在课程设置、课程结构、比例权重等内容上进行协商,确定以 1∶1 的时间配比学校教育与企业培训的教学计划,基础理论教育与实践技能培训比重为 3∶7(图3)。同时为每个 BSH 班配备两名接受过德国专门培训的教师担任校内理实一体化教学,配备有企业实践和德国培训背景的工程师担任校外实训教学,采用"技能为导向的项目教学法"授课,两个月在校内进行理论和基础实验学习,两个月在企业进行专业实践学习,实施"校(理论)-企(实践)-校(理论)-企(实践)"的工学交替的学习模式,并引入德国工商行会 AHK 证书考试。整个培养过程,紧凑合理,使理论教学与实践教学、培养能力与传授知识、学校传统教育与企业文化培育相统一,让企业文化和专业文化相互渗透与充分融合,让培养对象接受原版的"双元"培训,提前进入岗位角色。

表2 标准化"双元制"人才培养体系

时间配比	课程权重	教学模式	考核方式
学校∶企业	基础理论∶技能培训	工学交替(学校与企业交替)	中间考试—毕业考试
1∶1	3∶7	理论—实践—理论—实践	经过两轮淘汰

(四)建立"双导师"制的师资队伍

南京高职校借鉴德国经验同时增强教师实践能力和教学能力的做法,按照"科学规划、分类建设、阶梯发展、团队共进"的师资建设思路,组建中德"双元制"师资培训中心,率先提出"双师素质+双师结构"的建设原则,既注重培养教师个体的双师素质,又把着眼点放在团队的双师结构上。引进企业兼职教师与学校教师共组"混编"教学团队,互补能力短板,合作完成教学,形成了系级领导班子是"总经理"、专业带头人是"总工"、骨干教师是"项目经理"、青年教师是"能工巧匠"、行业企业教师是"监理"的教学团队,弥补学校教师实践能力、企业人员教学能力短板,提供了适应"双元制"教学的师资。

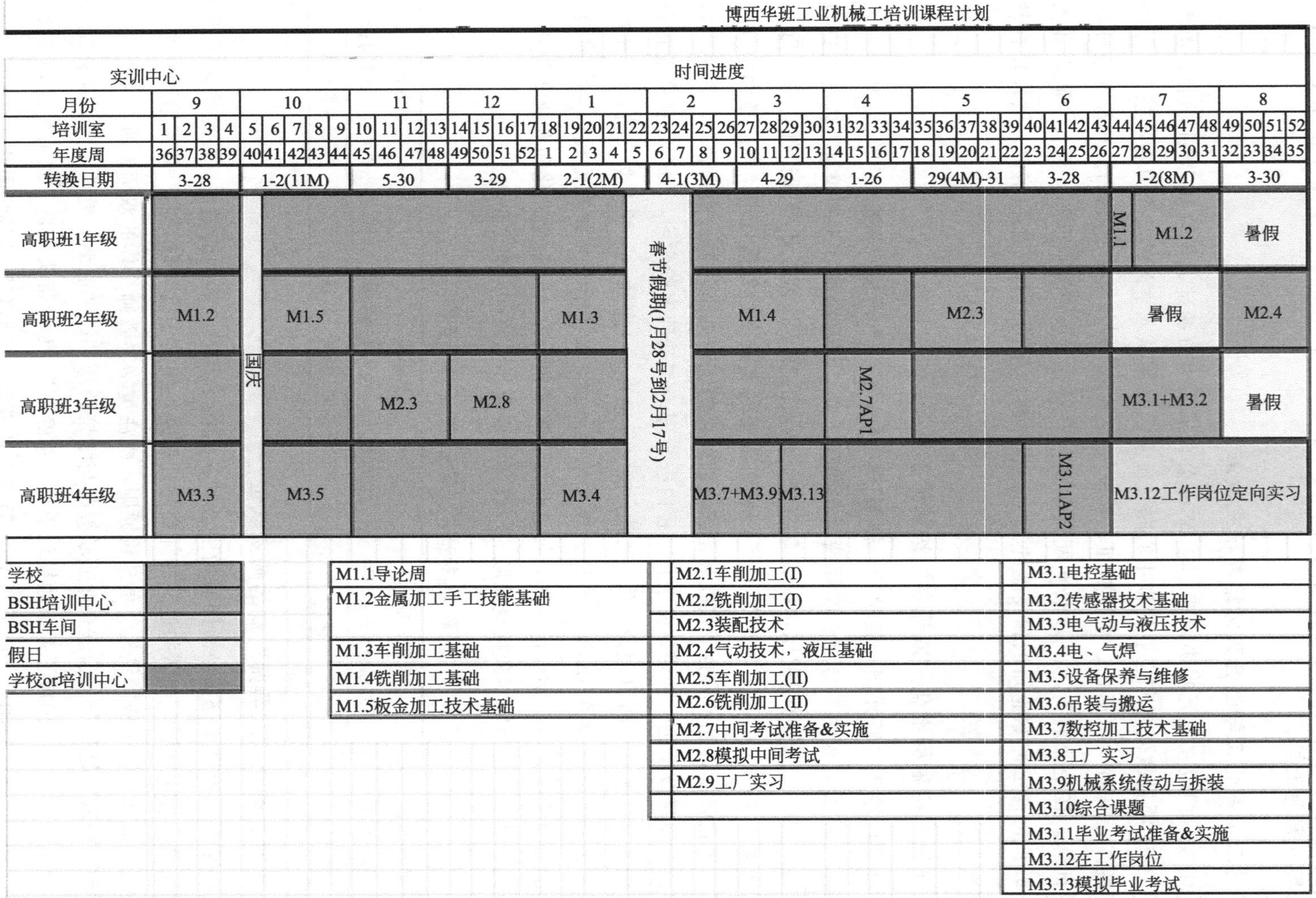

图 3 BSH 项目（工业机械工）课程计划

针对BSH项目的办学模式，学校和BSH公司均配备了对德国"双元制"培训模式熟悉、并在德国或国内接受过"双元制"培训、有着丰富的专业实践经验和专业理论知识背景的教师，分别负责校内专业课程和企业内培训中心的教学，以保证学生按德国双元制培训顺利完成学习。采用"五年包班制"的德育管理模式进行学生管理，专任教师和企业共同担任"班主任"。学生下企业学习期间，学校班主任与企业班主任及时互通，共同管理学生。

（五）建立教考分离的综合评价体系

校企高度重视BSH项目培养质量的过程性评价与终结性评价相结合，由双元制协调部协调和沟通BSH项目教研室、BSH公司及汉斯赛德尔基金会，组织教学资料的翻译，保证信息的快速传递和对所出现的问题提出解决方案。校内定期进行专项考核，组织学生参加德国工商行会AHK中间考试和毕业考试，由德方和公司联合出题，通过教考分离、理实结合的形式最终确定学生成绩。

考试形式分为理论考试和技能考试。专业理论的毕业考试在学校进行，理论考试分为功能和系统分析、系统设计，围绕教学计划和工作任务全面测试学生的专业理论制图、计算和解决任务等知识的掌握程度。在实践考试中，完成一个模拟客户的线路改装任务及十分钟的专业会谈，总用时不超过十小时。考试通过的学生将获得由德国工商行会上海代表处颁发的AHK技能证书，同时将自动获得南京市劳动部门的中级工职业资格证书。

（六）建立健全现代学徒制配套管理制度

在企业与学生签订的培训协议中，有详细的培训管理办法。根据教学需要，科学安排学徒岗位、分配工作任务，保证学生合理报酬，售后班在三年级结束后根据培训安排，有一个月时间带薪接触产品客服工作。企业为学生购买在企业期间的责任保险、工伤保险，确保人身安全。学生实习前需要参加三甲医院的健康体检，实习生管理采用APP平台打卡，建立学校、企业和学生家长经常性的学生实习信息通报制度。

五、建议与反思

结合中国国情，"双元制"要想本土化应用，就必须建立起与之相应的激励机制。

《国家职业教育改革实施方案》提出的"发挥企业重要办学主体作用，鼓励有条件的企业特别是大企业举办高质量职业教育"以及《国家中长期教育改革和发展规划纲要》提出的"制订促进校企合作办学法规，推进校企合作制度化"等要求，要逐步形成有效吸纳大中型企业与学校一道成为办学主体，学校和企业共同承担人才培养方案的制订、技术标准、岗位要求等方面的教育教学工作。学生应成为学校教育和企业实践的"双培养对象"，既是学校的学生又是企业的员工，接受校企联动培养，促进职业教育与社会认可、百姓关心、经济发展同步提升。从目标与导向、机制与内容和方法与措施等三个方面就建立校企深度融合联合育人长效机制提出几点建议。

1. 目标与导向

（1）提高校企双方职业教育资源配置的合理性，如经费、场地、人员、材料等公共支出成本。

（2）保障学生对口实习和就业，提高技术技能人才培养质量和针对性。

（3）协调多方利益诉求，重点是要发挥政府主导作用，调动行业、企业的积极性和主动性。

2. 机制与内容

（1）建立对口实习基地。根据地方产业结构和经济发展需求，与优质企业建立长期的校内外实习实训基地，确保实习生都有对口或相对对口的实习岗位。由实习企业负责实习生顶岗实习教学任务，要确保有场地、有人员、有设备，条件成熟亦可提前介入课程设置、人才培养方案制订、日常教育教学管理等环节。

（2）建立政府补偿实习成本机制。剃头挑子一头热，"热"在学校，"冷"在企业，经济是主要原因。实习过程中需要企业进行技术对接、人员管理，耗材、水电、管理等均会产生一定费用。政府应采取公共财政按生均补给企业、冲抵或减免企业的税收。通过建立合作基金和奖励基金补偿，实现实习生成本分摊或补偿。

（3）建立校企共建文化基地机制。加强校企文化融合，将企业文化、企业精神充分融合到学校的专业建设、课题体系、课堂教育、实验实训以及文化修养，落实企业文化进专业、进教材、进课堂、进学生的"四进"工程，形成合作文化长效培育机制，提前让学生熟悉企业内涵，成为"准企业人"。

（4）建立企业对职业教育贡献度的评价"反馈"机制。明确企业的职业教育责权利，落实实习成本补偿措施，政府成立由教育、行业组成的评估机构，建立合理的评估指标体系，同步督查企业对职业教育的贡献度。对未安排对口实习工作、实施廉价劳作、实习质量不可靠的企业进行问责或追究，对可靠安排对口实习、高质量完成顶岗实习任务、安排就业的优质企业，政府应给予更大力度的帮扶。例如，在税费减免、企业年检、社会声誉等方面给予优待。

3. 措施与方法

（1）规范实习学生权益保障措施。除为实习生缴纳实习保险之外，应为其缴纳工伤保险，使其在实习期间病、伤得到合理赔付，保障基本利益。

（2）学懂弄通用好新《中华人民共和国职业教育法》。当前，校企合作基本是自发行为，短期利益最大化的现象普遍存在，督查追究的法律法规尚无制订。落实企业作为主体参与现代职业教育体系建设，进一步明确和规范政府、学校、企业、学生"四位一体"的责权利。

（3）落实《职业学校校企合作促进办法》。强化实习企业准入标准、成本测算与补偿标准、质量监控机制、年检周期、奖惩制度等内容的落地。重点解决校企合作育人问题，特别是要从制度上保障学生对口实习。条例应对行业或行业协会在人才需求发布、教育教学指导、质量评估体系建设等方面提出具体要求。从政策、行为层面，多维度、全方位促进现代职业教育体系建设，培养与国际接轨的高素质技术技能人才。

"双元制"在德国之所以能成为经济腾飞的秘密武器，就在于它能很好地成为学校与企业发展共赢的桥梁。"双元制"在中国的40年实践证明，实施"双元制"人才培养模式，践行现代学徒制，有利于解决职业学校生源质量不佳、毕业生就业难等多项问题，有利于解决企业高技能人才用工荒、校企合作对接不上的问题，更有利于解决职业教育幸福指数低等一系列问题。因此，要推行"双元制"还必须在教学标准的制订、教学过程的监管、教学结果的评估、教学条件的保障以及产学研的实施等方面下功夫，更加注重建立紧贴行业服务企业的办学机制、产学结合互利双赢的合作机制、招生就业统筹考虑的培养机制，进一步落实党和国家关于大力发展职业教育的精神，不断探索和完善校企合作的新模式、新机制。唯此，教学才能充分融入企业文化、岗位要求、技能标准和企业管理等内容，真正实现职业教育"五对接"，让企业在合作中识得"良驹"，让学生在生产实践中提升技能和竞争筹码，教育质量和企业利益效率最大化，实现学生、企业与学校之间三方共赢，为实现由人力资源大国向人力资源强国转变的目标做出新的更大贡献。

执笔人：陈育中，周密。

案例 32

双师引领　三化融通　四方联动　多元考核
——中等职业电子商务专业人才培养深圳模式

深圳市龙岗区第二职业技术学校

【摘要】 产教融合、校企合作、工学结合是职业教育的基本办学模式，但也是职业教育高质量发展最大的痛点。针对技术技能人才供需之间的错位矛盾，构建校企双师教学创新团队，实现技术人才培养，形成了可复制推广的"双师引领，三化融通，四方联动，多元考核"的校企命运共同体人才培养系统解决方案，打造快速、高质量发展的"深圳模式"。

一、案例概要

学校在发展过程中，历经数年，探索形成了可复制推广的"双师引领，三化融通，四方联动，多元考核"的人才培养系统解决方案，打造中职电商专业技能人才培养的深圳模式，为粤港澳大湾区和社会主义先行示范区建设持续输出电商专门技能人才。

校企双师互聘，充分发挥专业教师和产业导师的优势互补，实现"双师引领"带动，制订了校企双师培养办法、团队工作机制等制度文件。

依托校企名师工作室，"三化融通"培养学生。即"项目化"，以企业真实项目练兵、企业文化渗透、校企共同管理；"模块化"，剖析企业岗位典型工作任务，形成模块化课程体系，杜绝无用教学；"精准化"，以学生个体兴趣点和技能掌握程度为导向，为学生提供适合其发展的深化的课程内容，实现精准育人。

政校行企"四方联动"，通过顶层设计、行业支持，强化制度保障，推动校企双元积极主动对接。

健全"多元考核"机制，在学校过程性和终结性评价基础上，发挥行业企业评价主体作用，健全多元考核，形成了全过程、多维度、多元参与的综合评价方案，打造快速、高质量发展的"深圳模式"。

二、背景分析

（一）改革背景

2010年颁布的《国家中长期教育改革和发展规划纲要》中明确提出，要建立健全政府主导、行业指导、企业参与的办学机制，制订促进校企合作办学法规，推进校企合作制度化。教育部发布的《关于深化职业教育教学改革 全面提高人才培养质量的若干意见》中也指出："坚持产教融合、校企合作。推动教育教学改革与产业转型升级衔接配套，加强行业指导、评价和服务。"

（二）面临的主要问题

① 校企合作两张皮，工学结合过程难以实现。由于越来越多学生选择了升学，就业学生比例越来越低，中职学校以就业为导向越来越难以为继。校企合作参与的企业很大程度上其目的是为企业培养合格的员工，而企业培养的优秀学生大都升入大专院校，学生在短期内无法进入企业工作，因此校企合作的基础动摇，校企合作名存实亡。企业只有付出，无利可图，由于不能实现校企双赢，企业难以在学校长期扎根。

② 学生技术技能、职业素养不够，学生毕业进入企业需要企业二次培训。学习内容落伍、技能不扎实、实践经验缺乏、职业素养不够，学生毕业后不能胜任企业真实岗位。在进入企业后，需要企业进行二次培训，既浪费企业培训时间，也耽误学生的岗位提升。

③ 教师专业技能薄弱，专业技能不能与行业所需同步发展。学校专业教师大多是刚从高校毕业就直接进入中职学校教学，虽然有技能证书，但不是真正双师型教师。大部分教

师不熟悉行业现状，不了解企业岗位用工要求，致使学校的课程设置、人才培养方案制订、课堂教学内容选择、教学成果考核评价等方面与企业实际用工需求严重脱节，教学内容陈旧，教学考核评价形式单一等。

三、改革与建设思路

（一）科研先导，引领实践过程

2013 年以来，先后结题区级、市级、省级课题 9 项，对本模式进行理论探索。具体包括：已结题的广东省"十二五"规划课题"中等职业学校专业评估办法及思考"，2016 年、2019 年广东省全民科学素质行动科技活动成果交流展示活动中获得二等奖的项目，深圳市教育科学规划课题"基于校企合作的中职电子商务专业人才培养模式创新探究"等。

（二）实践为重，推动研究升级

2014 年 6 月，学校与深圳市罗湖区电子商务协会和深圳新网策咨询有限公司战略合作，电子商务专业核心课程由双方共建，部分核心课程由企业教师和学校教师共同授课。2015 年初，学校与深圳市罗湖区电子商务协会先后举办了多次校企协作会议，签署"校企联合师资培养协议"，开始了校企双向互聘。自 2015 年起围绕电商专业核心技能，陆续成立了系列工作室。

以校企联合工作室群为学生培养平台，构筑起"电商实战校企精准育人模式"。电商协会提供合作企业真实项目，企业教师带领学生项目实战，学校老师参与其中并维护课堂纪律，并且学校教师与企业教师共同指导学生完成项目等。内容涵盖学生专业能力提升、电商岗位典型工作任务完成、实习与就业推荐等。

（三）命运与共，校企深度融合

① 落实产教融合校企命运共同体精神，在经费上给予保障，依贡献程度为驻校企业教师提供补贴；互融共生，成立了深圳市创客实践工作室，在校企教师的共同指导下学生对网店宝贝进行差异性和个性化创新改进，使得网店宝贝更具特色、更有吸引力，从而保证校企合作企业网店店铺的商品更加具有竞争力。

② 依托校企工作室群举办电商实战班，企业将电子商务岗位典型工作任务需要完成的真实项目引入学校，在校教师、驻校导师"双师引领"，让学生参与企业真实项目，快速提高学生技能素养。同时，学生在实战班，接受企业文化的熏陶，逐步认同企业的使命、价值观等，进一步提高学生职业素养与企业认同感，在校时已具备职场人状态，顶岗实习时可在企业直接上岗。

③ 采取师生协作、共同参与企业真实项目的做法，提高专业教师职业技能。开展了校企互聘新模式，让教师企业实践，从事一线工作岗位，真正学会典型工作岗位所需要的职业技能，把专业教师打造成真正的双师型教师。

四、经验策略

（一）校企合作创新，实现校企命运共同体

与深圳市罗湖区电子商务行业协会对接，择优选择其旗下有社会责任感的电商企业作为合作方。聚焦校企命运共同体，学校制订制度，成立驻校骨干技术人员工作室，并且依据企业人员贡献提供经费支持。在用心沟通、真诚对待企业驻校人员的同时，也对企业教师提出具体要求和规范标准。

通过校企深度融合培育双师型师资，包括：校企互聘，教师以企业员工身份按照企业要求到一线岗位工作，提高专业技能；在电商实战班，专业教师与学生在驻校企业教师指导下共同参与企业项目、亲自实操，在培养学生的同时也提高了专业教师的技能水平，让专业教师历练成为真正的双师型教师。

（二）人才培养创新，构建三化融通教学模式

项目化、模块化和精准化"三化"相互依托，采用相互融通的创新模式。通过引入企业真实项目，以企业人才标准培养学生，创建"真实实训＋真实业务＋真实场景"。学生根据兴趣点与技能水平，精准选择适合自己的岗位方向。校内教师和企业教师根据学生选定岗位，依据岗位典型工作任务，设定技能模块进行模块化教学，并分层分类进行精准化教学。

（三）考核方法创新，形成多元考核评价体系

多主体、多维度对学生进行全方位考核。学校教师、企业带队教师、项目使用方、项目组内学生、项目小组多方协同，综合考量学生专业知识、技能水平、执行能力、沟通协作能力、团队意识、道德品格、创新精神、职业素养、人文素养和实习表现。

五、成效与反思

（一）成效

1. 校内推广

自应用本成果后，电商专业毕业生对口实习率与起薪点大幅提升，毕业生获得广泛好评。本校会计、动漫、计算机专业结合专业特色，融合本成果，打造出适合本专业发展的人才培养方案，效果良好。

2. 区域推广

本成果已经获评 2021 年度广东省教育教学成果奖一等奖，在推广过程中受到了深圳市中职学校的一致好评，也得到大湾区内十余所中职学校的认可，在部分学校已经使用本成果并得到积极反馈。近五年来学生参加全国职业院校技能大赛获得国赛一等奖、二等奖多次，中国技能大赛国赛一等奖等。学校电子商务专业影响力在全省得到了扩大，走在了深圳最前沿，在广东省也占据了领先地位。

3. 全国推广与国外推广

全国职教同行五十余次来我校进行交流,在全国各地推广百余人次,在泰国、韩国也进行了小范围推广。成果被中国教育报、文汇报、深圳特区报等媒体报道三十余次,从学生人才培养、师资建设、获奖情况、专业建设等方面给予充分肯定。

(二)反思

虽然本成果的实施取得一定效果,但是在设计与实施的过程中也走了不少弯路,并且没有发挥好深圳市作为全国跨境电商之都的优势,在顶层布局时没有强化跨境电商的方向引领。结合学校与韩国高校近八年的合作与学校的韩语教学优势,学校将会进一步拓展韩语跨境电商作为学校人才培养模式的另一个发力点。

执笔人:赵红,王世豪。

案例 33

能力导向 一体设计 协同共建
——中本贯通数智化会计人才培养模式探索与实践

上海商业会计学校

【摘要】 随着现代信息技术的迅速发展,数字经济已经被视为撬动全球经济的新杠杆,传统的财务模式即将被智能化的数字财务彻底颠覆。该案例对于中本贯通数智化会计人才培养模式进行了探索与实践。指出了会计转型背景下会计人才培养的痛点,并找出化转型"痛点"为贯通工作"亮点"之法:通过"能力导向、一体设计、协同共建"等方式,以期为经济社会数字化转型发展所需智慧型、复合型、创新型、国际化和应用型拔尖会计专门人才的培养提供新的思路。

数智化会计是集数字化发展和智能化变革为一体的产物,是社会技术进步驱动会计发展的必然结果。加快调整会计教学改革,培养数智化会计人才,才能顺应时代的发展,满足时代人才需求。2015年开始,上海商学院领衔上海商业会计学校,2017年再次牵手上海市商业学校,与两所中专校合作开展会计学专业中本贯通人才培养模式。在产教融合新思路下,对中本贯通数智化会计人才的培养模式进行了探索与实践。

一、会计转型背景下中本贯通人才培养之痛

（一）培养目标滞后社会需求——会计转型背景下中本贯通人才培养之堵点

未来数字时代的财务工作与业务工作将高度融合，即业务信息系统和财务信息系统在输入、处理、存储和输出等环节的共享，在智能化的推动下，会计人员的部分工作职责将会转移到业务人员身上，即"人人"财务的趋势将会凸显；随着人工智能技术更加实用化、RPA在智能财务系统中的频繁使用，基层管理人员数量将会逐步减少。由于人机协同系统的出现，企业要求财会人员复合性知识需求将会显著增加。在这样的转型背景下，中本贯通人才培养目标的确定如何适应社会需求是要考虑的问题之首。

（二）叠加式实训教学滞后人才培养需求——会计转型背景下中本贯通人才培养之断点

为了凸显中本贯通会计专业培养的实训特色，中职和本科学院都建立了相应的实训室，但是大多数实训室是过去4年前购置的软件和设备，与财务云、会计大数据技术、机器人、区块链技术、移动支付等新技术相匹配的实训室建设和实训设备的投资力度不够，学生在中职阶段迫于转段考试的压力，只学习一些基础的财务会计专业技能，管理会计专业技能无从体现，信息化处理和会计实务课程割裂，到本科阶段再增加综合实训和管理会计实训，这种断崖式的实训体系教学滞后人才培养需求。

（三）"学院派"与"实战派"师资不平衡——会计转型背景下中本贯通人才培养之难点

随着数字化时代的到来，会计工作日益标准化和智能化的工作流程促使会计职业面临前所未有的挑战，唯有转换会计教育模式，才能应对会计发展新挑战。然而现有师资的专业能力水平可能还停留在原有的学科体系的基础上，并且多数教师是从院校毕业即开始担任教师，即所谓的"学院派"，从企业引进的"实战派"教师虽然能够操作最新的财务系统但缺乏教育理念。当前分科分专业式师资队伍，已经不符合数智化会计人才培养对知识整合型、一体化和国际型师资的新要求。深度打造交叉型、复合型和国际化的数智化双师型会计师资队伍刻不容缓。

二、化转型"痛点"为贯通工作"亮点"之法

（一）能力导向解决社会需求问题

通过对会计人才需求的市场调研，形成了"中本贯通会计人才需求的市场调研报告"，掌握了社会对应用型会计人才的需求和职业能力的要求，开展以本科层次为主的会计工作岗位、任务和职业能力分析，依据社会需求设置中本教育贯通人才培养模式的课程体系。为适应现代信息技术的发展对数智化会计人才的需求，课程体系设置等方面与企业充分交流，在国际化的基础上融入财务大数据可视化分析、云财务智能会计、区块链综合实践、财务共享服务等与数智化发展相关的内容。

（二）实训教学一体化设计解决培养高素质商科人才问题

中本课程一体化设计，通过增加中职特色的实习实训课程和高校特色多模块课程实现人才培养目标，根据学生特质，注重后续多样化培养，形成定位"中层管理人员"、放眼"高层管理"的人才培养目标。经过七年专业训练，其专业素养和知识技能都将更有助于会计人才后续发展和适应社会、企业对高素质商科人才的要求。

（三）协同共建解决师资不平衡问题

中职和本科、学校和企业协同共建，搭建合作平台，师资资源共享，提高"双师型"教师比例。共享师资资源库，合理聘用与调配本科和中职学校以及企业教师资源，在制订教学计划、完善课程标准、实施专业教学、实习实训指导等各个环节聘请行业企业专家，充分发挥企业"能工巧匠"在贯通教育人才培养中的作用。成立中高职教育贯通会计专业建设指导委员会，打破中高职教师的界限，教师双向交流，教研互动。定期举行联合教研活动，实行随堂督导机制、公开课展示机制、师资培训机制等，解决师资短缺问题。

三、共享产教融合的中本贯通数智化会计人才培养之道

（一）构建"问题导向"校企协同共建机制

该模式以提高会计专业内涵建设为目标，以实现学生的职业发展为宗旨，以教学资源建设、实训基地建设、师资队伍建设为抓手，以校企合作共建为突破口，积极探索与行业企业建立有针对性的合作关系，构建以问题为引领的校企合作机制，提升人才培养服务区域经济发展的契合度。如学校与新道公司合作，解决学生顶岗实习难的问题。引入启课程实务专家，以"内容＋平台＋服务"相融合的方式，共同开发课程资源，解决教学资源单一的问题，在课程上改革，进一步带动人才培养模式的变革。我校校企合作建设会计专业的具体目标与思路如表1所示：

表1 上海商业会计学校校企合作建设会计专业的具体目标与思路

序号	问题导向	思路	合作企业	具体目标
1	为解决会计人才培养与产业需求相匹配问题	联合企业建立协同育人创新中心	用友新道 启课程	校企合作探索会计人才培养新模式
2	为解决学生顶岗实习难	通过企业真实案例进阶式实习，提升财会人员50项核心能力 通过企业顶岗实习，能够理论联系实际	用友新道 立信事务所 大信事务所	培养会计核算、财务管理能力兼备的管理型财务人员 提高学生分析问题、解决问题综合能力
3	为解决教师实践能力弱	以机制建设为基础	用友新道 会计网校 启课程 泽稷教育	建立教师实践基地 构建双师结构、双师素质教学团队
4	为解决教学资源单一	以"内容＋平台＋服务"	启课程 用友新道	开发专业课程学习资源

（二）设计"一体化"中本贯通实训实习

以企业对会计人员实际需求为原型，注重中职和本科的实训课程衔接，一体化设计会计业务实训，将实训课程从中职段的"认知单据做凭证"的"通识型核算会计"训练拓展到本科段"利用单据判断真伪，落实制度规范，防范规避风险"的"业务型管理会计"培养上来。以用友新道"会计类岗位族能力分级模型"为指导，分别对中职和本科段学生所学的会计类知识技能的掌握程度进行甄别，并为学生的职业规划提供科学依据。设计分段实习模式，以应用场景开发对接实习，绑定人才培养方案中的中职段和本科段的实习学分。

（三）"赛教结合"培养创新型高素质人才

通过"以赛促教、以赛促学"的方式，提升学生的学习兴趣。将区块链、大数据等课程与互联网+创新创业大赛相结合，使学生在掌握当前科技前沿技术的同时，培养学生创新意识、创新能力。企业经营模拟沙盘能够使学生全面提高企业经营管理的素质与能力，锻炼学生运用所学理论及方法解决企业经营管理实践问题的能力。在教学过程中，从中职阶段到本科阶段始终以大赛贯穿其中，加强学生实践能力和创新能力的培养。

基于产教融合的中本贯通数智化会计人才培养模式，通过能力导向、一体设计、协同共建等方式，使学生熟知三种逻辑、具备一种思维，即会计与财务逻辑、数据分析逻辑、计算机编程逻辑以及战略思维。为经济社会数字化转型发展输送智慧型、复合型、创新型、国际化和应用型拔尖会计专门人才。该案例办学特色明显，受到媒体关注，生源质量不断提高，案例成果"职业教育国际水平会计专业中本贯通教学标准"被上海市教委推广。合作院校通过组织全国财经商贸类专业国家级培训、交流考察、承办竞赛等方式将本专业的一体化设计模式、校企合作专业共建模式向国内同专业进行辐射，为其他学校的人才培养模式改革提供了经验。

案例 34

区域产业背景下中高职一体人才培养探索与实践

海宁市职业高级中学

【摘要】 随着区域家纺产业转型升级和集群发展，高素质技术技能复合型人才紧缺问题日趋严重。学校遵循职业教育服务地方经济的本质，政府、行业、企业、高职、中职五方携手，对接区域产业，共建"产业学院"，搭建一体化人才培养平台；创新"定域招生+

定向培养＋定域就业"的人才培养新方式，构建"产业学院＋项目孵化"的产教融合新模式；实施"一体设计、分段培养、能力递进、无缝衔接"的中高职一体化人才培养，为家纺产业定向培养高素质技术技能复合型人才，满足"政府、家长、产业"共需。这一模式提供了职业教育服务区域产业的新样板，彰显了职业教育在实现共同富裕进程中的责任担当。

一、案例概要

《国家中长期教育改革和发展规划纲要（2010—2020年）》中提到，我国到2020年要基本实现教育现代化，明确将中等职业教育和高等职业教育协调发展作为建设现代职教体系的重要任务。《浙江省中高职一体化课程改革方案》也明确提出，探索中高职一体化教研协同机制，深化一体化人才培养模式改革，促进中等和高等职业教育一体化发展。到2025年，中高职一体化课程改革基本覆盖适合长学制培养的专业。由此可见，中高职一体化人才培养已经成为职业教育发展的必然趋势。

海宁市职业高级中学直面区域家纺产业在转型升级时期产生的人才"引不进、留不住"问题及学校中高职一体化培养过程中存在的问题，从区域经济需求出发，对接家纺产业链，成立"产业学院"，创新"定域招生＋定向培养＋定域就业"人才培养方式和"产业学院＋项目孵化"产教融合新模式，实施"一体设计、分段培养、能力递进、无缝衔接"的中高职一体化人才培养，培养契合区域经济发展所需的高素质技术技能复合型人才，打造职业教育服务区域经济的新样板。

二、背景分析

（一）实施背景

1. 产业发展趋势

产业集群是推动区域经济发展的重要途径，也是产业转型升级的必然趋势。以海宁市传统支柱产业——家纺产业为例，海宁市许村镇是家纺产业的主要集聚地，素有"中国布艺名镇"之称。许村家纺业起步于20世纪70年代，已有近50年发展历史，基本上每家每户几代人都从事家纺生产，村民靠家纺走上致富之路，有很深的布艺情结。2020年，许村镇共有1.2万家家纺企业，年产值270亿元，产量和市场占有率均居全国第一。近两年，许村家纺产业从原来的传统产业逐渐向时尚产业转型升级，从"一块布"延伸至"一个家"，从单一装饰布生产拓展全集设计、生产和营销为一体的整体家居软装、成品帘等时尚产业群，产业集群对人才的数量和质量都提出了新的要求。

2. 学校原有基础

学校原设有纺织品检验与贸易、电子商务、平面设计等专业，但纺织品检验与贸易专业与浙江纺织服装技术学院合作办学，侧重检验与贸易方向，电子商务与平面专业对接区域皮革产业链，因此，在对接家纺产业链上的"设计和营销"岗位人才培养还是空白，培养的人才无法满足产业链岗位能力的需求。

（二）旨在解决的问题

1. 区域产业人才引不进，留不住

近两年，随着家纺产业的转型升级和规模的扩大，人才紧缺问题日益凸显，尤其是家纺产业软装设计和电商销售人才更是短缺。然而，在人才引入过程中存在两大问题：一是"专业＋产业"人才引进难，现有引入人才多为设计与电商"专业"型人才，同时熟谙家纺"产业"和设计、电商"专业"的复合型人才引进困难；二是人才留住难，县域经济人才吸附能力较弱，引进人才由于缺少对家纺的认知和情怀，缺乏归属感，学成技术后多数返乡创业。因此，"产业人才引不进，引进人才留不住"现象较为普遍。

2. 政府需求与学生家长愿景不匹配

政府希望中等职业教育培养技术技能人才来满足当地产业岗位需求，服务当地经济发展。然而，随着人们物质和精神水平的提升，学生及家长对优质教育资源的向往和要求更加强烈，升学需求日益增大，越来越多的中职学生选择继续学习，延迟就业。学生通过学历深造后留在大学所在城市就业、创业的比例也在逐年升高，加剧了区域产业人才的紧缺，与政府需求产生了矛盾，亟须找到一个平衡点来缓解双方供需矛盾。

3. 中高职一体衔接不顺畅

近两年，中职学校3＋2、五年一贯制专业数量不断增加。以海宁市职业高级中学为例，2021年，学校3＋2及五年一贯制专业数量达到14个，共招生500人，占当年新生数的1/3。但是在一体化办学过程中，中高职双主体之间更多地仅是学历上的对接，在实际实施过程中依然"各自为政"，存在培养目标定位不清、课程设置重复、教学内容不连贯和管理机制不畅通等问题。

（三）改革目标

通过对接区域产业链的中高职一体化人才培养的探索实践，推进职业教育与区域经济社会协调发展，形成职业学校服务区域产业的新模式；进一步深化"链上教育"，构建对接区域产业链的中高职一体化人才培养和产教融合的新范式；构建中高职教育发展共同体，推动中高职教育的精准衔接和系统性培养，探索中高职一体化培养高素质技术技能复合型人才的新样板。

三、建设思路

（一）共建"产业学院"，搭建一体化人才培养平台

学校以"地理相近、文化相通、实力相当"为聚焦点，开展政府、中职、高职、企业和行业五方合作办学，成立理事会，共建"产业学院"，签订合作协议，搭建一体化人才

培养平台，实施中高职一体家纺产业人才订制培养。培养过程中五方分主体、分阶段、分任务各司其职，探索分工合作一体化培养学生综合职业能力的新型职业教育模式，如图1所示。

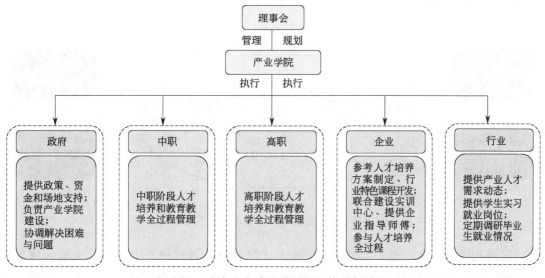

图1　中高职人才培养组织机构运行图

理事会由政府职能部门、高职、中职、行业协会负责人组成，负责规划学院发展、管理具体事宜，为教育教学改革中的咨询、决策、共建、评估等提供智力支持，实现互利共赢、协同发展。

产业学院由政府、行业、企业、中职、高职共同建立。学院内含多个工作室，每个工作室挂钩5~10家家纺企业。校企双师以产业学院为平台，通过承接企业项目，带学生开展项目研习来进行人才孵化。学院与产业无缝对接，将五方紧密关联，形成利益共同体，是实现对接区域产业链的中高职一体化人才培养的核心所在。

政、行、企、院、校各司其职。政府提供政策、资金与场地支持，负责产业学院建设，并协调解决学院建设推进过程中的困难与问题；行业协会提供产业人才需求动态和学生实习就业岗位，并定期对毕业人员就业情况进行调研，反馈培育成效；企业参与人才培养方案制订、课程开发，提供指导师傅参与人才培养全过程；中职学校和高职院校分别负责中职和高职阶段的人才培养和教育教学全过程管理。

（二）实施"定域招生＋定向培养＋定域就业"，创新人才培养方式

定域招生。 针对产业地域集中性特点，专业仅面向区域家纺产业集聚地许村所辖2所初中及邻近1所初中定向招生。生源来自于许村，这些学生根在许村，有自小就渗透的家乡情结和产业情怀，有利于后期人才的落地生根和稳定发展。

定向培养。 对接产业人才需求，共建电子商务（纺织服装）和计算机平面设计（软装设计）两个中高职一体化专业。在整个过程中，专业对接产业、课程对接岗位、教学过程对接生产过程、评价标准对接职业标准，以产业学院为载体，为许村培养家纺产品销售和

家纺软装设计的高素质技术技能复合型人才。

定域就业。学生与家纺行业协会签订服务协议，保证专业培养的人才毕业后就业创业于许村，服务本地产业。同时，政府设立专项奖学金，按服务年限发放奖励，从政策上吸引人才，如图2所示。

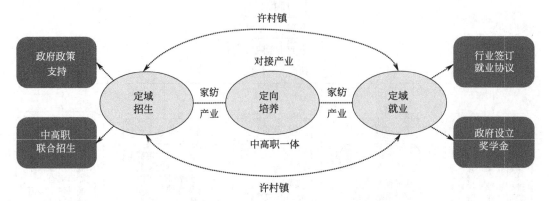

图2 "定域招生＋定向培养＋定域就业"培养模式图

"定域招生＋定向培养＋定域就业"的人才培养方式通过提升生源与就业的区域确定性，借助家乡情结来增加工作归属感，缓解了人才"引不进、留不住"的问题；其次，对接区域产业链的中高职一体化人才培养，能够确保高技能人才培育的方向更明确、定位更精准，高度耦合区域经济发展的人才需求；再次，中高职一体化订制培养，既能满足家长、学生对接受更好职业教育的意愿，又能使培养的学生反哺地方产业，满足产业的人才需求，实现多方共赢，打造职业教育与区域经济共生共荣的示范样板。

（三）依托产业学院，实施"一体设计、分段培养、能力递进、无缝衔接"的中高职一体化人才培养

1. 创新"2.5＋0.5＋1.5＋0.5"的中高职一体化人才培养模式

根据产业人才需求，在中高职院校和企业行业共同参与下，科学合理推进高端技术技能人才培养工作，创新"2.5＋0.5＋1.5＋0.5"中高职一体化培养模式，形成"前端与后端、低水平与高水平"四个方向融合的人才培养全过程。前5个学期为职业教育基础阶段（同为人才培养前端），第6个学期为产业学院带项目研学阶段，第7～9个学期为职业综合能力提升阶段（同为人才培养后端），第10个学期为顶岗实习，即岗位核心能力培养阶段，如图3所示。

2. 制订"一体设计、分层衔接"的中高职一体化人才培养方案

人才培养目标衔接是实现中高职无缝衔接的首要条件。中高职院校以产业学院为平台依托，整合各方资源，开展人才需求调研，研讨中高职人才培养目标定位。围绕培养目标，对接产业链，制订分层人才培养目标，将中职的技能型、操作型人才与高职的技术型人才有机衔接与融合，共同制订中高职衔接一体化人才培养方案，推动学生可持续发展。

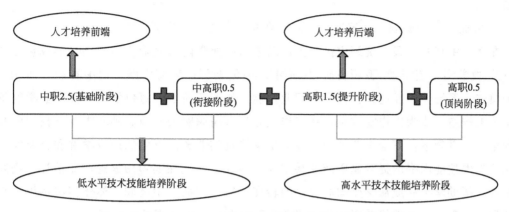

图 3 "2.5＋0.5＋1.5＋0.5"中高职一体化人才培养模式图

3. 构建"分段培养、能力递进"的中高职一体化课程体系

中高职衔一体化课程体系是实现中高职有机衔接的核心和落脚点。根据岗位需求，由高职院校牵头、中职学校协助，开展产业调研，以能力为本位，形成"分段培养、能力递进"的中高职一体化课程体系。整个课程体系由中高职进行一体设计，有效避免中、高职课程内容的重复。设置中高职衔接课程，保障课程教学内容衔接的连续性、逻辑性和整合性。将"1＋X证书"考试内容纳入课程体系，中职学生以初级、中级证书为目标，高职学生以中级、高级证书为任务，如图 4 所示。

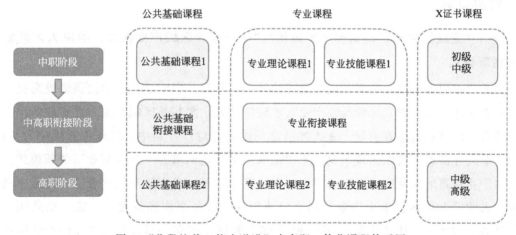

图 4 "分段培养、能力递进"中高职一体化课程体系图

4. 搭建"统一管理、全程质控"的中高职一体化评价体系

由高职院校牵头、中高职共同制订一体化评价体系，围绕"岗课赛证德"制订学分制管理方案，搭建学分制管理平台，对学生中高职阶段的品德、课程、竞赛、考证和实习实训等方面进行评价，统一纳入学分评价体系。同时，在中高职整个培养阶段，由高校统一组织基础课程抽考和升学选拔考试，基础课程抽考指中职阶段每学期随机抽取基础课程，由高校统一命题、组织考试和巡考；升学选拔考试指在中职学习即将结束时，由高校组织文化基础课程和专业核心课程的升学统考，形成"统一管理、全程质控"的考核评价衔接

体系。

5. 形成"产学研创、系统递进"的中高职一体化实习实训模式

在整个中高职阶段，统筹安排学生定期进入产业学院和企业实习实训，形成包含"职业体验-教学实习-生产实习-项目研习-顶岗实习-创新创业教育实践"的中高职一体化实习实训模式，系统性、递进式提升学生职业技能，如图5所示。每位学生入驻产业学院下设的1个工作室，成为工作室成员，在工作室导师（高职院校专业名师和中职学校专业骨干教师组成）带领下，下挂企业实习，并逐步承接真实业务。五年的产业学院和企业实习既能保障学生技能水平的提升紧跟产业转型发展步伐，又能在实习中渗透产业情怀，提高职业素养，帮助学生完成从学生向职业人的转变。另一方面，中高职一体化实习也可以帮助企业发现优秀人才，选拔并吸引优秀毕业生到企业工作，实现校企双赢。

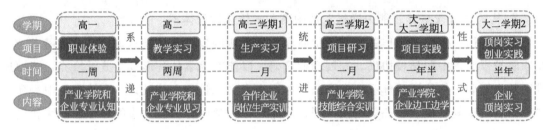

图5 中高职一体化实习实训模式图

四、经验策略

（一）"定域招生＋定向培养＋定域就业"——培养区域产业人才、解决人才紧缺问题的创新模式

职业教育的本质属性是服务地方经济的发展，然而，中职学校升学比例的提高促使学生返乡就业率不断下降，导致地方产业人才缺口扩大，尤其是区域产业人才短缺情况更是不容乐观。学校直面地方主导产业人才需求问题，针对产业集中、地理位置优越的特色，对接产业人才需求，实施区域产业人才"定域招生＋定向培养＋定域就业"的新模式。学校面向产业集聚地及周边地区定域招生；围绕产业背景，专业链对接产业链，实施中高职一体化人才定向培养；学生毕业后回乡就业创业，服务当地经济发展。这一模式用"产业"这条主线将人才的"来源-培养过程-去向"紧密连接在一起，采取"面向产业区域招生、立足产业属地培养、实现产业当地就业"的人才培养方式，改变区域产业人才引不进、留不住的现象，开创了职业教育服务区域经济尤其是县域经济发展的新模式，打造职业教育与区域发展共生共荣的示范样板。

（二）"产业学院＋项目孵化"——深化产教融合、实现"产学研创"一体的有效途径

政府、中职、高职、行业、企业共建产业学院，中高职教师、学生入驻产业学院工作室，每个工作室对接5~10家企业，承接企业项目，以项目来培育孵化人才。在中高职全阶段，学生定期多次进驻产业学院实习实训。整个过程中，专业对接产业、课程对

接岗位、教学对接生产、工作室对接企业，构建以"产业学院"为载体的"产学研创"产教融合新模式。在五年学制内，一体化规划设计学生实习实训，形成"职业体验-教学实习-生产实习-项目研习-顶岗实习-创新创业教育实践"的职业实践模式，系统性、递进式提升学生职业技能。通过产业学院创新五方联动合作机制，优化区域内职业教育的"强基、强能"新格局，加快构建服务型职业教育体系，推进职业教育与区域经济社会协调发展。

（三）"一体设计、分段培养、能力递进、无缝衔接"——践行中高职一体人才培养的必要机制

中高职双方始终遵循"一体设计、分段培养、能力递进、无缝衔接"的原则进行人才培养模式、人才培养方案、课程体系、评价体系和实习实训体系的构建及实施，行业和企业参与人才需求调研、课程开发与人才培养全过程。这样的中高职一体化人才培养模式克服了以往分段培养中中高职院校各自独立培养而产生的人才规格断层，以五年无间断的学制为保障，使整个人才的培养过程实现无缝对接。

五、成效与反思

（一）实践成效

1. 提供了职业学校服务区域产业的新样板

政府、高职、中职、行业和企业形成利益共同体，围绕同一区域产业共同开展中高职人才定向培养，满足区域产业人才需求。这是学校原有"链上教育"理念的进一步深化，标志着对接产业办专业的人才培养由原来的中职往高职延伸，向纵深发展。这种区域产业背景下的中高职一体人才定向培养模式为职业学校服务区域产业，为以人才助力乡村振兴提供了新样板，得到省内乃至全国中职学校的关注。

2. 找到了满足"政府、家长、产业"需求的平衡点

中高职一体化办学提升了专业的吸引力，满足了学生和家长对升学的需求。2021年两个专业招生情况火爆，生源质量提高，录取平均分高于学校3＋2专业平均水平。另一方面，定域招生和定向培养提升了生源对家乡的情感和对产业的情怀，为毕业后反哺家乡产业创造了条件，是区域产业人才孵化的有效途径。正因为对区域经济发展的后续潜力，项目得到了地方政府和产业的大力支持，为满足区域产业人才需求奠定了基础。

3. 打造了"政府、中职、高职、产业"紧密互动的产教融合新模式

政行企院校五方携手在许村家纺产业园建造产业学院，学院下设多个工作室，中高职专业名师和学生担任工作室成员；工作室挂钩企业，工作室成员在企业实习实训并承接企业业务。在人才培养过程中，学生在产业学院与学校之间交替学习实训，五方在人才培养管理过程中各司其职，打造了以产业学院为纽带的"中职、高职、产业"紧密互动的产教融合新模式。

（二）体会思考

2020 年，学校着手实践基于区域产业背景下的中高职一体化人才订制培养，是职业教育长学制人才培养的重大创新，也是职业教育服务区域经济社会发展的进一步深入。通过近两年的实践研究，取得了许多成果，也引发了诸多体会和思考。

1. 进一步深入一体化人才培养

中高职共同制订了对接产业链的一体化人才培养方案，基本形成了"一体设计、分段培养、能力递进、无缝衔接"的人才培养机制，但还有待在实践的过程中不断改进，做到真正的一体化无缝对接。此外，中高职一体化的评价体系尚未完全建设完成，需要建立中高职统一的学分评价标准，将中高职评价纳入统一平台管理，形成学生五年一贯的评价指标和成长档案。

2. 进一步完善人才吸引政策

目前，学校已经开始第一届学生的定域招生和定向培养，为后续人才选拔、引入和留用打下了基础。接下来，还需要政府出台更多的人才吸引政策，如就业创业奖励的发放、人才基金的提升、就业环境的改善等等，保障培养的人才既能引得进，也能留得住。

3. 进一步健全产业学院管理机制

产业学院是政、行、企、校合作关系的紧密体现，也是深化产教融合的重大突破。接下来，在管理机制上，还需要针对实际运营情况进行调整完善，尤其是学生在产业学院期间的生活、住宿、学习和实习管理机制。同时，也要加大投入产业学院的硬件设施，保障产业学院可持续性发展。

执笔人：王小林，朱峥艳。

案例 35

普职融通的制度推进和路径建设的探究

宁波经贸学校

【摘要】 作为宁波市制度创新的先行先试学校，"普职融通"育人模式是教育公平理念在面对当前"普职融通""缺乏制度保障支持""课程体系割裂""学生缺乏职业体验平台"的普遍性问题，学校依托市域"普职融通"机制，促成普职课程体系"双向融通"，承办全国首创"一站式"学生职业体验中心，为开展与推广区域性"普职融通"育人提供了典型的实践案例与成功经验。

一、案例概要

根据宁波市教育局颁布《宁波市普职融通育人模式改革试点的实施办法（试行）》《关于深化"普职融通"育人模式改革试点工作的意见》，学校探索"大类招生，分类培养；多次选择，目标聚焦；方法创新，激发动力"的举措，充分体现学生的自主性，以契合学生个体的最优发展。9年的实践，学校促成普职课程体系"双向融通"，15%学生完成普职两类教育间的融通，承办全国首创"一站式"学生职业体验中心，加强了制度机制的推进引导力量，赢得了良好的社会口碑。

二、背景分析

在实际办学中发现，虽然国内各地陆续开展"普职融通"的相关实践探索，但"融通"并不顺利，主要呈现"普职横向交流匮乏""纵向衔接不畅"等问题，分别有以下三点：

1. 缺少可操作性的政策保障支持

"普职融通"首先是一个体制性问题，它涉及学籍融通、课程融通和评价融通等。普通高中教育与中等职业教育两种教育体制长期以来存在固有分离的现象，普通高中以学科为中心，中职教育以技能与实践为中心，两种教研管理部门与管理模式存在差异，破解以上难题，需要多措并举，形成政策合力。

2. 普职课程体系割裂

课程是人才培养的主要载体，普通高中课程主要以学科体系为主，多为文化类课程；而"以就业为导向"的中职课程则通过对文化基础课时进行适当压缩，增加专业课课时。这种"特色分明"的学科体系表面上看是强化了中职学生的单项就业能力，实则忽视了中职学生的人文素质教育和职业关键能力的养成，也使普高学生缺少了职业认知、职业体验和职业规划教育。总之，这种课程体系的割裂使得现阶段普职两类高中学生都无法接受系统、完整、科学的高中段教育。

3. 学生职业体验平台缺乏

目前，国内教育管理层缺乏对中小学生职业生涯规划教育的系统设计，政府公益性质的专业化职业体验拓展平台还是一片空白，中小学生很少有机会参与系统规范的职业体验，接受职业启蒙教育的需求不能充分满足，导致中小学生职业准备和规划意识缺失，不知道以后想要做什么，甚至有些学生对自己的未来很迷茫，学习没有方向。

三、建设思路

根据宁波市教育局颁布《宁波市普职融通育人模式改革试点的实施办法（试行）》的相关要求，学校普职融通的先行先试突出"体验"与"选择"，让学生先体验职高、普高两种不同类型的教育，再根据自身的条件优势与兴趣潜能，自主选择适合自身特点的教育类型,从而"优化"学生的生涯发展和实现"提质培优"的育人目标。

1. 大类招生,分类培养

学校按普职融通类招生,可选学校三大专业群中的任一专业,充分体现学生的自主性,以契合学生个体的最优发展。

2. 多次选择,目标聚焦

学校制订了多次选择的方案:第一学期,学生白天学习普高课程,晚间体验丰富多彩的社团活动或专业技能;选择普高方向的同学,考核达到合作普高选拔要求,即可进入普高就读;选择职高方向的同学,了解专业特点,体验专业技能,为选择心仪的专业做准备;第二学期,全面学习学生所选专业;第三、四学期,学生分专业方向培养(图1)。

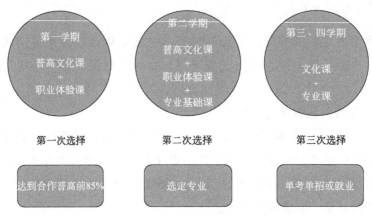

图1 制订的多次选择方案

3. 方法创新,激发动力

一是课程设置多样,包括普高文化课、职业体验课、专业基础课、专业拓展课;二是实现导师"四导",指思想上引导、学业上辅导、心理上疏导、生活上指导;三是搭建家校桥梁,包括设立家委会,家校共同关注班级动态、参与事务决策、提供建议反馈。

当学习的权利变被动接受为主动选择时,学生学习的积极性就大大提高,目的性就更加明确了。学生正是在选择的过程中,一步步认识自我、重塑自信、敢于追求并最终收获学业提升、人生精彩。

四、经验策略

(一)依托市域"普职融通"机制,"唤醒"学生自主发展

2013年5月,宁波市教育局颁布《宁波市普职融通育人模式改革试点的实施办法(试行)》,在浙江省内首次提出"普职融通"育人改革,探索中等职业教育与普通高中教育横向互通,实现两类教育在教学资源、教学模式、师资建设、课改成果等方面的借鉴与融合,开辟职业教育与普通教育学生交流通道,满足不同学生的发展意愿,为学生多元发展搭建成长平台。

2016年,宁波市教育局出台《关于深化"普职融通"育人模式改革试点工作的意见》,

进一步扩大"普职融通"规模与范围，将职业体验与职业认知全面向义务教育拓展性课程延伸，形成教育体系内部协调发展、相互贯通的技术技能人才培养格局。

作为宁波市第一批"普职融通"试点学校，学校率先与宁波李惠利中学结对，在2013年5月开始探索区域统一选拔、统一分配的"普职融通"育人机制。学校在课程对接、教材开发、教学评价、师资配备、实训调度、技能考核等环节实现资源共享、优势互补。

我国中考存在"一考定终身、一卷定未来、一报定方向"的尴尬局面，学生无法真正选择自己的教育类型和成才之路，存在"被动挤压"的成长状况，即在迷茫被动中选择专业，因学业成绩"排挤"到职业学校，在职业教育是弱势教育的偏见下成长。其实，每一名学生都是独一无二的，不能用"分数"这一标尺培养、衡量所有学生，而应该用尊重和爱心唤醒学生自身的自信心和进取心，用个性化的教育方式去适应学生的特点，使学生实现立足个体特点、着眼职业规划的自主发展。普职融通类试点作为一个创新的实践平台，有效"唤醒"了学生自主发展和自主选择意识。

（二）促成普职课程体系"双向融通"，助力学生全面发展

一是普职课程互选。本着"优势互补、全面发展"的理念，将课程融通作为"普职融通"育人模式的切入点，与结对学校联合成立"普职融通"协作组，共同开发项目化或课题化的实践课程教学资源。中职学校根据专业特色建设适合普通高中学生的职业体验项目，为普通高中增设相应的职业技能选修课程，以及面向中小学开设适合其年龄阶段的学习、体验、探究的职业启蒙和体验课程，为中小学生提供综合实践课程和职业生涯规划指导。

二是普职教研互促。普职结对学校定期组织师生间的互动，在教科研工作、文体活动、学科比赛、技能比武、创新创业等方面开展校际合作交流，促进双方师生的相互了解和共同提高。普职学校教师定期通过师徒结对、课堂示范、听课评课、课题研究等方式，形成了普高教师与职高教师深层次合作交流的良性循环，实现教科研活动的共享，促进教学质量的提高。同时，为了提升教师参与"普职融通"的积极性，"普职融通"任教经历可作为该教师晋级考核中的一个加分项目。

三是普职学分互认。为拓宽"普职融通"交流渠道，结对学校之间学生可以互相选修课程，学生根据自己的学习需求，在宁波市选修课程平台上选择课程，按时到所选学校参加课程学习，通过考核后得到相应的学分，输入课程互选平台，系统通过学分转换将该生所取得的学分计入学籍档案。如李惠利中学学生在我校选修相关课程或进行相关职业体验获得学分，该学分计入学生综合素质评价档案，该生免修普通高中相关选修课程。我校学生在李惠利中学选修文学素养类课程获得学分，同样可抵我校相关课程学分。融通进李惠利中学的学生在我校就读期间所修的文化课程或技能课程学分按"相同直认、相近互认"的原则进行学分认定，可计入转入学校学分，免修转入学校相关文化课程或综合实践课程等。

四是普职资源互享。充分发挥普职资源优势，推进普通高中和中等职业学校资源互享，普通高中图书馆、实验室、通用技术教室等可对中职学校学生开放，为中职学校学生提高人文素养创造条件；中职学校开放学校实训基地和合作企业资源，以各校品牌专业、优势特色专业为纽带，全面开放实习实训中心，为普高学生开展职业体验和综合实践教育提供条件。同时，充分发挥普职学校各自师资优势，建立普通高中和中职学校教师教研交流制度，鼓励优秀师资分别到普通高中和中职学校进行相互兼课，定期实行教师相互交流，做到优势互补、合作共赢。

（三）承办全国首创"一站式"体验中心，服务学生终身发展

学校承办全国首创的宁波市学生职业体验拓展中心，搭建了集"认知、测试、体验、咨询（指导）"一体的学生职业启蒙教育平台，聚焦"弘扬志向、注重兴趣、发现潜能"三维目标，以霍兰德六大职业类型为依据，按"认知与探索-体验与发现-定向与规划"布局，设置职业展厅、职业倾向测试室、职业大讲堂3个场馆，建设艺术、研究、操作、智创、服务、财商6大中心，打造职业生涯规划室等9个指导教室。

以"政府""学校"双核驱动，责任共担，提高中心运作的质量与效益。以"政府主导"为核心，政府前期投入4400万元，提供7700平方米场地，出台相关政策，购买服务，加强对项目开发、经费补助以及绩效监控管理；以"学校主办"为核心，创新组织架构，开发"实体＋网络"运行平台，全天候、整体化服务学生终身发展。

五、成效与反思

（一）成效

1. 加强了制度机制的推进引导力量

宁波市教育局分别于2013年、2016年，颁布出台《宁波市普职融通育人模式改革试点的实施办法（试行）》《关于深化"普职融通"育人模式改革试点工作的意见》，探索中等职业教育与普通高中两类教育之间的横向互通，宁波经贸学校的先行先试和有效落地的创新举措，进一步扩大了宁波市域"普职融通"规模与范围，为进一步探索普职融通育人模式夯实了基础。并且，"普职融通"也成为促进普通教育义务制段"双减"增效、职业教育提质培优与提升认同影响的重要途径。

2. 践行了"普职融通"育人机制

学校经过9年的研究实践，共招生800余名，已经摸索出一条成熟运作的育人之路。

一是赢得认可口碑。学校实施的"普职融通"育人模式采用"先试吃、再点菜"的创新做法，将选择权完全交由学生，得到了学生和家长的广泛欢迎。第一学期的普高文化课程的体验学习，让更多的学生找准了自己的定位，对于真正跟得上普高课程的学生，最终通过联考达到要求后顺利融通进合作普高。9年来，共有118名学生受益，占招生人数的14.7%，融通率在全市遥遥领先；而对于自己感觉跟不上或不适合普高课程的学生而言，也更加坚定地选择留在职高，通过单考单招最终也能圆自己的大学梦。

因此，一直以来，学校"普职融通"班出现招生就业"两旺"，甚至出现"普职融通"

招生录取分数线接近公办普高分数线的现象，群众对职业高中的认可度和满意度不断提升，职业教育吸引力明显增强。

二是加强普职互联。"普职融通"模式打破了普职长期割裂的现状，通过"普职融通"班的桥梁，从校本课程的共享到师资、实训设施设备和教学活动场地等资源的共享，打破了普职的界限，共享校际教育资源，也通过合作让普高和社会更进一步地认识了职业教育。

目前学校已开设适合普通高中及中小学生的职业技能选修课程达200余门，每学期为李惠利中学和姜山中学开设近30门职业体验选修课程。结对普通高中——宁波市李惠利中学和宁波市姜山中学也为学校开设知识拓展、人文素养类课程，选派优秀师资到我校授课、举办讲座等，提升职业高中学生的文化修养。

三是实施精细育人。普职融通班开展"全员育人导师制"，做到教师人人是导师、学生个个受关爱，促进了每一位学生的全面成长。

首先，导师与结对学生每周一次的面对面谈心，了解学生对专业的期待和诉求、各自性格特点、对住宿生活的适应情况、学习中出现的困惑；其次，指导学生根据自己的特点定制个人的学习计划，合理选择课程、分配时间，树立学习信心；第三，因材施教，进行个性化学业辅导，纠正其学习习惯，鼓励学生质疑问难和乐思妙想。

3. 搭建了"1+N"学生职业体验拓展平台

由我校承办的宁波市中小学生职业体验拓展中心成为国内首家以学生职业体验为切入口，引导学生职业发展的基地，填补了生涯规划教育的系统性空白。

宁波市"1+N"学生职业体验拓展平台平均每年普惠中小学生超过2万人。为提升中心运作的质量与效益，宁波市推行"公益＋市场"机制，政府持续投入资金并出台一系列方针政策，并加强项目的跟进管理，拓业生涯师资培训等增值项目，提升体验中心"自我造血"的能力，监控运行绩效。

体验中心构建了"区域职业体验中心-整合多个中职校-辐射区域各类型学校"的"1+N+X"平台模式。设计"资源共享＋校本嫁接""普职融通＋重点推送""个性订制＋定向输出"三大职业体验的辐射路径，促进了"普职融通"，形成"校结对、班联办、生互动"的态势。市域内7个县（市）区的15所中职学校与普高结对，联办30余个班级，5000多名普职学生互动。

（二）反思

一是探索普职融通学籍规范。回应人民群众对科学合理普职比的诉求，以规范、开放的普职融通学籍管理办法，服务"双减"提质。普职融通的学籍管理的基本规范包括对学生的入学、注册、转学、课程修习、成绩与学分记载、毕业证书发放等，同时，规范学籍业务办理流程，确保公开、公平与规范。

二是借鉴参考国内外现有成果。为切实深化普职融通教育的制度改革，依托扎实的实证研究、比较研究以及案例研究，梳理普职融通育人各个环节之间的关系，提供制度制订的参考和借鉴,以降低制度创新与实施成本。

三是实现普职融通制度变革。 立足"政、校、行、企、家长、学生"六大主体,进行区域化的普职融通顶层设计,实行普职间更为精致和细密的要素配置、机制建设和人才培养方案优化等。

执笔人:余苏宁。

案例 36

创新培训模式　助力精准脱贫

白河县职业教育中心

【摘要】 加强技能培训,特别是有就业意愿的贫困劳动力的技能培训,使他掌握"一技之长",能捧得一个"铁饭碗",甚至是"金饭碗",是职业教育的一项重要职能,也是助力县域精准脱贫的一种有力手段。白河县职业教育中心充分发挥县域劳动力资源优势和学校技能培训中的聚集效应和综合功能,创新"精准扶贫""就业扶贫"落实举措,按照"龙头企业+基地培训+定向输出+就业安置"的技能脱贫模式,定向培训、有组织输出足部修护师,着力提升广大农村富余劳动力,特别是建档立卡贫困户的创业致富能力,着眼于致富动力和致富能力的"双激活",让贫困家庭实现了自我造血。

一、案例概要

白河县职业教育中心紧紧围绕全县脱贫攻坚目标任务,充分发挥政治优势、组织优势、智力优势、资源优势,积极作为,勇于担当,在县委、县政府的统一部署和教体科技局支持推动下,凝聚共识、贡献力量,积极开展足部修护师、维修电工、焊工、育婴员、茶艺师、美容美发师等工种培训和高素质职业农民培育工作,尤其是按照"龙头企业+基地培训+定向输出+就业安置"的足部修护师技能脱贫模式,服务助力全县脱贫攻坚工作,取得了显著成效。

二、背景分析

陕西省白河县位于陕西东南大门,与湖北郧西、郧阳区、竹山接壤,与"车城"十堰毗邻,自古有"秦头楚尾"之称。全县有 21 万人口,为国家级深度贫困县。山多地少,山大沟深,"土无一寸厚,地无百亩平,出门就爬坡"是该县的生动写照。在农村贫困户中,有相当部分贫困家庭致贫的原因是,农民有体能、无技能。劳务输出是全县农民致富增收的支柱产业,县委、县政府坚持"抓职业教育就是抓经济、促产业、保民生"的理念,凝聚强大的力量和干劲,把职业教育作为一项重要的民生工程来抓,把开发县域富余劳动力资源实施技能脱贫作为全县脱贫工作的主要措施之一,从而促进农村富余劳动力合理有序地转移,增加农民收入,以坚定的决心信心实现脱贫攻坚总目标。

三、改革建设思路

2018 年以来,白河县脱贫攻坚工作已进入啃硬骨头、攻坚拔寨的冲刺期。为了让贫困家庭尽快摆脱贫困,确保实现"培训一人、就业一人;脱贫一人、带动一片"的就业扶贫目标,县委、县政府成立了县政府主要领导任组长、相关单位主要负责人为成员的技能培训工作领导小组,建立"政府统筹抓总,部门主动作为,学校具体落实"的上下联动工作机制,层层发力,打出一套铿锵有力的技能提升"组合拳",让贫困家庭实现了自我造血,以达到就业创收、就业增收、进而脱贫的目的。

四、经验策略

1. 加强政府统筹,为技能脱贫发展提供坚强保障

县委、县政府一直把职业教育放在统筹城乡经济社会发展的全局中来考虑,把发展职业教育作为促进经济社会发展的重要引擎的人力支撑来抓,将免费技能培训作为促进就业脱贫的重要抓手,出台了一系列优惠政策,建立了"一套考核、双线负责、三送到户、四长包抓、五人督查"的"12345"工作机制,夯实了各镇、学校以及财政、扶贫、教育、劳务办等各相关部门职责,坚持齐抓共管、协调联动,共同推进各项工作落实。县政府每年筹集整合资金 300 万元,并捆绑县内各类培训资金整合使用,确保培训有序实施。

2. 整体谋划发展,搭建技能培训脱贫致富新格局

2018 年 4 月初,县委、县政府组织考察、调研,决定与"陕西远元集团"深度合作,成立"足部修护师"培训管理领导小组,并与企业签订 3 年 7000 人的用工协议,实施"足部修护师"培训。由县人社局牵头抓总、各镇政府负责政策宣传和组织人员参加培训、县职教中心负责培训的实施和组织管理、各脱贫帮扶单位负责配合镇村开展帮扶包建村的宣传动员工作,重点是建档立卡贫困户。确定由企业和学校共同组建师资队伍,采用理论与实践操作相结合、培训内容与企业需求相结合方式,将足部修护的先进技术和理念传授给学员,把贫困家庭劳动力培养成掌握实用技术的人才,学员结业后由陕西远元集团安置就业,企业在培训中承诺培训学员岗位安置、工资计发、保底金额、住宿安排、职务晋升、创业扶持和绩效奖励,就业后实习期月工资保底为 4000 元,其中在册贫困户县政府每月再负责补助 300 元,使培训就业无缝对接,实施提高产业扶贫的针对性和精准度。

3. 创新办学模式，激发技能培训直接服务精准扶贫的活力

职教中心立足现有办学条件，坚持把培训质量摆在更加突出的位置，统筹兼顾，不断提升培训水平和服务能力，确保学员学得好、吃得好、住得好、就业创业保障好。**一是**整合资金50万元，用于购置专业足疗培训器材设备、空调、架子床，装修、布置培训场所，保障学员具有良好的教学和生活条件；**二是**学校和远元集团携手紧贴就业岗位精心设计培训计划和课程，积极落实培训教材、内容形式和师资；**三是**学校和远元集团选派专家及技术能手进行集中理论授课，传授专业技能，进行实操训练，确保每一位培训学员掌握就业技能，真正成长为一名技术人员；**四是**对参训学员实行"三包两免一补"全免费政策，包吃、包住、包就业，免住宿费、免资料费，培训考核获得证书后补交通费，同时还免费配备必要生活用品，培训合格学员由企业解决入职路费；**五是**对参训学员实行住校封闭式管理，全天候授课，加强培训期间的住宿就餐、纪律考勤、安全卫生、礼仪着装等管理；**六是**县讯达劳务公司负责就业学员的维权工作，职教中心不定期跟踪回访，宣传先期学员技能脱贫的案例，引导贫困家庭转变观念，树立不等不靠思想，实现懒转勤、勤转能、能转富的目标，引导贫困劳动力用自己的双手真正脱贫。

五、成效与反思

截至目前，自2018年4月18日开班到2019年，共举办了"足部修护师"培训班81期，共培训7000余人次，其中在册贫困户3438人，远元集团帮助2985名在册贫困户实现了就业，学员就业主要集中在福州、厦门、西安、武汉、上海等发达城市，就业学员实习就业后，企业兑现承诺，按照多劳多得的方式，学员基本薪资均在4500元以上，其中61名学员因为勤干、巧干，很快成为"远元集团"的管理者，薪资待遇达到近8000元。学校为远元集团定向输送的学员帮其开办直营店90余家，推动了企业的发展。我县境内也涌现出一个又一个的修脚店，更多的人走向了三产服务行业。通过就业回访和跟踪服务情况了解，学员就业后，薪资有保障，就业情况稳定，这种扶贫方式不仅让贫困家庭不再为孩子学费、生活费用发愁，加快摆脱贫困的步伐，而且还能让他们从家里走出去，生活有了奔头，一个个贫困家庭从此走上了脱贫致富路。培训学员从事修脚行业收入超过1000万元，直接带动5千人进入修脚行业实现稳定就业，催生了一批新的经济实体，成为县域经济发展新的增长点，影响近万人找准贫穷的病灶，靠自己的力量真正站起来、迈开步，解决了自身贫困问题。回顾技能培训工作历程，最大的体会有三点。一是县委、县政府的高度重视，统筹实施技能培训规划，全力推动技能扶贫工作，是办好技能培训的最大动力。二是县委、县政府整体推动，县主管局认真规划、部署，相关部门的支持，形成多种资源推动职教发展，构建了政府、学校、企业和社会共同参与的培训格局。三是学校在推动发展过程中，突出了技能培训的本质特征，在"扶智、扶志、扶技、扶业"等方面做出了卓有成效的探索，总结出锤炼思想政治之心、守章立制之心、培训工作创新之心的工作经验。最大感受是职业教育与县域经济发展实现了有机融合，也越来越意识到职业教育对

县域经济的重要。

学校将继续大力实施技能培训工程，拓展巩固脱贫攻坚成果，在培训规模、质量、内容上精准施策，综合采取技能培训、用工对接、产业促进、创业带动、政策扶持、就业服务等精准手段，对低收入人口提出更高的帮扶标准和帮扶质量。将以乡村振兴为主线，抢抓发展机遇，突破发展瓶颈，主动应对挑战，不断锐意进取，实现职业教育有位子、职教资源有保障、办学形式有特色、培训举措有亮点，让贫困家庭学子在职业教育的大课堂中靓丽蝶变，插上致富的翅膀，为实现追赶超越、推进建设美丽富裕新白河做出积极贡献。

执笔人：胡晓伟。

案例 37

精准帮扶 接力支教 名校示范
——宁波市鄞州职业教育中心学校精准教育扶贫的探索与实践

宁波市鄞州职业教育中心学校

【摘要】 宁波市鄞州职业教育中心学校（以下简称学校）在教育对口帮扶过程中，以"六个一"对口帮扶建设模式为"精准帮扶"的突破口，通过"接力支教"的新型师资援助帮扶形式，破除了短期支教对受援学校原有教学体系的冲击等问题。同时，发挥浙江省中职名校示范能量，加快推进宁波地区与内陆地区优质职教资源的共建共享，牵头组建援建协作组，构建多方参与、协同推进的教育脱贫的格局，极大提升帮扶学校的办学水平，提高学生的培养质量。

一、案例概要

我校是浙江省首届中职名校、省双高建设学校，学校通过名校资源对接贫困落后地区，长期为新疆阿克苏地区、吉林延边朝鲜自治州、黔西南布依族苗族自治州和浙江丽水地区实现教育帮扶，历时10多年的探索与实践，构建了"精准帮扶、接力支教、名校示范"的对口帮扶实践模式，成效显著。

二、背景分析

目前，教育扶贫开展得如火如荼，经过几十年的努力，已经略显成效，教育部直属高校精准扶贫十大典型项目是很好的扶贫典范工程，但相对于高等教育扶贫、基础教育扶贫、新农人扶贫，中等职业教育扶贫尚存在一定差距。

近年来，围绕如何提高对口帮扶支教建设质量，如何提高帮扶层次以及全方位进行帮扶等问题进行了深入探讨，但是从发展现状来看并不理想。一是对口帮扶建设以硬件为主，帮扶方向明确性较差；二是对口帮扶建设层次尚浅，缺乏"自我造血"功能；三是对口帮扶建设手段单一，缺乏全方位的帮扶手段。

三、改革思路

（一）精准帮扶，解决对口帮扶建设方向不明确的问题

学校积极主动参与职业教育对口结对帮扶，精确把握不同学校、不同专业群体教育需求，分类制订教育扶贫举措，找准教育脱贫实施路径，推动教育脱贫政策精准实施。五年来，在新疆阿克苏职校、内蒙古乌海职教中心、吉林机械工业学校等学校建立23个专业建设共同体，组建30个专业教师发展共同体，成效显著。

（二）接力支教，解决对口帮扶建设层次尚浅的问题

学校本着对帮扶负责任的态度，积极探索以实为先、模式多元，积极开展接力支教，广泛开展领导互访、专业结对、教师交流、学生结伴等活动，建立制度化、常态化的长期接力支教，定期开展往来交流。五年来，39位教师先后对受援职校进行接力支教，持续发力，将"输血式"培训与"造血式"培养相结合，被帮扶学校在全国技能大赛、教师全国信息化大赛、课程和教材建设、MOOC建设、教科研等方面实现了零的突破。

（三）名校示范，解决对口帮扶手段单一的问题

学校牵头联合省、市中职名校组建中等职业学校对口帮扶协作组，落实名校主体责任，发挥名校优势，构建多方参与、协同推进的教育脱贫大格局。依托浙江省名校、名专业、名师，进行名校结对、名师引领、名专业建设，实现了名校示范作用。省内各学校共建设分享"走进数控""走进机器人""玩转计算机"等14门课程的慕课资源，超过8000名省外帮扶学生参与学习，师徒结对50余对，效果显著。

四、经验策略

（一）深化精准帮扶，促进职业教育对口帮扶的协同发展

1. 精心组织、分类施策、精准发力

学校准确把握不同帮扶地区、不同帮扶群体的教育需求，分类制订教育扶贫举措，找准教育脱贫实施路径，推动教育脱贫政策精准实施。例如针对新疆阿克苏地区，选派国语类教师对少数民族地区进行语言帮扶；针对东北吉林延边地区，选派机械、计算机信息化相关教师给予支持；针对贵州黔西南地区，选派电子商务、平面设计相关专业教师给予扶贫；针对浙江丽水地区，选派名优特教师为丽水地区问诊把脉，选派骨干教师进行精准帮扶。

2. 实施"六个一"长效帮扶精准帮扶

学校牵头探索形成了"六个一"对口帮扶建设模式，即制订一连串帮扶制度（政策），鼓励支教成员在受援学校组建一小批教师微共同体、协同打造一系列精品课程、服务一大群受援学生、形成一支当地学校的专业骨干师资队伍，最终凝练出一批专业教学成果，流程如图 1 所示。

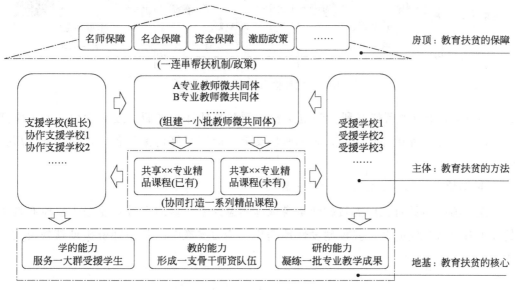

图 1 "六个一"对口帮扶建设模式

学校先后在 12 所对口帮扶学校组建了数控技术应用、电子商务等 30 余个教师专业发展共同体，共同体教师人数超过 500 人。与帮扶学校结对共同打造精品课程 100 余门，形成了 26 支专业教师师资团队，根据帮扶学校现状组建了 60 余个学生兴趣社团，帮扶学校在专业建设、教师业务比赛、学生技能大赛、科研成果等方面有了质的飞跃。

（二）深耕接力支教，实现职业教育对口帮扶的科学发展

学校积极探索以实为先、模式多元，积极开展接力支教，广泛开展领导互访、专业结对、教师交流、学生结伴等活动，建立制度化、常态化的长期接力支教，定期开展往来交流。根据不同地区、不同校情、不同专业、不同的帮扶目标，开展不同时长的接力支教，见图 2。

1. 长期接力，实现对口帮扶目标不变

学校积极响应国家省市各级政府对口帮扶政策，每年都会派出 1~2 位骨干教师到新疆等地区进行一年到一年半的对口帮扶工作，长期帮扶能实现对口帮扶目标和帮扶计划的有序开展，保证帮扶质量。我校自 2011 年 9 月开始，郑浩、舒建海、周迎东、陈王玲、刘军等教师相继前往新疆开展长期对口帮扶。

2. 中期接力，各项帮扶任务保质保量完成

中期接力是指教师进行为期 6 个月左右（或一个学期）的对口帮扶活动。相对一年半

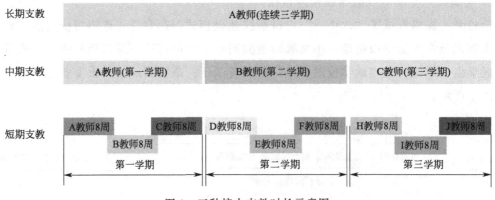

图 2 三种接力支教时长示意图

的长期帮扶，6 个月的帮扶有利于两地学校互派教师任课、挂职，互派学生进行一学期的学习交流等，能发挥优势真帮扶，教师密切交流，能够很好地保障各项帮扶任务保质保量地完成。

3. 短期接力，传好对口帮扶"接力棒"

短期支教是指针对长期支教教师本身家庭顾虑因素，短期支教对受援学校原有教学体系的冲击等支教现实问题，我校创设性地提出"接力支教"的新型师资援助帮扶模式，见图 3。

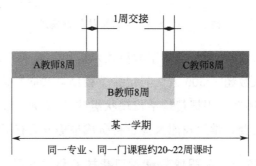

图 3 短期支教衔接示意图

（三）深入名校示范，实现职业教育对口帮扶的示范发展

1. 名校协调，示范引领合力破垒

学校落实名校主体责任，充分发挥教育系统人才优势，广泛动员社会力量参与，激发贫困地区内生动力，构建多方参与、协同推进的教育脱贫大格局。学校联合省内中职名校成立浙江职业院校对口帮扶协作组，协作组同时与对口帮扶学校紧密协作，将"输血式"培训与"造血式"培养相结合，在师资选配、专业设置课程安排、教材选编、实习就业等环节开展精准帮扶。

2. 名师主导，专业引领合力攻坚

选派名师指导对口帮扶学校开设当地有需求、办学有质量、就业有保障的特色专业，服务当地经济社会发展，促进产教联合扶贫。依托学校省特级教师专业资源，潘美祥名师工作室与吉林延边自治州中职校对接，创新思维，活化专业思想；方爱平名师工作室与新疆阿克苏地区中职校对接，提升内陆地区装备制造专业能力；娄海滨名师工作室与浙江丽水职高、青田职高建立师资人才培养对接。

3. 名企参与，校企合作合力克难

一方面，深掘当地企业，推进课堂教育与实训实习相融合，培养贫困地区当地企业所需的高素质技术技能人才，服务当地经济社会发展。另一方面，联系宁波知名企业与贫困地区共建实习就业基地，提前介入学校课程设置、课堂教学、岗位实践等环节，通过企业导师走进校园，提升学生专业素养，培养学生职业能力、就业能力。

五、成效与反思

（一）提升了两地教师的职业综合能力，提高了学校教学质量

学校对外帮扶建设不断深入开展，我校教师与援建学校共组建30余个教师专业发展共同体、12个名师工作室，以"合作、互融、分享"的理念为引导，教师的合作意识得到了进一步提升，充分调动教师的发展意愿，提升了两地教师的职业综合能力，提高了学校教学质量。以学校名师娄海滨及娄海滨名师工作室为例，在近20年的活动中，走出了6位省特级教师、2位市级教研员、2位正校长、8位副校长、2位正高级教师、7位省级教坛新秀、9位市级名师、34位各校专业部长（组长）。

（二）提升了两地学校的专业建设水平，促进了学校内涵建设

学校援建规模不断扩大，帮扶建设专业由2个提升到23个，通过对帮扶学校在专业建设、课程建设、教学研究、专业师资队伍建设、社会培训等方面帮扶指导，共同开发精品课程、校本教材，互派优秀教师、干部开展带教和研修、挂职学习等。依托两校的优质教育资源，加快学校的内涵建设、提升办学水平具有重要的推动作用。

（三）扩大学校对外精准帮扶建设辐射，深化了学校的影响力

我校自对口帮扶新疆阿克苏中职校到牵头组建省市协作组帮扶，依托协作组力量，帮扶学校由1家增加到12家，同时与对口帮扶学校紧密协作，开展了以"名师引领、专业帮扶、团队共建"的精准扶贫模式以及接力支教的互动机制，落实名校主体责任，充分发挥教育系统人才优势，广泛动员社会力量参与，激发贫困地区内生动力，构建多方参与、协同推进的教育脱贫大格局。经过多年的探索和实践，目前做成了省内最具影响力的中职学校援建品牌。

学校在对口帮扶过程中有力地推动了我校专业综合实力的提升，2017年浙江省在中职学校实施"三名工程"以来，我校获评"浙江省首批中职名校"，电气、数控、电子商务专业获评"浙江省名专业"，创新创业获评"浙江省特色专业"；2021年学校被评为浙江省双高建设学校，数控、电气专业为省双高建设专业。

执笔人：王建华，郦凯锋，刘国柱。

案例 38

扶贫先扶智　教育当先行
——为职教质量万里行 助精准扶贫行万里的探索实践

上海景格科技股份有限公司

【摘要】 中国职教学会在历时四年开展的"职业教育质量万里行项目"实践过程中，摸索出一套"四调三送一培"的赋能模式，通过深度调研开展精准诊断分析，并进而提供个性化的解决方案及相配套的专题培训，为西部地区的中等职业学校进行有效赋能，借此来助力其人才培养质量的提升，从而为当地的脱贫攻坚工作提供更高质量的人力资源支撑。

一、案例概要

聚焦中职专业学校专业建设及人才培养质量，探索西南地区职业教育精准扶贫模式，是中国职业教育质量万里行项目在历时四年的实践中开展工作的关键主旨。项目启动于2016年6月，由教育部职成司倡导发起，中国职业技术教育学会中等职业技术教育分会、全国中职校长联席会议主导；由同济大学职业技术教育学院和同济大学生创业企业——上海景格科技股份有限公司的资金支持及全程协助；由职教领域专家和行业企业专家共同走进西部，依托教育、助力扶贫。此项目通过实地走访云南、贵州、四川、重庆等西部地区，结合西部地区的职教实际情况，针对其职教人才培养质量进行一系列的支持帮扶工作。

"职教质量万里行"项目的系列活动，汇聚了包括行业企业代表、职业院校代表、职教研究专家等各方面的智慧与力量。在历时四年的考察调研过程中，万里行工作组的足迹遍布云贵川渝等地，相关活动的辐射影响力累计包括400多所中职学校。同时，万里行工作组在云贵川渝等地分别筛选50多所中等职业学校作为重点帮扶对象，通过"四调三送一培"的工作模式，即：调研学校管理者、调研一线教师、调研学生、调研当地产业发展情况；为其送理念、送方法、送成果；并邀请相关的职教专家开展专题培训，帮助其结合本地区社会和经济发展特色，深入改革和完善学校相关专业的课程设置与教学模式，从而助力西部地区提升职业教育的人才培养质量，使其更有效支撑当地社会和经济的发展，不断输出更优质量的技能型人才。

二、背景分析

"职教质量万里行"项目缘起与2016年，恰逢我国"十三五"规划的开局之年，也是全面建设小康社会决胜阶段的开局之年，进一步落实五大发展理念，抢占产业革命和技术进步的先机，提高发展的质量和效益，亟须大批高素质劳动者和技术技能人才。发展职业教育比以往任何时候都更加重要、更为紧迫。

"十三五"期间，我国处于经济转型和产业升级换代的新时期，迫切需要数以亿计的工程师、高级技工和高素质职业人才，需要一个更具质量和效率的现代职业教育体系予以支撑。尽管从改革开放以来，我国职业教育的发展取得了巨大成就，职业院校基础能力显著提高，产教融合、校企合作不断深入，行业企业参与不断加强；但同时也必须清醒地认识到，职业教育在整体上仍然存在着社会吸引力不强、发展理念相对落后、人才培养模式相对陈旧、基础能力相对薄弱、层次结构不合理、基本制度不健全、国际化程度不高等诸多问题，并集中体现在职业教育体系不适应加快转变经济发展方式的要求上。因此，进一步加大力度提升职业教育人才培养质量、加快建设现代职业教育体系，才能真正发挥职业教育在服务经济发展战略中的助推器作用，这也正是中国职教学会发起"职业教育质量万里行"项目的初衷，旨在将"十三五"期间国家中职示范校先期探索和积累的经验以专题培训、案例解析、座谈交流等方式传递给兄弟学校，助推中西部地区职业学校补齐短板、办出特色、提升水平，更好地服务国家战略需求、更好地助力当地的职教扶贫工作获得实效。

三、项目开展思路

（一）整体情况概述

2016年6月5日，"职业教育质量万里行"项目在厦门召开的"全国中等职业学校校长联席会议、中国职业技术教育学会中等职业技术教育分会2015—2016年会"上正式启动。随后一年中，万里行工作组先后在云南、贵州、重庆、成都召开集中培训会，为当地职业学校教师和管理人员分享当前职业教育改革发展的经验和成果，通过传递理念、方法和模式来推动中西部地区职业学校人才培养质量的全面提高。同年12月27日，万里行工作组以云南省为起点，开始了"职业教育质量万里行"活动第二阶段的入校考察调研，考察的重点主要聚焦在中等职业学校的专业建设以及人才培养质量情况（图1）。

第二阶段总体历时四年，万里行工作组在云南、贵州、四川和重庆等四省市主要进行了三个方面的工作：调研、培训和提供资源。通过与学校领导、职能管理部门、专业一线教师和学生分别进行座谈，就校企合作、招生就业、教师生涯发展、学生学习动因、课堂管理等内容展开广泛的交流，聚焦其专业建设过程中取得的经验和存在的问题。同时，工作组邀请相关的职教专家为学校骨干教师举行专题讲座，分享当今职业教育教学改革理念、方法、模式等方面的思考与探索。最后，工作组会基于调研中所发现的亮点和不足，进行总结，提供反馈建议，并针对其重点专业输送相关的示范校建设成果（图2）。

（二）主要工作思路

职业教育的核心功能就是促进就业，这是职业院校学生最朴素的现实需要。要让教育

图 1 职教万里行项目集中培训会

图 2 职教万里行项目——入校考察调研

扶贫的重心真正落在职业教育质量与师资上，让职业教育在农村脱贫攻坚中的作用发挥出来，"就业一人，致富一家"，为此本公司在中国职教万里行活动中主要采取了四大措施。

1. 传经验补短板，重分享求共赢

工作组先后在云南、贵州、重庆、成都召开集中培训会，将先期探索和积累的经验传递给兄弟学校，助推全体学校补齐短板，为当地职业学校教师和管理人员分享当前职业教育改革发展的经验和成果，通过传递理念、方法和模式来推动中西部地区职业学校管理者提升管理策略，改变思维观念，重视人才培养质量的全面提高，从而更好地服务国家战略需求。努力开拓东西部职业教育协作"长期合作、聚焦扶贫、实现共赢"的新局面，力争实现培训输出"帮扶一校、联合一区、带动一市、影响一省"的良好效果。

2. 瞄准实际需求，整合多方资源

工作组瞄准区域内经济发展的内在需求，盯准区域内院校的专业需求，将东部地区的职业教育观念带入西部学校，积极与西部一些合适的有代表性的中高职学校联手、与一些企业联手，在专业设置上下功夫，助力其整合内外部资源，帮助其扩大吸收东部职教优质资源，打造该学校自身的名片。

3. 提升师资素质，促进人才培养

工作组依托示范学校和骨干企业，组织管理和教学经验丰富的职教工作者及一流的职业教育专家团队，分赴中西部地区，培训当地职业学校教师和管理人员，分享改革发展的经验和成果，推动学校理念更新、教学革新和管理创新，帮带与传承相结合，突出素质技能培训，广泛开展多层次师资人才帮扶培训，从课程内容和专家团队及过程服务、培训评估、教师访谈等多维度为西部地区教师培训咨询、诊断、提出一系列的措施和建议提升师资人才队伍综合素养。

4. 全面深入一线，多方协同推进

为职教质量万里行，育大国工匠行万里。万里行工作组的足迹遍布云贵川渝，辐射学校 400 多所，深度调研考察的学校包括县级职业教育学校，如祥云县职业高级中学、保山职业学校、大理市中等职业学校、大理高级技工学校、遵义市播州区中等职业学校、荔波职业学校等 50 多所中职学校。在此过程中，将具有示范引领作用的相关课程方案资源精准提供，并持续关注和跟踪其后续发展，根据其反馈及时修改，多次召开会议，与当地教育厅紧密合作交流，分享成果经验，通过一系列的系统设计、整体推进，环环相扣、步步深入，运用专家团队的指导，促进教育帮扶的成效最大化。

四、经验策略

在历时四年的考察调研中，工作组既看到了各校在专业建设方面取得的成果，也发现了中职学校改革发展过程中存在的困难与不足，并同步进行了关于进一步促进中等职业教育人才培养质量提升方面的思考，据此提出如下四个方面的经验策略：

（一）做强中职，特色专业建设是关键

做强中职，进一步增强职业教育服务国家发展的支撑力，扩大职业教育的影响力，加强专业建设是关键。对于职业教育的发展而言，特色品牌专业建设是职业学校打造生命力和可持续影响力的核心内容，一所职业学校是否具有竞争力，其专业优势就是最重要的标志。因此，每所职业学校都应对自己在同类院校中所处的位置，进行科学定位，寻找属于自己的发展领域，在专业设置上要侧重凸显人才培养质量过硬的拳头专业，突出自己的优势和特色，从"一校一品牌、一校一特色"的发展理念出发，促进学校专业设置结构的合理化和整合，以更高效地适应社会和行业发展的需求。如果能使学校的专业在全省乃至全国占据绝对优势或相对优势，那么在职业教育领域中就树立起了自己的"旗帜"，品牌效应就会发展成为品牌资本，这是职业学校特色品牌专业建设的本质意义，也是做强中职教育的核心落脚点。

（二）提升质量，科学合理规划是前提

职业教育是以服务区域和地方经济为宗旨，为企业和地方经济的发展培养所需的技能应用型人才，在专业设置和人才培养方面，应结合地区产业结构和就业结构的需要，充分

发挥自己的教育资源优势和教学特色,采取"特、尖、精"的策略,先着眼于特色专业和学科的品牌建设,在某个专门领域、某个地区或某个行业打造自身的影响力,不断提升学校特色专业的人才培养质量,为当地的经济发展输送高水平、高素质的技能型人才。因此,提升中职学校人才培养质量、推进特色品牌专业建设,需要根据学校自身的文化、专业、师资、课程、教材、实训基地等多方面资源的评估,进行科学合理的规划,优化资源配置,提升学校人才培养质量的社会影响力。

(三) 内涵建设,加强骨干培训是路径

以工作组所走访的云南省调研数据为样本,发现被所走访的16所职业学校的教师群体中(图3),近三年内从没有参加过校外培训的占样本总数的23%,参加过1~2次校外培训的占总数的52%,参加过3~4次校外培训的占22%,参加过5~6次校外培训的占3%。这些数据一定程度地反映出中职学校教师队伍的内涵建设还有很大的提升空间。

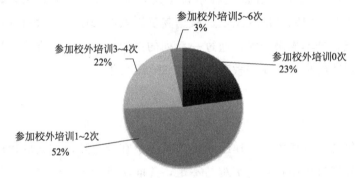

图3 近三年内教师参加校外培训情况

对于职业教育而言,高素质的师资队伍与高质量的教育服务是职业学校特色品牌建设的核心要素,职业学校的内涵发展需要打造一批能够体现学校特色育人文化、个性教学理念的骨干教师。这些教师不仅具有深厚的专业理论功底,同时还具有丰富的专业实践经验;不仅具有良好的职业道德和人文精神,更具有先进的教学方法和手段;不仅能上好课,更能进行教育教学改革和研究,推进专业建设的更新与优化。这是职业学校树立专业品牌、提升育人质量的根基。教育大计,教师为本。推进学校内涵建设、提升办学实效,需要进一步采取切实有力的措施,加强规划,加大投入,全面提升师资队伍整体素质。

(四) 推进发展,科学制订政策是保障

在工作组所走访的云贵川渝等地区的中等职业教育发展进程中,存在着一些共性问题,即多数学校在发展规模上取得了一定的成就,但整体上欠缺统筹规划,因此一些学校在没有科学评估现有实训设备、师资、课程等教学资源是否足够支撑招生规模扩大的情况下,盲目进行规模扩张,专业设置缺乏科学规划,教学管理制度缺乏监督机制保障,这些都成为制约职业学校推进改革发展的瓶颈。对于职业教育的发展而言,一项政策的制订和实施,不仅具有管理和约束的作用,在一定意义上也会对教育的改革发展起到引导方向的

作用。因此，进一步深化职业教育教学改革，更加注重内涵建设，加快推动中职教育从"做大"到"做精、做特、做强"的转变，全面提高技能型人才的培养质量，这些都需要制订更加科学合理的政策予以引导和保障。

五、成效与反思

教育发展，功在当代，利在千秋。作为国家脱贫攻坚总体战略的一部分，教育扶贫的根本目的就是要扶智赋能，这是防贫治贫的拔根行动、治本之道。在历时四年的"职教质量万里行"活动中，工作组成员与西部地区众多院校开展了一系列的深度交流与专题探讨，帮助被走访学校结合本地区社会和经济发展特色，不断改革和完善相关专业的课程设置与教学方法，从而助力西部地区提升中等职业教育的人才培养质量，使其更有效配合当地社会和经济的发展，不断输出更优质量的技能型人才，让职业教育在中西部地区的脱贫攻坚作用得以更有力度、更高成效地发挥出来。

"职教质量万里行"是依托教育助力精准扶贫的一种实践探索，是为中等职业学校管理者与骨干教师赋能，进而惠及学生职业能力提升的一种模式。当前，我国的脱贫攻坚战已取得了初步的全面胜利，接下来需要进一步巩固和拓展扶贫攻坚成果，建立防止返贫的长效帮扶机制，职业教育也将继续发挥重要的"扶技、扶智、扶志"的功能，为阻断返贫与乡村振兴贡献更大的力量。

执笔人：梅泓。

案例 39

对接产业升级　深化产教融合

东莞理工学校

【摘要】　东莞理工学校顺应东莞战略性新兴产业集群发展需要组建电子技术应用专业群，对接产业转型升级的岗位要求，深化产教融合，将教育链、人才链与产业链三者有机衔接，将智能化服务与学校的现代学徒制人才培养育人模式进行较为科学的结合，将企业技术引入课堂，推动完善机器人专业的人才培养方案，企业师傅直接参与日常的专业教学，培育学生的实践技能，实现"产促学、学促研、研促产"的良性循环，有效地提高课堂教学效果。

一、背景分析

东莞,作为粤港澳大湾区和广深科技创新走廊的重要节点、全球影响力和国际竞争力的"先进制造业之都",素有"世界工厂"之称,拥有世界上最完整的电子信息产业链和较为齐全的制造业产业链上下游配套设施。我校顺应东莞战略性新兴产业集群发展需要组建电子技术应用专业群,对接产业转型升级的岗位要求,解决技术技能人才供需结构性矛盾,集成校企各类资源,适应经济新常态发展,提升办学核心竞争力和办学效益。

(一)通过校企共建实训体系,解决构建有效实训实习链问题

机器人技术更新迭代速度快,通过校企合作,构建基础实训和仿真实训平台;通过引企进校,共建工业机器人制造等四个产教一体化的场景应用车间,实现基础学习与不同方向应用的有效链接。

(二)通过实施强师计划,解决师资力量薄弱、知识体系更新问题

学校安排专业教师多渠道参加各类培训,分批到合作企业中锻炼,参与企业生产管理和新产品的研发,提升教师实践技能,通过校中厂的运营实践,打造理实一体、教研一体、校企一体的师资创新团队。

(三)通过拓展合作项目资源,解决培养定位精准度问题

学校建成了教育部项目的"工业机器人应用人才培养中心",通过了ABB机器人及应用认证培训考点的认定,同时,通过工业机器人四类应用场景企业引入,有效把握培养要求,拓展就业思维,提升学生对口就业率。

(四)通过周期轮岗,多项目交叉运行,解决实训岗位少的难题

校企双方参照行业企业标准修订人才培养方案,制订考核评价方案以及学生实训管理制度等,以项目形式和"小分队作战"的形式到校中厂的不同生产部门,按周期进行轮岗,多项目同时运作,卓有成效地解决学校实训岗位少的难题。

二、改革与建设思路

广东宏友智能科技有限公司于2017年10月从深圳搬迁到学校,成为在学校注册的公司——东莞宏友智能科技有限公司。公司积极响应国家号召,不断深化产教融合,将教育链、人才链与产业链三者有机衔接,将智能化服务与学校的现代学徒制人才培养育人模式进行科学性整合,一方面精心打造工业机器人制造车间,为学生提供一个良好的学习研发环境;另一方面公司承担相关专业实训课程的教学,联合学校专业教师将公司致力打造的智能制造集成系统、自动化设备、AGV机器人和工业机器人等产品的生产、设计、研发技术转化成教学资源,将企业技术引入课堂,企业师傅直接参与教学,培育学生的实践技能;参与编写专业教材和开发教学资源,不断完善机器人专业的人才培养方案,形成一个

"产促学、学促研、研促产"的良性循环。

(一)探索了引企进校以建构起"基础实训-仿真产线-场景应用"一体化实训体系建设的规律,并进行了实践

学校在建立机器人基础实训的基础上,引企进校建立工业机器人制造车间等四个场景应用车间,同时也建立多个校外实训基地,构建与行业技术发展同步的产教研一体化的实训场景。

(二)探索了产教研深度融合的规律,并进行了有效的实践

产——合作企业产品新颖具有特色,产业优势凸显;教——根据岗位需求制订人才培养标准,将企业先进技术引入课程,企业师傅引进课堂参与教学,专业教师进入企业锻炼,促进校内教师的专业能力成长和职业生涯发展;研——校企共建研发团队,卓有成效地推进新产品开发和专利申报等工作,已获发明专利1项、软件著作权6项、实用新型专利4项。

为实现与入驻企业资源共享、优势互补、协同发展,加快完善教育办学机制的制订,有效地促进优质资源开放共享,全国LED产业产教融合(东莞)职业教育集团(简称LED光电职教集团)组织电子专业云南班学生到东莞宏友智能科技有限公司开展智能装备制造(机器人)项目,让学生零距离接触企业,在做中学,学中做,开阔学生的视野,切实培养学生的实际操作技能,获得更多的知识。具体的计划如表1:

表1 智能装备制造项目计划表

周次	主题	活动内容
2	前期准备工作	宣讲,面试,确定活动对象
3	职业规划	培养学生的职业认知
4	钳工基础	安全知识培训、操作规范、装配基础技术及装配工艺要求
5	电工基础	电工工具的认识、电工职业认知、电路图的认知与理解
6	电工基础	电工操作规范、电工安全规范、电子元器件的认识与理解
7	电工基础	电路图的绘制与规划、控制电板的安装与调试
8	设备的调试	调试环境的铺设与搭建、单体设备的调试
9	设备的调试	网络搭建、多机台的连接调试
10	设备的调试	不同设备的网络搭建、多种设备的联调
11	物料供输自动化	物料供输自动化概述、单机自动供料装置
12	物料供输自动化	自动线物料输送系统、柔性物流系统
13	智能物流	AGV主要电器组成以及工作原理、AGV基本构造
14	智能物流	AGV主要部件装配工艺和方法、AGV系统、AGV调试
15	立体库	立体库的认知与理解、立体库的规划、立体库的施工
16	立体库	立体库的装配、立体库的调试
17	工业机器人	工业机器人概述、工业机器人的机械与驱动系统、工业机器人控制技术、工业机器人应用实例
18	学期考核	

自动化项目通过与东莞宏友智能科技有限公司的深度合作，以资源共享、优势互补，促进校企双方共同发展，学校、企业和学生的三方共赢为目的。校企合作开展项目式教学，让学生进入企业学习，了解企业的运行和管理机制，开阔学生的视野，提高学生的动手能力，充实学生的课余文化活动，使学生学到更多书本上学不到的东西。同时进一步加深对理论知识的理解，融会贯通地运用课堂上所学的知识，使理论与实践相结合，掌握问题分析和处理能力。在项目教学当中，发挥学生在学习过程中的主体作用，使学生的个性、特长得到发展，培养学生严谨的工作作风。通过接触企业文化，了解企业管理模式，为今后就业快速适应企业管理模式奠定基础。具体的计划如表2：

表 2 自动化项目计划表

周次	主题	内容
2	准备工作	召开宣讲会，确定面试参加人数及活动内容、活动对象
3	自动化概论	电工操作规范、电工安全规范、电子元器件的认识与理解
4	钳工基础知识培训	划线与测量
5	国庆放假	
6	钳工基础知识培训	打孔与攻牙
7	钳工基础知识培训	钣金
8	机加工知识培训	车铣
9	电气基础知识培训	标准与测量
10	电气基础知识培训	安装与布线
11	材料基础知识培训	常用材料
12	材料基础知识培训	材料基础知识培训
13	材料基础知识培训	材料表面处理
14	电气安装	接触器继电器按钮使用
15	电气安装	接触器继电器按钮使用
16	机械装配	现场设备装配
17	机械装配	现场设备装配
18	学期考核	

三、经验策略

（一）建立了多个场景应用车间

建立了智能制造实训室、智能装备零配件制造车间、工业机器人制造车间、智能装备装配调试车间等四个场景应用车间，构建了"基础实训-仿真产线-场景应用"生产与实践一体化的实训场景，并开展了项目教学与第二课堂活动。

（二）校企产学研深度融合

在先进技术进课程、企业师傅进课堂、专业教师参与企业生产与管理的基础上，校企共建研发团队，开发《工业机器人维护与维修》等六门基于岗位内容的项目教材及相应教学资源，开发专业课程电子考评系统，获发明专利 1 项、软件著作权 6 项、实用新型专利 4 项，开发 AGV、消杀机器人、口罩机等市场急需的自动化设备。针对新型冠状病毒肺炎疫情肆虐全球，为做好新冠疫情防控，有效切断病毒传播途径，学校联合东莞宏友智能科技有限公司全力出击，大力支持"次氯酸消杀机器人研发生产"重点项目，整合现有的校园资源为企业提供便利条件，学校的专业教师的专业知识与专业技能为企业提供技术支撑，共同研发推出智能消杀机器人。目前，战疫 2020 消杀机器人已正式上岗，分别售往哈尔滨、深圳、南京、东莞等城市，可在居民社区、学校食堂、政务大厅等场合使用，赢得用户的好评。

（三）与东莞宏友等企业开展项目式教学

包括"全日劳动，工余上课制"项目、工业机器人安装与调试实训项目、智能装备制造项目、自动化项目等。其中，自动化项目年产量 300 万元、利润 10%；机器人项目年产量 500 万元、利润 10%。

（四）产教融合成果体系逐步形成

专业群负责人以"产教融合校企共建工业机器人应用人才培养体系探索与实践"为题获得省级教育教学成果二等奖。

四、成效与反思

不足之处有：合作机制尚未完全制度化，未来仍需校企双方不断完善各项机制，建立校企双方参与、内外联动的协同推进机制，动态优化基地发展特色，促进基地培训资源共建共享，定期开展基地常态化诊改，形成可借鉴典型案例并加以推广。

执笔人：罗梓杰，钟柱培。

案例 40

突显功能定位　争创全国一流

四川省成都市中和职业中学

【摘要】 本文主要以四川省成都市中和职业中学新校区搬迁新校为背景，介绍学校行政区划调整后，为更好地为成都高新区产业服务、为区域内居民提供更高质量职业教育进行研究和改革，所采取的措施、方法和获得的部分成效。

一、案例概要

四川省成都市中和职业中学始建于 1989 年,位于成都高新区,是中等职业教育改革发展示范性建设学校、国家级重点职业中学、四川省校风示范校,也是四川省实施"藏区'9+3'免费职业教育"计划的首批重点中职学校,还是全国教育系统先进集体,学校党支部被中共中央组织部评为"全国创先争优先进基层党组织"。

学校占地 153 亩,建筑面积 11.5 万平方米,固定资产总值 8 亿元,生均设备值 2.1 万元,生均年度财政拨款 2.44 万元,校园绿化覆盖率 38%。现有教职工 340 余人,在校学生 3800 余人。

学校开设有机械加工技术、电子技术应用、计算机应用、学前教育、会计、饭店服务与管理、汽车运用与维修和社区服务等 8 个专业。其中,电子技术应用、计算机应用、机械加工技术 3 个专业是经教育部审批通过的重点建设和发展专业。三个重点专业的建设将更好地为高新区的产业服务,为高新区企业提供优质的人力资源。

学校是教育部国家社会科学基金项目课题创业教育实验基地、工信部全国服务外包技能考试委员会理事及成都运营中心、劳动部 ATA 高新技术技能考试站、四川省职业技能鉴定智能化考试站、成都市职业教育改革创新先进单位、成都市服务外包人才培养基地、清华万博校企合作单位、上海新能源集成电路产业校企业合作单位。

刘奇葆同志在担任四川省委书记期间专门致信慰问藏族"9+3"残疾学生志玛,自己出钱为该生购买笔记本电脑;教育部原副部长鲁昕、省政府副省长杨兴平等领导先后到学校视察,充分肯定学校的工作;省市职业教育经验交流会多次在我校召开,省内外各中等职业学校也多次到我校学习考察。

二、学校新建背景

(一)区划调整与学校机遇

2010 年 5 月,随着行政区划调整,学校划归成都高新区管辖,更名为"四川省成都市中和职业中学",是区划调整后高新区唯一的公办中等职业学校。

成都高新技术产业开发区是国家级经济技术开发区、全国版权示范园区、全国科技和金融结合试点地区、国家知识产权示范园区、国家高新技术产业标准化示范区,是四川天府新区重点区域。学校依托成都高新区产业集群,在校企合作、产教融合、实践教学、学生就业、办学经费等方面优势明显,为区域经济和社会发展提供了大量技术技能型人才支撑。

随着职业教育的高质量发展,国家政策层面对职业教育越来越重视和支持,更加凸显了中和职中在高技能人才培养的功能定位,学校迎来了高速发展时期。

(二)招生就业与服务功能

1. 为区域居民服务

高新区是产业新区,区划调整后,区内失地农民很多,让失地农民子女接受高质量职业教育是学校的重要任务。2010～2013年学校招生规模均超过1200人，区内学生数每年递增，2012年超过1000人，其中80%是本区失地农民子女。

2. 为高新区产业服务

2010～2013年学校毕业生就业率达到98%，就业区域主要集中在成都市，其中区内就业比例达到80%。学校与区内企业成都英特尔、会展旅游集团、洲际酒店集团、成都硅宝公司、腾讯公司、成都九洲迪飞公司、成都西格码公司、宇芯（成都）公司、成都兴三和汽车公司等建立了长期的合作关系，就业学生平均薪资达到2000元以上，学校对口高职高考升学率达90%以上，远远超过40%的全省平均水平。

（三）办学条件严重不足

随着高新区经济的快速发展，区内企业对技能型人才的需求不断增加，区内居民特别是失地农民子女接受中等职业教育的数量和比例都有较大幅度的增长，学校面临专业改造升级、扩大办学规模、提升教育质量等一系列问题。但由于历史原因，学校缺少整体规划，教学和生活设施陈旧，危房较多，存在安全隐患，学生实践训练条件不足，影响了教学效率和质量，招生规模也局限于1100人，严重制约了学校的进一步发展，且投入不足，与天津、苏州、宁波等东部高新区职业教育存在较大差距，无法满足高新区企业的用工需求以及区内失地农民子女接受高质量职业教育的需要。

（四）以创建国家级示范校为契机，提出新建学校思路

2013年，学校"国家中等职业教育改革发展示范校"建设方案顺利通过。学校提出了新建学校的思路：原址重建，但在3年建设期间会直接影响教学工作，安全压力太大；另外选址，重新规划布局，修建一所全新的高水平的现代化中等职业学校。

三、解决修建新校问题的过程

（一）提高办学质量，为区域经济建设和社会发展服务

根据《国家中长期教育改革和发展规划纲要》《成都市中长期教育改革与发展规划纲要》《成都市现代职业教育体系建设规划》，以及高新区职业教育规划，学校作为高新区唯一的一所公立中等职业学校，下一步发展思路是：坚持以服务高新区经济发展为宗旨，以高新区"三次创业"和"建设世界一流高科技园区"为契机，以建设现代职业学校和培养本区急需的应用型人才为目标，创新机制模式，拓展职业教育内涵，不断提高教育质量。在搬迁学校的同时，加强基础能力建设，促进以电子技术、计算机应用、机械加工等重点专业的改造升级，打开职业教育的国际交流渠道，加强与区内企业的紧密联系与合作，增强学校为高新区服务的功能，把建设重点放在二、三产业一线技能型人才的培养，充分发挥职业学校对经济发展的人才支撑作用，为高新区7大产业服务，每年为高新区输送1000～1200名高素质的技能型、应用型人才。进一步扩大区内招生规模，达到每年1200人（其中区内招生达到1000人），把中和职中建设成为全国一流的中等职业学校，为区内居

民特别是失地农民子女提供更好的职业教育服务，为区内再就业人员提供更好的岗位培训，为高新区"三次创业"和"建设世界一流高科技园区"做出应有的贡献。

（二）提出思路，反复汇报

1. 制订建设方案

学校根据高新区经济建设和社会发展需要，反复论证，制订了"中和职中新校建设方案"，包括学校功能定位、学生规模、专业建设、教学设施、实训设备、师资引进等。

2. 争取领导重视和支持

将学校发展基本情况以及职业教育对高新区居民和企业的作用和意义向高新区教育处、社会事业局领导汇报，让上级领导了解职业教育，得到各级领导的理解、重视和支持。

3. 实地考察调研

邀请各级领导到学校考察调研职业教育发展现状，了解学校目前面临的困难，提交"中和职中新校建设方案"。

4. 得到高新区管委会领导大力支持

在高新区社会事业局的共同努力下，学校向时任高新区管委会主任韩春林同志提交了"四川省成都市中和职业中学有关情况的汇报"的报告材料。不久，韩主任率队到学校实地视察。黄宗良校长还给韩主任写了亲笔信，非常感谢高新区领导对学校的关爱和支持，一定不负期望，努力把中和职中建设成为"四川领先、全国一流"的现代化中等职业学校。

2014年，"中和职中新校建设方案"在高新区党工委会议上通过，在中和片区重新划定153亩作为新学校建设用地，并迅速进入规划和招标程序，由西南设计院负责学校设计，学校全程参与。为了更好地规划和建设新学校，高新区规划局、社事局、高投集团和学校联合组队，先后到上海、宁波、深圳、广州等职业教育发达地区考察学习，学习先进经验，将学校教育理念、学校文化、功能布局等完美融合到新学校规划和建设当中。新学校于2015年8月动工修建，2018年5月全校整体搬迁到新校区。

四、向"四川领先、全国一流"的中等职业学校进军

新学校占地153亩（10.2公顷），建筑面积11.5万平方米，共计投入建设资金6.5亿元、教学设备1.2亿元（其中实训设备6000万元）。校园布局合理，环境优美，分为教学区、实训区、办公区、生活区、活动区、运动区，可容纳在校生4000人，住宿条件大为改善，可容3000名学生住校。

搬迁新校区后，根据现阶段中等职业教育发展形势，中等职业教育已经不能满足现代企业对人才的需要，高新区学生和家长对升学的愿望非常强烈，学校提出了"转型升级、提质晋位"三年行动计划，以"四川领先、全国一流"为学校发展目标，以促进更高质量就业为导向，为学生搭建6条出路：

（1）本科部。中考成绩 450 分以上的可以进入本科部，教学管理围绕对口高职考试。

（2）单招。围绕四川省高职院校单招考试。

（3）国际部。有条件有意愿的学生进入国际部，通过 3 年的学习（特别是日语学习），通过者到日本各高等学校留学。未通过者可参加单招考试。

（4）大专部。根据四川省"3+2"招生规则进行，与部分高职院校联合开办，在本校学习 3 年，通过转录考试进入对应高职院校。

（5）成人高考。上述 4 项都不能满足的情况下，根据学生和家长意愿，可参加四川省成人高考。

（6）就业。根据部分学生的就业意愿，学校负责推荐就业。

2021 年，本科部升学 257 人，单招升学 742 人，3+2 大专班转录升学 165 人，出国留学 82 人，自考升学 50 人，就业 47 人。整体升学率达到 96.5%。

随着国家职业教育体系逐渐完善，中等职业教育作为职业教育的基础，中职毕业不再是学生的终极目标。随着经济的发展和社会的进步，我校将继续努力，不断提高教育教学质量，为区域经济建设和社会发展服务，为区域内居民子女接受高质量职业教育做出贡献，向"四川领先、全国一流"的中等职业学校进军。

案例 41

人才培养赋能　乡村振兴有术

北京昌平职业学校

【摘要】 乡村振兴关键在人。2015 年起，北京昌平职业学校电子商务专业与京东集团开展深度合作，共建产教融合学院，推动学校、企业、农户、社区四方联动，指导农户种、引导居民买；将农村电商项目植入学历教育；构建"四个一"的非学历学徒育人模式；建立新农人课程学习超市，推进人才培养培训。校企赋能案例在学习强国、央广新闻、央视频等多家媒体专题宣传报道，并登上了央视农业频道"我为家乡代言"栏目，产生了强烈的社会影响。

一、案例概要

因地制宜，精准定位乡村振兴人才培养方向，构建"学产研销创"现代学徒制人才培养模式，提升复合型技术技能人才培养质量。

利用行业企业标准引领，深度植入助农项目，重构课程体系。校企农社多方协同，构建"学产研销创"现代学徒制人才培养模式。以项目孵化引领非学历学徒培养，提升新型职业农民素质。

构建产教融合良性运行机制，共建京东产融合学院，开展人才培养服务乡村振兴；校企农社四方联动，保障产教融合运行机制顺畅；开发区域数字农旅平台，优化农产品运营流通生态，提升新农人互联网信息素，助力人才培养培训质量提升。

二、背景分析

都市型现代农业需要能生产、会应用、懂经营的复合型人才，农业从业者需要智慧农业理念引领，掌握现代农业技术，向职业农民转变，不只是"慧"种地，更需要"慧"营销。坚持农业农村优先发展，必须要把乡村人力资本开发放在首要位置，培养造就一批能够引领一方、带动一片的农村实用人才，为实现乡村振兴提供人才支撑。

三、建设思路

（一）项目带动，开展"学产研销创"现代学徒制人才培养

第一学年打基础，开展认岗实践，以文化课、专业基础为主；第二学年强技能，开展跟岗实践，强化岗位专项能力训练和阶段式项目实践；第五学期组建若干个项目运营团队，每个团队由一名教师、一名企业人员和 N 个学生组成，并行开展生产性实践项目，实现教学成果向市场产品转化；第六学期顶岗实习，提升学生综合应用能力，助力农户生产经营高质量发展（图1）。

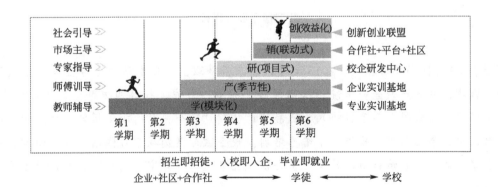

图1 "学产研销创"现代学徒制人才培养模式

（二）育训结合，构建多元化新型职业农民培养渠道

学校与京东、联想、美团、字节跳动等企业开展校企合作，成立工程师学院，通过搭建技术创新平台，以区域农业产业作为人才培养的项目载体，利用京东农村电商生态中心

开展社会服务，向农业、农村输送有文化、懂技术、善经营、会管理的人才，助力区域产业发展和乡村振兴（图2）。

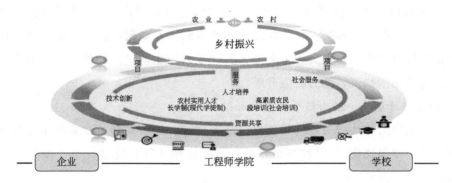

图2 工程师学院服务乡村振兴运行模式

1. 联手打造课程超市，服务新农人个性化学习需要

学校成立益农村校，建立课程超市，利用昌平区数字农旅服务平台更新发布课程，通过平台自选、集中培训、驻村入户指导等多形式实施培训，满足农民个性化学习需求。

校企针对现代农业发展对新农人的要求，立足区域农业产业，突出实用技能及信息化素养，推动农村劳动力能力提升，构建了由21门模块化课程培训课程体系（图3）。

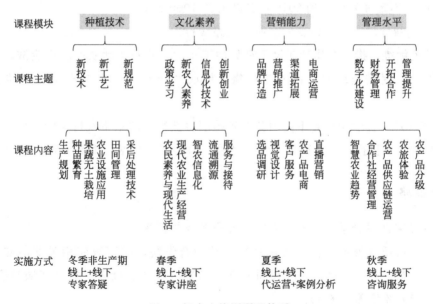

图3 新农人培训课程体系

2. 项目孵化，探索非学历学徒式人才培养

校企与帮扶农户结对，形成"4个一"学徒育人范式，构建了以项目孵化为最终目的"手把手教、手拉手带、手握手成功"的"4个一"学徒育人范式，即一名校内教师和一名企业专家共同带一个合作社骨干，手把手教授学习者电商知识；手拉手带着一起做项目，设计农产品推广和电商方案；共同做出业绩，手握手获得成功。

(三)扎根"三农",实施"四品计划",激活乡村振兴源动力

1. 品质提升计划——助力昌平都市型现代农业转型升级

2013年学校师生团队共同研发了9个蝴蝶兰新品种,将生产科研项目转化成教学项目,以科研促产业提升,解决农村、农民头疼的难题。农业副产品加工手段升级向产品附加值有效提升转型突破。建立大师带名师、名师带名学生的师带徒机制,提升农产品升级和残次果、滞销果附加值,助力转型升级。

2. 品牌强农计划——助力昌平特色农品站稳市场

学校引导农户合作社把资源优势转化为品牌优势、经济优势。专业师生连续多年参与策划实施"昌平苹果文化节""昌平草莓节"系列促销活动,持续打响"崔村红""真顺"等昌平草莓、苹果品牌。

教学实践活动先后得到了学习强国、央广新闻、央视频等媒体宣传报道,使得"崔村红""真顺"等农产品品牌更加深入人心,昌平草莓和昌平苹果的名牌更亮,效益彰显。

3. 品味升级计划——助力乡村消费市场高速增长

在民俗宴开发、特色小镇规划、村镇环境美化等多方面与昌平区多个村镇对接,进行乡村建设的品位升级,助力乡村消费市场高速增长,开发康陵春饼宴、马刨泉核桃宴和真顺田园果宴等特色民俗宴。2018年正德春饼宴成功登陆《舌尖上的中国3》,全村旅游年收入从2005年不足3万元,到2019年已跃升至1000万元。

4. 品优创新计划——助力乡村产业高端路线行走

依托学校优势,指导合作社建设了食品加工车间,延长当地农产品产业链,增加当地农产品附加值,促进当地农产品加工销售,形成"合作社+农户+企业"的农业运营模式。

2020年9月,在学校指导下高山黄花种植项目获得了北京市农村实用人才优秀创业项目,为学校助力乡村振兴工作积累了宝贵经验,为昌平乡村振兴贡献了职教力量。

四、经验策略

1. 共建京东产融合学院,开展人才培养服务乡村振兴

学校与京东开展校企合作,共建京东产教融合学院,在区政府相关部门支持下,学校、京东及生态企业、农户、社区共同成立"昌平区校企农社乡村振兴产城教联盟",整合资源,赋能人才培养(图4)。

2. 校企农社四方联动,保障产教融合运行机制顺畅

学校师生在企业提供的行业标准下通过社群营销、O2O活动等方式为社区提供服务,获得了真实的实践项目,获取了人才培养质量评价反馈;企业提供平台、技术标准与项目服务,实现社会责任,获得利润和流量;合作社负责标准化种植与品控管理,带动农户向现代农业转型;社区居民作为消费端,满足了对绿色优质农产品、乡村休闲旅游等的需求,并能给出评价反馈,有利于学校、农户、企业更好地提供服务(图5)。

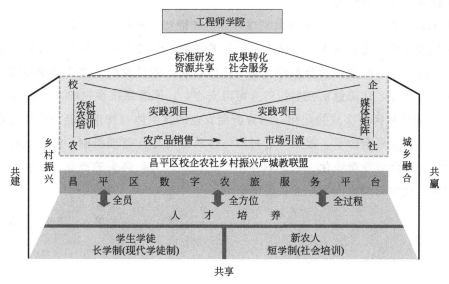

图 4　昌平区校企农社乡村振兴产城教联盟运行图

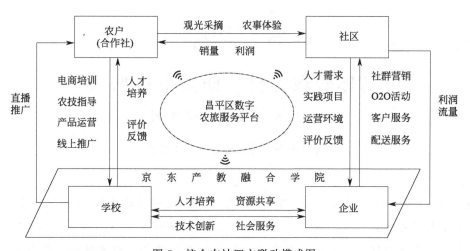

图 5　校企农社四方联动模式图

3. 开发区域数字农旅平台，优化农产品运营流通生态，提升新农人互联网信息素养

校企共同开发昌平区数字农旅服务平台，用数据组织生产，指导农户"怎么种"，引导社区消费，解决居民"怎么买"。用数字化销售流通，倒逼生产环节的组织化、标准化，真正种出绿色、生态、优质的特色农产品。汇聚展示昌平农产品流通、消费等全要素质量数据，呈现出昌平农产品高品质，塑造品牌形象，打通市场宣传与销售渠道。

五、成效与反思

1. 乡村振兴是系统工程，需要多方参与人才培养，共同助力人才振兴

实施"四品计划"过程中，形成了一个多方主体聚合的乡村振兴产城教联盟，共同发挥网络、数据、技术和知识等要素作用，协同育人，共同助推区域农业高质量发展，助力

乡村人才振兴和城乡融合发展。

2. 乡村振兴需要有强有力的政策支撑，让人才能留在农村

出台相关政策，为农村人才提供人生出彩的机会。学校为每位参与教育培训项目的农民建立个人终身学习账户和学分银行，采用弹性学制，满足乡村人才终身学习需求，让他们留得住、干得好，让愿意留在乡村的人留得安心，让愿意回报乡村的人更有信心。

3. 农村合作社需要实现公司化，培育新型农业经营主体，按市场经济规律发展

合作社公司化经营改革，摸索一套村集体性质公司运行管理机制，激发农村资源配置的市场活力，推动农业企业化、农民职业化，让农业成为有奔头的产业，让农民成为有吸引力的职业，让农村成为安居乐业的美丽家园。

执笔人：于芳，高鑫，龚敏妍。

案例 42

发挥职教优势　助力乡村振兴
——乡村振兴典型案例

济南市济阳区职业中等专业学校

【摘要】2021年4月国家出台《中华人民共和国乡村振兴促进法》，全面实施乡村振兴战略，促进乡村产业振兴、人才振兴、文化振兴、生态振兴、组织振兴，推进城乡融合发展。近年来，济南市济阳区职业中等专业学校发挥区位优势、资源优势、服务功能优势，打造现代农业专业群，成立济南市现代农业职教集团，建立济南市现代农业实训基地，牵头成立济南市职业教育乡村振兴研究中心，按照产业兴旺、生态宜居、乡风文明、治理有效、生活富裕的总要求，优化专业发展布局，建立现代农业专业群，为服务农村一二三产业深度融合发展、助力生态乡村宜居建设、培植淳朴民风、打造乡风文明、服务乡村治理现代化和促进农民致富贡献巨大。

一、案例概要

围绕"产业振兴、人才振兴、文化振兴、生态振兴、组织振兴"乡村振兴战略，落实职业教育育训并举法定职责，发挥职业教育师资、设施、设备、技术资源优势，坚持"政

府统筹、部门联动",建立集技术研发、推广和应用为一体的"三级培训网络",开展乡村振兴"十百千"工程,培养乡村振兴带头人,助力"三农"发展,服务新农村建设。

二、背景分析

2021年4月国家出台《中华人民共和国乡村振兴促进法》,全面实施乡村振兴战略,促进乡村产业振兴、人才振兴、文化振兴、生态振兴、组织振兴,推进城乡融合发展。实施乡村振兴战略,是以习近平同志为核心的党中央从党和国家事业全局出发、着眼于实现"两个一百年"奋斗目标、顺应亿万农民对美好生活的向往作出的重大决策。

济阳作为省会济南市的"后花园""菜篮子"和"米袋子",是济南市现代农业示范基地,是食品加工、设施农业生产和种苗生产等多家农业企业的聚集地。济南市济阳区职业中等专业学校坚持服务区域经济发展的功能定位,按照育训并举法定职责,调整优化专业发展布局,提升专业师资队伍水平,完善实训实习条件,深化校企合作和产教融合,对接新旧动能转换、乡村振兴"十百千"工程、十大千亿产业和新兴产业发展需要,助力培养"百万工匠"后备人才,为助力社会主义新农村建设做出了贡献。

实施乡村振兴战略,关键在人,基础靠教育。中等职业教育在服务乡村振兴战略中拥有重要地位,彰显了乡村振兴破解人才瓶颈制约关键作用。2020年,31个省(区、市)的中职学校共有涉农专业布点数2122个,招生148608人,在校生451875人。中职学校面向"三农"开展培训服务,大力培养以新型职业农民为主体的农村实用人才,中职教育培养新型职业农民发挥了关键作用。2021年评选的98所"乡村振兴人才培养优质校"中,中职学校有24所,占比24.49%,中职教育在农村职业教育中发挥了关键作用。学校作为济南市乡村振兴示范学校,建有济南市现代农业实训基地、济南市职业教育乡村振兴研究中心,在乡村振兴研究中做出了突出的研究成果和实践经验,为美丽乡村建设和社会主义新农村建设发挥了关键作用。

三、建设思路

调整优化专业发展布局,发挥学校专业人才优势和全国新型农民培训基地优势,改革创新服务乡村振兴体制机制、专业人才培养培训模式、"双师型"师资队伍发展模式和教学内容动态更新课程体系,构建校地一体、产教一体、线上线下一体的职业院校服务乡村振兴人才培养的齐鲁样板,实施"高素质农民学历提升五年行动计划",开展各级各类职业和技能培训5000人次以上,建成服务乡村振兴示范学校,培养乡村振兴带头人,培养乡村振兴人才。

四、经验策略

(一)优化专业布局,打造特色专业,助力乡村产业兴旺

坚持"立足一产、凸显特色,接二连三、融合发展",打造了现代农业专业特色专业

群,建设了山东省现代农艺技术品牌专业,吸收行业企业专家和能工巧匠,组建专业建设指导委员会,对接"三农"发展,开展专业技术服务的研究和实践。积极开展山东省现代农艺技术产教融合试点、山东省现代农艺技术现代学徒制试点,与山东安信种苗股份有限公司建立合作关系,开展种苗培育的教学,在企业设立课堂,在农田设立基地,实现了教学和实践的零距离。发挥济南市现代农业实训基地职能,与潍坊科技学院联合开展技术研发,面向社会开展技术推广和应用。联合四家农村合作社成立合作联盟单位,积极推进新技术的研发和推广,把技术传播到乡村地头,发挥了农业技术的辐射、示范引领作用,推动了农业技术升级。

(二)发挥师资优势,开展送教下乡,助力乡村生态宜居

学校开设现代农业群三个涉农专业,主要是服务于农业种植、农业机械使用与维护、农村经济管理,与新农村建设紧密。多年来,学校对接垛石东瓦村和垛石刘家村,发挥设施资源条件和专业师资优势,把生态农业、观光农业方面的理念、技术送到农户家里,到田间地头指导。目前,在垛石街道建设现代农业示范基地近 3000 亩,在济北街道建设现代农业科技示范园近 1000 亩,作为生态农业的典范,进一步改变着农民群众的生产经营理念,为新农村生态宜居环境和美丽乡村建设奠定了坚实基础。

(三)加强社区教育,开展文化下乡,培育淳朴文明乡风

学校牵头成立济阳区社区教育学院,在各乡镇街道设立 10 个社区教育学校,积极面向全体群众开展继续教育。学校发挥学校社团作用,把安塞腰鼓、礼仪、乐队、舞蹈、烘焙、陶艺等反映新生活的文化健康艺术活动,送到乡村文化大院,进行专场演出,吸引了人民群众观看学习,丰富了人民群众的文化艺术生活。目前,通过小班化、一对一等方式,建立培训班 10 个,定期下乡开展专题培训,让农民群众感受到艺术生活之美,营造了淳朴文明的村风民风和积极向上社会氛围。

(四)发挥帮扶作用,建立"党建+"模式,提升乡村治理能力

2020 年是全国脱贫攻坚年,济阳区垛石街道刘家村是一个成功脱贫的村子。之前,村子贫困户多,村风不太好,村委组织能力不强。近年来,在第一书记和党员干部帮扶下,顺利完成每一届的村委选举工作,改变了过去村委一盘散沙局面。方法就是采取党员干部帮扶方式,一个干部帮扶一个村干部、帮扶一个小队,既要帮助组织建设,又要扶贫扶困,又帮助集体致富。村第一书记刘德强同志经过不懈努力,为村里引进建成了太阳能发电厂,让最后的 8 名贫困户脱了贫。党员干部帮扶既把课堂放在了村委,也把技术和人员带到了村委,党员讲座、农业技术讲座、经营管理讲座让村委班子和人民群众备受青睐。经过几年时间,村风村貌就有了很大的变化。人民群众受益同时,更提高了村委的威信,村庄治理得文明和谐,得到群众普遍认可。

(五)加强社会培训,建立培训网络,促进农民增收致富

坚持"政府统筹、部门联动",以职业教育为载体,紧紧围绕产业和企业发展,建立

区镇村"三级培训网络"。曲堤黄瓜是全国知名品牌，为切实方便服务群众掌握技术，深入各村开展现场指导答疑20余次，培训农民1200余人。到垛石镇广泛开展"科技入户工程"，制订了5年"科技入户"工程实施规划，确定了10个示范村、500户种养大户为"科技入户"培养典型户，根据"村民所求、产业特点、时节需要"的要求，从农业、林业、畜牧等方面突破，在各村巡回入户培训村民相应所需的种、养技术课，主要推广农作物新品种、新技术，并实施技能培训，切实把技术送到户、传给人。近年来，开展聊城莘县北十户村农业技术带头人和区域新型职业农民等培训一年达3000人次，培养了大批"有知识、懂技术、会经营"的新型职业农民，使他们从中受惠，走上了致富路。

五、成效与反思

（一）服务乡村振兴人才资源优势得到充分发挥

近年来，学校着眼打造乡村振兴"济南样板"，加强与省市区农业农村局、人社局和教育局等政府部门、科研院所、高校以及行业企业等机构合作，先后牵头成立了济南市现代农业职业教育集团、济南市职业教育乡村振兴研究中心、浙江大学山东工业技术研究院济阳智慧农业工作站、济阳乡村振兴产业研究院、济阳区社区教育学院等机构，汇集全省各行各业各级乡村振兴人才资源，围绕服务乡村振兴的机制体制建设、双师型队伍建设、实训基地建设、人才培养模式改革、教学资源开发和技术服务推广研发等开展专题研究与实践，服务乡村产业振兴、人才振兴、文化振兴、生态振兴、组织振兴"五大战略"的实施。

学校与区农业农村局合作实施了"齐鲁样板村"建设工作，开展农业师资队伍建设工程、新型农民培育工程、农业科技培训工程、家庭农场建设工程、"党支部＋合作社"发展工程等项目；与京东集团合作建成农村电商实训基地，为乡村培养了大量的电商人才；学校与山东省职业教育名师工作室团队合作，并作为团队成员一起服务乡村振兴工作。

（二）服务乡村振兴基地资源优势得到充分发挥

学校发挥明显的基地资源优势，多次承办涉农类职业院校技能大赛市级"园林植物修剪""动物解剖""种子质量检测""蔬菜嫁接"赛项和省级"手工制茶"赛项比赛；涉农专业学生分别于2015年、2019年连续两届在全国职业院校技能大赛中获得一等奖；学校一直承担民政局、科技局、农业农村局、安监局、人社局等部门的技术培训工作，近三年年均培训人次达13000人以上，培训类别涉及信息专员培训、农业企业骨干人才培训、安全管理人员培训、灾情报送暨村级安全生产能力培训、草地贪夜蛾监测防控培训、动物防疫员培训、小麦种植和病虫害预防培训、新型农民辅导员等各级各类培训。

（三）服务乡村振兴人才培养机制实现改革创新

实施"岗课赛证""四轮驱动"人才培养模式，深化校企合作、产教融合，推进区块链实训平台建设，建立校中企、企中校，实施订单培养。与迈大食品（山东）有限公司、歌尔股份有限公司等开设订单班、冠名班，共建实践性校外实训基地，共同开发课程标准和资源，搭建校企共建联合体；与济南职业学院、泰山职业技术学院、山东服装学院、烟台汽车工程职业院校开展中高职3＋2贯通培养，中高职分段、联合培养，助力高层次技术人才培养。2021年，学校课题"提质培优背景下中职现代农艺技术专业'德技并修、工学结合'育人机制研究"成功立项省级职业教育教学改革课题。

创新专业人才培养培训模式，建立了"1＋9＋N"的"岗课赛证"人才培养模式，依托1个中心即济南市乡村振兴研究中心，制订9个专业面向乡村振兴的人才培养方案，设置N个村级教学班，建立"学分银行"，实行"小班化""学徒制"管理模式。同时，还建成全面覆盖的培训网络，即区有职业中专、镇有社区教育学校、村有文化大院的"区镇村"三级培训网络，带着大家干、做给农民学员民看、让群众有钱赚，以保障人才培养培训模式落到实处。

（四）服务乡村振兴工作保障措施逐步得以落实

1. 组织保障

成立乡村振兴人才培养行动计划领导小组，统筹推进方案实施，相关部门积极参与、各负其责，抓好各项政策措施落地，及时协调解决方案实施过程中的重大问题。坚持区政府为主导，建立政府统筹、部门联动体制机制；成立行业指导委员会、专业建设指导委员会；建立区政府部门联席会议制度，研究职业教育发展的重大问题；制订发展职业教育的优惠扶持政策，促进乡村振兴人才培养行动计划顺利实施。

2. 制度保障

建立乡村振兴人才保障机制，加强政策引导和舆论支持，营造社会广泛支持、人民积极参与的氛围；共同健全上下贯通的乡村振兴人才培养体制机制，使人才培养有动力、有保障、有实效。

3. 经费保障

健全政府、企业、个人、社会共同参与的基础能力建设多元投资机制，明确财政性职业教育经费总投入、职业教育专项经费投入、吸引社会力量经费总投入、生均拨款等方面的目标，为职业教育发展和乡村振兴人才培养提供资金保障。

4. 人才保障

建成体现职业教育创新发展高地要求和与乡村振兴人才培养相适应的专业师资队伍。按照人员总量控制20％的原则面向行业企业，引进高技能人才担任兼职教师，逐步建立起服务乡村振兴的人才资源库。

乡村振兴离不开职业教育，职业教育助力乡村振兴意义重大。加强职业教育，将会为推进乡村产业兴旺献"技"，为建设生态宜居乡村献"策"，为实现乡村文明献"计"，为推进乡村治理现代化献"智"，为乡村生活更富裕献"力"，为建设社会主义新农村做出更大的贡献。

执笔人：杨金勇，艾华。

案例 43

育粤菜师傅　助乡村振兴

——广州市旅游商务职业学校育训结合"粤菜师傅"培养模式

广州市旅游商务职业学校

【摘要】 广州市旅游商务职业学校紧紧抓住广东省委、省政府推进实施"粤菜师傅"工程的契机,发挥学校作为"粤菜厨师黄埔军校"的优势,一举成为广东省唯一双基地单位(广东省粤菜师傅大师工作室、粤菜师傅培训基地)。积极探索育训结合"粤菜师傅"培养模式,形成了"政校行企"四方协同的运行机制,打造了"课岗证赛"四位一体的人才培养模式,构建了"1+N"多元融合的技能培训体系,实现了"培养工匠、传承文化"的育人效果,为培养粤菜技术人才、助力乡村振兴、传承粤菜文化、擦亮广东名片,贡献了职业教育的力量。

一、实施背景

"粤菜师傅"工程,是广东省委、省政府贯彻落实习近平总书记对广东重要讲话和重要指示批示精神,着眼于满足人民群众美好生活需要部署实施的重大民生工程,旨在促进城乡劳动者技能就业、技能致富,全面提升就业创业水平,助推乡村振兴发展。广州市旅游商务职业学校开设粤菜烹饪教育已有50余年,被行业赞誉为"粤菜厨师黄埔军校",此次抓住战略机遇承担社会责任,一举成为广东省**粤菜师傅大师工作室、粤菜师傅培训基地**,是全省唯一双基地单位(图1)。

 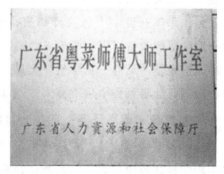

图1　学校在粤菜烹饪教育上受到认可

二、主要做法

(一)构建"政校行企"四方协同的运行机制

在上级党政的领导下,学校始终牢记"为党育人为国育才"的重要指示,积极承担党建引领、立德树人的主体责任，行业、企业积极参与其中并进行指导，政校行企四方联动，产教融合协同育人。

1. 借政策东风筑育人基石

2018年8月30日广东省人力资源和社会保障厅印发的《广东省"粤菜师傅"工程实施方案》提出，采取职业培训与学制教育相结合模式，大规模开展粤菜师傅职业技能教育培训，广州市旅游商务职业学校得益于拥有省重点专业中餐烹饪专业和"粤菜师傅"工程双料基地优势，挑起了全省首家粤菜师傅培训室的重任，得到了领导的高度关注，时任中宣部部长黄坤明、省委书记李希等领导先后到粤菜师傅培训室视察。政策东风、自身的硬件和领导的关心，为学校开展学制教育和职业培训双向培育"粤菜师傅"奠定了基石。

2. 构建支撑工匠精神的校园软环境

学校创设"上学如上班，上课如上岗"的育人氛围，推进"立德树人，倚技出彩"德育模式，弘扬"技能成才，强国有我"的精神，推进"工匠精神"培育工程，开展"厚德行、精技艺、立宏志、为儒厨"烹饪专业系训教育，培养学生严谨专注、敬业专业、精益求精和追求卓越的品质（图2）。

3. 与行企联合研发创新育人平台

学校与行业企业成立粤菜发展研究院、珠江桥调味品研发中心等研发机构；建设粤菜师傅工程产业学院、粤菜博物馆和广东省粤菜联盟；校企合力引领学生站在更高的平台上，拓宽视野，坚定职业理想，立志成为粤菜大师。

4. 校企合作冠名，定向培养粤菜师傅

学校与白天鹅宾馆等知名企业合作开展"企业订单班"培养，三年来"企业订单班"学生数达240人，占专业学生总人数的51%。特别是自2019年来，与知名企业合作每年开设1个粤菜师傅班，面向省内及东西协作地区等招收贫困家庭学生88人，由企业全程全额资助，实现了"培养一个学生，帮助一个家庭"，助力乡村振兴，让粤菜传承后继有人（图3）。

图2 构建支撑工匠精神的校园软环境

（二）打造"课岗证赛"四位一体的人才培养模式

学校中餐烹饪专业是广东省第一批"双精准"示范专业，中餐烹饪专业群是广东省高水平中职学校建设项目之一，在教学过程中，推进"岗课赛证"综合育人，探索符合"粤菜师傅"培养规律的路径。

1. 制订专门的人才培养方案

在客观分析中餐烹饪专业（粤菜师傅班）招生对象基础上，校企合作开展粤菜师傅岗位能力分析，通过调整专业课程课时、增设企业课程，修订了粤菜师傅班专业人才培养方案，精准对接粤菜企业需求（图4）。

图3　与白天鹅宾馆合作开展的"企业订单班"

图4　厨师班开班仪式

2. 研发标准抢占人才培育制高点

积极推进职业标准与课程标准对接，研制了20个粤菜烹饪标准。与广州地区饮食行业协会合作，根据"广东省'粤菜师傅'烹饪技能标准开发及评价认定框架"的要求，开展广府风味菜、广式点心、广东烧腊三个专项能力试题考评测试工作。

3. 开发粤菜精品课程

在《粤菜粤点》系列教材基础上，组织修订"粤菜师傅"工程系列——烹饪专业精品教材（5本），被评为广东省宣传部"2020年主题出版重点出版物项目"。开发编写中餐烹饪活页式系列教材，建设中餐烹饪教学资源库。

4. 积极指导学生参赛

充分发挥"以赛促学、以赛促教、以赛促改"的导向作用,组织烹饪学子积极参加各级各类烹饪技能大赛,如世界技能大赛、全国乡村振兴职业技能大赛、穗港澳台四地技能节、穗港澳蓉青年技能竞赛等,取得喜人成绩。来自云浮的粤菜师傅班学生黄镇燊,代表广州参加广东省第二届职业技能大赛暨乡村振兴职业技能大赛,获得中式烹调师(羊肉烘烤)项目金牌(图5)。

图5 参赛及获奖的学生

5. 课证融通,以证促教

组织粤菜师傅班学生考取"粤菜制作""粤点制作"X证书,分别实现"粤菜制作""粤点制作"职业技能等级证书与专业核心课程"粤菜烹调技术""粤式点心技术"融通,提高粤菜师傅人才教学质量。

(三)构建"1+N"多元融合的技能培训体系

广东省首家粤菜师傅大师工作室的主持人是学校烹饪专业带头人,同时也是行业翘楚,工作室已成为师生技能成长成才的重要基地。学校以工作室为依托构建"1+N"多元融合技能培训体系,助力就业、创业。"1"是培训载体,即粤菜师傅大师工作室;"N"是灵活多样培训形式,有网上直播课、送教上门、助力创业以及承办各项赛事等等。

1. 依托粤菜师傅大师工作室开展培训

学校积极发挥主体作用,组织工作室成员面向城乡新增劳动力、西部地区贫困人群、企事业单位后勤人员、乡村厨师、退役军人等开展技能培训,提升粤菜烹饪技能。至今已开展培训144期,培训14500多人次,做到了"周周有服务,月月有活动"。

2. 善用云平台开展直播课

新冠疫情暴发以来,"粤菜师傅培训室"开展了多场题为"同心抗疫幸福家居直播课",获得一致好评,广州市广播电视台对网课进行了采访,并在中共中央宣传部"学习强国"学习平台刊登,受到社会广泛关注。

3. 借力"我为群众办实事"助力创业

在"我为群众办实事"实践活动中,学校组织粤菜师傅培训室成员一对一指导,帮助有志青年成功创业。大学毕业生龚泽坚半路出家,回到家乡正果和同学创办"丰依竹食"来制作竹筒美食。来自增城的七彩云吞传承者黄淑玲也圆了自己的创业梦。

4. 东西部协作点对点培养粤菜师傅

学校对口帮扶贵州贵定、福泉和瓮安三个县,选派我校"粤菜师傅"大师工作室的骨干教师"送教上门",在当地发动100多人次参与"广东烧味制作"专项能力培训。选派烹饪专业教师到新疆疏附县职业高中支教,开设名师工作室,为当地培养一批烹饪专业职业技术人才,全面推进疏附县乡村人才振兴(图6)。

图6 对点培养粤菜师傅

5. 参加、承办各项赛事活动

与行业企业紧密合作,承办各类大型赛事,如第八届全国烹饪技能竞赛(广东赛区)技能大赛、中式烹饪师职业技能大赛、"粤菜师傅"技能大赛等,参加"百厨百店"培育、特色粤菜烹饪技能展示等系列主题活动,为广东地区的烹饪行业发展选拔各层次的优秀人才。

三、成果成效

2018年以来,学校借力"粤菜师傅"工程,立足培养高素质的粤菜烹饪技能人才,服务精准扶贫助力乡村振兴,放眼世界传播传统粤菜文化,打造了育训结合的"粤菜师傅"培养模式,仅烹饪专业就培育了1名国家级技术能手、7名省级技术能手,输送了近700名粤菜烹饪学生,面向社会开展粤菜烹饪职业技能培训万余人次,助力学生、粤菜爱好者创业数十人次;学校还在葡萄牙建立中餐烹饪工作室,在海外培育粤菜烹饪技能人才,擦亮粤菜这张广东的国际名片,实现了"培养工匠、传承文化"的育人效果。

1. 为社会输出大量粤菜师傅

据不完全统计,学校为广东餐饮行业培养了10万余名烹饪专业中职生和社会短期培训生,传承和提升粤菜技术,担当社会责任,为粤菜发展做出了突出贡献(图7)。

图 7 为社会输出的部分粤菜师傅合影

2. 为高校输送粤菜烹饪人才

学校就业与升学并重，拓展升学途径，在"3＋证书"高职高考、三二分段中高职贯通等基础上，开设现代学徒制三元融合定制班（旅商模式），打通国外留学通道，特别是近三年通过"3＋证书"高职高考方式直接为高校输送本科生 50 多人。

3. 服务区域经济发展

学校强化校企合作，产教融合，依托粤菜发展研究院、珠江桥调味品研发中心等研发机构，研发的新式菜品在五星酒店"上市"，颇获好评；粤菜师傅大师工作室与广州奥桑味精食品有限公司共同合作研发的"双桥和味酱"系列产品，已成为粤味酱料中的优秀成员（图 8）。

图 8 合作研发的"双桥和味酱"

4. 推动粤菜文化走向世界

与葡萄牙国家旅游局合作,在葡萄牙建立中餐烹饪工作室,教授粤菜烹饪技术;编写《中华粤菜》《中华茶艺》葡萄牙语和英语教材;委派粤菜烹饪专业教师到泰国皇室进行粤菜烹饪培训,推动粤菜文化走向世界,将"粤菜师傅"打造成弘扬岭南饮食文化的国际名片。

四、经验总结及推广应用

广州市旅游商务职业学校牢牢抓住"粤菜师傅"工程这个契机,敢于承担社会责任,育训结合培养"粤菜师傅",在粤菜人才培养、服务社会、传承技艺、弘扬文化等方面取得显著成效。

广州市旅游商务职业学校育训结合"粤菜师傅"培养模式的启示主要有三点:一是职业院校要有敏锐的触角,把握政策机遇,主动发挥专业优势和人才优势,促进人才培养目标与地方经济发展实际需求相吻合,有效释放职业促进地方经济发展潜能;二是深化产教融合,校企协同共育人才,形成校企发展命运共同体;三是职业教育"技能+文化"之路大有可为,应加强同海内外的互鉴、互容、互通,形成职业教育的开放格局。

在各地推出的培养重点行业、特色行业技术技能人才项目中,广州市旅游商务职业学校育训结合"粤菜师傅"培养模式可推广、可复制。今后广州市旅游商务职业学校将继续贯彻落实习近平总书记对职业教育的重要指示批示,秉承"人人皆可成才、人人尽展其才"的办学理念,不断优化人才培养模式,为社会输送更多高素质的旅游服务技术技能人才,为服务地方经济发展贡献力量。

案例 44

深化产教融合　助力乡村振兴

海南省农林科技学校

【摘要】"产教融合"是职业教育发展的必由之路,"乡村振兴"是农村发展的必然要求,"一二三产业融合发展"是实现乡村振兴的有效途径。海南省农林科技学校立足农村,主动服务三农事业、主动挖掘特色产业品牌,促进农村"一二三产业融合发展",不断创新人才培养模式,为乡村振兴探索出了一条有效的途径,积累了经验。

一、案例概要

一是构建融合机制，强化实施管理。学校根据各专业特点，建立了专业工作室，对接相关产业，建立了"双六双桥"机制，为人才培养、产品开发、成果转化搭建平台。二是提高双师能力，强化队伍建设。通过"村官班"教学，不断加强双师培训，为实施"产教融合"探索新思路、新模式、新渠道，不断改进教育教学方式。三是拓展融合平台，强化服务效能。实施"旺工淡学班""双历双轮训班"人才培养模式，有针对性地就近提高农民职业能力和文化素养，推进实施产业升级。

海南省农林科技学校的经验对职业教育如何发挥作用主动服务经济社会发展、如何调整办学定位主动适应海南自由贸易港建设和乡村振兴的需要，具有一定的借鉴和参考的价值。

二、背景分析

党的十九大提出"深化产教融合，校企合作""促进农村一二三产业融合发展""实施乡村振兴战略"等一系列重要论述。《国家职业教育改革实施方案》提出的"职业教育20条"进一步明确了职业教育改革的目标、任务和举措。

2008年以来，海南省农林科技学校主动服务"三农"事业，开创了双带头人中专学历"村官班"办学模式，建设了"六弓鹅""五指山五脚猪"等三个产业实训基地，孵化了一大批农民专业合作社，不断探索并深化产教融合的人才培养模式，为脱贫攻坚和乡村振兴注入了新的活力，做出了积极贡献。

2019年海南省农林科技学校教职工代表大会通过了"深化'产教融合　校企合作'构建新时代学校科学发展新机制"的五年行动计划，聚焦海南自贸易港建设对人才的需求，进一步厘清思路、明确任务。

三、改革与建设思路

1. 深入调研，统一认识，明确任务

当前，农业发展需要大量的技术人才支持，但目前学农的孩子越来越少，学农的兴趣越来越低，农业职业教育的吸引力总体上不够强。其主要原因：一是海南农业产业规范化、标准化、特色化、体系化以及产业链不健全；二是职业与专业不一致，教学与生产相脱离；三是产品品牌效益不显，产业链环不全，文化氛围不浓，发展后劲不足。面对新时代要求，农业职业教育要重点聚焦"一二三四"任务。

"一"，新时代农业职业教育要紧紧围绕"一个中心"。当前在全面建成小康社会的过程中，难度最大的是改变农村面貌，任务最重的是帮助农民致富，要求最高的是确保农业安全。农业职业教育主要面对的是广大的农民、广阔的农村、广博的农业。以人民为中心必将成为农业职业教育的办学定位和发展动力。

"二",新时代农业职业教育要着力破解"两大矛盾"。一是需求与供给的矛盾。从服务产业的角度来看,职业教育是供给方;从满足人民吃得放心的角度看,农业是供给方,而供给侧结构性改革的出发点和落脚点都必须是满足需求。当前人民对安全健康食品的需求与日俱增,农业产业结构不断优化升级,农业经营主体呈现多样化,为此,农业职业教育必须主动适应新时代的变化,在人才培养目标、方式、内容等方面进行深化改革,同时要主动加强与政府和行业企业的沟通,明确岗位设置和职业标准。二是环境与任务的矛盾。党的十九大对实施乡村振兴战略、实现农业农村现代化提出了具体的任务和要求,时间紧迫、任务艰巨。然而,整个社会环境,对专业技术人才的培养内容、方式,仍然存在许多困惑和误区。为此,农业职业教育必须主动作为,通过培育示范区、带头人,营造"学农有出息、事农好创业"的氛围,增强吸引力。

"三",新时代农业职业教育要充分发挥"三大功能"。一是激发专业活力,助力脱贫攻坚。制约农业发展和农民增收的关键问题是传统的生产方式和落后的生产技术,农业职业教育要发挥专业优势,让专业教师深入农村,与农民亲密对接、与农业亲密对接。二是明确目标定位,培养"一懂两爱"人才。长期以来,"不好好学习就回家务农"的思维导致了社会对学农事农的偏见。农业职业教育要站在高起点上谋划人才培养的目标定位,进一步提高学农事农的责任感和成就感。三是打造特色品牌,促进融合发展。在农村实现一二三产业融合发展,促进产教融合、校企合作,是新时代对职业教育提出的新命题,同时也给职业教育发展提供了新机遇。农业职业教育要主动引导和带领农民发展特色产业,构建全产业链的产业模式和人才培养模式。

"四",新时代农业职业教育要努力实现"四大转变"。一是认识上要实现从被动向主动转变,主动面向农民探索人才培养模式。二是方法上要实现从单一向多元转变,要构建多方融合、多维拓展的办学机制。三是内容上要实现从抽象向具体转变,要让现代农业走进农村。四是目标上要实现从跟进向引领转变,不能把自己定位成盲目跟从的"服务员",而应尽快地让自己成为产业发展的"领跑者"。

2. 构建融合机制,强化实施管理

学校根据各专业特点,建立了专业工作室,对接相关产业,建立了"双六双桥"机制。**双六**"是指"六道"(农道、民道、味道、茶道、花道、香道)和"六一"(一个项目、一个企业、一个科研院校、一批教师、一批学生、一个产业链)。"**双桥**"是指发挥中职教育的作用,构建"人才成长终身发展立交桥"和"成果转化产业升级立交桥"。

"**农道**"是以适应海南现代热带特色农业为主线,从"农业品牌、农业人才、农业工具"三个维度,重点汇集并展示海南"地理标志"等农业产业品牌的文化特点和生产工艺;在海南建功立业的农业专家精神风貌以及历届毕业生在农业战线上成功的创业事迹;农业生产工具的变化与创新等。多层面、多角度启发学生创新思维,增强学生学农爱农的信心。同时通过校企合作,为农业企业培养相应专业技术人才,主动引领产业发展。

"**民道**"是以传承民间技艺、弘扬农民创新创造精神、挖掘乡村振兴文化元素等为重点,收集并展示海南织锦、剪纸、酿酒、制陶、民俗等文化,为全域旅游培养乡土人才。

"味道"是以学校五指山五脚猪、六弓鹅等特色产业品牌为切入口，研究传播海南少数民族地区特色的餐饮文化，形成一系列产品制作工艺，总结固化师生创新成果，开发特色烹饪省（校）本教材，规范海南特色美食制作工艺流程和人才模式标准。

"茶道"是以打造海南特色茶艺文化为切入口，采集编制海南各主要茶叶产区和茶叶品牌的文化特征、工艺特点等，通过产教融合、校企合作，为茶叶产业链培养"种茶、采茶、制茶、品茶、说茶、售茶"的复合型人才。

"花道"是以园林造景、艺术插花为重点，研究探索体现海南特色的花艺文化，培养学生艺术欣赏力和创造力。

"香道"是以陶冶性情、发展海南陈香等特色香料为重点，采集编制香料生产及制作工艺流程，展示闻香文化，通过校企合作，培养香料产业链的"种、制、闻"复合型人才。

3. 提高双师能力，强化队伍建设

一是通过"村官班"教学，推进"一盘棋两不误三贴近四促进五联动"的校村共建工作，深入推进学校与农村、专业与产业、教师与生产相结合。二是充分发挥"农村综合经济管理"专业带头人工作室作用，不断加强双师培训，为实施"产教融合"探索新思路、新模式、新渠道，不断改进教育教学方式。

4. 拓展融合平台，强化服务效能

一是充分发挥三大实训基地的辐射作用和引领作用，打造特色产业品牌，为农民专业合作社提供技术指导和产业示范，促进当地经济发展。二是通过"村官班""旺工淡学班""双历双轮训班"，以及定点扶贫工作，提高农民职业能力和文化素养，推进实施产业升级，为当地农民提供生产指导。三是派出20名教师作为"科技特派员"参与五指山市"全国科技示范县"创建工作，以科技项目带动产业发展。四是加强校企合作，实施定向委托培养或订单式培养。

四、经验策略

1. 创新办学思路

主动适应新时代职业教育的新要求，充分发挥农业职业教育的优势，走出校园、服务三农。

2. 创新办学模式

紧紧围绕"产教融合，校企合作"以及"农村一二三产业融合发展"的要求，创办了"村官班"和产业实训基地，把学校办学与促进三农事业发展紧密结合。以特色产业为引领，培养复合型技术技能人才，主动培育产业链。

3. 创新服务平台

以专业对接产业为导向，搭建"双六双桥"校企交流与合作平台。加强与政府和企业的合作交流，实施"一村一品"复合型人才团队建设，实施定向委培校企共育。

五、成效与反思

（一）成效

"村官班"被教育部誉为"职业教育海南模式"向全国推广，并被中国教育新闻网、中国教育报评为"全国教育改革创新型案例"。产业扶贫得到广泛认可，学校打造的"五指山五脚猪""六弓鹅"特色产业品牌通过了国家地理标志认证，并成为当地产业发展的重要支柱。"脱贫致富电视夜校"多次以学校的产业基地为题材，一批理论成果得到认可和固化。由李芳伟校长和陈晓明副校长等完成的"基于职教扶贫背景下新型职业农民培养的产教融合模式创新与实践"荣获海南省中等职业教育教学成果一等奖、《把课搬到离农民最近的地方——"职教扶贫"模式创新与实践成果》专著由吉林出版集团股份有限公司出版发行。"政校企村"合作模式发挥积极作用。学校先后四次在全省教育系统会议上，就人才培养、扶贫工作和产教融合等办学经验作经验交流，其中"催引植传扶"的产教融合模式得到了广泛认可。

1. 打造了产业品牌，孵化了一批农民专业合作社和创业致富带头人

学校引领并打造的"五指山五脚猪""六弓鹅"特色产业品牌通过了国家地理标志认证。在五指山市，由我校牵头带动了八个"五指山五脚猪"规模化、规范化养殖基地，为产业发展提供技术指导、人员培训和种苗培育。

2. 开始了"一二三产业融合发展"的实践

2020年3月六弓鹅养殖实训基地通过项目申报，取得了保亭县政府200万元六弓鹅产业扶持资金，完善产业基地设施建设，扩大了六弓鹅养殖规模，为六弓鹅养殖合作社和农户发放了种苗。目前，学校已与六弓乡政府共同谋划了六弓鹅全产业链发展的项目，保亭县政府已下拨400万元在原田岸小学校园建设集"屠宰、加工、储藏、烹饪、餐饮、销售"于一体的产业基地。同时已在六弓乡招收了一个定向班，按三产融合的要求，制订了复合型人才培养方案。由陈晓明副校长主持的省级相关课题研究通过了中期检查验收。

3. 完成了创业实训基地的建设

在中央资金和省财政的支持下，学校创业实训基地已完成了主楼建设并配备了必要的设备，初步建起了"双六"的雏形。目前正在与海南省烹饪协会以及相关企业洽谈合作事宜。

4. 加强校企合作

学校与省内外100多家用人单位建立了合作关系，签订了"校企联合办学协议"，实行"订单培养"。2019年，80多家企业为学生提供1000多个岗位。2019年我校毕业生就业率达到95.9%，毕业生对口就业率达到93.4%；2020年我毕业生就业率99%，对口就业率97.3%。毕业生"下得去，用得上，留得住"，深受用人单位的好评，毕业生就业质量和就业率逐步提高。同时，与合作企业进行深度合作与交流。已经成立的六个学校专业建设指导委员会，根据市场需求和行业标准，定期修订专业教学计划和课程结构、人才培

养方向。2019年根据调整专业建设指导委员会的建议和企业合作需求,开设了烟草生产与加工专业并招生,与海南勇毅雪茄公司进行"订单培养",并取得很好的效果。

(二)反思

"热带高效农业"是海南自由贸易港建设的四大支柱产业之一。海南省农林科技学校,在实施"深化产教融合,助力乡村振兴"实践中,有几点反思:

一是政策配套方面。政府需要出台职业教育实施产教融合可操作的具体方案,明确底线和红线、方法和任务、管理与监督等。要做好"一二三产业融合发展"的产业链发展规划和资金支持。

二是人才支持方面。职业教育要根据"三产"融合发展的需要,主动调整专业结构和人才培养方式,就地培养留得住、用得上的,适应"三产"融合发展的复合型人才。

三是企业参与方面。"三产"融合发展需要企业带动,为产品生产、加工、储藏、销售以及相应的服务环节提供资金保障和市场资源。

执笔人:李芳伟,陈晓明。

案例 45

立足区域经济发展　以人才之智助乡村之兴
——宁夏农业学校乡村振兴示范校建设项目

宁夏农业学校

【摘要】乡村振兴,关键在人,基础靠教育。推动乡村振兴,人才不可或缺。2021年5月,宁夏农业学校入围全国乡村振兴人才培养优质校推介名单,也是宁夏全域唯一入选的院校单位。责任在肩,不负使命,深耕农业职业教育七十余载,始终坚持面向"三农",以立德树人为根本,以强农兴农为己任,在矢志不渝中践行农业情怀,为宁夏经济社会发展培养了数以万计复合型技术技能人才,为区域经济发展、全面推进乡村振兴、加快农业农村现代化提供了有力人才支撑,得到了社会各界一致认可。

一、案例概要

人才培养精准"画像"。立足自治区九大产业发展,聚焦人才需求变化,以产业愿景、目标规划、政策措施、人才配置和未来发展为纵坐标，以专业设置、人才培养、考核评价、人才需求为横坐标，构建纵横交错、动态调整的产教融合型人才培养模式。坚持"五个对接"，推行新型现代学徒制试点，实现人才精准"画像"，就业无缝衔接。

社会服务精准"识别"。找准产业"切入点"，发挥专业"手术刀"，开展送教上门，凸显社会担当。深化以闽宁协作为引领，以食用菌产业发展为抓手，用小菌种激活产业"大能量"，点燃乡村振兴"新引擎"。

产业学院精准"对接"。作为牵头单位之一，参与组建宁夏盐池滩羊现代产业学院、宁夏枸杞现代产业学院、宁夏葡萄与葡萄酒现代产业学院、宁夏绿色食品现代产业学院及宁夏肉牛现代产业学院，开展人才共育、人才共享、人才共建、人才共赢，探索产业链、创新链、教育链有效衔接机制，打造集人才培养、科学研究、技术创新、企业服务、学生创新创业等功能于一体的示范性人才培养实体。

二、背景分析

习近平总书记在视察宁夏时指出，宁夏是我国的"枸杞之乡""滩羊之乡""甘草之乡""硒砂瓜之乡""马铃薯之乡"，对这些历史悠久、享誉盛名的"原字号""老字号""宁字号"农产品要倍加珍惜、发挥优势，不断提高品质和市场占有率。近年来，自治区党委和政府高度重视农业产业发展，在区域布局上不断优化，政策扶持上不断加码。2020年，自治区党委和政府印发了《自治区九大重点产业高质量发展实施方案》，九大重点产业不仅是农业产业化的基础，也是繁荣区域经济、推动城乡融合发展、助力乡村振兴的重要抓手。农业职业教育肩负着"三农"工作人才培养、培育和培训重任，通过不断创新和完善具有农业职业发展特色的教育与培训体系，创新培养高素质农业技术人才，为农业现代化育苗蓄才，当好排头兵，打好主头阵，助力国家乡村振兴战略具有重要意义。

三、建设思路

（一）聚焦"三全育人"，实现精准培养

1. 产业领航，开展"四双"现代学徒制人才培养

紧盯服务"建设黄河流域生态保护和高质量发展先行区"和九大重点产业高质量发展，打造农业优势特色学科专业（群），提高学校办学水平，不断增强教育吸引力和影响力。根据农业专业实践性强的特点，实施校企"四双"育人机制（即"双主体、双身份、双场所、双导师"）的现代学徒制模式，学校和企业共同承担培养学生的职责，学生在学习过程中具备在校学生和企业学徒双重身份。企业选派有实践经验的一线技术骨干、高技能人才和社会能工巧匠等担任学校兼职教师，依托合作企业厂房、车间、工作室等校外实训基地，与校内实验室、实训室组成"互补型"实训联合体，真正实现"理实一体"无缝对接（图1）。

图 1 开展 "四双" 现代学徒制人才培养

2. 技师引领，开拓 "师带徒" 匠心技艺传承试点

充分挖掘中国传统插花艺术文化的内涵与传承，主动适应乡村振兴背景下大农业的发展趋势，牵头申报首个正高级讲师"自治区级艺术插花技能大师工作室"。积极构建资金共投、机制共建、资源共享、项目共研、技能共拓、成果共推、多方共赢的工作室建设机制，将工作室打造成为技能精英成长的孵化器。运行三年来，累计培训全区政、行、校、企技术插花各类人才1500余人，参与公益性宣传推广艺术插花30余场次，依托举办技能竞赛和创新创业大赛等形式，为学生提供了更加开放的实践平台。技能工作室的品牌效应不断凸显，行业内优秀人才队伍不断壮大，匠心技艺在"师带徒"中不断传承（图2）。

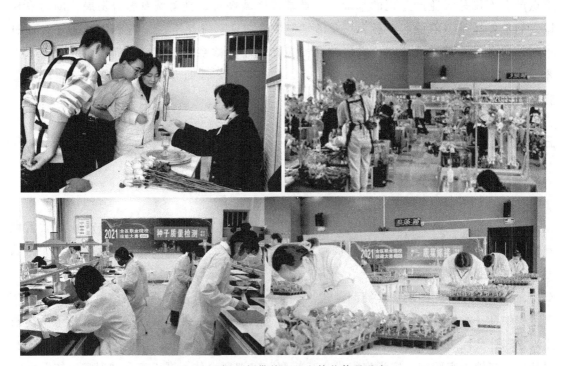

图 2 开拓 "师带徒" 匠心技艺传承试点

3. 引企入校，开启"产教融合协同育人"新篇章

与中国蛋种鸡养殖第一股、宁夏企业创业板第一股——宁夏晓鸣农牧股份有限公司开展校企深度合作，通过引企入校，设立宁夏家禽工程技术研究中心、宁夏家畜繁育（银川）技术创新中心。打造校企新型"产学研用"一体化人才培养模式，共同组建冠名班，加强师资双向流动，最大化实现优势互补，资源共享。合作以来，已定向输送毕业生450余人，产业辐射内蒙古、陕西、河南等地，为企业推进乡村振兴、服务地方经济发展提供有力人才保障。

（二）聚焦"科技引领"，实现精准服务

1. 技术赋能，为产业腾飞插上科技翅膀

立足服务自治区"新型职业农民培训""城乡劳动力技能培训鉴定""农业行业事业单位工勤人员技能晋级培训鉴定""现代青年农场主培育""农村实用人才技能培训"等各类职业技能培训鉴定工作，广泛开展"三区"人才支持计划及科技人员专项服务活动。先后选派30余人次担任各县区科级扶贫指导员，围绕各地产业和经济特点，开展针对性科技服务。培训教师利用节假日奔赴于同心、红寺堡、西吉等贫困县乡村，服务于脱贫富民战略一线开展种养殖技能培训，近三年已累计培训当地农民2000多人次（图3）。

图3 开展种养殖技能培训

2. 送教上门，为农民增智提供源头活水

坚持学历教育与职业培训并举，走出校门，送教下乡，把培训教育办到田间地头，使农民学员真正尝到"放下锄头进学堂，不离家门学科技"的甜头。发挥新型职业农民培训基地、全区新型职业农民培育示范基地、农村实用人才培训基地等"金字"招牌，开设面向"生态移民""水库移民""下岗再就业""企事业单位人员"等群体专题培训班。三年来，已累计举办各类培训班113期，培训农业行业各类人员7530人次，逐步建立起多层次、立体化的人才教育培训体系。

3. 闽宁合作，为食用菌发展注入强劲动力

深化闽宁帮扶机制，发挥宁夏资源禀赋优势，大力推进食用菌产业发展，组建食用菌产业创新联盟，打造宁夏食用菌科创教育实训基地。加强校地、校企、校际交流合作，发

挥行业影响力，联合宁夏职业技术学院为西吉县吉强镇万崖村香菇种植户香菇、出菇管理提供技术支持，培养实用型人才。学校因地制宜，筛选适宜菌种，以食用菌一二三产业融合发展为主线，加强科技成果转化，引进项目资源，推动宁夏全域食用菌种植、精深加工、菌种研发协同发展，有力壮大乡村产业，带动区域经济（图4）。

图4　打造宁夏食用菌科创教育实训基地

（三）聚焦"产教融合"，实现精准对接

1. 打造产业学院，搭建育人平台

紧贴经济社会发展需求，主动服务"九个重点产业"，采取校企合作的方式融入5所宁夏现代产业学院，组建3个涉农高水平专业群，以产业需求倒逼专业建设，持续深化职业教育供给侧结构性改革，促进教育链、人才链与产业链、创新链充分衔接。基于产业需求共同设定人才培养目标，共同制订人才培养方案，共同完善人才培养模式，实现政校行企多主体协同育人。

2. 成立职教集团，凝聚育人力量

学校与全区70余家企业构建紧密型合作关系，成立宁夏农业职业教育集团成员单位，经营范围覆盖农、林、牧、渔。凝聚政、校、行、企四方力量，整合优势资源，打造信息服务与资源共享平台。在新型职业农民培育、科技成果推广转化、农产品营销服务、食用菌菌种研发等方面开展深入合作，形成了产、学、研、创深度融合的办学生态（图5）。

图5　成立职教集团

3. 打通职业通道,提升育人价值

依托隶属"双高计划"建设单位宁夏职业技术学院(宁夏开放大学)区位优势,借助宁职院全力推进双高建设、申办本科层次职业教育历史机遇,以畜禽生产技术专业为试点,探索中高本一体贯通式培养,召开"中高本"衔接人才培养模式研讨会,分段设计人才培养方案。深化内涵建设、体制机制改革,重构课程体系,重塑教学内容,打造人才培养高地,努力实现中等职业教育与应用技术本科之间横向融通、纵向贯通的办学格局。

四、经验策略

1. 推进乡村振兴,"五方联动"是关键

一是政府推动。2020年宁夏印发《深化产教融合推进职业教育改革发展实施方案》,提出"推动职业教育高质量发展"工作目标,并投入大量资金予以支持。二是学校主导。充分发挥农业职业教育集团枢纽作用,积极与政府部门、行业、企业、乡村合作共商人才培养方案,共建符合乡村产业发展需要的课程体系,共创综合性育人培训基地,共培高素质"双师"教学团队。三是行业指导。加强与自治区"行指委",围绕落实立德树人根本任务,服务黄河流域生态保护和高质量发展先行区建设重要使命,积极发挥研究、咨询、指导和服务作用。四是企业合作。学校主动对接区内龙头企业,在课程共建、师资互派、技能培养等方面开展长期深入合作,建立起校企共育共训的长效合作机制。五是乡村参与。学校与闽宁镇武河村、吉强镇万崖村等多个乡村振兴重点村开展深入合作,将乡村力量积极引入学校育人体系,校地合作,双向发力。

2. 推进乡村振兴,"双师"团队是基础

一是靶向引才。锚定九大产业,采取公开招考、高校招聘、企业引进等方式,补齐人才短板。二是定向委培。依托产业学院,放水养鱼,精准培训,健全校企师资互派工作机制,围绕教学实践难点开展针对性攻关,打磨教学技艺,提升师范技能。三是以赛促教。以课堂教学为主阵地,以高水平学科竞赛为载体,依托科研素养培训和创新创业能力培养"两翼"驱动,打造培养新农科应用型人才的过硬"双师"队伍。

3. 推进乡村振兴,优化专业是前提

一是准确识变。学校根据区域产业结构,坚持"撤、补、建、强"链原则优化专业布局。目前,学校现拥有畜禽生产技术、设施农业生产技术、农产品贮藏与加工等4个国家级重点专业、3个自治区级骨干特色专业。二是主动求变。推进专业集群式发展,以畜禽生产技术、设施农业生产技术专业为主体,串起产前、产中、产后全链条,延伸农产品加工和物流服务与管理等相关专业,构建起服务地方乡村产业链发展的涉农专业群。三是积极应变。健全专业布局结构动态优化调整机制,加强行业人才需求分析,逐步建立专业设置、招生、培养、就业联动机制,持续提升职业教育专业与经济社会发展的适应性。

五、成效与反思

1. 农业职业教育应纳入乡村振兴战略规划。农业职业教育是职业教育的重要组成部分,肩负着为农村现代化发展培养高素质农民和技术技能型人才的使命,在实施乡村振兴战略过程中发挥重要作用。政府应转变观念,克服功利性思维,立足区域职业学校发展实际,当好农业职业教育的"主心骨",帮助解决发展过程中遇到的实际问题,推动农业职业教育高质量发展。

2. 构建多元化办学体制。政府应积极制订支持农业职业教育发展的有关政策,加快构建以政府主导、行业主办、企业主体、教育主管的多元化办学体制,发挥规模以上企业优势,推动现代学徒制试点、校企合作、校校合作机制,最终形成政府主导、部门落实、行业企业社会力量参与的长效发展机制。

3. 整合区域内职教资源。应依托当地优势产业,将区域职教中心打造成集学历教育、非学历培训、劳动力培训中心、社区技能培训基地等功能为一体的综合性职业教育中心,进一步提升职业教育服务社会、促进经济发展的能力。

执笔人:黄文娟,郭亮,田旭。

案例 46

产教精准对接　校企协同创新
——中职教育校企协同创新和成果转化途径探索

哈尔滨市第二职业中学校

【摘要】 学校秉承"育人为本,面向市场,质量立校,特色强校"办学理念,通过产教融合、校企合作开展专业建设,校企协同创新和转化成果,促进产业、行业、企业、职业、专业"五业联动",提高学校办学水平和人才培养质量,推进人才供需精准对接。哈尔滨市第二职业中学校(以下简称哈二职)以传统优势专业中餐烹饪为引领,以计算机网络技术、汽车运用与维修等专业为支撑,重点建设了国家级、省级品牌专业,较好地服务本区域经济社会发展和产业技术升级。

一、案例概要

哈二职中餐烹饪专业通过产教融合、现代学徒制、双元制订单班合作模式,实施烹饪专业人才最优的资源利用和配置,为企业提供面点师、烘焙师、蛋糕师等达标适岗人才,产生良好社会效益。

二、背景分析

为深入贯彻《国务院关于加快发展现代职业教育的决定》(国发〔2014〕19号),促进哈尔滨餐饮业品质升级,体现黑龙江特色,哈二职围绕黑龙江省餐饮服务产业,以传统优势专业、国家特色骨干专业、省级重点专业——中餐烹饪为引领,专业方向调整紧密围绕产业发展,主动与福旺楼酒店、喜家德水饺、香格里拉大饭店、华梅西餐厅、花园邨宾馆等企业对接,合作开展订单培养,建立校企共同体。2017年被黑龙江省教育厅批准为省级首批现代学徒制试点专业后,进一步深化产教融合、校企协同创新,探索多元育人模式,积极推进校企一体化育人(图1)。

三、改革与建设思路

(一)探索校企协同创新路径,创新多元合作模式

学校准确把脉产教融合切入点,以"产教共享互赢,校企创新发展"为主线,采取"建平台、树高标、强人才"基本方略,以"订单式"、引企入校、建立"校中厂"等模式,多元组合精准引领校企合作,共同促进校企深入落实创新驱动发展战略,巩固和扩大学校改革创新发展成果(图2)。

图1 现代学徒制人才培养签约仪式　　　　图2 喜家德订单班成立仪式

2017年,学校与福旺楼酒店签署校企战略合作协议,携手烹饪专业高素质技术技能型人才现代学徒制试点,聘请黑龙江省烹饪协会秘书长、第二届满汉全席总冠军魏志春等8位德艺双馨中国烹饪大师与37名学徒签订结对协议。企业大师引领学校教师深度参与行业培训活动,学习集先锋料理、融合料理为一体,独具匠心的烹饪理念和技术,有力支撑现代学徒制试点班专业教学工作。校企双方在现代学徒制人才培养、师资互聘、课程建设、学生大赛辅导等方面,开展更深层次合作,使校企双方成为责任和利益共同体(图3)。

（二）构建新型人才培养模式，提升创新创业能力

学校坚持"立德树人"根本任务，深入福旺楼酒店等酒店共同进行职业岗位能力和典型工作任务分析，结合行业企业标准及国家职业资格标准，确定了现代学徒制专业课程和学习领域，并以国家数字校园实验校建设为契机，推进信息技术与教学深度融合。校企双元建设"西点烘焙技术""中式热菜技术"2门精品课程，共同出版了可视化实训教材《中西式面点制作》，创新教学模式和学习方式，解决了创新创业过程中专业操作技能教学难以观察的细节和内部变化等难题，实现人才培养的全流程学习和模拟操作（图4）。

图3　现代学徒制人才培养拜师仪式　　　　图4　李剑明团队荣获全国信息化教学大赛一等奖

在充分调研基础上，校企双导师团队坚持"教育要与生产实践相结合"，采取符合学生认知和发展的专业教学策略，将专业理论学习、技能和创新能力培养、工匠精神塑造等内容相融合，将专业学习与具体企业岗位工作任务、实际生产操作流程相匹配，以微课、在线课堂等形式，通过展示直观、真实、规范的操作细节，通过课程变革、教学模式及生产经营活动的设计创新，传授给学生最新最前沿的专业技术成果，满足现代企业用人和持续发展需求，让教育教学更加充满生机和活力。

师生经过创新创业锻炼素质得到全面提升，在第45届、第46届世技赛黑龙江省选拔赛荣获3金2银，在2019年哈尔滨市第七届中高等院校学生创业计划大赛获唯一金奖，现代学徒制班学生迟志平荣获2019年度全国烹饪技术大赛黑龙江赛区中点金奖第二名等优异成绩（图5）。

（三）搭建校企协同育人共同体，主动融入产业升级

学校促进专业内涵建设，将烹饪专业学生创新创业生产性实践基地提升优化，成立了校中厂——二职面包坊（图6）。

校企共建的"月饼研发产教融合共同体"由烹饪专业带头人、骨干教师与福旺楼酒店烹饪大师、生产技术人员组成，利用中西式面点专业学生人才梯队的接力替补优势，直接参与实际生产任务实践。共同进行"流心""黑芝麻"等月饼项目联合技术攻关，仅2020年度就创新研发新月饼9种，生产6.2万块，为企业实现月饼新产品上市和经济创收36万元做出贡献。

图 5 侯金宇老师荣获第 45 届世技赛省选拔赛烘焙金奖

图 6 二职面包坊产品销售火爆场面

共同体依托二职面包坊开展工作，此创新创业基地由带头人李剑明负责管理，师生共同开展产品研发、面包点心订单生产活动，建立专业课堂、实训车间和实习企业三位一体的教学模式，以工学交替形式，实行企业见习和跟习；高二年级学生采取"产学研培"方式，通过一个月轮训，在学中做、做中学，半工半读，践行企业岗位工作、生产工艺过程（图 7、图 8）。

图 7 二职面包坊学生顶岗实习生产实景

图 8 企业大师参与月饼研发生产

烹饪专业与花园邨宾馆等企业合作，建成 2 个企业技能大师工作室，与著名企业华梅西餐厅、香格里拉大饭店等合作，共同成立了专业建设指导委员会，组建校企教学团队开展公益讲座、社会服务，承办各级技能大赛，为哈尔滨市社区居民、黑龙江省铁力市农民工、哈工大附中学生等开展烘焙、中点等技术技能培训和劳动体验，为区域经济发展做贡献。

四、经验策略

学校创新创业实践基地——二职面包坊产品生产技术，采用自主开发的天然酵母菌培养，引进国际化办学合作学校——俄罗斯阿穆尔州商学院培养的 30 年天然酵母菌种，经添加国产粉、黑麦粉及法国粉后，自主改良生成新菌种，成为创新性天然种面，再配合世界技能大赛制作技法，制作符合东北人群口感的面包、月饼等产品，形成哈二职独具特色的风味品牌，提升学校社会影响力（图 9）。

通过创新创业实践基地和"月饼研发产教融合共同体"磨砺锻炼，学生全方位掌握生产、经营、管理、销售全过程，促使学生明确学习目标，促进创新创业能力提升，成为具备全面职业素质、适应行业发展和技术进步要求的技术技能型人才。

图 9　烹饪专业师生赴俄研修

随着校企协同育人机制创新，专业办学规模不断扩大和发展，从最初每年 1 个班级发展成如今的 7 个班级。实训环境优化提升，技术品种学习训练更全面，制作精细化程度逐步提高，部分学生能直接上岗，促进企业盈利和个人发展。多年来，学校培养大批社会急需的西点烘焙技术技能型人才，毕业生被争先聘用，广受企业好评，社会美誉度持续攀升。

五、成效与反思

① 创新创业实践基地和"月饼研发产教融合共同体"成为校企办学体制机制创新的重要实践平台，开创新型社会化背景下职教发展新模式，促进师生由学校的模拟专业实习实训，向全真实际生产和销售操作的转化，夯实了课程体系实践教学任务，在校企合作、专业与产业及教学过程与生产过程对接中，实现由学生到餐饮企业从业人员的角色转变，有效提升学生创业就业能力，为未来企业延伸发展打下良好人力基础，提升企业的核心竞争力。

图 10　中国餐饮 30 年桃李芬芳优秀奖

② 创新创业实训基地成为学校对外展示的示范窗口。AFS 国际学生走进我校创新创业实践基地，亲自动手体验中点和面包操作，促进国际交流往来。

③ 专业建设成绩斐然，成为省内专业名牌。烹饪专业荣获中国烹饪协会"中国餐饮 30 年桃李芬芳优秀奖"、中国饭店协会西餐专业委员会"西餐之都后备军"等荣誉称号，已在全国中职技能大赛中荣获 4 金 9 银 16 铜，在中国西餐节西餐技能大赛中取得团体金奖、4 金 6 银的优异成绩（图 10、图 11）。

图 11　烹饪专业学生在全国中职技能大赛获得 4 枚金牌

烹饪专业校企协同育人机制创新办学成果受到莅临我校视察的时任教育部长周济、陈宝生等各级领导高度肯定。中餐烹饪专业先后被评为国家骨干示范特色专业、省重点专业、省级下岗再就业人员培训基地，在绿色健康餐饮理念指引下，我校将全力锻造专业厨师，为传承和创新烹饪技术，培养餐饮行业发展有生力量，为社会经济建设提供有力的人力资源支撑。

执笔人：李鸣华。

案例 47

现代农艺技术高水平专业群建设案例

濮阳县职业技术学校

【摘要】　濮阳县职业技术学校着力打造深度融入产业链的现代农艺技术专业群，目的在于进一步适应河南优势农业产业发展需求，以专业对接产业、调整结构为主线，以培养高素质技术技能人才、提升专业服务产业能力为根本任务，围绕濮阳区域经济发展战略和产业结构调整规划，聚焦服务面向，优化资源配置，实行产教融合、校企合作、集群建设，动态调整专业组成、专业结构和专业内涵，强化实践环节，突出理实一体，校企双元育人，推动教育链、人才链和产业链、创新链有机衔接，为推进农产品标准化，增强现代农业产业结构调整，为优化升级提供有力支撑。

现代农艺技术专业群充分发挥集群效应，有机整合课程资源，积极探索柔性、可拓展、面向岗位群的课程体系新模式，按照"平台＋模块＋共享"思路，系统重构课程体系。立足濮阳，面向全省，着眼于助力和提升河南省农业转型升级，聚集现代农艺技术高质量发展，坚持德智体美劳全面发展，产教融合，校企合作，长短结合，双元共育，培养具有良好思想品质、职业素质、专业技能、创新意识、跨界思维，既掌握农业方面高新技术技能，又熟悉移动互联网、云计算、大数据、物联网、虚拟现实等新一代信息技术，能精准服务各类现代农艺技术不同岗位，又有后续发展潜力的高素质技术技能人才。

一、案例概要

该专业群包含现代农艺技术、畜禽生产与疾病防治、计算机应用3个专业，与现代农艺技术产业链紧密对接。专业群内三个专业办学时间长，师资水平高，基础办学条件优越。三个专业均为省级重点专业，现代农艺技术和计算机应用均为国家示范校重点建设专业。经过集群发展，有机整合课程资源、教师资源与实训资源，专业之间相互支撑，形成人才培养合力，在对接产业吻合度、资源整合共享度、人才培养产出度方面均有较大提高。

本专业群以学校现有条件为起点，充分发挥现有办学成果优势，加强改革创新，提高本专业的现代化、信息化水平，把群内三个专业建成与河南省农业经济发展相适应的、面向传统粮食作物、蔬菜、花卉、果树生产的技能型人才培养基地，使本专业在人才培养、管理水平、办学效益和辐射带动能力等方面居于国内领先水平。

发展现代农业，扎实推进新农村建设，需要培养一批有文化、懂技术、会经营、会操作的高素质农业技术劳动者，这是河南省促进农业可持续发展的有力保障。

二、背景分析

为贯彻落实《国家职业教育改革实施方案》和河南省教育大会精神，河南省颁布了一系列支持政策，强力推进职业教育改革创新，濮阳县作为全国农村职业教育和成人教育示范县，也为职业教育创新发展创造了良好的外部环境和政策资金支持，为建设高水平专业群创建了优越的政策机制环境。

现代农艺技术、畜禽生产与疾病防治两个专业对接优质小麦、优质花生、优质草畜、优质果蔬生产管理和农业布局区域化、经营规模化、生产标准化、发展产业化为重点的优势农业生产，着力提升农业供给体系质量和效率，面向农业生产管理岗位。计算机应用专业对接拓展农业功能，推动农业与旅游、文化、教育等产业深度融合，实施"互联网＋"现代农业行动，支撑农业数字化改造，发展精准农业、现代农艺技术，面向农业新业态和信息技术应用岗位。

三个专业共享教学资源，互相支撑，合力培养现代农艺技术生产管理服务技术技能人才，为新时代农业高质量发展提供人才支持和技术服务。为此，我校始终坚持"以服务为宗旨，以就业为导向，以质量为核心，以市场为依托"的办学思想，大力推行工学结合、校企合作、顶岗实习的人才培养模式。通过"送学入企"和"引企入校"的形式，实现了校企共同设计、共同实施、共同评价人才培养方案、共同培养师资队伍、共同开展技术项目研发、共同制订规章制度的目标，促进校企协同管理和资源共享；形成"企业生产场所与学校实训基地一体、企业技术员与教师一体、企业员工与学生一体的办学模式"，实现了"校企双赢"的三个"一体化"办学目标，建立了校企合作长效运行机制。

今后，我校拟在现有规章制度的基础上，完善适合本专业特点的教育教学管理制度、科学的顶岗实习管理制度和师生考核评价制度，进一步加大校内实验实训室和校外实训基地建设的投入，巩固与农业生产科研企业、农业经济合作社的校企合作关系，为学生能够参加实践锻炼、技能训练提供保障，实现专业理论与操作技能、课堂教学与生产实践的紧密结合，建成集技能培训和鉴定、技术服务和对口支援与交流的中职教育社会服务体系为一体的目标，依托专业、设备、师资及相关专业群的优势，充分发挥服务功能，积极开展面向行业、企业的服务。

通过现代农艺技术专业群建设，加强与行业企业在人才培养、技术应用等方面的合作，打造中等职业教育的特色与品牌，探索并制订专业建设标准和课程标准，创新人才培养模式，加强学生实践能力和职业技能培养，对全国中职农林类专业群产生辐射与带动作用。

三、建设思路

（一）指导思想

坚持"以服务为宗旨，以就业为导向，以质量为核心，以市场为依托"的办学思想，深化本专业群的教育教学模式改革，推进教育机制创新，着力提高育人效益；坚持以人为本，全面发展，加强学生职业道德教育，注重学生创新思维和综合实践能力的培养；进一步加强专业与行业、企业的合作，建立校企合作长效运行机制，解决企业参与办学、兼职教师聘任、实习实训基地共享等问题，努力使每位学生成为知识牢固、技能过硬、特长明显、勇于创新、善于实践的有用之才。

（二）基本思路

1. 人才培养模式创新

成立校企共同参与的现代农艺技术专业群建设指导委员会，搭建产教融合、校企合作平台和校企双元产教协同育人平台，健全对接产业、动态调整、自我完善的专业群建设发展机制，促进专业资源整合和结构优化，发挥专业群的集聚效应和服务功能，实现人才培养供给侧和产业需求侧结构要素全方位融合。

2. 课程教学资源建设

对接现代农艺技术产业发展和新业态、新技术发展需要，进一步优化专业群课程体系。在"基础＋平台＋模块＋共享"式的课程体系的基础上，增加选修课程。基础课关注不同专业方向所需的共同的文化、德育、理论、技术、技能基础；平台课关注现代农艺技术专业群对技术技能型人才所必备的共同基础知识和基本技能，以及各专业技术的共性发展和学科特征要求；模块课关注专业群不同专业方向和特色的课程；共享课关注新一代信息技术和校企合作通用要求；选修课关注学生个性发展。以集群发展理念，调整课程内容，特别是对共享课程内容进一步整合，体现实践性、开放性、动态性。引入行业职业标准和多证书理念，增加实践课时比例，实行校企双主体育人。

3. 教材与教法改革

完善教材建设制度，严格教材选用机制，制订校本教材建设标准，推进教材管理改革，服务专业群建设、课程建设和教法改革。成立专业群校本教材开发团队，校企共同开发现代农艺技术校本教材。创新教材表现方式，构建数字化、活页式、网络化、微课化等多种介质，增加多种组编体系的立体化教材展示形式，与数字化教学资源融合贯通，增加教材适用性，支持信息教学需要。

实施以学生为中心、分组协作式的教学模式，根据教学需要灵活选用项目教学、案例教学、情景教学、模拟教学、行动导向教学等方法。推进信息技术与教学深度融合，提高信息化应用水平，探索线上、线下"双线并进"的教学方式，借助动画、仿真、虚拟现实（VR）等信息技术创设虚实结合的学习环境。利用现代信息技术，搭建网络化教学平台，支持校园和企业、课堂和基地间的互联互通，支持远程教学协作同。完善师生技能大赛制度，关注学生核心素养，以赛促教，以赛促学，完善教学质量保障机制，健全学校、行业、企业等共同参与的质量评价、反馈与改进机制，着力提高教学水平和人才培养质量。

四、经验策略

濮阳县职业技术学校是国家中职改革发展示范校、省教研先进校和教学诊改革试点单位，在专业建设等方面积累了一系列管理经验和卓有成效的教学成果。学校专业群涵盖三个优势专业：现代农艺技术、畜禽生产与疾病防治、计算机应用。专业办学历史、师资水平、实训条件、校友资源、社会影响等各方面颇具优势，始终坚持产教融合、理实一体，实行基地共建、人才共育，在培养目标、课程设置、教学方法、实践实训等关键环节，形成了独特的专业建设思路，并相继创建成省级重点专业。

在专业群建设过程中，一直致力于加强课程体系改革，充分发挥现代农艺技术专业建设指导委员会的作用，制订本专业课程标准，指导课程开发组针对农艺生产过程每个阶段的工作任务，对农技人员的知识、素质、能力要求进行分析，提炼出本专业基础能力与核心能力，开发以工作过程为导向的课程体系，其开发流程依次是"人才需求调研""目标岗位确定""岗位工作分析""所需能力分析""学习领域分析""课程体系构建""教学计划制订"。

在教学过程中，增加实践教学比例，突出学生的综合实践能力和应用能力的培养。同时注重学生职业岗位能力的培养，把实训与提高学生的职业岗位能力和职业资格认证紧密结合。

在开发学校专业课程体系的同时，注重开发校本教材，按强化知识点的应用、突出岗位能力培养的思想，深化教材内容改革，促进教学内容与职业资格标准相互衔接。对实现人才培养目标作用大、对提高教学质量影响深、覆盖面广、学时多的专业核心课建立多媒体库，引入生产中的新技术、新工艺、新信息，及时更新教学内容，使学生了解到学科发展的最新成果。

与国内农类职业院校建立交流合作关系，共同推进农艺技术专业建设，共建共享教学资源库，完成"种子生产与经营""农作物生产技术"等课程的信息化资源建设。

五、成效与反思

经过近几年集群建设，群内各专业均有较好发展。多次承办全市职业学校技能比赛、全市职业学校教师教学能力和说课比赛、全市省级骨干教师培训任务等，创建省级技能名师工作室一个，王相敏入选河南省2021年度"中原英才计划"；曹小勇、赵相高、常彦被评为濮阳市中职教学名师；杨留安获河南省学术技术带头人，成为区域现代农业发展技术支持中心和一线技术人才培训培养输送基地，并被省教育厅认定为河南省首批新型职业农民培养基地和河南省服务乡村振兴人才培养示范基地，作物生产技术教学创新团队获河南省教育厅批复立项建设。办学综合水平和社会效益受到社会各界和上级领导一致好评。

1. 教育内容与时俱进

针对中职生现状及就业形势要求，持续推进课程改革，使课程内容更加贴近市场需求和岗位要求，使教学内容与岗位技术标准密切结合、有效对接，保证了课程的实践性和动态化。同时，加强校本教研，创新校本教材和教辅材料，与企业或教学设备提供商联合组织开发项目课程。2021年8月，在河南省中职学校教学能力比赛中"植物的器官"荣获三等奖、"庆党100周年海报设计"荣获二等奖；2021年12月，我校主持开发的"植物生产与环境""作物生产技术""计算机网络技术""Visual Basic 6.0项目教程"获首批濮阳市中职学校精品课程，"植物生产与环境"获批河南省精品在线开放课程。

2. 评价模式灵活多元

以提高质量为核心，将毕业生就业后收入水平、就业稳定率、岗位适应能力及可持续发展能力、用人单位对毕业生综合素质评价等要素作为重要依据纳入评价体系，建立了学校、行业、企业和其他社会组织等多方参与的教育教学评价机制，突出学生技能考核，促进课程考试与职业资格鉴定的衔接统一，提高学生综合职业素养，引导学生全面发展，毕业生"双证率"达95%以上。

3. 数字化教学资源丰富

以校园网为依托，搭建了数字化教学资源应用服务平台，建立了信息资源中心、教学平台和试题库平台，提供了较为完善的网络支撑环境，实现了全校互联互通、资源共享。各专业都建立了专门的数字化教学资源库，如大量的音视频资源、电子课件、优秀教学案例、课堂实录，可供师生随时调用。数字化教学资源库的建设和应用，为推行项目教学、案例教学、模拟教学、场景教学等新型教学模式提供了数字化资源环境，让学生在大量生动的项目、案例中建构职业能力。

4. 教学模式不断创新

坚持以岗位需求为核心，强化实践环节，突出理实一体，形成了系列化的教学模式。更新教学理念，以行动为导向，以学生为主体，实施"做中教、做中学"，推行项目教学、案例教学、仿真教学、模拟教学，推进讨论式、探究式、协作式、自主式学习，构建和谐课堂，教学实效明显提高，是教学成果荣获率最高的专业集群。

5. 提升社会服务能力有口皆碑

专业群建设立足濮阳县农业大县实情和"互联网＋农业"行动计划，面向社会开展了行业现代农艺技术技能培训2000人次；聘请行业领军人物3人加入了服务团队，提高了社会服务能力。各类社会培训工作立足现代农业，加快新技术的普及推广，增加了培训密度，充分发挥了校内外实训基地的系统功能和作用。2020年、2021年承办了濮阳市蔬菜嫁接、艺术插花等中职技能大赛，2021年承办了河南省蔬菜嫁接技能大赛。2020年11月鲁典鹏同学荣获河南省中职技能大赛蔬菜嫁项目一等奖、国家中职技能大赛蔬菜嫁项目二等奖，王双双获省二等奖；2020年10月在河南省中职技能大赛艺术插花项目中代加武获一等奖、郑兴花获二等奖；2021年10月在河南省中职技能大赛艺术插花项目中周国庆荣获一等奖；2021年10月在河南省中职技能大赛蔬菜嫁接项目中李欣如、李连喜荣获一等奖。为区域产业发展提供了人才支持，毕业生职业技能等级证书获取率、一次就业率、对口就业率稳步提升，毕业生技能等级证获取率达95%以上，初次就业率达96.3%以上。

为了全面贯彻落实党的十九大关于加快发展现代职业教育的精神，推动人才培养与产业深度融合，提升技术技能人才培养质量，重点建设现代农艺技术专业群，形成错位发展、优势互补的专业发展格局；在调整优化专业结构的基础上，整合现有专业建设资源，推动相关专业资源共建共享，提高专业群建设的整体效益。

执笔人：李如杰。

案例48

校企合作促发展　借京强校谱新篇

涿州职教中心

【摘要】 涿州职教中心凭借毗邻北京的地缘优势，通过校企合作，深入推进育人方式、办学模式、管理体制，保障机制改革，也在建设高水平职业学校和专业、增强职业教育适应性等方面进行不断探索。

涿州职教中心成立于1994年，是国家级重点职业学校、国家首批中等职业教育改革发展示范学校、河北省中等职业学校质量提升工程精品学校，先后获得"全国职教先进单位""全国教育系统先进集体"等300多项奖励和荣誉称号。中央电视台、中国教育报等多家新闻媒体对学校的办学特色、改革成果和办学业绩作了报道。

一、案例概要

涿州职教中心建校28年来，有4万多名毕业生走出校门。为了更好地承担职业教育服务社会的职责，学校充分发挥区域优势，把人才市场体量大、规范程度高、薪资水平高的北京作为了实习就业的工作重点。通过深挖北京市场产业发展需求，逐步实现了"北京就业、对口就业、高品质就业"。

二、背景分析

2021年，"职业教育"作为高频词出现在国家会议、文件和媒体中，收获了多个第一和首次：全国职业教育大会首次以党中央、国务院名义召开；中共中央办公厅、国务院办公厅联合发布《关于推动现代职业教育高质量发展的意见》。

在国家大力推动职业教育发展的过程中，中职学校在深化产教融合、校企合作，深入推进育人方式、办学模式、管理体制、保障机制改革，也在建设高水平职业学校和专业、增强职业教育适应性等方面不断进行探索。

三、建设思路

学校现有在校生近7000人，设有8个专业部22个专业方向。建校28年来，学校始终坚持"德育为首，技能为主"的办学理念，关注企业需求、主动对接企业寻求合作，较好地实现了学生、学校和企业三方受益共赢。

1. 旅游，高端服务人才的摇篮

学校相继与北京友谊宾馆、九华山庄、北京世纪金源集团、国家机关事务管理局、首都机场等10多家单位建立紧密型校企合作关系，共有近5000名旅游专业毕业生就业，成为北京旅游服务行业的生力军。

十九大期间，学校有65名学生参加了大会服务工作。2017年全国两会政协预备会，我校12名优秀学生出色完成了服务工作。2018年3月，又有65名同学参加了两会服务；2019年全国两会，我校又派出60名同学赴北京为两会服务，其间有8名同学被选为金牌服务团队，会后受到了汪洋主席接见；2018年召开的上合组织青岛峰会中，我校学生李显余经过层层选拔，成为为国家元首服务的金牌团队成员。

2. 保育，打造幼教领域新高地

保育专业引进蒙台梭利教育方法和简·尼尔森的正面管教理念、奥尔夫音乐教学法，组织学生考取幼儿教师资格证，以适应幼儿园对教师的用人需求。同时，与中央警备局幼儿园、北京总后勤部附属幼儿园、北京工业大学附属幼儿园等6个高端幼儿园建立了良好的合作关系。2021年有173人到北京幼儿园顶岗实习。

3. 信息技术，紧跟时代脉搏发展

计算机专业多年来与北京电信发展集团、北京典讯兴达科技有限公司深度合作，与北京戎马天成信息服务有限公司合作建立了校内实训基地，先后承接了天猫、聚美优品、北京泰康人寿、河北方水嘉禾电子商务有限公司等多家公司的业务。5年来有近3000名学生在校内基地实训，实现线上交易额20多亿元。在校企合作中企业获得了良好的经济效益，学校实现了学生成长和社会效益双丰收。

4. 汽修，创建一流人才基地

汽修专业紧跟时代发展，与北京奔驰、宝马、沃尔沃、长城汽车等知名车企开展合作，共有2983名实习生在这些著名车企的4S店及工厂中实习和就业。2014届学生李思昊，在校期间曾获省赛汽车机电维修项目个人一等奖和国赛二等奖成绩。毕业后，李思昊进入北京宝诚宝马汽车销售有限公司，迅速从修理工升职为宝马认证二级高级技师，不到两年时间升为机电组长，月薪达到21000元，得到企业高度认可。

5. 电气自动化，智能改变世界

电气专业依据北京产业和企业用人需求，不断调整人才培养及校企合作模式，与LG集团共建实训教室，与海尔集团共建智能物联科技订单班，培养适应时代发展的高素质技能型人才。其中2013届电气4班毕业生陈夺，2018年创立晨新自动化科技有限公司，仅2019年营业额已超百万元。

6. 数控技术，大国工匠的摇篮

数控专业与航天信息股份有限公司、航天三院、凌云集团等航天军工企业展开校企合作，近三年有469名实习生进入企业实习和就业，实现了工学交替的学习模式，企业的技术人员还参与课程设置并定期到校上课。校企共育模式使学生的技术水平提升很快，现在我校毕业生在军工企业中成为骨干，为卫星发射和舰载导弹制造做出了贡献。

四、经验策略

1. 合理的专业集群布局

我校依据当地经济建设发展形势，紧跟企业用人需求，构建了信息技术、经济管理等八个专业集群。同时不断对原有专业进行升级，如电气自动化专业设置工业机器人、无人机方向；汽车运用与维修专业开设新能源汽车方向；新增设立了休闲体育、影视制作、幼儿保育、美术教育等专业。通过专业优化升级，不断提高技能型人才供给侧水平，为当地经济发展提供了可靠的人才和技能支持。

2. 校企合作协同育人

校企合作协同育人是中职学校培养高素质技能型人才的重要模式，是实现中职学校培养目标的基本途径。学校以服务发展为宗旨，以促进就业为导向，大力推进校企合作人才培养模式,突出实践能力的培养,增强学校服务经济社会发展能力。深化校企合作融合度,更新教学理念,依托企业行业优势,充分利用教学资源,建立校企深度合作、共同发展的合作机制,达到"双赢"的目的。

3. 强化职业教育类型特色

学校在不断提升社会服务能力的同时,树立以学生为中心的理念,在学生的全面发展与服务经济社会中寻求结合点,关注学生职业素养、通识能力和可持续学习能力的培养,为学生终生可持续职业发展打基础,致力于培养知识型、技能型、创新型劳动者。

五、成效与反思

十九大后职教利好政策不断出台,国务院陆续印发《关于深化产教融合的若干意见》《职业学校校企合作促进办法》《国家职业教育改革实施方案》《关于推动现代职业教育高质量发展的意见》等,推动职业教育快速发展。

2017年,涿州市委市政府划拨土地350亩,投资18.8亿元建设高标准职教园区,计划在校生规模达10000人。2021年9月,学校已按计划分步搬入职教园区。

在政府和教育主管部门的大力支持下,学校以搬迁新址为契机,深化校企合作,加强内涵建设,提升育人质量,以建设职业教育提质培优行动计划"双优校"为目标,把学校建成培养高技能人才的基地,为京津冀协同发展贡献力量。

执笔人:张剑锋,吴冰,张鸽。

案例 49

发挥职教资源优势 大力开展技能扶贫

云南省曲靖应用技术学校

【摘要】 培养高素质的农村劳动力,是开发农村人力资源的基础。本文从农民工培训的背景分析,从学校发挥职教资源优势、大力开展技能扶贫培训中采取的主要改革思路、取得的经验策略、成效与反思等方面,就如何加强农村贫困劳动力的职业技能培训进行了探索。

一、案例概要

党的十八大以来,以习近平同志为核心的党中央,把脱贫攻坚摆到治国理政突出位置,打响了脱贫攻坚战,迎来了历史性跨越和剧变。十九大又提出实施乡村振兴战略,把人才作为实施乡村振兴战略的必备要素和重要资源。而当下的乡村,正面临着普遍人才储备不足、人才保障乏力等问题,人才问题已经成为制约乡村振兴战略实施的瓶颈性问题。不断巩固拓展脱贫攻坚成果,实现有劳动能力的农村低收入人口培训就业全覆盖,以"提技能、促就业"为核心,聚焦乡村振兴,开展技能提升行动的各项培训。加强贫困户劳动力技能培训,进一步巩固脱贫攻坚成果,技能培训以"以培训促就业、以就业促增收、以增收促振兴"为目标,充分发挥技能培训在巩固脱贫攻坚工作中的积极作用。

近几年以来,我校用行动践行使命,把免费技能培训作为促进脱贫攻坚与乡村振兴有效衔接的重要抓手,把培训班开到群众"家门口",为群众提供免费、实用的致富技术,促进技能就业,引导技能成才。让农村贫困劳动力技能在手,就业不慌,致富不愁。做到工作实、情况真、效果好,使贫困群众有更多的获得感和幸福感。

二、背景分析

云南贫困面广,贫困程度深,脱贫攻坚难度大,是我国脱贫攻坚主战场之一。曲靖市辖3区1市5县和1个国家级经开区,常住人口661万人,是国家乌蒙山片区和石漠化片区交织的连片特困地区。2014年底,全市有5个贫困县(其中,会泽县、宣威市为深度贫困县)、50个贫困乡、1203个贫困村、贫困人口79.91万人,居全省第二位,贫困发生率高达14.76%,是全省农村贫困面最大、贫困人口最多、贫困程度最深的州市之一,是全省脱贫攻坚的重点地区。曲靖市把产业扶贫、就业扶贫作为贫困群众持续增收、稳定脱贫的治本之策,坚持把农村劳动力转移就业作为促进贫困人口增收的重要渠道,摸清劳动力资源底数,通过职业技术教育、中介服务、企业培训等方式加强劳动力技能培训,推动农村劳动力由体力劳动型向技能技术型转变。

改革开放以来,由于各种因素叠加,我国农村出现了数以亿计的剩余劳动力。但他们多数文化素质偏低,缺少职业技能,有些完全没有技能。因此,很多人只能在工厂从事简单重复的工作或者在服务行业从事繁重的体力劳动。还有很多适合农民自身发展的工作,由于缺乏相应的技能,一时间还难以胜任。相当一部分农民只能做"力"所能及的工种,从事体力型劳务。当前社会上出现了一方面劳动力市场需求巨大,技能型人才资源严重短缺;另一方面,农村富余劳动力数量巨大,就业困难,致富无门。

曲靖是农业大市、人口大市,技能脱贫任务艰巨,潜力巨大。提高农村劳动力的职业技能水平,实现有效和稳定的转移,已成为时代发展的必然。实施学历教育与培训并举是职业院校的主要职责,云南省曲靖应用技术学校高度重视职业技能培训工作,积极构建学历教育与培训并举并重的职业教育办学格局。云南省曲靖应用技术学校职业培训站成立于2000年,始终坚持树立"质量为本、服务至上"的理念,在立足做好本校学生职业技能培训的基础上,开展相关领域的职业技能培训,至今累计培训10万余人(次),为地方社会经济发展作出了积极的贡献。如何组织农村贫困劳动力自愿参加培训,提高培训质量,是当前面临的一个课题。

三、改革思路

（一）积极宣传动员组织学员

加大职业培训宣传力度，我校与人社部门、地方政府、乡镇街道共同开展培训宣传动员工作，深入村委会宣传国家惠民政策，让村民乐意参加培训，知晓通过培训掌握技能的好处，为顺利开展培训奠定基础。了解掌握农民群众思想动态，帮助群众转变观念、增强发展意识，引导群众崇尚健康文明新风尚，帮助村里组织动员群众加快发展，提高自身技能，巩固脱贫成效。

（二）增强职业培训的实用实效

加强培训政策的宣传力度，消除政策宣传死角，统筹开展培训，注重提高培训的针对性、实用性和有效性，杜绝宽泛培训、被动培训、应付培训的现象。

（三）创新农民工培训的方式和内容

参训人员可根据市场需要结合自己的就业愿望自主选择培训工种。通过技能培训，使参训人员掌握一技之长，尽快实现就业和稳定就业。

（四）强调理论联系实际和操作性

秉持"高标准、高效率、高质量"的培训要求，与乡镇社保所、农科站以及村领导反复研究，选择切合本村实际的培训工种；因地制宜、因材施教，结合每个村的实际情况精心准备，加大课程中实操权重，实操比重在70%以上，从而提高学员的动手能力。授课教师结合村民实际，讲授通俗易懂，注重实践操作，并根据农民的兴趣特点、知识盲点、关注热点，采用农民一听就懂、一看就会、一用就灵的教法，用大众的语言讲清楚、说明白，让农民听得懂、学得会、用得上。通过手把手培训，使村民真正掌握了实用技术，进一步拓宽了农村劳动力就业渠道，让技能改变生活。

四、经验策略

我校秉持"授人以鱼不如授人以渔"的职业培训理念，认真落实进一步加大精准扶贫力度，提高群众脱贫致富的劳动技能，切实帮助贫困户脱贫致富。增强贫困群众自我发展能力，拓宽致富门路，协助乡镇政府坚持培训与就业相结合，按照"培训一人、就业一人、脱贫一户"的思路，持续加大技能培训力度，通过培训再造贫困户的"造血"功能，促进贫困劳动力就业，巩固脱贫成效。

（一）精确摸底

在前期准备中，我校对所有贫困劳动者培训意愿进行调查摸底。在详细了解群众工作意向和意愿基础上，结合社会用工需求，有针对性、点对点地开展不同技能培训，满足其多领域、多类型的就业需求,以贫困家庭中的劳动力为主要培训对象,对其培训需求和就业意愿等相关信息进行填写登记并造册。培训前十天信息组工作人员预先到村委会录入培训人员信息,之后在当地县级贫困劳动力实名数据库、重残数据库、学籍内学生数据库、已培训工种、已培训次数等数据库中进行六次以上比对,重重筛选核对,确保参加培训人员的精准和无误。从学员自身的实际需求和发展出发,提供合适的技能培训,努力使贫困人员掌握一技之长,确保培训取得实效。

(二)精准选人

围绕配好班子、选好老师的目标,选优配齐培训工作队伍,着重从退休优秀教师、退役军人、应届大学毕业生中选拔配备师资队伍。比如参加2021年会泽县技能培训的教师和工作人员共计60余人,平均年龄44岁,其中党员25人。工作组作风正派、能吃苦、业务水平扎实过硬,确保了培训工作高质量高标准完成。

(三)精细组织

对培训工作的事前、事中、事后进行全方位无死角的精细组织。以学校领导为第一层级,搭建出行政组、信息组、物资组、班主任组、专业教师组一整套组织架构,各小组联动协作,推进培训工作的顺利开展。发放工作手册,建立工作微信群,定期和不定期举办会议、教学研讨会、现场会、考务会等。

(四)精心授课

因地制宜、因材施教,结合每个乡镇、村寨的实际情况精心准备授课内容,要求实际操作在70%以上,从而提高学员的动手能力。授课教师结合村民实际开展教学,讲授通俗易懂,注重实践操作,并根据农民的兴趣特点、知识盲点、关注热点,采用农民一听就懂、一看就会、一用就灵的教法,用大众的语言讲清楚、说明白,让农民听得懂、学得会、用得上。通过手把手培训,使村民真正掌握了实用技术,进一步拓宽了农村劳动力就业渠道,让技能引领增收致富。

(五)高质实用

学校高度重视农村劳动力职业技能培训工作,秉持"高标准、高效率、高质量"的培训要求,与乡镇社保所、农科站以及村领导反复研究,选择切合本村实际的培训工种;规范职业培训教材选用,提高职业培训的针对性、有效性、提升培训质量。

(六)巩固成效

在培训期间联合当地企业、劳务公司等来到培训班级召开现场招聘会,积极宣讲外出务工政策以及各种类型岗位。培训结束后通过电话、微信等方式回访和跟踪服务参训学员,清楚了解并记录参训学员的就业情况和自身发展情况,实现"培训一人,就业一人,脱贫一户"的目标。

采用以上措施,要求老师精心准备,从政治高度提高认识,认真备课,细致讲解,采取实际操作和理论学习相结合的方式，重点开展学员容易掌握的技能进行培训，本着"实际、实用、实效"的原则，充实培训内容，创新培训方式，让学员学有所得，学以致用。根据每个村的真实客观情况，灵活调整培训时间，确保培训学员"生产、生活、培训"三不误；结合就业形势，做好该村领导以及学员的思想工作，跳出种养殖的培训小圈子，多开展电工、砌筑工、焊工等技能型工种。我校的培训质量和培训效果受到了学员的一致好评，很多学员取证后都外出务工，真正走上了技能脱贫、技能创富的路子，确保了让真正有培训需求的人员受益受惠。

五、成效与反思

（一）取得的成效

云南省曲靖应用技术学校职业培训站成立于 2000 年，坚持树立"质量为本、服务至上"的理念，在立足做好本校学生职业技能培训的基础上，开展相关领域的职业技能培训，至今累计开展职业培训 10 万余人（次），为地方社会经济发展做出了积极的贡献。

近年来，学校积极响应上级号召，认真贯彻中央精准扶贫战略部署，充分发挥资源优势，积极深入相关乡镇街道开展职业技能培训，在决战决胜脱贫攻坚工作中发挥了积极作用，赢得了良好的社会声誉。2018 年"精准扶贫职业技能培训"被云南省教育厅评为云南省"终身学习品牌项目"；最近被中华职业教育社授予"第七届黄炎培职业教育优秀学校奖"。

我校开展的技能扶贫培训转变了当地村民的思想观念，改变了他们对技能培训作用的认识；加强了当地技能型人才培养，为脱贫攻坚提供了人才保障；促进了当地经济发展，推进了脱贫攻坚工作的进行。

仅 2021 年，我校在宣威市、会泽县就共计培训建档立卡贫困人员 2982 人，培训工种十余种。学校党委书记夏朝国，校长王宗舜，党委委员、常务副校长郭海忠，副校长周兴稳等领导多次到现场检查指导，确保培训有序顺利进行。

在会泽县马路乡弯弯寨村开展焊工培训，培训结束后适逢途径该村的高铁开建，取得焊工证的村民立即持证就业。

在宣威市复兴街道为 200 名搬迁安置居民开展的服装缝纫培训，在培训期间多位服装厂老板就到培训地点现场招聘，培训结束后有就业意愿的学员随即到服装厂工作，学员结业后便能上岗就业，真正实现了培训、就业的无缝衔接。

在大桥乡杨梅山村的毕业班会上，大家共同交流学习心得，纷纷感谢老师们手把手的教学。"这个培训班没有白上，又多了一门手艺。"学员赵明祥在培训结束的班会课上还自编自演地唱起山歌："太阳出来红彤彤，教师教我学焊工。今年焊工学会了，明年我就去打工。"通过通俗的歌曲表达了内心的喜悦和感激，唱出了对未来美好生活的向往。

类似的例子数不胜数。过去，村落破败、村民贫困，不是一点薄田耕种，就是远离家乡外出打工；如今，村子新了，政策好了，技能培训的教室搬到了村民们的家门口，通过培训，村民的思想观念转变了，面貌也精神了，除了发展传统农业，还有畜牧、服务等作为产业衔接，充分保证了新农村建设的可持续发展，让村民们没有了后顾之忧。

（二）几点思考

① 近几年的农村劳动力职业培训基本都是在春节后立即开展，此时正是农民春耕农忙时期，组织动员工作较难开展。一些真正有培训意愿、符合培训条件的人员忙于春耕不能参加培训，致使培训未能真正下沉覆盖到所有确有需求的人员。

② 通过加大宣传力度和政策的优惠，农村劳动力培训意愿普遍提高，但培训工种以种养殖等实用技术培训为主，培训后就业率较低。

③ 部分村民对职业技能培训认识不足、思想比较保守、观念陈旧落后，不会长远地多维地看问题，只看到眼前利益，认识不到提高技能对于个人就业、提高经济收入的重要性，不愿参加更多的职业技能培训。

④ 工学矛盾依然突出。由于我校开展的培训必须严格按照人社部门规定的培训时间执行，严格考勤制度、规范培训程序和内容。对于农民工来讲，他们一般春节前返乡，在春节过后又大量外出务工，与培训形成时间上的错峰冲突。

下一步我校将以习近平新时代中国特色社会主义思想为指导，用责任守住初心，用行动践行使命。继续充分发挥学校资源优势，结合乡村振兴战略需要，综合考虑区域转移劳动力、经济发展潜力以及场地基础条件等多方因素，将多方式、多渠道开展就业技能培训，让贫困群众技有所长、学有所得，从而进一步拓宽增收渠道，为乡村振兴做出应有的贡献。要时刻谨记职业教育的初心，让无业者有业，让有业者乐业。以习近平新时代中国特色社会主义思想为指引，立足职业教育，加满油、把稳舵、鼓足劲，用责任坚守初心，用行动践行使命，以实绩实效迎接党的二十大胜利召开！

执笔人：王宗舜，周兴稳，杨正德。

案例 50

开展"职业体验日"活动　展示旅游校园文化

大连旅游学校

【摘要】 2015 年至今，大连旅游学校（原大连女子学校）依托职业教育活动周载体，结合办学优势和专业特色，深入探索和推进职业体验教育，面向中小学生、家长和社区居民重点开展"职业体验日"、教育教学成果观摩体验等活动，积极服务中小学职业启蒙、职业认知、职业体验与劳动技术教育，对接社区需求、提升群众获得感及幸福感。经过近八年的实践，形成了有效的职业体验教育创新模式，宣传展示了办学成果和校园文化的独特魅力，扩大了职业教育影响力和吸引力，取得一定成效。

一、案例概要

为积极响应国家职业教育活动周工作部署，持续强化中等职业教育基础作用，宣传技能、体验职业，助力营造技能型社会良好氛围，2015年起大连旅游学校结合办学优势和专业特色，面向中小学生、家长和社区居民重点开展"职业体验日"、教育教学成果观摩体验等活动，因校制宜擦亮职业体验教育名片。经过近八年的实践，学校重点做好职业体验平台建设、职业体验课程开发和职业体验活动设计，形成了有效的职业体验教育创新模式，展示了职业教育的办学成果和校园文化，对中职旅游类学校开展技能服务、职业体验活动的途径和方法进行了有益的探索与实践。

二、背景分析

中等职业教育是建设技能型社会的基础，做好技能展示、职业体验，有助于营造崇尚技能的良好氛围。研究认为，职业体验具有认识职业、认识自我的认识论意义，兼具职业性活动和过程的实践特质。职业性、体验性、教育性构成中小学生职业体验的主要特征，发挥着育人价值、学校价值和职业教育价值。中职学校在开展职业启蒙、职业认知、职业体验与劳动技术教育方面具备天然的优势，学校可以通过深入探索和推进普职渗透，积极为中小学生提供劳动技术等课程教学，为职业启蒙等提供真实的工作场景，帮助学生在职业体验中培养职业理想、规划未来的职业生涯。开展职业体验教育，同样也是中职学校展示自己的难得机遇。学校瞄定职业体验教育对于教育教学改革创新的引领作用以及宣传展示学校办学成果特色的积极作用，借助国家职业教育活动周平台深入探索和实践，以"职业体验日"活动为切入点，辐射社区，实现人才培养方案实施的有效创新，形成学校社区全方位的育人体系，助推学校职业教育在更长的教育时段和更广阔的人群中加快发展。

三、建设思路

在充分发掘学校的办学优势、管理优势和资源优势等基础上，积极发挥自身专业优势、课程优势和人才优势的作用，着力探索普职融通有效路径，分类施策开展中小学生"职业体验日"；深化党建引领，加强学校社区共建，携手同创文化家园；拓宽思路，辐射地方，广泛开展社会公益实践活动。多措施并举拓宽服务渠道，发挥职业教育服务功能，精准对接中小学生与社区居民需求，增强群众的获得感和幸福感，为技能型社会建设注入动力、增添活力。

通过宣传职业教育、亲历职业教育、了解职业教育和体验职业教育，展示旅游校园文化，使中小学生和社区居民切身体会到"技能，让生活更美好"，拉近人民群众与职业教育的距离，扩大学校"职业教育活动周"的社会影响力和职业教育影响力，进一步营造全社会关心职业教育的良好氛围，助力技能型社会建设。

四、经验策略

（一）探索普职融通有效路径，分类施策开展中小学生"职业体验日"

1. 立足旅游校园特色，面向小学生开展职业体验

小学生"职业体验日"活动中，学校组织小学生们参观导游模拟室、餐厅实训室、茶艺室、康乐室、咖啡吧、形体室等专业实训室，聆听对旅游行业及导游职业的介绍，观看中职学生的导游词讲解及贯口等才艺表演，观看并亲自体验茶艺表演。此外，注重互动，还安排小学生们进行空竹、健美操、吉他弹奏等才艺表演。通过互动体验式参观交流活动，帮助其体验旅游学校的办学特色，感受旅游校园文化的独特魅力。活动设计贴近小学生身心发展规律，充分体现趣味性、职业性和应用性等特点，在展示职业教育的办学成果和校园文化的同时，让家长和小学生更加全面、更加深入地了解职业教育、认可职业教育。

2. 聚焦职业生涯规划，开展中学生职业体验活动

在中学生职业体验活动中，学校结合专业优势和课程特点，精心设计活动内容，向前来参观体验的初中学生和家长展示职业教育的新风貌以及学校丰硕的育人成果。学校持续优化疫情防控、体验项目、活动内容、校园安全、人员配置等工作，并以"展示、体验、互动"的形式，进行各专业职业技能实践体验，让中学生及家长在活动中体会职业教育独具魅力的校园文化。同时，提供专业咨询服务，帮助学生了解职业内涵、明确职业定位、体验职业乐趣、展望职业前景、树立职业理想。

体验活动中，组织中学生们走进专业实训室，聆听讲解、观看技能展示、了解学校情况。学校学前教育专业生动有趣的奥尔夫音乐游戏、旅游专业热情活泼的导游词讲解体验、电子商务专业蓬勃前沿的电商直播互动、航空服务专业高端大气的空乘礼仪展示和美容美发专业时尚潮流的造型艺术，让参加体验活动的学生和家长们对学校各专业的学习内容和鲜明的职业特点表现出极大兴趣。在亲身参与各专业的体验项目后，中学生们更加明确了职业教育类型教育的定位，增强了选择职业教育成就美好未来的信心（图1、图2）。

优美的校园环境、丰富的实训设施、熟练的技能操作、多彩的体验项目让初中生们当了一次"职业人"，零距离感受到职业教育的魅力，提高了初中学生和家长对职业教育的认知度，更为落实全国职业教育大会提出的建设技能型社会的理念和战略，起到积极的推动作用。

图 1　小学生"职业体验日"活动　　　　　图 2　中学生职业体验活动

（二）党建引领，学校社区共建，携手同创文化家园

学校积极拓宽服务渠道，依托社区平台，精准对接社区需求，提升居民生活品质，增强群众的获得感和幸福感。以"茶艺、咖啡、美容、美发、合唱和广场舞"专业技能服务为主要内容，集中宣传展示技能创造美好生活，让社区居民们走进实训室，让职业教育更加贴近百姓生活，增强社会各界对职业教育的认知度，从而推动专业技能更好地服务社会、惠及民生。

活动中，学校声乐老师指导社区合唱团成员唱响《一切献给党》和《不忘初心》等歌曲，助力营造积极健康、文明向上的精神风貌，也抒发出爱党、爱国情怀，坚定跟党走的信念。舞蹈教室里，舞蹈老师热心向社区舞蹈队队员们传授广场舞基本技能，耐心讲解舞蹈中的注意事项并示范，共同完成广场舞《对面的小姐姐》的排练。美容美发专业依托辽宁省现代学徒制试点专业优势，由教师带领学生一齐为社区居民进行洗发、按摩以及美甲服务，用专业的技能、热情的服务、真诚的话语为社区居民提供最优质的职业教育服务体验，赢得社区居民频频点赞。咖啡制作老师以专业的讲解，让社区居民们品尝到与以往印象中不一样的咖啡，对咖啡冲泡技艺有了更为清晰的认知（图3~图6）。

图 3　社区职业体验活动——舞蹈　　　　图 4　社区职业体验活动——合唱

图 5　社区职业体验活动——咖啡　　　　　图 6　社区职业体验活动——按摩

以党建为引领，学校社区携手共建，共同开展职业教育体验活动，面向社区宣传职业教育，通过亲历职业教育、了解职业教育、体验职业教育，不仅使社区居民切身体会到"技能让生活更美好"，还拉近了广大群众与职业教育的距离，扩大了学校"职业教育活动周"的社会影响力和职业教育影响力，形成学校社区全方位的育人体系，有效助力技能型社会建设。

（三）拓宽思路，辐射地方，广泛开展社会公益实践活动

学校还结合"母亲节"活动，与大连晚报学生记者团联合举办茶艺体验活动，通过社会公益服务，锻炼学生的专业技能水平、沟通能力和服务意识，完善人才培养"立交桥"，提升学校的社会服务和文化传承能力。

活动中，大连晚报学生记者团的小记者们化身小小茶艺师，学校茶艺课教师为小朋友们讲述茶的由来、茶叶知识、茶具、茶礼文化、泡茶步骤，同步教学演示和指导泡茶，小记者们掌握冲泡时的姿势、手势等动作要领，亲身体验沏茶、闻茶和饮茶等过程。在小记者学习茶艺期间，小记者的妈妈们也在悄悄地进行一次"美丽大变身"，由美容美发专业老师和学生为她们提供造型、化妆等公益服务。小茶艺师们为母亲亲手奉上自己的劳动果实，孩子们成就感满满，妈妈们欣喜而幸福（图7、图8）。

图 7　社会公益实践活动——茶艺之旅　　　　图 8　社会公益实践活动——母亲节特辑

学校秉承"立德树人、知行致远"的校训,通过职业教育体验活动将"三全育人"理念融入学生的感恩教育中,有效推进人才培养方案建设,不断丰富和完善育人理念,也为构建区域职业教育新体系提供了新的思路。

五、成效与反思

经过多年以"职业体验日"为主要内容的职业体验教育探索与实践,学校形成了面向不同群体的有效的职业体验教育创新模式,宣传展示了旅游学校的办学成果以及旅游校园文化的独特魅力,扩大了职业教育影响力和吸引力,取得积极成效。同时,学校在做好职业体验基础上,坚持为区域经济社会高质量发展服务,发挥职业教育的辐射作用,不断提升社会服务水平。利用专业技能优势,面向社会广泛提供专业服务、志愿者服务,打造优质专业辐射效应,先后举办"老年大学""暑期少儿独立生活训练营"等社会服务活动,深入社区和养老机构开展系列志愿者活动,得到广泛好评。

未来,学校还将立足于专业特色建设,加强职业体验教育多元课程的开发,培养职业体验教育专业师资,广泛集聚社会力量,全面开展职业体验教育活动,满足人民群众对高质量职业教育的需求,努力培养现代服务业高素质技术技能人才。

执笔人:衣伟,李美丽。

案例 51

小小梦想家　职业启蒙教育助推青少年成长

单县职业中等专业学校

【摘要】 单县职业中等专业学校根据青少年职业启蒙的需求,通过"学习＋体验＋感受＋行动"模式,结合"寓教于乐"的方式,组织全县青少年开展职业认知、职业体验、社会实践、自我意识与能力提升等,引导青少年加深对职业的理解,循序渐进地影响青少年的意识、态度、认知及行为,促进青少年健康成长。

一、案例概要

建设技能型社会是国家全面提升经济实力、科技实力、综合国力的必然要求。全国职业教育大会创造性地提出了建设技能型社会的理念和战略,描述了"国家重视技能,社会崇尚技能，人人学习技能，人人拥有技能"的技能型社会特征，为职业教育改革发展赋予了新的时代使命。

单县职业中等专业学校根据青少年职业启蒙的需求，通过"学习＋体验＋感受＋行动"模式，结合"寓教于乐"的方式，组织全县青少年开展职业认知、职业体验、社会实践、自我意识与能力提升等，引导青少年加深对职业的理解，循序渐进地影响青少年的意识、态度、认知及行为，促进青少年健康成长。

二、背景分析

近年来，很多国家也陆陆续续重视对孩子的职业启蒙教育。

美国：美国《国家职业发展指导方针》规定，孩子的职业启蒙从 6 岁开始，让孩子认识自己的兴趣、专长所在，了解不同职业所需的学业知识和技能。每年的 4 月 22 日是"带孩子上班日"，这一天，父母们可以带年满 6 岁至 16 岁的孩子去上班，让孩子了解父母的职业，了解真实世界如何运作，理解劳动的价值与意义。

英国：发布的报告显示，6 岁~15 岁是对孩子进行职业启蒙的黄金时期。

日本：职业启蒙教育已经从小学提前到了幼儿园。

2021 年，中共中央办公厅、国务院办公厅印发《关于推动现代职业教育高质量发展的意见》，要求加强各学段普通教育与职业教育渗透融通，在普通中小学实施职业启蒙教育，培养掌握技能的兴趣爱好和职业生涯规划的意识能力。在普通中小学开展职业启蒙教育，可以帮助学生深入社会、了解社会；培养学生的职业兴趣、职业理想，以及探索新知、认识自我的能力；同时，纠正轻技能、忽视劳动教育的现象。

三、建设思路

学校充分发挥专业、师资、技术等优势，将弘扬优秀传统文化、普及"非遗"知识技能与培养中小学生劳动素养和职业启蒙教育相结合。丰富活动形式，激发创新思维，让孩子们在学习玩乐中了解传统文化、传承传统技艺，让文化自信的种子在孩子的心中生根发芽，教育引导他们成为新时代中国优秀传统文化的传承者、实践者和捍卫者。

四、经验策略

（一）引导学生走进社会、培育家国情怀

1. 开展国情国防教育

在了解国情、省情的基础上，激发学生的爱国主义情感，增强学生热爱家乡、建设家乡的动力，促进民族团结。学校开设了国情省情大讲堂、追踪时事等活动。

通过国情省情大讲堂使学生了解我国的基本国情、我省的省情和形势；使学生养成爱家乡、爱祖国的传统美德。学生进行时事学习，有助于提高学生的政治素质。时事教育具有很强的政治性、原则性和党性，能使学生把握政治方向，严明政治纪律，表明政治态

度，培养学生的政治鉴别能力（图1、图2）。

图1 国情省情大讲堂

图2 了解革命文化

2. 进行传统文化教育

传统文化教育是学生深扎民族根、熔铸中国魂的重要方式。传统文化教育是培养学生文化素质最优质、最有效和最精细的教育。为丰富学生的知识体系、提升学生文化素养，学校开展了传统文化教育课程，共包括感恩教育、礼仪课程、传统文化故事三类课程。

相关课程使学生形成良好的个性和健全的人格，懂得感念父母之恩，要孝敬父母；感念祖国之恩，要报效祖国；感念自然之恩，要学会和大自然生灵和谐相处；感念社会之恩，要学会和不同性格、不同阶层、不同文化背景的人相处。通过日常礼貌、礼节、仪表、仪式的培养与训练，培养学生讲文明懂礼貌的良好习惯，对学生身心健康的发展、树立自信心、建立良好的人际关系及提高学习主动性、自觉性等都产生积极的影响，可以让学生了解历史典故、人文常识以及古人生活的细节与图景，从而学习古人的传统美德（图3、图4）。

图3 感恩教育演讲会

图4 礼仪课程

（二）深入开展养成教育、护航幸福人生

1. 生命安全教育

生命安全教育课程对于青少年来说是充满意义的，帮助青少年树立和强化安全意识，尊重和珍爱生命，掌握必要的安全知识和技能，从而提高青少年尊重他人生命、珍爱自己生命的意识。学校开设了防溺水教育（图5）、消防安全教育、心理健康教育等课程。

让学生掌握基本的救护知识与技能，提高学生的急救能力。同时，让学生学习心肺复苏技能（图6），使学生能够自救和他救。让学生掌握火灾应急防护和自救技能，培养学生珍爱生命、保护自我和关爱他人的意识。让学生提高心理素质，充分开发他们的潜能，培养学生乐观、向上的心理品质，促进学生人格的健全发展。

图5　防溺水讲座

图6　心肺复苏技能训练

2. 素质拓展教育

素质拓展能激发学生个人潜能，培养乐观的心态和坚强的意志，提高沟通交流的主动性和技巧性，树立相互配合、相互支持的团队精神，极大增强合作意识，从而达到提高学生心理素质的目的。为此，学校开设了军事训练、户外拓展、趣味游戏三类课程，使学生增强国防意识，掌握军事技能，培养军人作风；培养吃苦耐劳的精神和坚韧不拔的意志，增强团队合作意识和挑战自我的能力；丰富实践生活，愉悦身心，增进友谊（图7、图8）。

图7　水上乐园

图8　户外拓展

3. 劳动养成教育

在劳动教育中，使学生树立正确的劳动观点和劳动态度，热爱劳动，养成劳动习惯。学生亲身参与进行实践，能逐步意识到正面挫折、战胜困难才能获得成功，学会在逆境中生存，培养自强不息的精神。学校开设了劳动教育课程、养成教育课程。

了解农业生产的概况，体验农业生产劳动，树立劳动观念，珍惜劳动成果，培养热爱劳动的情感。养成教育有益于学生学习社会基本道德规范，树立基本的道德观念，逐步形成文明行为习惯；有利于促进学生知情意行协调发展，是学生成为有理想、有道德、有文化、有纪律的新一代的基础（图9、图10）。

图9 种草莓

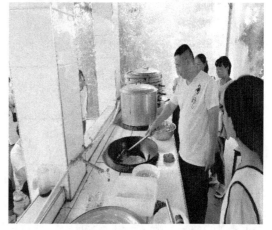
图10 学做饭

（三）开展职业启蒙教育，助力健康成长

1. 面点课

学生动手制作糕点，包括酥类和蛋糕两种，此类课程可以使学生对糕点师傅的工作有认识，对餐饮行业有深入的了解（图11）。

2. 钳工课

学生动手进行钳工图形的制作，学生可以做出各种形状的钳工作品。学生可以了解制作机械的过程，感受完成机械制作品的快乐，对机械类工作有初步的认识（图12）。

3. 服装设计课

学生通过学习服装设计课程，可以发挥想象力设计出喜欢的造型，并利用设计原则和理念，进行服装设计。通过对本课的学习，学生可以体会到设计师的工作乐趣，为以后的设计工作打下基础（图13）。

4. 金融会计体验课

通过对货币概念、货币发展史的讲解，加深学生对货币的了解。课上进行了点钞技巧的讲解，并举行了点钞比赛，使学生对金融会计行业有了新的认识，激发学生从事金融会计行业的兴趣（图14）。

图11 学习制作西点

图12 钳工课

图13 服装设计

图14 金融会计体验课

（四）开展科技实践教育，放飞青春梦想

科技实践教育有利于学生科学精神的培养，通过科学探究以及实验活动，学生们能够学会尊重事实，勇于探索，敢于质疑，激发学生对科学的兴趣，掌握相关科学研究的方法和实验技能，提高学生应用学科知识解决实际问题的能力。

1. 航模课

在航模课上，学生可以体验组装的过程，感受航模飞行的乐趣，参与无人机进行农业播种、农业打药、农业施肥的劳动过程，感受科技的力量（图15）。

2. 3D打印课

学生可以了解3D打印技术，借助机器进行3D打印，打印出各种模型，提高动手能力，感受自己创作的快乐（图16）。

图 15　航模课　　　　　　　　　图 16　3D 打印课

3. 机器人课

学生可以组装机器人，了解机器人的历史、原理、发展，对科学知识有新的认识，体验一次当"科学家"的乐趣（图 17）。

4. 液压挖掘课

学生可以了解物理知识，组装液压挖掘机模型。通过组装的过程，可以启发学生思考，激发学习科学知识的兴趣（图 18）。

图 17　机器人课　　　　　　　　图 18　液压挖掘课

5. 参观科技馆

学生可以了解科学知识，树立科学梦想，激发科学兴趣（图 19）。

（五）体验手工制作技艺，感受传统文化

手工课要求手脑并用，在学习过程中可以激发学生的学习兴趣和想象力，培养他们的观察能力，让他们体会到了自我实现的快乐，让学生感受到生活的魅力，体验手工艺创意和制作，培养学生动手能力和审美情趣。学校专门开设了网花、皮影、丝画、积木、编帽等课程。

1. 网花课

学生利用丝网制作网花，学生可以自己配色、自己制作，可以提高学生色彩搭配的能力、提高学生的审美能力（图20）。

图19　参观科技馆　　　　　　　　　图20　网花课

2. 皮影课

学生可以了解皮影的相关知识，体验皮影表演的乐趣，为日后非遗的继承奠基（图21）。

3. 丝画课

学生可以通过钉子的安装和线的缠绕，做出一幅幅精美的作品。这类课程不仅可以让学生对机械安装类工作有认识，而且通过对线的配色，可以提高学生的配色能力（图22）。

图21　皮影课　　　　　　　　　图22　丝画课

4. 积木课

学生动手组装作品，可以发挥想象力设计出不同的人物类型。学生通过学习此类课程，可以提高想象力、创造力（图23）。

5. 编帽课

学生课上通过动手编制帽子，一针一线进行缝制，做漂亮的帽子能够提高学生的动手能力，体会动手劳动的辛苦，感受成功的喜悦（图24）。

图23　积木课

图24　编帽课

6. 音乐盒

学生通过学习音乐盒的发展，了解相关音乐知识，动手制作音乐盒，享受美妙的音乐带来的乐趣（图25）。

图25　音乐盒

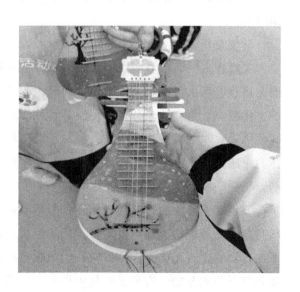

图26　琵琶课

7. 琵琶课

学生通过了解琵琶的音乐知识，激发对音乐的热情之情。通过安装琵琶的过程，了解琵琶的构造，提高动手能力。同时，还能发挥想象力进行个性彩绘（图26）。

8. 衍纸课

学生基于自己的经验，并发挥想象力和创造力设计制作，对设计作品有一定的体验，为以后从事设计工作打下基础（图27）。

图27　衍纸课

五、成效与反思

中小学阶段是学生自我意识形成和社会性发展的重要阶段。此时，伴随着学生交往边际的延展和认识的成熟，"职业"这一联系个人与社会的纽带，逐渐在学生心中变得具体。这一时期正是进行职业启蒙教育、为学生的职业生涯发展和社会化水平提高打下基础的关键时期。

学校秉承"生活即教育，社会即学校"的教育观，以"贴近和服务青少年"为宗旨，以"实践育人"为核心，以"快乐体验"为途径，突出"思想道德教育和创新精神、实践能力培养"两大目标，开设了科学实践、手工制作、劳动教育、安全教育、红色教育、传统文化教育、生存体验、素质拓展等实践活动项目，在实践探索中形成了"参与式、互动式、体验式"的实践活动模式，做到了以活动为载体、以育人为目的、在实践中体验、在体验中感悟、在感悟中成长，使学生在丰富多彩的实践活动中学习一种技能，尝试一次创新，感受一段经历，体验一回成功。

开展职业启蒙教育有利于填补中小学职业教空白，促进义务教育和普通高中职业启蒙教育与中高等职教育的有效衔接。让学生从小接触各种职业、从中发现自己的兴趣和特长所在，能够促进面向人人、面向终生的职业教育体系不断健全与完善，为学生的职业生涯规划打下坚实基础，有利于强化中小学生生活世界与职业世界的联系。开展中小学职业启蒙教育后，学生可以走出学校围墙、拓展认知视野，了解各类知识是怎样应用于具体工作岗位的，弥补学习内容与现实发展相脱节的不足；有利于学生形成正确的职业认知，树立积极的职业价值观；有利于促进学校育人方式转变，加强学生创新精神、实践能力的培养。当前"双减负"政策正在全国中小学落实，可利用学校课后服务时间，组织学生开展职业启蒙教育活动，这样既能够丰富学校课后服务的内容与方式，又能够弥补学生动手能力、实践能力的短板。

执笔人：尘文生，刘　萌。

案例 52

依托公共实训基地　培养技术技能人才

江苏省相城中等专业学校

【摘要】　江苏省相城中等专业学校以传承江南文化、服务苏州现代先进制造业发展为宗旨，以企业用人标准为切入点，以职业岗位能力和可持续发展需求为基准，以培养装备制造行业岗位职业能力的高技能人才为目标，采取产教融合、校企共建、技术服务、行业培训等多元手段，高标准建设了现代制造技术公共实训基地。本文以江苏省相城中等专业学校公共实训基地为例，阐述了职业院校公共实训基地的建设和运行等方面的问题。

一、案例概要

公共实训基地依据岗位需求，精准定位专业能力点，构建"三合一"（做学教合一、工学合一、定岗与就业合一）的人才培养模式，提升人才培养质量。

公共实训基地利用行业企业标准，引入真实的项目案例，构建基于"五化"（标准化、一体化、全程化、多元化、信息化）的课程体系，以项目引领为抓手，提升受培训者的素质。

公共实训基地建设产教融合型企业学院，优化机制保障，建立"六位一体"（产、学、研、训、赛、考）的校内外实习实训基地。政行企校多方联动，构建命运共同体，保障了公共实训基地运行机制顺畅，助力人才培养培训质量提升。

二、背景分析

相城区极力打造苏州市"现代制造业副中心"，建有国家级相城经济技术开发区，大力发展先进装备制造、智能电网和物联网、节能环保等战略性新兴产业，产业的发展亟须一批理论知识扎实、实践技能过硬的复合型、工匠型人才。江苏省相城中等专业学校现代制造实训基地历经十多年的建设，已具备教学实训、科学研究、创新创业、技能鉴定、社会服务"五位一体"的功能，在助推产业发展、培养高素质技术技能人才方面积累了一定经验。为了更好地多渠道、全方位服务人才建设，必须优化运行机制，改革人才培养模式，引入多元化服务，这些是公共实训基地当前的建设重点。

三、建设思路

（一）以岗位能力要素，开展"三合一"人才培养

根据企业岗位需求，与企业导师、行业专家分析专业能力点，以岗前培训、订单培养或学徒制形式开展人才培养。学员在校内公共实训基地边做边学，师傅边看边指导，实现"做学教合一"；学习一段时间后（由用人单位确定）进入校外公共实训基地生产性岗位进行实际操作，师傅示范指导，完成"工学合一"（交替进行）；就业上岗前由企业导师和行业专家进行评价考核，安排合适的岗位，做到"定岗与就业合一"（图1）。公共实训基地可以依据不同的能力点，给需求方提供不同的解决方案，保障了人才培养的质量。

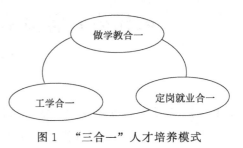

图1 "三合一"人才培养模式

（二）以项目引领教学，着力"五化"构建课程

学校与区内上市公司（易德龙、上声电子）、人社部门联合成立工匠学院，搭建了技术服务与创新工作平台，以政府"送技术进企业，培养优秀产业工人"项目为载体，利用校内外公共实训基地，为社会输送基础扎实、技术精湛的高技能人才，助力区域人才培养培训质量提升。

1. 打造精品课程，服务新产业工人个性化需求

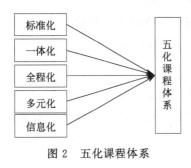

图2 五化课程体系

根据社会需求，结合区域重点产业发展目标，会同公共实训基地和行业企业专家研判，人社部门定期向社会公布菜单式课程。公共实训基地组织相关企业和专业技术人员开发课程，课程开发体现标准化、一体化、全程化、多元化、信息化，以满足新产业工人的个性化需求（图2）。以我校现代制造公共实训基地为例，多年来开发了"数控加工""自动化控制技术"等25门课程，依托基地创建了1个省级、4个市级、4个区级技能大师工作室。从2019年开始基地与相城区总工会合作开展"技能培训进企业"基地共享活动，累计培训企业职工5000余人。

2. 以项目课程转化，对接企业岗位技能

公共实训基地最大的服务群体是企业，岗位技能的培训立足于企业员工的实际需求。基地根据产业新工艺、新方法及行业的发展需求，将培训课程细化成各个不同的项目，企业的导师也会将最新的项目带到基地，供学员共同讨论学习，以实现共同提高、共享收获的目标。实践表明，企业的案例或项目最能锻炼人。多年来，3位当地企业员工通过基地培训后，参加了第一届、第二届、第三届苏州市技能状元大赛，并斩获苏州市技能状元。3人均获评苏州市劳动模范，累计12人次获评苏州市五一劳动奖章、苏州市技术能手、苏州市青年岗位能手、苏州市金牌员工等荣誉称号。

（三）产教融合，构建"六位一体"的公共实训基地

1. "产、学、研"，助力技术转化

公共实训基地还承载着服务企业技术转化的功能，这是企业最为看重的，也是企业发展过程中亟须解决的痛点。我校公共实训基地与苏州大学等高校合作，为区域内企业开展技术研发、技术攻关、技术转化的服务。将实训基地建在企业内是一个很好的举措，能够有效对接实际问题，更好地实现技术技能的成果转化。校外实训基地苏州易德龙科技股份有限公司和苏州上声电子股份有限公司就是通过该形式，成功获评了江苏省产教融合型示范企业。

2. "训、赛、证"，助推产业工人成果转化

公共实训基地的训练功能不仅是为了满足学生的学习与实践，而且承接了社会各类技能大赛，为产业工人提供竞技的平台，从而为实现企业员工的自身价值提供有效的服务。根据社会需求，基地开展多工种的职业技能鉴定，为学员考证提供便利，方便他们获取相应的政府优惠政策，特别是开展国际证书的鉴定，取得了较大的反响。12年来，基地共举办国家、省、市、区等各级各类大赛50多场，培养中级工学员人数5000多人次、高级工人数1200人次，获得国家级比赛一等奖1人次、三等奖2人次，国家级创新大赛金奖2人次、银奖3人次、铜奖2人次，省技能大赛一等奖8人次、二等奖4人次、三等奖8人次，市技能大赛一、二、三等奖共300多人次，8名学生通过技能大赛保送至全日制本科院校就读本科（图3）。

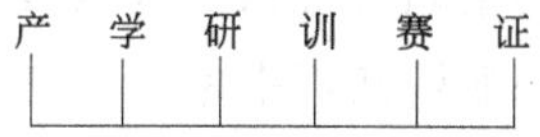

| 产 | 学 | 研 | 训 | 赛 | 证 |

图3 "六位一体"实训基地

四、经验策略

（一）师资队伍建设

在师资队伍建设方面，基地推进师资建设六大工程，打造优质"双师"团队。先后开设了"五高"人才培养班、拔尖人才培养班，培养了大批青年教师。他们从普通到骨干，从骨干到带头人、名师，完成了成长的蜕变。基地运行以来，从最初的2名高级讲师到现在已有省领军人才2人、省特级教师1人、姑苏高技能突出人才1人、重点人才20人；在职称晋升方面，正高级讲师1人、高级讲师15人、讲师20人、高级技师25人、技师20人；创建了1个省级、4个市级、4个区级技能大师工作室。

（二）校企共建企业学院

校企合作是职业教育有别于普通教育的重要一环，基地充分发挥实训设备多、实训条件好的优势，从多角度、多批次开展校企合作推动项目课程开发，促进产学研结合，实现资源优化，校企双方优势互补。学校以"校企合一，工学合一，研创合一"为办学策略，不断深化校企协同育人机制。制订了"江苏省相城中等专业学校校企合作管理办法""江苏省相城中等专业学校校企合作工作考核细则"等管理办法。与苏州工业园区通易机械有限公司共建现代制造学院，与联想集团共建联想工程师学院等。实施校企"双元"主体育人，建成校企"双元"实训基地，形成了完备的校企"双元"育人工作机制，并于2020年获评苏州市优秀企业学院、相城区优秀企业学院，2021年获评为苏州市智能制造工匠学院、相城区阳澄工匠学院。

（三）国际合作培养

2018年，实训基地和德国手工业行会HWK开展中德高技能人才合作培养项目，中德班已由原来的1个班级"精密机械师"课程增加到现在的4个班级"精密机械师"和"工业机电师"两个课程，共105名学生。中德班安排具有HWK培训师证书的教师和德国外教严格按照德国手工业行会项目课程标准开展教学，引入原汁原味的德国职业教育课程标准和考核认证标准。参加项目的学生单独组成中德国际班，中德国际班按中德合作人才培养方案和教学计划引入德国"双元制"实操项目，以嵌入式套读的方式置换国内相关专业实操课程。HWK中德国际班学制3年，每班学生人数不超过30人，在第二学年末需参加中期考试，第三学年末参加末期考试，两场考试成绩相加后及格者可获取相关专业的德国职业资格证书。持有证书的学生可申请到德国继续深造。2020年我校成立"德国手工业行会培训考证认证基地"，多次承办来自浙江、江苏多所学校的师资培训和学生HWK德国职业资格证书考试任务。目前，我校共有16位教师获得HWK德国培训师证书，第一届中德班28名学生100％考取HWK德国职业资格证书。2021年，中德班28名学生已全部和欧资企业签订就业协议。

五、成效与反思

公共实训基地是职业院校实现产教融合、校企合作的重要平台，职业院校要增强创新意识，充分发挥政府主导、企业依托、学校示范引领作用，加强校企合作，加快院校公共实训基地建设。作为相城区内唯一的职业学校，职业教育对劳动力供给侧改革的贡献度，职业教育对相城区建设顶级新城市定位的支撑度，职业教育与相城产业结构调整、优化的契合度等方面仍需增强。

今后，基地将以"融合发展、创新发展、内涵发展、品牌发展"战略为引领，落实立德树人根本任务，将公共实训基地做大、做强、做优、做特，进一步突出职业素养和工匠精神培育，健全德技并修、工学结合的育人机制，以创新人才培养模式和校企协同育人模式为重点，以制度机制创新为突破口，以双师素质提升和信息化建设为支撑，全面提升人才培养质量、社会服务水平和国际影响力，建成地方政府和行业企业高度认同、家长和社会高度认同、同行高度认同的现代化职业教育体系。

执笔人：邵良。

案例 53

发挥示范性实训基地优势　构建"六位一体"社会服务格局
南宁市第四职业技术学校

【摘要】 南宁市第四职业技术学校高度重视履行社会服务职能。学校依托示范性专业和实训基地等优质资源，构建"六位一体"的社会服务格局。通过合作创办社区教育学院、共建共享实训基地资源、构建职教帮扶合作关系、探索开放职业体验课程、承办各级比赛各类活动、开展岗位技能鉴定等举措，有效提升了学校社会服务能力，产生了良好的社会效益。

一、案例概要

职业学校只有强化职业培训功能，提升社会服务能力，才能高质量支撑学习型社会、技能型社会的建设，适应职业教育终身化趋势。南宁市第四职业技术学校依托示范性专业和实训基地等优质资源，坚持"基地＋培训"双翼联动、"产业＋教育"深度融合、"社区＋乡村"全面覆盖，构建"六位一体"的社会服务格局。通过合作创办社区教育学院、共建共享实训基地资源、构建职教帮扶合作关系、探索开放职业体验课程、承办各级比赛各类活动、开展岗位技能鉴定等举措，有效提升了学校社会服务能力，形成"五开放"（培训对象开放、培训资源开放、培训形式开放、培训过程开放、合作对象开放）的培训特色，产生了良好的社会效益，同时也反哺了专业建设，推动了专业高质量发展。

二、背景分析

（一）社区教育的深入发展需要优质平台作为依托

当前，终身教育理念逐步深入人心，社区教育越来越受到重视。自 2018 年起，国务院先后发布了《关于推行终身职业技能培训制度的意见》《关于实施健康中国行动的意见》《关于推进养老服务发展的意见》等重要文件，从学习型社会建设、终身教育、就业培训、家长教育、养老服务、医疗保障、婴幼儿照护、家政服务等方面，赋予了社区更多的教育使命。社区教育的进一步深化发展，需要具备教育优势的组织作为依托，而职业院校正是最为契合的教育组织。在服务社区教育方面，职业院校未来大有可为。

（二）职业教育终身化趋势要求职业学校提升职业培训能力

21世纪以来，我国职业学校的学历教育发展迅速，但职业培训却仍是短板，学历教育和职业培训"一条腿长一条腿短"的现象仍普遍存在。我国教育步入高质量发展的阶段，要求职业教育必须进一步放大办学格局，面向全领域、全生命周期，奋力拓宽领域、拓展时空，从学历教育"一头独大"到学历教育与职业培训两翼齐飞，高质量支撑学习型社会、技能型社会建设。

三、建设思路

（一）争取上级支持，打造示范性实训基地

学校拥有汽车运用与维修、学前教育、服装设计与工艺等3个国家中等职业教育改革发展示范学校重点建设专业，汽车运用与维修、运动训练、学前教育等3个自治区示范性专业。近年，学校在自治区财政支持下，先后立项建设汽车运用与维修、学前教育、市场营销、城市轨道运营管理、新能源汽车运用与维修5个自治区示范性专业及实训基地，以及汽车运用与维修专业、幼儿保育专业等2个自治区品牌专业。通过建设，打造了一批领先广西、享誉全国的示范性专业和实训基地，并辐射带动了学校其他专业的发展。

（二）依托职教资源，提升"六位一体"服务能力

学校依托示范性专业和实训基地等优质资源，坚持"基地＋培训"双翼联动、"产业＋教育"深度融合、"社区＋乡村"全面覆盖，打造"六位一体"的社会服务格局，提升社会服务能力（图1）。

四、经验策略

学校的示范性实训基地首先应立足学校、服务教学，促进专业办学能力和人才培养质量提升。2016年以来，南宁市第四职业技术学校累计向社会输送毕业生10866名，约90%的毕业生为当地服务，用人单位满意度在93%以上。通过教育使来自农村和城市贫困家庭的学生（占学生总数90%以上）学好技能，掌握就业金钥匙，有力助推区域脱贫和城镇化建设。

在满足学校专业教学的基础上，学校发挥示范性实训基地优势，着力提升"六位一体"服务能力。

图 1 基于示范性实训基地的"六位一体"社会服务格局图

（一）联合政府，合作创办社区教育学院

2018年4月，学校与南宁市青秀区政府合作创办"南宁市青秀区社区教育学院"。几年来，学校与社区合作开办"弘扬工匠精神，服务社区居民"特色体验项目；面向社区居民，开放图书馆、体育运动场馆、工业机器人实境体验中心、幼儿蒙台梭利体验馆等场馆；开办汽车维护培训、插花培训、青少年篮球培训、少儿国画培训、品味咖啡培训等30多项社区培训项目，累计培训7862人次，服务范围辐射至南宁市各个社区，惠及从幼儿到老年各年龄段的人群，受到社区居民欢迎（图2）。

图 2 学校开办社区培训班

学校是国家级残疾人培训基地、南宁市扶贫培训基地、南宁市农村劳动力转移培训基地、南宁市学前教育师资培训基地。学校积极承接社会培训项目，其中，先后承接了大众奥迪维修技师培训会、华南区中德诺浩F＋U德国证书考前培训、广西中职新能源汽车技术师资培训等。2020年，学校通过公开竞标承接自治区"亚行贷款"职业学校教师培训项目"中职城市轨道交通车辆运用与检修专业'双师型'教师培训"。

（二）面对社会，开展岗位技能培训鉴定

学校是南宁市职业技能鉴定基地，承接保育师、插花花艺师、汽车维修检验工等9个工种的职业技能鉴定，开展岗位技能培训。以保育员岗位技能鉴定和培训为例，自2015年起，学校利用学前教育示范特色实训基地，分期共面向社会进行1850人次的保育员培训，其中建档立卡户372人，失业登记人员258人，岗位能力提升630人。为保证社会学员的培训质量，对培训时间、培训内容、培训师资都进行了严格把关，加强培训过程的监督和管理。在培训结束后开展职业技能鉴定考试，确保培训通过率，充分提高社会学员的就业创业竞争力。

（三）校企合作，共建共享实训基地资源

在产教融合的背景下，学校不断创新与企业合作的形式。通过企业投入资金设备、校企合作开发实训教学体系，校企共建高水平专业团队等多种措施，校企共建共享实训基地。

以篮球实训基地为例。为满足"全民健身"的需求，学校与广西篮球协会、城区政府三方共建开放型篮球培训基地。南宁市青秀区政府下达培训项目和培训经费，学校负责整合篮球训练场馆、管理服务等校内资源，广西篮协则提供了广西最优质的篮球运动师资和技术，在满足学校体育教学、学生课外活动、运动训练的前提下，三方共同为社区居民"全民健身运动"提供培训和服务，为南宁市广大中小学体育教师、篮球运动爱好者、篮球俱乐部教练员开展项目培训，产生了良好的社会效益。2008年获自治区职业教育攻坚330万元专项经费支持，用于建设学校篮球训练基地。2018年以来，共获得政府15万元篮球培训经费支持，约2000人在篮球项目培训中获益。学校连续18年承办自治区、南宁市等各级中学生篮球比赛。越南河内女子篮球队、广西消防总队篮球队等曾到学校训练基地集训。大秦篮球俱乐部等在学校组织开展国际、国内篮球交流活动38次。学校在广西3个县建立了初中篮球训练基地，为社会提供技术服务8000多人次，带动了当地篮球运动的发展（图3）。

（四）服务行业，承办各级比赛、各类活动

从2013年起，学校每年承办市级、自治区级职业院校职业技能大赛汽车车身修复、汽车钣喷涂装、学前教育、插花艺术等项目的比赛。南宁市中小学生篮球赛永久落户学校。学校作为南宁市考试基地，每年承接约20场市级以上招生、人事考试考务工作。学校还联合行业协会共同举办学术研讨会、讲座等多种形式的活动，其中2019年学校举办

图 3　广西篮球协会资深教练团队在学校篮球实训基地执教

了有近 300 名中外嘉宾参会的"广西现代职业教育高质量发展国际交流论坛"。学校以此为平台整合行业协会、中高职院校、学术研究机构资源，逐渐发展成为具有一定区域影响力的"开放合作"型学术交流平台（图 4）。

图 4　学校主办广西现代职业教育高质量发展国际交流论坛

（五）聚焦乡村，构建支教帮扶合作关系

近年，学校向贫困乡村派驻"美丽广西"乡村建设工作队队员 1 名、驻村第一书记 4 名。这些驻村干部扑下身子真抓实干，用心用情驻村帮扶，为精准扶贫和乡村全面振兴做出了积极贡献。

学校与南宁市马山县职业技术学校、广西横州市职业教育中心等县级职校签订了帮扶协议，建立城乡对口帮扶合作机制，精准实施对口支援，帮助受援学校明确发展定位，强化服务面向，打造专业特色，提升教学质量。创新对口帮扶方式，动员学校教学名师以双师教学、巡回指导、送培到校、支教帮扶等方式，为帮扶县职校打造一支"带不走、教得好"的教师队伍。

（六）普职联合，探索开放职业体验课程

自 2017 年起，学校依托各专业特色实训基地，每年联合南国早报等媒体共同举办中小学职业体验活动，近年到校参与职业体验活动的中小学生累计约 1000 人。学校把职业体验活动课程化，激发中小学生的职业兴趣，挖掘他们的职业潜能，促进普职渗透。

五、成效与反思

（一）成效

1. 学校培训特色彰显

经过探索与实践，学校形成"五开放"培训特色（培训对象开放、培训资源开放、培训形式开放、培训过程开放、合作对象开放）。学校整合校内外各种资源，开发培训项目，实现培训理念的科学化、培训主体的多元化、培训对象的开放化、培训内容的动态化、师资的专业化、培训手段的现代化，打造面向社会的培训体系。

2. 学校培训影响力提升

学校社会培训成绩得到了上级和社会的认可。2018 年，"南宁市青秀区社区教育学院"在我校挂牌成立。学校先后被认定为国家级残疾人培训基地、南宁市扶贫培训基地、南宁市农村劳动力转移培训基地、南宁市学前教育师资培训基地、南宁市中职双师型教师培训基地。学校被评为全国建设机械岗位培训服务满意单位、2018 年全国优秀成人继续教育院校（培训机构）、2018 年南宁市"终身学习品牌项目"（篮球培训项目）、2019 年广西"终身学习品牌项目"（篮球培训项目）。

3. 有效促进专业发展

学校基于示范性实训基地的"六位一体"社会服务工作，一方面提升了学校的社会服务能力，产生了良好的社会效益；另一方面，强化了校企共建共享，提升了教师能力素养，获得了更多社会支持，从而反哺了专业建设，推动了专业高质量发展。

（1）2014 年以来，学校汽车运用与维修、城市轨道交通运营管理、学前教育、营销、新能源汽车运用与维修等 5 个专业（群）先后获得自治区示范特色专业及实训基地建设项目立项，经过建设均顺利通过项目验收。

（2）汽车运用与维修、运动训练（篮球）、学前教育等 3 个专业成为自治区示范性专业。

（3）汽车运用与维修、学前教育校内实训基地被评为自治区示范性中等职业教育（校内）实训基地。

（4）汽车运用与维修校外实训基地（南宁市车之缘进口汽车维修有限公司）被评为自治区示范性中等职业教育（校外）实训基地。

(5) 2014年,"基于课程改革的汽车类专业'推背式'建设模式探索与实践"获2014年职业教育国家级教学成果奖二等奖。

(6) 2017年以来,学校获自治区级教学成果奖12项。

(二)反思

1. 发挥名师引领作用

要进一步通过"专业名师"的引领,结合社会服务课题研究,扎实开展社会服务,提高教师专业素养和社会服务能力,提高学校的社会美誉度。

2. 坚定教师全方位服务社会的信心

教师要增强社会服务信念和职业发展观念,始终将社会服务与个人成长紧密结合起来,寻求个人社会服务能力发展的突破,着力补足短板。

执笔人:盛志榕。

案例 54

以美育人　构建和乐校园　　以艺润德　孕育出彩人生
——以以美育人提高学生审美素养为例

珠海市第一中等职业学校

【摘要】 2007年以来,珠海市第一中等职业学校坚持"以美育人"的教育观,形成了独特的和乐学校文化和办学特色。长期以来,学校利用美育所具有的辅德作用,开展了各种类型的美育活动,以美启真、以美引善、以美养性、以美导行,让学生在内容丰富、形式多样的活动中认识美、塑造美、体验美、提升美。学校重视美育与德育的融合,让美育活动成为促进学生主动和谐发展的重要途径与载体,从而提高学生的思想道德素养,增强学校育人工作的实效性。经过15年的实践,学校和谐发展、校风好,学生优雅美丽、礼貌友善、德才艺协调发展,备受领导和社会好评。

一、案例概要

为培育新时代高素质职业人,打造学生核心竞争力,提高中职生艺术审美素养,2007年7月,我校依托校学生处和艺术教研组面向全校开展艺术教育工作。多年来坚持"以美育德、以美启智、以美健体、以美促劳",积极探索"三全育人"的管理模式,逐步形成以"舞蹈形体礼仪"为龙头的集课程、社团、艺术实践与传承为一体的艺术教育特色,营造出"艺术育德、艺术强校"的美育大环境,在艺术教育教学上取得了优异的成果。

二、背景分析

2018年以来,学校美育工作受到前所未有的重视。2018年9月10日,习近平总书记在全国教育大会上就学校美育工作提出具体要求:"要全面加强和改进学校美育,坚持以美育人、以文化人,提高学生审美和人文素养。"学校美育工作的开展关系到青少年一代的身心健康成长,关系到国民精神容颜的美化提升,也关系到人民日益增长的美好生活需要的不断满足。作为珠海市职业学校的龙头学校,珠海市第一中等职业学校一直以学生气质优雅、精神阳光,学校内涵深厚,校风优良而著称。近年来,随着生源的扩大和外来务工人员的增多,生源质量参差不齐,学生的行为习惯和思想状况也越来越复杂,给学校的教育教学管理带来了一定的困难。"培养良好的行为习惯,养成良好的社交礼仪"被我校纳入育人的重点。以此为突破口,我校根据青少年成长发展的规律,结合未成年思想道德建设的核心内容和"中学生日常行为规范",在学校广泛开展礼仪教育,通过礼仪教育塑造学生美的形象,完成对学生形象美的塑造和文明的洗礼。

三、建设思路

(一)以礼育人,塑造学生美的形象

1. 建立学校礼制

学校组建礼仪制度的研究小组,专人研究、吸收传统礼制精华,融合中西现代礼制的优势,制订职校师生礼制。为落实以礼育人目标,对升旗、早操、上课、应答、迎送、餐饮、仪表仪容、集会、交通、长幼等常规要求进行规范,编写成"珠海一职校学生礼仪手册",倡导"礼仪十讲",即:语言讲文明,生活讲节俭,集体讲团结,行为讲规范,学习讲方法,交往讲礼让,处事讲诚信,独处讲形象,活动讲参与,行路讲安全。此外,制订了包括学生、教师在内的行为规范考评制度,比如"形象大使评选细则""好习惯之星标准""形象班级评选细则"等,本着"严、细、实"的原则,把文明礼仪教育落实到学生的一言一行中,使学生学有准则、做有规范。

2. 开发校本课程

为了提升学生的礼仪礼节素养,学校经过几年的实践,摸索出了一套科学有效的礼仪礼节训练方法。

一是做好礼仪操。主要由学校艺术科组负责训练,通过专业部试点、培养学生骨干,全面训练的思路逐一展开。礼仪操共八节,优美大方,实用好练,全校参与,学生每天学习展示,内化为自身的文明素养。

二是开展礼仪课堂教学。为更好地固化学生的礼仪习惯，迅速提升学生礼仪水平，学校在全校各班开设课程。通过了"现代礼仪教程""形体训练"讲解中外礼仪礼节的演变、礼仪礼节的重要意义、现代礼仪的规范标准、各种场合礼仪礼节的异同、讲究礼仪礼节应注意的问题等，通过《弟子规》的讲解让学生全面了解中国传统的美德等，从而让学生系统地懂礼、习礼、守礼、行礼。

3. 开展礼仪主题教育活动

学校每年开展礼仪教育月，通过主题班会、学生礼仪风采大赛、礼仪知识竞赛等活动传播礼仪规范知识，深化礼仪教育内涵，展示礼仪教育成果，从而塑造学生美的形象。

4. 制作礼仪警言

为使学生熟练掌握礼仪规范，学校把各种要求编成警示语，写在操场、教学楼、餐厅等学生活动主要场所墙面上，"今天养成好习惯，明日成就大未来""微笑是文明的语言，文明是快乐的源泉""请讲普通话，请写规范字""垃圾不落地，校园更美丽""节约粮食，文明就餐"等警示语，时刻提醒学生学礼、明礼、知礼。通过建设"道德长廊"，以"美德故事，精彩人生"为主题，精选励志劝学的成语故事，栩栩如生的画面引导学生学习美德，做一个具有美德、和谐发展的人。

"浇树浇根，育人育心"，近年来，我校在校园内广泛开展的"礼仪教育四部曲"活动，让礼仪规范入脑、入心，荡涤学生心灵、提升道德境界，培养学生做真善美的人。

5. 礼仪纳入常规

（1）开展礼仪常规检查。学校学生会设文检部和纪检部，专司班级和学生的礼仪礼节巡查，对不合礼仪规范的学生要予以及时提醒、纠正，每日检查并与班级和个人评优挂钩。

（2）利用朋辈教育，校园充满良好礼仪风气。注重朋辈教育的力量，高一级学生带头，"师兄师姐好、老师好"响彻校园每个角落。

（二）以课导行，提升学生对美的认识

为了提升青少年学生对美的认识，引导他们正确地追求美、欣赏美、践行美，学校高度重视美育课程的开设。

为了讲求课程学习的实效性，学校相继开设了舞蹈、书法、美术、摄影、形体、健美操、音乐欣赏、器乐、文学欣赏等学生喜闻乐行的艺术门类课程，配备音乐舞蹈类教师14人，书画艺术类教师11人，全校93个班都开设此类课程。另外还根据学生的兴趣、爱好，开设了众多门类的选修课。为配合美育课的教育教学，近几年，学校投入2000多万元，高定位、高起点、高规格地建设和改造美育教育设施，购置设备，现建有现代化的100平方米形体训练室、练功房3个，琴房5个，500平方米管乐团演奏厅、200平方米书画室5间，100平方米摄影室1间。为学生购置了10架钢琴、20个小提

琴、220万元的管乐、10台摄像机、17台照相机。学生在老师的引导下萌发对各类艺术课程的喜爱，学习各种艺术技巧，进而产生对艺术美的强烈追求冲动，有的甚至作为终生追求的梦想。

（三）以活动引领，让学生体验美

1. 组建美育社团提升美

自2007年以来，我校为学生营造多元发展的成长环境，发掘学生的特长，提出创建"百团校园"。截至现在，学校社团已达到160多个，其中美育类社团有50多个，涉及各门类的艺术形式，各类社团热闹又雅致，形成校园独特的风景。学生在社团里认真学习和领悟，接受美的熏陶，提升美的技能，享受美的教育，带给校园、带给自己、带给他人无穷的美和快乐，享受着校园美好的学习生活，激发着学生的生命潜能，增强了学生的学习热情，提高了学生的综合素养，改变了学生的人生轨迹。

2. 举办大型美育展演享受美

教育实践说明，活动无疑是教育的最好形式。为了更好地让学生展示美、践行美、感受美，我校设计并形成了能充分体现学校文化特色的大型美展活动，并以其完善的组织形式和最佳的教育效果固化为学校的文化品牌。有展示全校学生运动美的每天都开展的跑操活动，有凸显统一美的每天都开展的广播操活动，有一年一度的元旦艺术展演、五四艺术展演、新年音乐会、学生流行歌曲大赛等。学生踊跃参与，兴致饱满，在活动中焕发各自青春的魅力，分享各自美的成果，成就各自美好的梦的追求。

3. 开展艺术进社区活动传播美

艺术进社区活动是我校独具特色的教育实践活动。为了展示我校学生健康向上、优雅大方、多才多艺的美好形象和良好的个人素养，传播文明，建设美好社区、丰富社区居民美好的生活内涵。每个学期，我校组织精品社团进社区开展大型的艺术展演活动，同学们通过所学所练，将教育成果变成艺术品提供给大众，达成共享。为地方城市的创美创文活动提供了丰富而宝贵的尚美文化资源。在这一传播美的实践过程中，学生们融入社会，用标准的礼仪、优美的舞蹈、精湛的绘画、灿烂的微笑，带给市民无尽的美的享受的同时，更提升了自身美的品味。

四、经验策略

（1）近年来，艺术教研组"以美育德"为导向，完成省级美育课题3项，市级课题1项，主编和参编教材8本。将研究成果"礼仪操"融入到学校大课间活动中，连续8年获珠海市大课间评比一等奖，吸引了许多外地兄弟学校来我校观摩学习，辐射到上海、福建、云南、贵州等十几个省、市、自治区的学校。

我校对在校生采用学分毕业制度，艺术课作为必修科目，教师每学期都会对学生进行考核，考核合格者可获得2个学分。学生在校三年必须修够8个艺术课必修学分和8个社团选修分数，方可毕业。

（2）我校在教育教学方面一直要求每个教师每学期都必须要上一节公开课，且每一名教师一学期听课数量不能低于12节；作为分管校领导，每周最少要完成一节推门听课，其中每月听一节艺术课，以保证做到对上课教学质量的把控。

（3）为确保课堂教学质量，每节课学校教务部门都会有专人检查课堂秩序，并定期收缴各教研组的备课资料、教案等进行检查。学期末还会在全校师生中开展教师评教、教案评比等。

五、成效与反思

近几年来，我校坚持以美育人，学生在多元发展的环境下成长。通过美的教育，学生个人素养得到了快速提升，取得了显著的成绩。学生每年参加市级以上比赛获奖500多人次。07级学生林泽鹏在美术老师葛娜的引导下，一直坚持绘画，作品被奥运会场馆收藏，因为他的执着追求，在2013年参加中国梦想秀时，被清华大学美术学院陈教授现场收徒。11级学生周晓婷，执着于舞蹈、形体训练，在2014年1月北京航空航天大学空乘精英班招考过程中以其美好的形象气质、优美的舞姿、流利的英语和很强的应变能力受到面试官高度的赞赏，成为该班学历最低、年龄最小、考试成绩最好的一名学生。校管弦乐团多次受邀参加省市各类大型活动并崭露头角，弦乐团更是登上了2020年的央视春晚舞台，在全国人民面前展示我校学生的风采。学生参加全国中职学生文明风采大赛获得20多个个人一等奖，参加全国青少年书法绘画大赛获得30多个一等奖。学生张喆参加全国中职学生英语口语技能大赛，通过流利的英语、精彩的才艺和落落大方的礼仪礼节，技压群芳，折服评委，不仅获得获团体和个人综合第一名，而且还获得最佳才艺奖。学生参加全国校园电视艺术作品大赛获得6个金奖、15个银奖、10个铜奖，学生参加全国中职学生技能大赛获得15个一等奖，参加广东省第1~3届中职学生书写技能大赛获得4个特等奖、20个一等奖，参加广东省茶艺比赛多次获得金奖、银奖，参加广东省青少年拉拉操比赛获得省二等奖，参加广东省法制宣传动画获得一等奖，参加粤港澳三地五市反腐倡廉动漫大赛获得16个个人奖和唯一的地区大奖，学生管乐团、舞蹈队等参加珠海市少儿花会舞蹈类比赛并多次获得金奖。此外，学校每年有10余名学生通过艺术类专业考试考取本科院校。

2012年6月，由中国职业技术教育学会组织、在南京召开的"学校美育与人文素养教育"论坛上，我校作为全国四位发言代表之一，在大会上介绍经验，受到全国关注。学校礼仪队长期服务在市政府以及各文化艺术机构组织的各种大型会展活动中，受到社会好评。

开展美育工作，促进学生综合素质提升，是学校教育的一种美好享受。我校将继续坚持"以美育人，以艺润德"的理念，坚持特色，不断创新，为促进学生主动和谐发展、成就学生美好的人生而实现更多的教育精彩。

案例 55

扬时代劳模创新精神　树中职劳动育人品牌
——厦门信息学校"一校一案"落实《中小学德育工作指南》典型案例

厦门信息学校

【摘要】 为了充分弘扬劳模精神，厦门信息学校以"劳模精神"为引领，借力"劳动素养成长平台"，坚持"以劳树德、以劳增智、以劳强体、以劳育美、以劳创新"的理念，充分发挥学校劳模资源优势，构建了"1＋3＋N"劳动教育课程体系，旨在把学生培养成未来优秀的接班人，增强学生职业荣誉感，提高职业技能水平，培育学生精益求精的工匠精神和爱岗敬业的劳动观。

一、案例概要

热爱劳动是中华民族的光荣传统，劳动教育与德育、智育、体育、美育并列，谓之"五育并举"，是促进学生全面发展的重要载体。根据习近平总书记关于劳动教育的重要论述以及中央等的文件精神，我校围绕树立正确的劳动观念、具备必备的劳动能力、培养积极的劳动精神、养成良好的劳动习惯和品质的目标，致力创新劳动育人。自2014年以来，学校依托"福建省示范性现代职业院校项目建设工程"，扬新时代劳模精神，树中职劳动育人品牌，突出解决现在学生劳动认知教育淡化、劳动能力教育虚化、劳动育人"难留痕迹"、劳动教材"难以配套"和劳动习惯教育弱化等五个方面的问题，创造了可复制的典型经验。

二、背景分析

（一）学习理论，立足实践

1. 学习习近平总书记重要论述

2018年4月30日，习近平总书记给中国劳动关系学院劳模本科班学员回信，强调"全社会都应该尊敬劳动模范、弘扬劳模精神，让诚实劳动、勤勉工作蔚然成风。"同年，习近平总书记在全国教育大会上指出"要在学生中弘扬劳动精神，教育引导学生崇尚劳动、尊重劳动，懂得劳动最光荣、劳动最崇高、劳动最伟大、劳动最美丽的道理，长大后能够辛勤劳动、诚实劳动、创造性劳动。"

2. 紧跟党和国家决策部署

2020年3月《中共中央 国务院关于全面加强新时代大中小学劳动教育的意见》（以下简称《意见》）发布，同年7月教育部又出台了配套的《大中小学劳动教育指导纲要》，明确指出"劳动教育是发挥劳动的育人功能，对学生进行热爱劳动、热爱劳动人民的教育活动"，《意见》明确了学校三类劳动教育（日常生活劳动教育、生产劳动教育、服务性劳动教育）的育人价值定位及具体要求。

3. 立足学校教学实践基础

近几年学校在创建国家中等职业教育改革发展示范学校和福建省示范性现代职业院校项目建设工程中，创新推动劳动育人的探索与实践，喜获佳绩。学校荣获"福建省五一劳动奖状"，涌现了福建省劳模庄铭星，全国脱贫攻坚先进个人、厦门市劳模刘斯和陈欣敏、刘杰两位厦门市"五一劳动奖章"获得者。庄铭星校长为厦门市首批特级校长中唯一的一位中职校长，又获批"厦门市中职德育庄铭星名师工作室"，为创新实践创造条件。

（二）聚焦问题，明确方向

1. 解决劳动认知教育淡化问题

受网络上"拜金利己主义"等思想冲击，学生群体存在着"佛系病""丧文化"等不良风气。"劳模面对面"以人格唤醒人格，强化学生"劳动光荣、创造伟大"的正确认识。

2. 解决劳动能力教育虚化问题

对于中职学校来说，劳动实践教育和职业技能教育具有耦合性，但由于存在"唯参赛论"等痼疾，"实践背靠背"克服了专业知识建构不系统、实操技能结构不稳固等困难。

3. 解决劳动育人"难留痕迹"问题

在缺少信息化支撑的情况下，劳动教育如何评价成为难点。借此完整地记录了学生参与劳动学习、活动、实践的全过程，以积分量化劳动育人成果，生成学生综合素质评价报告。

4. 解决劳动教材"难以配套"的问题

劳动教育重在实践，却缺乏规范教材作为支撑，内容缺乏时效性、创新性，难以做到"知行合一"。校本教材在引进企业6S管理理念，贯穿劳动教育全过程。

5. 解决劳动习惯教育弱化问题

学生在成长过程中普遍受到家长的过度呵护，虽然在学校班级中能够保持集体劳动习惯，但是在家中过惯了"衣来伸手，饭来张口"的生活，"服务心连心"在社会实践中培养学生的劳动意识和习惯。

三、建设思路

《国家职业教育改革实施方案》中明确指出，职业教育与普通教育是两种不同教育类型，具有同等重要地位。中职学校的定位是在义务教育的基础上培养大量技能型人才与高素质劳动者。因此，在中职学校开展劳动教育，切实提升劳动教育的实效，努力构建德智体美劳五育并举的育人格局势在必行。基于习近平总书记关于劳动教育的重要论述，结合学校实际情况，创新性地提出了以下五个方面的教育举措：

（一）劳模面对面

多年来，学校坚持立德树人的根本任务，用真实鲜活的劳模榜样引领师生树立正确的职业态度。紧密结合校情，实施"一开二光三化"的育人工程，"一开"即开启心智，通过系列的活动平台，让学生放飞心绪，仰望星空；"二光"即点燃烛光的学生、打造阳光的老师，只有老师阳光了才能培养心中有烛光的学生；"三化"即中华优秀的传统文化、工匠文化和校园文化，以文化人，提高学生审美和人文素养。学生积极参与学校培养目标活动，教师秉持"教书育人，管理育人，服务育人，环境育人，文化育人，劳动育人"，努力培养德智体美劳全面发展的社会主义建设者和接班人。

（二）实践背靠背

在设计课程体系过程中，考虑"家庭劳动教育日常化，学校劳动教育规范化，社会劳动教育多样化"的课程建设目标，兼顾多种形式劳动教育内容的学习方式，分别设立"家庭劳动养成课程""学校劳动技能实训课程"和"社会劳动实践课程"。

（三）数据点对点

劳动素养成长平台是贯穿第一课堂、第二课堂、道德讲堂、家庭养成、德育常规、顶岗实习的一体化、一站式平台，数据底层无缝集成，支持模块独立应用和分阶段建设，全程积分量化，学生、教师、家长、企业多终端及时移动互联。

（四）技能实打实

在"劳模精神"引领下的劳动技能实训课，引导学生尝试新方法、探索新技术。近年来学生积极参加全国职业院校技能大赛，取得了40余项奖项；2020年福建省高职分类招生考试夺得教育类、电子信息类、城市轨道交通类三项状元，其中2017级电子2班杨培中等三位同学以200分满分的成绩，在全省考生中勇夺电子类职业技能测试总分第一名。

（五）服务心连心

德育不仅在于知，更在于行。开展志愿服务实践活动有助于学生实现知行统一，不断提高德育水平。施人玫瑰，手有余香。志愿者活动为学生在实践中锻炼成长提供了广阔的舞台，学生的综合素养显著提升，校园里不文明现象少了，学校里友爱互助的氛围越来越浓，逐渐形成了更加文明和谐的校园文化。

四、经验策略

（一）精神引领，激发劳动意识

借助学校人才优势，不定期开展"劳模面对面"活动，讲述模范的先进事迹。建设工匠精神文化园，宣传大国工匠典范、劳动模范事迹、优秀校友风采等，营造浓厚的校园劳动文化氛围。

（二）技能渗透，深化劳动观念

挖掘课程德育渗透内涵，专业学科教研组探索搭建多学科支撑的劳动育人体系，将掌握专业的劳动技能和技巧融入实习实训中，形成劳动技能与专业技能的"背靠背"效应。

（三）信息应用，量化劳动评价

以评价为抓手，以信息化提高劳动育人效率，以数据化提升劳动育人精细度，以可视化呈现劳动育人成果，为后续提升劳动育人质量积累诊改数据基础。

（四）模块教学，强化劳动素养

《劳动教育实践教程》教材采用模块化教学，以"小活动"带动"大素养"，融入家务劳动、传统工艺和环保教育等，提升学生的综合素养。《劳动技能手册》注重培养学生的团结协作、严谨细致的工作态度。

（五）公益服务，实化劳动内涵

成立家长委员会，家长协同学校开展"家庭劳动实践课程"；组建志愿者服务队和技能服务队，利用志愿者服务和职业教育周等活动形式，为学生参加"社会劳动实践课程"搭建活动平台，逐步构建起"家、校、社"三方"心连心"协同育人机制。

五、成效与反思

（一）以劳模精神为切入点，打造"模范培养模范"的劳动育人品牌

劳模精神载体主要包括劳模的先进事迹、劳模的精神境界、劳模精神的影响力等。在开展劳动教育的过程中，要着重挖掘劳模精神中关于"爱岗敬业、艰苦奋斗、勇于创新、甘于奉献"的典型事例，让中职学生领会劳动创造历史、劳动开创未来的道理。以劳模精神引领学校发展、促进学生成长，是新时代我校的重点探索。我校党委书记、校长庄铭星是福建省劳动模范，被福建省总工会、厦门市总工会批复设立"福建省庄铭星劳模工作室、厦门市庄铭星劳模创新工作室"，组建劳动育人团队，探索综合实践教育，营造"尊重知识、尊重劳动、尊重创造、尊重人才"的氛围。多年来，我校培养了一批"工匠精神"践行者，形成了"模范培养模范"的育人品牌。毕业生中有敢于担当、荣获全国抗震救灾模范的厦门市公安局特警支队中队长苏逾定；有踏实肯干、荣获福建省"五一劳动奖章"的厦门航空有限公司航班乘务员张慰；也有刻苦钻研、在校期间就荣获全国职业院校学生技能大赛金牌（中职组）的林汪忠、曾德金等。他们在工作岗位上执着专注、坚韧不拔、勇于开拓、精益求精，在各自的工作领域为社会的发展贡献力量（图1～图4）。

（二）以三全育人为着眼点，构建"三位一体"的劳动教育课程体系

搭建"劳模精神＋劳动教育＋智慧应用"于一体的"1＋3＋N"劳动教育课程体系，"1"即以"劳动素养成长平台"为载体，实现劳动教育课程体系的信息化运用；"3"即以"家庭

图 1　福建省先进工作者庄铭星校长

图 2　厦门市劳动模范刘斯老师在指导学生

图 3　厦门市五一劳动奖章获得者陈欣敏老师

劳动教育日常化,学校劳动教育规范化,社会劳动教育多样化"为目标,形成"家、校、社"三方协同育人格局;"N"即以"劳模精神"为核心,依托"三全育人"的教学模式,结合学校各专业特色,举办爱心节、科技节、劳动技能实训周、职业教育活动周和志愿服务活动等多种形式的主题教育活动,助推劳动教育与职业教育相结合、劳动教育实践与专业技能服务相结合、校内劳动课程与校外劳动实践相结合,增强劳动育人的效果(图5)。

(三)以信息应用为提升点,搭设可操作性的"劳动素养成长平台"

劳动素养成长平台(图6)以"知行合一、劳动光荣"为建设思路,围绕家庭劳动教育、学校劳动教育、社会劳动教育三个途径,包括劳动常规、劳动养成、劳动课堂三大信息应用

图 4　厦门市五一劳动奖章获得者刘杰老师在指导学生

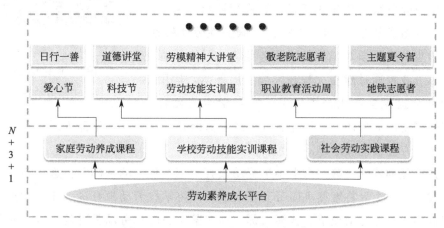

图 5　"1＋3＋N"劳动教育课程体系

模块。平台借助移动互联技术，学生、教师、家长、企业共同参与，结合德育常规、第二课堂和养成教育，全面记录学生劳动素养成长过程，通过大数据分析，构建"认知—分析—引导—践行"的劳动成长立体螺旋，提升学校学生管理治理体系和治理能力现代化。

图 6　劳动素养成长平台

（四）以课程建设为出发点，推动"劳动技能实训课"不断生根开花

通过制订"厦门信息学校劳动技能手册"，围绕劳动精神、劳模精神、工匠精神、劳动组织、劳动安全和劳动法规设计内容，以班级为单位开展 30 课时的"劳动技能实训课"，配备专兼结合的教师，学生结合活动体验和社会实践参与美丽校园建设，熟悉并掌握各种职业所需的劳动知识和技能，提高职业技能水平。该课程以实践活动为课程实施载

体,以企业 6S 管理为课程评价标准,做评一体,在培养劳动技能的同时贯穿劳动精神教育。我校庄铭星老师主编《福建中职劳动教育教程》(图 7)一书成为福建省各中职学校开展劳动教育课程的经典教材。德育科科长严伟青老师参与编写的《劳动教育实践教程》已作为开展劳动教育的校本教材。

(五)以知行合一为落脚点,创立厦门信息学校"青芒"公益服务队

中职学校公益服务教育的开展,是践行社会主义核心价值观的重要组成部分。《意见》指出"服务性劳动教育"要注重让学生利用所学知识技能,服务他人和社会,强化社会责任感。我校通过建立"青芒"公益服务队,运用专业技能为社会提供多样化公益服务,培育学生的社会公

图 7 庄铭星主编的
《福建中职劳动教育教程》

德,厚植爱国爱民的情怀。每年开展进社区志愿服务活动,让师生深入居民社区,开展职业教育宣传、专业技能展示等活动为居民排忧解难。

学校在已经创建的"厦门市中小学劳动教育示范学校"的基础上,进一步反思开展劳动教育实践过程,今后将继续巩固劳动育人成果,将学校劳动教育进一步往职业劳动教育延伸,积极引入企业劳动模范、技能大师,切实落实新时代劳动教育的育人目标、内容要求、课程设置和评价保障,以"劳动之名"引领更多中职学生走上成为大国工匠、能工巧匠之路。

执笔人:庄铭星,林丽芳,严伟青,莫荥。

案例 56

构建新时代中职学校"育训结合 四维四化"劳动教育模式的研究与实践

北京市商业学校

【摘要】 北京市商业学校坚持以习近平新时代中国特色社会主义思想为引领,全面贯彻习近平总书记关于教育的重要论述,深入落实全国教育大会精神和中共中央、国务院《关于全面加强新时代大中小学劳动教育的意见》,遵循新时代马克思主义劳动观,基于职业

教育规律和中职学生特点，立足学校工作实际，将劳动教育纳入人才培养全过程，贯穿学校教育教学管理服务各方面，从目标、内容、途径、机制、评价等方面，构建了新时代中职学校"育训结合，四维四化"劳动教育模式，学生劳动素养全面提升，学校劳动教育成果丰硕，劳动教育示范引领凸显。

一、案例概要

北京市商业学校是全国首批中等职业教育改革发展示范校，是首批设立劳动教育研究中心的全国职业院校中唯一的中职校。建校五十七载，学校始终全面贯彻党的教育方针，紧紧围绕立德树人根本任务，高度重视、积极推进劳动教育。特别是党的十八以来，学校以习近平新时代中国特色社会主义思想为指导，遵循新时代马克思主义劳动观，坚持党建引领，五育并举，守正创新，将劳动教育纳入人才培养全过程，贯穿学校教育教学管理服务各方面、各环节，建立了相应的组织、管理、标准和考核机制，构建了新时代中职学校"育训结合，四维四化"劳动教育模式，形成了具有商校特色的劳动教育生动实践，取得了显著成果，获得了丰厚经验（图1）。

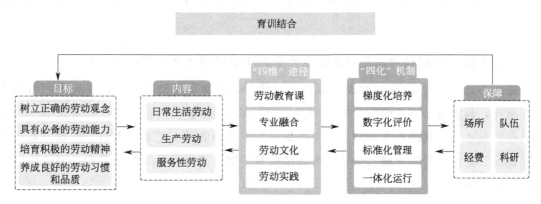

图1 新时代中职学校"育训结合，四维四化"劳动教育模式

学校基于职业教育规律和中职学生成长特点，加强顶层设计、系统谋划、整体建构，通过"崇尚劳动、学思结合、手脑并用、知行合一"的劳动文化引领，强化"育训结合"，让学生在"做中学、学中做"，在日常生活劳动、生产劳动和服务性劳动中，将劳动教育理论学习与实践锻炼紧密结合，通过开设劳动教育课、专业融合、弘扬劳动文化和开展劳动实践"四维"育人途径，突出"阶梯化"培养、"一体化"运行、"标准化"管理、"数字化"评价的"四化"机制，并在场所、队伍、经费、科研等方面给予充分保障，最终实现通过动手实践、出力流汗的劳动手段，帮助学生树立正确的劳动观念、具有必备的劳动能力、培育积极的劳动精神、养成良好的劳动习惯和实现有品质的劳动教育目标。

"四维"劳动教育途径是以劳动教育必修课为主渠道，全面融入文化基础课、专业课和实习实训中,营造劳动光荣、技能宝贵、创造伟大的校园文化和时代风尚,在家庭、学校、企业和社区中开展志愿服务、劳动技能比赛、劳动研学活动等实践活动。"四化"机制包含四方面:一是"阶梯化"培养——遵循学生成长规律,通过知、信、行,将劳动的目标分层、内容分类、能力分级、途径分段;二是"一体化"运行——家庭、学校、企业、社会凝聚育人合力,各司其职,共同推进和实施劳动教育;三是"标准化"管理——对劳动的目标、内容、实施等进行标准化建设,依托教室、实训室、学生公寓等校园公共场所进行8S管理和监督考核;四是"数字化"评价——通过互联网、大数据、云计算等手段,实现了劳动教育线下有组织、看得见,劳动效果线上有评价、能呈现。

二、背景分析

(一)加强新时代劳动教育是贯彻落实党的教育方针的新举措

习近平总书记在全国教育大会上强调:"要坚持中国特色社会主义教育发展道路,培养德智体美劳全面发展的社会主义建设者和接班人。"中共中央、国务院《关于全面加强新时代大中小学劳动教育的意见》指出:"要全面贯彻党的教育方针,坚持立德树人,把劳动教育纳入人才培养全过程。"劳动教育是新时代党对教育的新要求,是中国特色社会主义制度的重要内容,是全面发展教育体系的重要组成部分,是学校必须开展和大力加强的教育活动。

(二)加强新时代劳动教育是企业社会对职业院校人才培养的新期待

党的十九大明确提出:"建设知识型、技能型、创新型劳动者大军,弘扬劳动精神和工匠精神,营造劳动光荣的社会风尚和精益求精的敬业风气。"在新的社会背景下,企业和社会对人才有了新的要求和期待,需要职业院校培养的是有正确的劳动价值观、端正的劳动态度、高尚的劳动情感、良好的劳动品质和习惯、热爱劳动、崇尚劳动、创造性劳动的高素质技术技能人才。

(三)加强新时代劳动教育是学校落实立德树人根本任务的新使命

习近平总书记在全国教育大会上指出:"要在学生中弘扬劳动精神,教育引导学生崇尚劳动、尊重劳动,懂得劳动最光荣、劳动最崇高、劳动最伟大、劳动最美丽的道理,长大后能够辛勤劳动、诚实劳动、创造性劳动。"学校必须加强劳动教育,并充分发挥其在学校立德树人中的桥梁作用,实现以劳树德、以劳增智、以劳强体、以劳育美。

(四)加强新时代劳动教育是中职学生成长发展的新需求

出生于新时代的中职学生,很多人出现了不珍惜劳动成果、不想劳动、不会劳动的现象;加上当今网络自媒体平台井喷式增长,一些主播"炫富"赚快钱的现象对正处于"拔节孕穗期"的中职学生产生不良影响,亟须通过劳动教育,让学生动手实践、出力流汗、接受锻炼、磨炼意志,培养正确的劳动价值观和良好的劳动品质。

三、建设思路

（一）坚持育训结合，整体架构、系统实施劳动教育，解决与劳动实践锻炼脱节的"有教育无劳动"和与劳动素养培养脱钩的"有劳动无教育"的问题

构建以劳动文化为引领、以课程体系为途径、以劳动实践为手段、以标准评价为导向的劳动育人体系，实现理论学习与实践锻炼相结合、技能提升与价值塑造相统一。

坚持"崇尚劳动、学思结合、手脑并用、知行统一"，充分利用文化墙、劳模墙、优秀毕业生墙、校企合作名录墙、名师长廊等措施来实现环境文化浸润，在校内成立劳模工作站、技术技能大师工作室，和企业共办工程师学院，定期举办"劳模大讲堂""大师进课堂"等系列活动。

学校将劳动教育纳入人才培养方案，构建劳动教育课程体系，设置劳动教育必修课、其他课程融合劳动教育、实习实训三大课程，编写并使用《劳动教育》《劳动实践》等教材。劳动教育必修课既有对学生进行劳动精神、劳模精神、工匠精神、劳动法规、劳动安全、劳动者权益等劳动知识的传授，也有在校园美化、公寓管理、桶前值守、图书借阅、文秘打印、农耕体验等上百个实际工作岗位上的劳动实践锻炼，让学生在学习中体悟劳动，在实践中接受教育、传承精神。如整理内务是住宿学生在学校必须完成的最基本的日常生活劳动，学校将其纳入新生入学教育重要内容，不仅让学生明确整理内务的目的意义、标准要求、注意事项等知识，更要让每一名学生都动手实践，严格遵守标准要求做好个人内务和宿舍整体卫生，通过一定时间的实践提升劳动能力，养成劳动习惯，培养热爱劳动、珍惜劳动的劳动价值观和"我为人人、相互协作"的集体主义精神。

（二）构建"一体化"协同育人工作机制，解决劳动教育在学校中被"弱化"，在家庭中被"软化"，在企业社会中被"淡化"的问题

学校和合作企业、学生家庭、周边社区共同构建了一体化协同育人机制，以学校为主导，家庭为基础，企业、社区为依托，并引入社会力量，课内课外相结合、校内校外相结合、线上线下相结合，在课程研发、课堂教学、活动组织、师资建设、资源平台、基地建设、考核评价等方面充分利用各方力量和优质资源，共同推进实施劳动教育。

学校将劳动教育纳入党政重点工作，制订了劳动教育工作计划和实施方案，明确规定了各系部处室的工作职责和全校所有教职员工在劳动育人上的岗位要求，并作为部门和教师个人考核的重要内容。各专业系部与合作企业加强合作，将优秀企业文化引入校园、融入课堂，共同建设劳动教育创新实践基地，依托实习实训开展实际岗位上的劳动实践。

学校综合利用各方优质资源，把劳动教育贯穿家企社各方面，四方协同、有机衔接、共同评价，凝聚劳动教育的育人合力。通过家长会等集中培训和一对一个性化指导等方式，家校共同督促、检查、反馈学生进行日常生活劳动的情况和效果；通过区域化党建加强与周边社区联系，学校组织学生定期到社区、幼儿园、敬老院等地方开展垃圾分类、桶前值守、疫情防控、技能服务等志愿服务，社区党组织专程向学校赠送了写有"区域化党建引领文明实践，劳动教育彰显使命担当"的锦旗，学校社区联动共育时代新人。

（三）构建内容界面丰富、物理空间广泛、时间安排灵活的全景式劳动教育实践，推进劳动教育与专业教育有机融合，解决重"单一式"劳动教育、轻"五育融合式"劳动教育的问题

搭建多角度、多层次、广覆盖的劳动实践平台，将劳动教育渗透于思政育人全过程、融入专业教学实践中，探索以"一育"带动全育的"五育融合"，打破第一、第二课堂的藩篱，融通劳动教育与专业教育，搭建了具有职教特点的劳动志愿服务、劳动技能比赛、劳动文化节、劳动研学活动等的劳动实践体系。

学校举办技能文化节和劳动文化节，师生同竞技，校企共育人；通过专业技能比赛、劳动教育"五项全能"比赛、职业体验活动、文化艺术展演、成果成就展览等，融合多学科多专业，使学生参与、探究、合作、创新、分享、思考、应用，在比赛中彰显团结协作，在活动中体会手脑并用，在参与中感悟知行合一。此外，学校深化劳动教育与专业教育的融合，夯实专业教学作为劳动教育的"主战场"，将劳动教育融入实习实训、顶岗实习、工学交替中，切实发挥专业的劳动教育功能，强化学生劳动意识，提高职业技能，提升劳动精神。

学校和祥龙博瑞汽车服务集团共建汽车工程师学院和魏俊强大师工作室，共同培养汽车维修专业学生。在专业学习和劳动实践中，学生与魏俊强等全国知名的汽车维修劳模大师朝夕相处，学习爱岗敬业、甘于奉献的劳模精神，在拧螺丝、换轮胎、装配件等实际工作中，体悟一丝不苟、精益求精的工匠精神，实现以劳树德；通过学习汽车维修知识，掌握汽修技能，达到以劳增智；在实际操作过程中强化身体素质，以劳健体；学习"勤勤恳恳为工，兢兢业业为匠"的企业文化和各品牌汽车文化，增强学生内在修养和审美能力，让学生发现美、欣赏美、创造美，以劳育美。劳动教育作为突破口和关键枢纽，以"一育"带动和融合"五育"，实现"五育并举"，促进学生全面发展。

四、经验策略

（一）创新"梯度化"劳动教育培养

学校根据劳动教育性质和基本理念，基于现代服务业专业特色和中职学生年龄特点，根据知、信、行育人规律，创新实施"梯度化"劳动教育培养，将劳动教育目标分层、内容分类、能力分级、途径分段（图2）。

一是目标分层递进。各年级、各课程、各课堂、各活动的劳动教育目标既有具体的知识、能力、态度情感价值观三维目标，又体现了劳动教育目标与人才培养目标、课程教学目标、实践活动之间的纵向衔接、横向贯通。

二是内容科学分类。学校将劳动教育的三类内容——日常生活劳动、生产劳动、服务性劳动进一步细化，按照不同的劳动场所分为家庭、班级、宿舍、校园生活劳动，农耕基地、实训基地、企业生产劳动和学校、家庭、社区、社会服务性劳动（表1），进而又细分了每一个场所的不同岗位劳动。

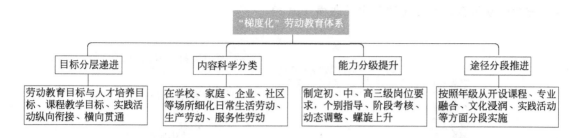

图 2 "梯度化"劳动教育体系

表 1 劳动实践课岗位能力分级（举例）

内容	序号	场所	岗位		能力要求
日常生活劳动	18	宿舍	内务整理	初级	能够按照8S标准将个人内务整理好,床单铺平整,无折痕,被子叠成豆腐块,床上无杂物
				中级	能够按照8S标准将个人内务整理好,床单铺平整,无折痕,被子叠成豆腐块,床上无杂物、个人公共物品码放整齐,每日检查基本不扣分
				高级	能够按照8S标准将个人内务整理好,被评为"内务标兵",能够指导他人按照标准做好内务,起到引领示范榜样作用
生产劳动	43	企业生产	汽车维护实训	初级	能够在他人的指导下,完成故障诊断,进行汽车修理及保养,符合企业行业标准规范
				中级	基本能够独立完成车辆的故障诊断,完成维修作业,符合企业行业流程操作规范
				高级	能够独立完成汽车修理及保养,操作规范,符合企业行业标准,并能够指导他人进行汽车维修及保养
服务性劳动	52	图书馆	图书馆分类整理员	初级	能够在老师的指导下,按照要求,完成图书的分类与整理
				中级	能够基本独立按照要求,完成图书的分类与整理,图书分类无误
				高级	能够独立完成图书的分类与整理,图书分类准确无误,借阅条形码贴到指定位置,图书码放整齐,收纳有美感

三是能力分级提升。学校对每一个劳动岗位制订了明确的岗位要求,划分为初级、中级、高级三个级别,按照学生的性别、年龄、身体情况确定到不同级别中,并实行个别指导、阶段考核、动态调整、螺旋上升。

四是途径分段推进。学校整体规划、统筹安排劳动教育的实施途径,主体上按照年级从开设课程、专业融合、文化浸润、实践活动等方面分段实施。

（二）创新"体系化"劳动教育课程

顶层设计课程体系。学校深入研究新时代职业学校劳动教育的精神实质,充分发挥课堂主渠道作用,将劳动教育纳入学校人才培养方案,突破单一的专门劳动观教育课程形式，创新综合性、实践性、开放性劳动教育课程体系，将课程分为劳动教育必修课、其他课程融合劳动教育、实习实训三大类课程（图3）。

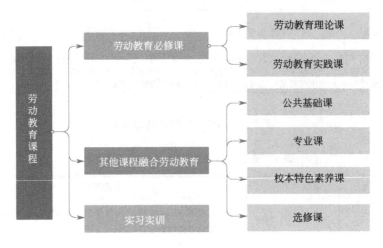

图3 劳动教育课程

一是持续推进劳动教育必修课。学校将长期坚持开展的"值周"创新升级为"职业劳动周"，作为劳动教育必修课纳入各专业人才培养方案中，从课程目标、课程结构、课程设置、课程实施、考核评价、保障条件、师资队伍方面进行整体架构，全面规范必修课的开设，总计72学时，包括32学时劳动教育理论课和40学时劳动教育实践课。2019年起依托全国中职劳动教育研究中心平台，在劳动教育实践课上，探索劳动教育与专业的融合，从学习、生活、实训、体育、办公、公共等领域，依据职业类型创设了百余个劳动实践项目，确立每个项目的工作内容与岗位职责，全校教师全员参与，动态联动，成为劳动教育授课教师、劳动项目培训师和劳动活动指导师，是学校落实"三全育人"的重要举措。

二是其他课程有机融合劳动教育。包括公共基础课、专业课、选修课、校本特色课等其他课程坚持与劳动教育课程相互融合、同向同行，推进劳动教育进教材、进课堂、进头脑。在公共基础课中，融入马克思主义劳动观、中华民族传统劳动美德等内容，加强劳动价值观、劳动安全、劳动法规教育，注重培养学生劳动的科学态度、规范意识、效率观念和创新精神。

三是实习实训。深化"产学严训创"的专业课程，建立了具有鲜明职教特色、富有劳动教育特征的实践课堂。注重培养"干一行爱一行"的敬业精神，培养吃苦耐劳、团结合作、严谨细致的工作态度，培养未来工匠。将劳动教育融入到实习实训过程中，从实训场地的设备布置，到实训环境的创设，到课堂实训中以企业真实任务为背景，到实训课结束时实训场地的8S管理，每一个实训流程都体现了劳动教育。

学校立足多年来的劳动教育工作实践基础，主编、参编多本劳动教育教材，包括黄河出版传媒集团、宁夏人民教育出版社出版的《劳动教育》和《劳动实践》、高等教育出社出版的《劳动教育读本》、机械工业出版社出版的《劳动教育指导手册》等作为课程教学的重要支撑，对劳动教育具有重要的理论和实践指导意义。

学校对劳动教育课程和实践活动给予充足经费保障，全力支持保障劳动教育所需设备、材料，还专项投入建设了占地近80亩的劳动教育实践基地，定期组织学生开展农耕实践活动和劳动教育研学活动，每个班级都有自己的"责任田"，充分调动了学生参与劳动的积极性和主动性，也让学生亲身感受动手实践的艰辛和不易，以及经历出力流汗之后收获劳动成果的喜悦感和幸福感。

（三）创新"数字化"劳动教育评价

学校在劳动教育中实行目标管理，强化劳动教育评价，引进现代企业管理理念，完善现代服务业特色的8S管理（整理、整顿、清洁、清扫、素养、节约、安全、服务），细化学校各实训教室、班级教室、学生公寓8S管理标准，做到有制度、有标准、有考核、有反馈，共同营造劳动教育氛围，唤起劳动责任，培养吃苦耐劳、持之以恒的劳动品质。

学校在全国首创职业素养护照，充分体现了学校坚持"五育并举"的育人目标，落实新时代职业教育立德树人根本任务，突破"五唯"评价，建立科学化、数据化、可视化评价标准，建设大数据云平台，构建了互联网＋职业素养培养的新格局。学校将劳动素养作为学生职业素养培育的重要内容，纳入职业素养护照评价体系，运用护照对学生吃苦耐劳、劳动态度、实际操作、精益求精、工匠精神、劳动成果等劳动素养情况进行综合评价，引领和激励学生主动成长。平台设有学生、家长、企业多个端口，将劳动教育成果评价工作由单一的教师评价转向了学生本人、家长、教师、企业等多维、互动评价，同时实现了结果性评价向过程性评价的转变，伴随式记录学生的成长历程，为学生提供个性化服务，为学生自我教育、自我管理和自主成长增值赋能，实现了劳动教育线下有组织、看得见，劳动效果线上有评价、能呈现。

五、成效与反思

（一）学生劳动素养全面提升

北京市商业学校"育训并举，四维四化"劳动教育模式促进了学生劳动观念、劳动习惯和劳动情感的养成，培育全体学生崇尚劳动、善于劳动、敬业奉献、开拓创新。学校开设了课时充足的专门劳动教育课程，设置了百余个劳动教育工作岗位，在职业素养护照云平台中发布百余项劳动教育相关任务，学生的劳动意识、劳动观念和劳动能力均得到显著提升。近几年，数百名学生参加国家、省市技能大赛并获奖，千名学生荣获校园"劳动之星"称号。第三方发布《学生成长发展质量报告》显示，九成以上的学生对学校劳动教育实践表示满意，学生劳动素养高，社会企业满意度达95％以上。通过多种形式的劳动课程、日常行为养成、社会志愿活动等，切实培养了学生的劳动精神、工匠精神、劳模精神，增强了学生为他人服务的意识，促进了学生良好的品质和行为习惯的养成。他们在课程中深刻体会到生活的美、自然的美、职业的美，体验到为他人服务、为社会贡献的劳动价值，形成了正确的劳动观，崇尚劳动、尊重劳动、热爱劳动，增强对劳动人民的感情，报效国家，奉献社会。

（二）学校劳动教育成果丰硕

2017年，学校参加教育部职成司、国际司与联合国儿童基金会共同执行的旨在提升中等职业学校学生生活技能的"青少年教育项目"，调研社会、企业对中职生综合素养的要求，与学校劳动教育实践相结合开展研究，现已结题，并完成多个相关课程资源建设工作；2018年，学校"职教志愿服务新模式"收获了良好的教育效果，形成了广泛的社会影响力，获评团中央"全国中学生志愿服务示范学校"；2019年，《新时代职业学校劳动教育"十个一"教育模式　为学生幸福人生奠基》荣获全国职业院校校园文化建设优秀论文评选一等奖；2020年，学校"劳动教育'十个一'模式"被评为北京市"一校一品"优秀德育品牌；2021年，学校劳动教育模式被选为北京市职业院校德育和思想政治教育典型工作法。

（三）劳动教育示范引领作用凸显

学校成立劳动教育研究工作室，建立北京市中职学校劳动教育创新实践基地，辐射带动周边中小学及社区，开展劳动教育普及性活动，取得显著成果，示范引领作用凸显。每年技能文化节和劳动文化节期间，学校开放校园，邀请行业企业专家、京津冀宁兄弟院校的师生、周边多所学校的中小学生、幼儿园以及家长参与系列活动，共同体会劳动实践的宝贵、感受劳动节日的快乐。

学校作为教育部职业院校文化素质教指委首批"全国职业院校劳动教育研究中心"中唯一的中职学校，一直致力于劳动教育的研究与实践，并通过多种形式推广学校有效的经验做法，辐射和带动兄弟院校全面加强劳动教育。学校制作劳动教育专题示范片；主编、参编出版了《劳动教育》《劳动实践》《劳动教育读本（中职版）》《劳动教育指导手册》等多本教材；作为职业院校唯一代表在教育部大中小学劳动教育专题调研座谈会做典型发言；疫情期间录制的思政教育系列微课《战"疫"十课之劳动教育》，受到师生家长广泛好评，并发布于中国知网学习平台，面向社会开放；学校在教育部创新思政教育模式联合行动中牵头负责全国职业院校劳动教育子项目，现正在持续实施推进中。

学校坚持党建引领，五育并举，全面加强劳动教育，发挥已有优秀品牌优势，系统总结劳动教育既有做法和成功经验，结合新时代新形势新要求，继续深入探索和拓宽学校劳动教育实践的新方法、新内容、新形式，为培养德智体美劳全面发展的社会主义建设者和接班人做出新的贡献。

执笔人：程彬，何健勇，王珂，李金辉，齐雯。

案例 57

多元开发 体验成长
——以"校园吉尼斯"为载体的体验式德育新模式

福建理工学校

【摘要】 近年来,中职学校学生素质受到社会各界的普遍质疑,中职学生一方面怕吃苦、怕困难、心理较脆弱、自信心不足、手机上网成瘾、无法正确评价自我;另一方面追求时尚,对新事物、新观念容易接受,有表现欲,动手能力较强。现实中,各中职学校虽然都非常注重德育教育,但均存在思想上灌输得多、大道理讲得多、未能贴近学生的情况,效果差强人意。中职学校急需探索有效的德育新载体,实现育人新突破。

一、案例概要

福建理工学校深入贯彻落实习近平总书记对职业教育工作重要指示精神,积极落实教育部《国家职业教育改革实施方案》《关于加强和改进新时代中等职业学校德育工作的意见》文件精神,针对中职学生实际和当前德育现状,拓展德育新途径,开创德育新载体,创设了以"校园吉尼斯"为载体的体验式德育新模式。"校园吉尼斯"项目以"挑战自我、感受快乐"为主旨,融"体能素质、心智特长、专业技能"于一体,用"春风化雨、润物无声"的活动体验方式,融入社会主义核心价值观和学生核心素养内涵,实现"选择、收获、超越"的育人目标。

二、背景分析

大多数留守学生因为缺乏父母直接的关爱与呵护,是在缺乏亲情和关爱环境中成长的,再加上中考失利,普遍存有自卑心理、缺乏自信心和上进心、不愿主动与人交流、集体活动积极性不高等问题。我校根据学生生理和心理特点,注重以人为本、体验教育,组织开展多学科、多角度挑战自我、冲击极限、挖掘潜能、培养自信、发展技能等的"校园吉尼斯"活动。通过"校园吉尼斯"项目平台,将"校园吉尼斯"精神及其德育内涵内化到学生教育和管理的各个方面,弘扬积极进取、顽强拼搏精神,促进学生个性特长、工匠精神、抗挫意志、团队合作和集体荣誉感等优良品质的培养,在发展学生核心素养、培养学生成就感、增强学生自信心、提升班级凝聚力等方面发挥着重要作用。

三、建设思路

（一）从"要我参加"变成"我爱参加"

学校吉尼斯活动面向学生征集项目、学生自我申报项目，改变过去一些学生活动"班主任要我参加"的局面，使"校园吉尼斯"成为学生最喜欢的校园活动之一。2021年第十一届"校园吉尼斯"活动27个项目7311人次报名参赛，创下了历届报名参赛人次之最，形成学校独具特色的校园文化品牌。

（二）从"单一文体活动"变成"内涵丰富的德育活动"

校园吉尼斯项目设置遵循"三贴近"原则并内嵌丰富德育内涵，渗透社会主义核心价值观。学生通过快乐体验活动，发展自身核心素养，促进学生个性特长、公平竞争、敬业精神、工匠精神、团队合作、耐力、抗挫、责任感及集体荣誉感等优良品质形成。

（三）从"常规活动"变成"学生展示平台"

学校通过多维立体赛事宣传，充分展示学生的才艺、技能，使"校园吉尼斯"成为人人皆可出彩的展示平台，帮助学生树立自信。

（四）从"学生个人活动"变成"师生、家长相互交流的活动"

学校吉尼斯活动邀请家长参与体验，鼓励老师参与，不仅促进家长与学生之间的交流，而且让学生在欢声笑语中感受父母、老师的可爱一面，拉近亲子之间、师生之间的距离，融洽家校、师生关系，促进校园和谐发展。

四、经验策略

（一）重顶层设计，建立校级组织机构

学校专门成立"校园吉尼斯"组织委员会并下设办公室，校长任组委会主任，副校长任副主任，相关部门负责人任委员。"校园吉尼斯"项目安排写入校历，成为学校年度重点工作。同时，学校高度重视校园吉尼斯活动的开展，组织考察组前往山东、河北等地职业院校调研学习，取长补短，深入研讨细化实施方案。

（二）重全员参与，面向全体学生征集新项目

"校园吉尼斯"项目遵循"三贴近"原则：一贴近未成年学生，富有趣味性，如魔方竞速；二贴近生活，如共享单车慢骑；三贴近专业实际，如滚轮胎、点钞、快速拧螺丝等，凸显职校特色（图1～图4）。

（三）重德育内涵，选设的活动项目德育内涵丰富

"校园吉尼斯"活动项目融入了"爱国、敬业、诚信、友善、平等、公正、法治、文明"等社会主义核心价值观和中华孝道文化，德育内涵丰富，促进学生核心素养的发展。

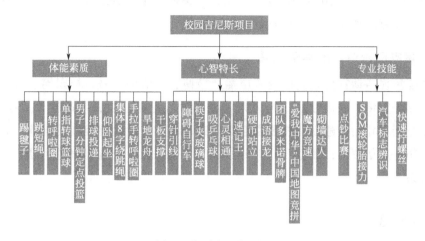

图 1 校园吉尼斯项目

图 2 获奖选手合影

图 3 旱地龙舟比赛

图 4 比赛现场

（四）重保障机制，健全各项工作制度

我校"校园吉尼斯"活动注重长效机制建设，激发学生主动性，建立"'校园吉尼斯'新项目申报制度""'校园吉尼斯'项目征集激励制度""'校园吉尼斯'预决赛及纪录认证

制度""'校园吉尼斯'挑战激励制度",制订"集体奖励、班主任奖励、学生奖励"等多元激励机制,保障活动高人气、高质量、高速度发展。

(五)重氛围营造,展学子风采

学校高度重视活动宣传,利用校园广播、微博、微信公众号、校园网、宣传栏等融媒体开展赛事预告宣传,展播往届比赛风采,展示项目竞赛记录成绩;设计"校园吉尼斯"徽标,制作纪念小礼品;建立"校园吉尼斯"宣传专廊,设立挑战者英雄榜、吉尼斯名人录,颁发校园吉尼斯证书;成立专门宣传报道组,全方位、全过程报道活动,充分展示参赛学子的风采。

五、成效与反思

(一)引领示范——区域示范作用显著,深得各方好评

① 学校"校园吉尼斯"德育案例入选教育部职业技术教育中心主编的《中国中等职业教育质量年度报告2020》,是当年福建省中职学校唯一入选年度报告案例。

② 学校"校园吉尼斯"活动2016年被福建省教育厅、财政厅确认为"福建省示范性现代职业院校建设工程"A类培育项目校特色与创新项目,并于2020年顺利通过验收。

③ 学校每年举办"校园吉尼斯"体验德育经验交流会,邀请部分兄弟学校同行、企业及家长代表到场观摩。浓厚的氛围布置、激烈的竞技场面、有序的现场组织都给来宾留下深刻印象,得到同行和社会各界的高度评价,收到合作企业福建奔驰汽车、福建东南汽车、中铝瑞闽、福建星网锐捷、福州万商汽车等十几家企业写来的表扬信;福建日报、海峡教育报、福建教育电视台等多家媒体多次报道。学校先后接待二十几所省内外兄弟院校前来现场观摩交流,区域辐射示范作用显著。曾到校交流的福建民政学校、福建中华技师学院借鉴我校成功经验,开始开展校园吉尼斯活动(图5~图10)。

图5 兄弟院校前来学习交流

图6 家长们前来观摩交流

图 7　家长们前来观摩交流

图 8　福建教育台报道

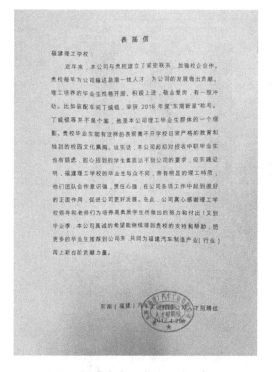
图 9　福建东南汽车公司感谢信

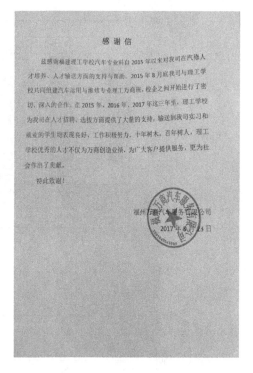
图 10　福州万商汽车公司感谢信

（二）创新充实——融入孝道文化，培育"四懂"学生

"校园吉尼斯"活动，学校以挑战、突破为立足点，以"工匠精神"为着力点；引入孝道文化和"四懂"育人理念，在项目征集设置、活动组织过程中融入传统优秀文化中爱国、感恩、奉献、礼让、助人、遵纪等精髓，培育"懂礼让、懂守纪、懂助人、懂感恩"的"四懂"学生。

（三）实现突破——形成新品牌，学生全方位发展

① 学校设置"校园吉尼斯"项目的理念不断更新，"吉尼斯"精神不断内化到学生素质提升、学生教育管理和职业能力培养之中，不仅帮助学生发展身心素质、职业素养、个性特长、抗挫能力，又促进了学生社会适应能力、团队协作意识和集体荣誉感的增强，有

效提升了学生综合素质,学生个人操行量化分、文明班级考核分、先进个人和事迹数量逐年增长(图11)。

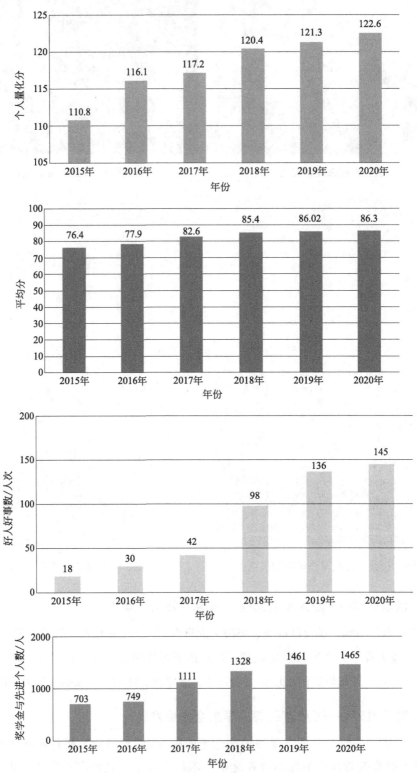

图11 学生综合素质不断提升

② 学生长期参与"校园吉尼斯"活动，形成专注、精益求精、不断超越的精神，助力学生技能提升（表1）。近3年来，我校100多位学生参加各级技能比赛，均取得不俗成绩。建筑工程施工专业连续三年蝉联福建省职业院校技能大赛一等奖第一名，2021年代表福建省出战国赛，取得全国第二名、国赛一等奖的好成绩，创造学校历史最好成绩。

表1 2019～2021年学生获奖情况

比赛项目	一等奖	二等奖	三等奖
全国职业院校技能大赛	1	2	3
全省职业院校技能大赛	9	15	17
省属职业院校技能大赛	32	19	37

注：统计数据更新至2021年8月25日。

（四）传承发扬——深植职教理念与工匠精神

学校厚植匠心文化，营造弘扬工匠精神的浓厚氛围。通过"校园吉尼斯"体能素质、专业技能、心智特长3大类27项活动的极限挑战，培养学生沟通交流、吃苦耐劳、严谨细致、团队合作等职业精神，引导学生乐学善思，让学生在活动中磨炼抗挫能力，寓教于乐，传承专注、耐心、细心的工匠精神，树立正确的就业观，形成德育氛围。

下一阶段，我校园吉尼斯活动将深入探索，开设教师项目、亲子项目，积极鼓励教师、家长参与，增进师生、亲子感情。同时，尝试增加更多的技能项目，促进学生专业技能发展。

执笔人：江木灿，吴炳麟，蔡金珍，邱新红。

案例 58

专业立项建设中立足服务地方经济 实现可持续发展

上海戏剧学院附属戏曲学校

【摘要】 长期以来，戏曲学校培养人才，昆曲院团使用人才。彼此各行其道，泾渭分明。随着时间的推移，这一传统模式被打破，现已形成学校与院团联手，订单式培养人才，强强联手，形成合力，最终实现双赢，达到可持续的发展。

一、案例概要

1953年，华东戏曲研究院遵照中央文化部及华东行政文化委员会的指示，在沪筹建昆曲演员训练班。随后，扩大建制为上海市戏曲学校昆剧班。六十余年来，戏校先后培养的五届演员班、三届昆剧音乐班，担负起继承发展昆剧的重任。以其毕业生为主体组成的上海昆剧团，诸如蔡正仁、岳美缇、华文漪、张洵澎、梁谷音、计镇华、刘异龙、王芝泉、方洋、张铭荣、王英姿、顾兆琪、顾兆琳、张静娴、谷好好、张军、沈昳丽、黎安等一代又一代的昆剧艺术优秀人才，弘扬"传字辈"对昆剧艺术的传承精神，做出了骄人的成绩，学校因而也被誉为"艺术家的摇篮"。

尤其是2004年、2005年招收的"昆五班"，是为上海昆剧团定向培养的具有大学本科学历的昆剧演员，亦是全国率先采用十年一贯制的培养模式、探索中等教育与高等教育相贯通的昆剧班，一改以往昆剧演员多为中专学历的历史。2010年、2011年，随着该班学生全部大学毕业，标志着我国首次有计划、成建制地培养具有本科学历的昆剧表演新一代接班人的正式诞生，为全国昆剧演艺人才的培养作出了应有的贡献。

二、背景分析

昆山是"百戏之祖"昆曲的发源地，数百年来顾坚、魏良辅、梁辰鱼等先贤往圣，为昆曲的孕育、发展、成熟、发扬，作出了巨大的贡献。如今，昆曲已成为昆山最闪亮的一张文化名片，有力地促进了当地经济的再一次腾飞。

昆山当代昆剧院是昆山市重点打造的国有专业表演院团，于2015年10月12日正式挂牌成立。该院下设院务办公室、表演艺术中心、剧场运营中心和昆曲文化中心。自成立以来，其广纳贤士，集结了一支精锐的昆曲人才队伍，每年举办200余场演出、讲演、交流活动，致力于昆曲艺术的传承和弘扬。

为促进昆剧艺术繁荣兴盛，满足昆曲人才发展的需要，上海戏剧学院附属戏曲学校受昆山文化广电新闻出版局（现为昆山市文体广电和旅游局）的委托，自2019年3月，按照"全国招生、定向培养、定向就业"的原则，为昆山当代昆剧院培养40名昆剧艺术人才，毕业后进入昆山当代昆剧院工作。

经过文化和专业招考，一共录取学生39名，学生平均年龄为12岁左右，其中男生15人，女生24人，学制六年。所有学生享受上海市政府关于京昆专业奖励二千元学杂费的优惠政策，剩余部分则由昆山方面承担。

三、建设思路

（一）日常教学概述

2019级昆剧班的培养层次为全日制学历教育（中专），学制六年。学校与昆山当代昆剧院共同拟定每学期的教学计划，对所聘专业教师进行绩效考核评估、动态管理，昆山方的教研组长会同教导科共同制订教学计划，由戏校负责实施并委托培养学生、实践演出等。

教学课程分为昆剧专业课和文化课两种，学校采取校在职教师与外聘名家、名师相结合的方法，力求做到：精准传承与艺术实践相结合，严格训练与关心体贴相结合，文化学习与艺德修养相结合。让学生懂得昆剧演员的使命，为今后投入演艺职业打好基础。

为便于昆山当代昆剧院对学校教学等工作有所了解，教研室每月赴昆山专题汇报学生的学习、生活、思想等各方面的相关情况，及时沟通、反馈，做到了学校与院团之间的无缝衔接。同时，昆山院方不定期来校考察、调研。双方围绕教学管理、师资力量等办班过程中存在的实际困难展开交流，并协商探寻切实可行的解决方案，为更好地开展教学排除后顾之忧。

（二）学生实习情况

在具体的教学中，学校始终坚持日常的课堂教学紧紧与舞台实践相结合的根本原则，强调兼学兼演，同时要求昆曲专业的学生能够尽可能多地学演一些京剧剧目，借以开拓自己的戏路。

学校不仅在专业、文化方面紧抓学生学习状态，同时组织安排学生观摩学习各种不同剧目的优质演出，拓宽视野。从观摩中，学生找到了目标，提高了欣赏水平，借以鞭策其努力学习。

四、经验策略

回顾三年半的教学工作，有以下几点经验值得总结，在日后的教学中学校将继续贯彻：

1. 把好人才培养链的最顶端——招生质量

制订招生路线和协同方案，挑选好苗子；组织有经验的教师、老艺术家进行甄选，识别良莠；认真细致进行三试，宁缺毋滥。

2. 抓好人才培养的纲和目——教学计划

人才培养方案、大纲解决了昆剧表演、音乐专业的教育目标、课程及课时安排、教学实施及评价、实训实习等。按照基础剧目、必学剧目和行当特色剧目的顺序，循序渐进，科学安排。

3. 重视人才培养的关键——师资力量

组织优秀的师资队伍，特别是剧目课的教戏老师，是培养人才的关键所在。课堂教育不同于舞台演出，学校需要的不仅是"名师"，还需要会上课、会带学生的"明师"。而上述这些老师们均不同程度地具有以下特点：戏的规格高、示范到位、善于纠错、高度责任心。此外，还应该认真执行大纲，组织有序；备课充分，施教有方；有教无类，一视同仁；普遍培养，重点提高；布置明确，毫不放松。

4. 提高人才培养的科学性——优质教材

昆剧剧目浩瀚，但对于入学只有小学文化程度的学生来说，无疑是一大难题。因此，教学主要采用学校编纂出版的大型昆剧教材工具书《昆曲精编剧目典藏》（共 20 卷，收录折子戏 300 出)。

教材中的每一折戏,都由文字剧本和曲谱剧本两部分组成。前者有作者简介、剧情提要、艺术特色、人物穿戴砌末、剧本正文和注释;后者则是依照传统工尺谱,根据昆曲演唱口法,记录整理而成简谱曲本。教材对艰深古奥的曲辞,作了简明扼要地解释;对舞台表演的渊源关系,作了明晰地揭示;对一些在流传过程中产生的错误,作了及时地说明和修订。

5. 依靠人才培养的核心力量——院方支持

昆山当代昆剧院既是合作办学方,同时也是人才的最终使用方,因此在长达六年的培养过程,始终是不分彼此、互通有无、强力支持。双方很好地实现了资源交互,通过协调、互动和分享等长期合作模式,为创建院校合作办班积累了成功经验。尤其是在办学资金上,更是达到无缝对接。

人才聚则事业兴。该班是昆山培养昆曲"后备军"的重要举措之一,通过政策支持助力昆曲艺术代代相传,践行"出人出戏出精品"。

五、成效与反思

三年半以来,在学校和院方的共同努力之下,该班取得了长足的进步。据相关统计,共有两人次获得第二十五届"中国少儿戏曲小梅花奖"、两人次获得 2021 上海少儿戏曲"小白玉兰"奖,五人次获得昆山市奖学金二等奖,三人次获得上海市奖学金二、三等奖,二十四人次获得学校二、三等及单项类奖学金,两人次获得学校三好学生荣誉称号,有两位同学已光荣加入共青团。

当然,该班的最终目的还是在于培养合格的昆曲演员,因此主教老师和学生们将大量的心血精力,都投入到身段的学习和基本功的练习。尽管也设有相关文化课,但与专业课相比,则显得比较薄弱。学生们对大量传统的曲学知识,了解得较为有限,这一定程度上影响到个人演艺水准的提高。学校和教研室已认识到问题,并采取了一些补救措施,如开设唱念讲座、课外阅读等。但是,尚不能从根本上扭转这一局面,这也是其他学校进行昆曲办班时存在的相同难题。

该班系委托培养,学生在校学习六年,是中专学历毕业,虽然得以入院工作,但中等学历与其日后评定职称相悖,许多家长为此已有深忧。

上述这些问题、难题,促使我校通盘考虑,力争教育规范、有序、高效运作,从而形成合力,达到国家层面的教育目的。

在新的形势下,学校教育将继续大力承袭文脉,培养一流的艺术后备人才,传播优秀传统文化,力求做到艺术教育服务上海、服务长三角、服务全国,从而最终达到院校双赢,实现可持续发展的良好局面。

执笔人:江沛毅。

案例 59

加强民族团结进步教育　建设各族师生共同精神家园

云南省民族中等专业学校

【摘要】云南省民族中等专业学校是云南省唯一一所省属民族类国家级重点中专学校，是培养少数民族专业技术人才的摇篮，是全国民族职业教育示范基地。学校在认真贯彻职业教育政策的同时，探索独具特色的民族团结、民族文化教育模式，通过深入发掘民族教育的内涵，管理突出民族团结，建设突出民族风格，活动突出民族传统，德育突出民族品质，教学融入民族文化；通过设置民族文化技艺类专业、聘请非遗传承人进校、开设民族理论课程等方式，将民族文化和民族团结教育融入到教育教学、学生管理以及校园生活全过程，取得了丰硕成果，创建成了"全国民族团结进步模范单位""云南省民族团结进步教育示范学校""云南民族优秀文化教育示范学校"，成为云南省职业教育和民族团结的一张名片。

一、案例概要

为各民族共同团结进步共同繁荣发展、传承优秀民族文化和技艺培养接班人，是民族职业学校教育工作永恒的主题。云南省民族中等专业学校在长期的教育教学中，紧紧围绕各民族共同团结进步、共同繁荣发展的主题，结合云南边疆民族地区发展战略的要求，深入发掘民族教育的内涵，将民族团结进步教育和民族文化技艺传承融入到教育教学、学生管理以及校园生活中，以突出重点、多元联动为宗旨，开展了形式多样的民族团结进步教育和民族技艺传承活动，形成了学校鲜明的民族教育理念和民族文化特征，打造了学校的民族教育品牌，将学校建设成各民族师生共同的精神家园。

二、背景分析

中华民族是由56个民族组成的大家庭，各民族共同团结进步、共同繁荣发展是实现中华民族伟大复兴的战略之路。云南地处边疆，与相邻的国家和睦友好，众多少数民族跨境而居，有共同的宗教信仰，相互来往频繁，各民族和谐共居，形成了云南边疆稳定、民族团结、经济繁荣的局面。但也要看到，民族问题容易被敌对势力制造、利用，小则影响社会稳定，大则会出现分裂祖国的活动。各民族青少年是国家的未来，是中华民族的希望所在，青少年正是人生观、世界观形成的关键时期，也是学生进行职业生涯规划和"职业梦"开始的关键时期。我校招收的学生主要来自边疆民族地区，他们从小受到本民族文化的熏陶，对民族文化和民族传统有着天然深厚的感情，但学生之间常常因语言、生活习俗不同而产生认知摩擦，学生对新环境适应缓慢，易形成区域或民族小圈子等客观的问题，特别是因为不熟悉来自不同地区、不同民族学生的民族习俗而引发冲突，稍不注意就可能由学生个体矛盾发展到民族矛盾，需要学校及时进行民族团结教育，排查各种影响民族团结的不稳定因素，妥善处理涉及民族因素的矛盾纠纷，有健全的处理涉及民族因素问题的预警机制、快速反应机制和长效机制，做好民族团结、校园安全稳定工作。

三、工作思路

利用民族文化和民族技艺传承工作为载体，以"遵循职教规律、突出民族特色、坚守文化传承、培养工匠精神"为办学方针，提炼出"各美其美，美人之美，美美与共"的校园文化精神，在青少年学生中学习马克思主义民族理论和党的民族政策，开展民族团结进步教育，让学生自觉树立起民族平等、民族团结的意识，进一步夯实各民族共同团结奋斗、共同繁荣发展的思想基础，对贯彻落实党和国家民族政策，维护民族团结、社会稳定和祖国统一，促进各民族和睦相处、和衷共济、和谐发展，培养具有民族团结意识和民族情感，掌握传统民族技艺，热爱民族、建设家乡的民族人才，对弘扬民族优秀文化、促进民族地区经济社会发展，具有十分重要的意义。当有不同民族学生之间发生摩擦，及时给予疏导、化解，限制在个人矛盾之中，决不扩大到民族问题上。

四、经验策略

（一）建立机制，压实责任，建立民族团结进步教育长效工作机制

为加强和规范民族团结创建活动，学校成立以党委书记、校长为组长的民族团结进步教育工作领导小组，由学校主要领导负总责，分管领导具体抓落实，明确具体责任人，各负其责，将民族团结进步教育列入学校工作计划中，制订了民族团结进步教育工作方案，并认真组织实施。

（二）加强教师培训，发挥各民族教师在民族团结进步教育中的主体作用

我校教师少数民族占比较高，教职工长期学习党的民族理论政策，热爱民族职业教育事业，是马克思主义民族理论和党的民族理论政策的积极传播者，民族团结的自觉实践者，各民族交流、交往、交融的桥梁纽带。学校拟定了开展民族团结进步教育的计划，做到四个定期：定期组织教师参加云南省教育厅和云南省民宗委组织的少数民族传统体育裁判培训、民族烹饪、民族舞蹈、民族服装服饰、民族音乐等的教学培训；定期参加民族团结教育说课比赛；定期开展少数民族教师相互交流的教研活动；定期开展民族教育的教研活动。多年来，学校坚持多措并举，在人才培养、科学研究、社会服务、文化传承创新等各个方面和每个环节上，充分调动各民族干部教师的积极性、主动性和创造性，充分发挥他们作为各民族民族团结进步教育工作者的特殊作用，取得了成效。

(三) 开设"民族团结进步教育"课程，将民族团结进步教育课程化

学校从建校开始，就在所有班级对所有学生开设了民族团结进步教育课程，实现民族团结进步教育进校园、进课堂、进班级，使各族学生学习、认识和理解马克思主义关于民族问题的基本理论，掌握党和国家的民族政策，增进了对各民族共同缔造伟大祖国历史和各民族优秀文化的了解和认识，促进了各民族学生交往交流交融，在各民族学生中培养树立中华民族一家亲的意识，自觉维护各民族"平等、团结、互助、和谐"的社会主义民族关系，自觉增强维护民族团结、维护国家统一的责任感，促进各民族的共同进步和祖国繁荣昌盛。

(四) 创新管理办法，改革教学模式，把民族团结进步教育融入专业教学

（1）学生管理方面：针对学校少数民族学生人数多、来源广泛所带来的因学生之间语言、生活习俗不同而产生认知摩擦、学生对新环境适应缓慢，学生易形成区域或民族小圈子等客观存在的问题，学校不断探索创新教学方法，努力做好各民族学生管理工作。在掌握相关数据的基础上，将少数民族学生平等分配到各班、各宿舍，在尊重、了解的同时严格规范管理，组织少数民族学生进行才艺展示、家乡介绍等，让同学们走上舞台，增加民族自豪感和个人自信心；加强各民族学生的民族习惯教育，让各民族学生了解其他民族文化、习俗，互相理解、互相尊重、互相学习，进而在生活中成为朋友。处理学生之间的矛盾问题的原则为：当有不同民族学生之间发生摩擦时，班主任、辅导员及时到位，了解情况，给予疏导、化解，并将矛盾限制在个人层面，决不扩大到民族问题上。

（2）在教学工作中，做了以下工作。

一是重点加强民族音乐舞蹈专业建设，从实训设备设施建设到课程设置、专业教师聘用等方面，充分结合企业用人需要，大力改革和创新，除教授文化基础课程之外，重点开设了"民族器乐""民族民间舞蹈""现代舞蹈"等专业课程，聘请少数民族非遗传承人、教学名师为学生上课，提升少数民族学生的专业技艺，教育教学效果得到社会的充分肯定，为学生将来就业打下良好基础。

二是对幼儿保育等专业的课程进行改革，多渠道吸收和学习优秀的教学成果，不断进行探索和学习，立足技能教学，结合学生特点，针对中职生的认知特点，将民族幼儿绘画、民族幼儿舞蹈、民族幼儿音乐等融入课程内容，要求任课教师把民族团结进步教育融入教育教学全过程。

三是开办非遗传承班。采取"一对一"或"一对几"的精品教学模式，教授多种民族的音乐、舞蹈、乐器等课程，首期专业课程为国家级非物质文化遗产——傈僳族传统歌舞《阿尺目刮》和省级非物质文化遗产——傈僳族传统歌舞《瓦器器》。其中，《阿尺目刮》在2018年1月被选中参加"中华民族一家亲同心共筑中国梦"2018年中国少数民族迎春大联欢晚会的录制，全国多家电视台同时播出。民族文化传承班的其他节目，也备受瞩目，广受邀请，跨过省界、走出国门，通过表演的形式把民族文化传播开去，成为彰显学校民族特色的一面旗帜，为推动我省民族文化的传承弘扬进步做出积极贡献。

四是我校根据自身的实际情况，立足民族团结、民族文化教育，积极探索校企合作的

路子。根据企业的需要,在餐饮服务、学前教育、汽车应用与维修等专业,与世博集团、云南民族村、云南东方民族民俗文化艺术传播中心、西双版纳州歌舞团、景洪市歌舞团等单位,联合开办民族音乐与舞蹈中专班。通过企业下订单、我校定向培养的教学方式,专门招收少数民族学生,为用人单位培养急需的专业人才提供所需的课程、师资等资源,用人单位为学校的毕业生提供更多更优质的就业岗位,将极具代表性的民族文化、民族菜肴烹饪方法推向市场,为民族文化的提质增效作出更大贡献。

(五)校园文化建设突出民族性,以潜移默化的形式教育感染学生珍视民族团结,推动民族进步

1. 认真开展"56个民族是一家"的主题宣传活动

学校秉承"各美其美,美人之美,美美与共,天下大同"的理念,从入学的第一天起,就开展民族平等、民族团结教育,通过校园广播站、宣传栏、**LED**电子屏、宣传画等多种方式加强民族知识、民族政策、民族法律法规的宣传教育,宣传中华各民族共同团结奋斗的光荣历史,使学生进一步理解"各民族共同团结奋斗、共同繁荣发展"的精神内涵,宣讲党的民族理论和民族政策,增强各民族认同感,促进各民族师生间互相尊重,相互包容,友好往来,共同发展。

2. 建设了以民族团结为主题的"石榴园"园林景观工程

2022年4月,在校园内建成了"石榴园",该园突出了习近平总书记在全国民族团结进步表彰大会上"坚持共同团结奋斗、共同繁荣发展,把民族团结进步事业作为基础性事业抓紧抓好,促进各民族像石榴籽一样紧紧拥抱在一起,推进中华民族走向包容性更强、凝聚力更大的命运共同体"的讲话精神,切实把握筑牢中华民族共同体建设民族团结进步示范区的要义,寓意"各民族要像石榴籽一样紧紧团结在一起"。该项目的建成,不仅改善了学校的校园环境,为师生提供了休闲、观景、乘凉、交流的园林空间,还将成为学校进行民族团结进步教育、展示优秀民族文化、培养民族技艺传承人的园地。

3. 重视精神文化建设

通过开展丰富多彩的民族文化活动,营造各民族共同团结进步的校园文化氛围。

(1)以教区为单位,成立民族器乐、民族舞蹈、书法、街舞、手工等社团,定期开展活动。少数民族特色的社团成为了我校的特色,其中以民族茶艺社团、民族歌曲社团、民族特色社团、扎西德勒社团等多个独具民族特色的社团为代表,在丰富学生课余生活的同时,为各民族学生搭建了交流互动的平台。

(2)针对各民族文化差异问题,学校开展以班集体为单位的"民族风俗风情""爱我中华""民族歌会"等主题班会和多种活动,加强各民族学生沟通了解,增进各民族学生的友谊。

(3)针对各民族语言、习俗不同而产生的问题,学校安排懂得本民族语言的师生与学生定期或不定期交流,及时对有困难的学生给予帮助,并在全校范围内开设普通话课程,每年定期组织参加全省普通话等级考试。

（4）针对边疆少数民族学生文化基础薄弱、学习跟不上等问题，学校要求任课老师要重点挖掘学生的优点，树立起学生的学习信心并帮助他们解决学习中的难题，使之最终完成学业。

（5）充分挖掘少数民族学生能歌善舞的优势，积极开展唱民族歌、跳民族舞活动，同时学校联系并组织学生参加各种公益活动，为各民族学生搭建展示自己及本民族文化的机会和平台。

（六）结合"百名人才"进校园活动，开展各种民族技艺传承培训

我省多民族、多宗教和谐并存，民族文化异彩纷呈，民族文化资源深厚丰富，在学校教育中加强民族文化传承，对保护、传承与发展少数民族文化、保持中华民族文化的完整性和多样性具有重要意义。学校在省民族宗教委的大力支持下，开展民族文化非遗传承人"百名人才"进校园活动，通过建立名师工作室、聘请民族艺人进课堂、辅导社团活动、举办讲座等形式，进行了绝版木刻技艺、彝族茶艺"百抖茶"技艺、傈僳族弩制作工艺、葫芦丝演奏、苗族蜡染、普洱非遗古黑陶制作工艺、布朗族乐器弹唱、银艺制作等传统技艺的教育教学，这些民族文化人才走进校园，不仅为校园带来最鲜活、最有感染力的民族文化，更成为言传身教的师者，推动了学校民族文化教育持续发展。

五、成效与反思

（一）成效

历年来，学校始终将贯彻党的教育方针和党的民族政策并举，组织学习党的民族理论和民族政策，加强民族团结教育，使来自不同地区、不同民族的学生都能很好地融入到民族大家庭中，至今没有发生因民族问题引发的矛盾。学校被国家民族事务委员会、云南省人民政府授予我校"全国民族团结进步模范单位"，被认定为"云南省民族团结进步教育示范学校""云南民族优秀文化教育示范学校"，校园中各民族文化百花竞放，"各美其美、美人之美、美美与共"的校园文化精神日益得到弘扬，成为云南省职业教育和民族团结的一张名片，教育教学成果显著。

（1）学校的民族团结进步教育及民族文化传承工作得到了上级部门的认可，被选定为中国职教学会少数民族职业教育专业委员会、全国民族技艺职业教育教学指导委员会秘书处单位和培训中心单位，参与组织、开展了民族职业教育的专业设置、制订教学计划、制订课程标准等方面的民族职业教育教学研究，并对民族地区职业教育发展问题提出了具体的意见和建议，为国家职教管理部门出台相关文件、政策、规划制定提供了相关参考依据。

（2）艺术节目、民族技艺实作、民族技艺作品展示等项目，在国家技能大赛、省技能大赛中，屡获佳绩。连续三年承担了参与组织在天津举办的全国民族地区职业院校职业技能大赛、教学成果展演活动的组织工作，同时负责牵头、组织云南省代表队参赛事项。经过全体师生及参赛学校的拼搏努力，云南代表队在三次比赛中出色地完成了任务，实现了云南参加全国技能大赛中金奖零的突破，共获得金奖11个、银奖6个、铜奖7个、优秀奖10个。金牌总数、奖牌总数均列全国第一，这一成绩创造了云南省参加全国职业技能大赛

以来的最佳战绩，得到了党和国家领导人的高度赞扬。

（3）开办了"非遗传承班"，开设了民族音乐舞蹈、民族工艺美术、民族服装服饰制作与营销、民族工艺品设计与制作等40余个专业，为边疆民族地区经济建设和文化传承培养了3万多名专业技术人才和民族干部。

（二）反思

① 民族团结进步教育是一项长期、艰巨的任务，学校每年都会有新生入学，会产生新的民族矛盾，遇到不同的民族问题，这就要求不断深入开展民族团结进步教育，使各族师生了解中国的民族国情，理解党和政府的各项民族政策，从而在各民族中形成以下共识：国家统一、民族团结，是各民族的根本利益所在，中华民族要实现伟大复兴，各民族一定要共同团结奋斗、共同繁荣发展。

② 出现对民族非物质文化遗产发掘、传承、创新不够，民族工艺品产业规模不大、结构不合理，以及一些非物质文化遗产面临着断传的危险等现象，保护和传承云南本土民族技艺迫在眉睫，必须加强非物质文化遗产保护，加强教育教学，才能深入挖掘、充分展示非物质文化遗产所凝聚的深刻内涵。

③ 对民族技艺人才的培养认识不足，重视不够，工作经费不足。民族类专业建设、工作室建设、教师培训等面临诸多困难，学校培养人才受限。

在今后的工作中，我校将针对不同学生的特点，发挥全校师生在民族团结进步教育、民族文化建设中的主体作用，深入研究面临的新情况、新问题，不断充实内容，创新教育教学方法。继续努力持续推进民族文化建设，构筑全员共建的民族团结体系，努力建设体现社会主义特点、时代特征和学校特色的民族文化，大力加强人文素质和科学精神教育，满足广大学生日益增长的精神文化需求，推动教育改革与发展、加强和改进学生思想政治教育，全面提高学生综合素质，为培养社会主义合格建设者和可靠接班人提供强大的精神动力，推动和谐社会建设，把学校办成结构合理、特色鲜明、自主发展、功能齐备、具有示范作用的民族类中等职业技术学校，书写学校建设和发展的新篇章。

执笔人：马勇鹏。

案例 60

民族团结手工室　体验非遗文化扎染制作

遵义市播州区中等职业学校

【摘要】 为加强中华优秀传统文化教育，立足区域特色，将贵州本土优秀传统技艺——

扎染引入服装手工课程和中小学职业体验基地课程，引导学生掌握扎染的基本方法及染色要点，体验扎染的丰富性和艺术美，教育引导学生深刻理解中华文明的精髓，坚定非遗的文化自信，提高学生的人文素养，使学生富有爱国心、饱含中华民族情、充满中国文化味，使学生切身感受到传统文化的魅力和各民族的相融和睦，增强学生对伟大祖国、中华民族、中华文化、中国共产党、中国特色社会主义的认同，形成汉族离不开少数民族、少数民族离不开汉族、各民族之间一家亲的局面，让学生发自内心的喜爱并知行合一，践行社会主义核心价值观。

一、案例概要

该课程通过课前搜集各民族服饰的艺术与个性知识点为铺垫，以学生到展厅欣赏各民族服饰为导入，通过让学生感知各民族服饰就是一种艺术展示、个性塑造和文化传承来引出课题；教师通过理论知识讲授和学生课堂实践，让同学们了解扎染的历史，学习中国古法扎染技术，感受中国传统文化的博大精深与匠心巧妙魅力，培养学生传承中华优秀传统文化的责任感与设计创作精益求精的工匠精神；通过学生亲手制作的成品展示，引导树立文化自觉和文化自信，弘扬民族精神和传承民族文化，增强其民族自豪感；通过扎染作品的创新，对审美观的正确树立，体现民族大团结的情怀；通过课后心得与搜集贵州有哪些与服饰有关的非遗技艺，强化中职学生对主流价值的感性认识和对社会主义核心价值观的自觉践行、提升课程思政的育人功能。

二、背景分析

按照《中共遵义市播州区委统战部关于遵义市播州区2022年民族团结进步创建工作方案的通知》，结合学校实际，紧紧围绕"传承红色基因、讲好遵义故事"创建主题，在全校广泛组织开展民族团结工作，把我校各族学生智慧和力量凝聚到促进民族团结、共建美好家园上来。

遵义市播州区中等职业学校2021年在校全日制中职生6836人，其中少数民族学生共349人，占总人数的5.4%。其中19级147人，20级136人，21级66人（表1）；有教职工295人，其中少数民族教师共18人（表2）。

表1 遵义市播州区中等职业学校少数民族学生统计表　　　　　　　　　单位：人

班级	学生总数	布依族	侗族	苗族	仫佬族	土家族	彝族	仡佬族	壮族	白族	回族	黎族	独龙族	哈尼族	其他	合计
19级	2207	5	9	51	1	16	9	51	1						4	147
20级	2244	7	6	53	1	20	5	38		1	1	1			3	136
21级	2385	7	2					52		2			1	1	1	66
合计	6836	19	17	104	2	3	14	141	1	3	1	1	1	1	8	349

表2 遵义市播州区中等职业学校少数民族教师统计表　　　　　单位：人

白族	布依族	侗族	苗族	仡佬族	水族	土家族	其他	合计
1	1	1	7	5	1	1	1	18

扎染是中国民间传统而独特的染色工艺，它通过纱、线、绳等工具，对织物进行扎、缝、缚、缀、夹等多种形式的组合，是一种织物在染色时部分结扎起来使之不能着色的染色方法，属于非物质文化遗产，是各民族共同拥有的民间工艺，是民族融合的结晶。

三、建设思路

（一）设计思路

以学生为中心，引导学生在认识"扎染"历史渊源的基础上，了解传统扎染的四种扎制方法及染色要点，让学生充分认识传统手工艺的精妙与匠心。

学生通过小组配合、实践创新，亲自见证作品呈现出来，激发学生的学习兴趣与热情，引导学生理解中华传统文化的优秀内涵，能自觉将个人的成长奋斗同中国优秀传统文化与民族团结密切结合起来。

按照"课前准备→任务驱动→互动分享→课堂小结→作业布置"的主线层层推进，将"教-学-做-说"融为一体，让学生成为课堂的主体，充分发挥学生的学习主动性。

（二）育人主题

树立文化自信、传承优秀传统文化、弘扬民族精神、培养精益求精的匠心和民族大团结意识。

（三）教学实施过程（表3）

表3 中小学研学活动课程安排

思政教育融入点	教学活动	教学方法与载体途径	教学理念	教学创新
1. 良好的学习习惯 2. 严谨的学习态度	课前准备 （2分钟）	教师通过检查学生准备情况和提前分成的6个小组入座签到情况，培养学生良好的学习习惯和严谨的学习态度	在课程体验中浸润式感受中华优秀传统文化的魅力，让学生发自内心接受并喜欢服饰手工课程，并做一位热衷传播优秀传统文化的传承与传播者	开始课程前提前做好民族服饰，让学生有仪式感地参与扎染制作，在美的氛围下，感知美、创造美
1. 了解中国民族服饰 2. 传承中华传统文化	导入 （3分钟）	通过到展厅观看成品以及PPT呈现，让学生了解课程学习的主要目标和了解中国民族服饰与文化，引出课题"扎染"。		
1. 传统技艺的匠心巧妙 2. 历史观 3. 中国古法扎染的技术与魅力 4. 树立文化自信	知识点讲解与实操 （120分钟）	1. 让学生观看教师准备的成品实物，了解什么是扎染，知晓扎是为了阻染 2. 通过讲授实物中白色部分是阻染部分，蓝色是染色部分，启发学生思考扎染阻染的多种方法 3. 引导学生认识传统技艺的匠心与巧妙		

续表

思政教育融入点	教学活动	教学方法与载体途径	教学理念	教学创新
1. 审美教育 2. 主流价值	知识点讲解与实操 (120分钟)	1. 学生根据老师提供的资料，按小组划分，进行扎制操作，并根据讨论的阻染方法实施扎染 2. 将每个步骤进行拍摄，跟踪变化，并进行师生、生生互动交流	在课程体验中浸润式感受中华优秀传统文化的魅力，让学生发自内心接受并喜欢服饰手工课程，并做一位热衷传播优秀传统文化的传承与传播者	开始课程前提前做好民族服饰，让学生有仪式感地参与扎染制作，在美的氛围下，感知美、创造美
1. 精益求精的态度 2. 团队意识		1. 演示染色步骤要点，引导学生认真操作，将扎制布料放进清水浸湿透后，放进染缸里染色 2. 待全部染透，晾晒氧化10分钟，根据染色程度，决定是否再次染色。染完后清洗，晾晒，并进行小组交流染色经验的活动。		
1. 创新意识的培养 2. 中国心、中国味、中国情的引导 3. 民族大团结		教师讲解扎染作品的后创新，引导学生再创作，将染好的扎染面料熨烫干后，进行扎染面料的创新制作，如抱枕、笔袋、小礼服、耳机袋等，并进行小组交流		
1. 主流价值与审美观 2. 民族大团结意识 3. 树立文化自信	课堂小结 (3分钟)	1. 教师总结本次课知识要点 2. 通过展示学生作品，进行作品点评 3. 学生互动交流谈课程心得		
1. 弘扬传统文化再深入 2. 社会主义核心价值观的践行	布置作业 (2分钟)	1. 写一篇"关于此次课程的心得体会"（电子档，字数不限） 2. 搜索贵州还有哪些和服装相关的非遗技艺		

四、教学成果

（一）案例开展的意义与价值

立足区域特色，加强中华优秀传统文化教育，将贵州本土优秀传统技艺——扎染引入服装手工课程，引导学生掌握扎染的基本方法及染色要点的同时，坚定学生的文化自信，提高学生的人文素养，教育引导学生深刻理解中华文明的精髓，使学生富有爱国心、饱含中华民族情、充满中国文化味，使学生切身感受到传统文化的魅力并发自内心地喜爱、弘扬，坚持知行合一，培育和践行社会主义核心价值观。

（二）主要成效和特色

1. 课程成果（图1）
2. 社会效应（图2）

在遵义市播州区中等职业学校民族团结手工室，学生们能够体验非遗文化扎染制作（图3）。

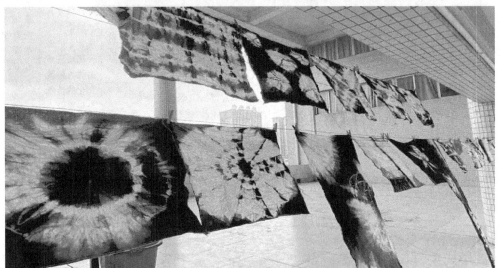

图 1 相关课程成果

"双创"引领非遗走向广阔市场

图 2 教学成果被"贵州日报"报道

图 3　学生在老师指导下制作扎染

"希望通过这样的体验课堂,让我们学生感受少数民族文化魅力,增加对少数民族了解,增进民族之间互信。"服装设计专业任课老师邓丽娜说。

将非遗技艺在服装专业进行开展,增设服装手工课程。希望通过这样的课堂,增加学生技能,同时让学生了解家乡少数民族文化。"非物质文化遗产既是历史发展的见证,又是珍贵的、具有重要价值的文化资源。希望让更多人看到贵州多彩神秘文化。每一次扎染都会得到不一样图案,每一件作品都是独一无二的存在。"正在做扎染的学生唐诗雨说,她扎染了围巾和衣服,每一件都特别漂亮。

播州区中等职业学校现有教职工生 7600 多人,其中仡佬、苗、土家、侗、壮、彝、回、哈尼、黎等少数民族师生 368 人,是市级"民族团结示范校"。近年来,学校为巩固民族团结成果,通过加强民族理论学习、民族知识进课堂、开展丰富民族文体活动、加强民族团结宣传等一系列措施,形成民族团结进步示范,创建"人人有责、人人参与、人人共享"的良好局面。

五、成效与反思

通过传承非遗扎染技艺、利用手工制作重新赋予生活中闲置物品生命,同学们不仅运用小技巧改造旧物还增加物品循环利用率,还让学生领悟到了"绿色、低碳、环保"的理念。扎染技法的采用,使面料富于变化,既有朴实浑厚的原始类,又有变换流动的现代美,具有中国画水墨韵味的美和神奇的朦胧美。扎染服装是立足民族文化的既传统又现代的服装艺术创作,在同一织物上运用多次扎结、多次染色的工艺,可使传统的扎染工艺由单色发展为多种色彩的效果。

学生在课程中都能够完成扎与染的教学任务,但对于染出的结果还存在很多不确定性。设计有时候是尝试,需要给予学生一些创造的空间,学生可以预判染色后的效果,增强对于图案设计与扎制过程的精细化和有的放矢,从而实现构思与完成效果的多彩性,培养学生做事的精细化。

案例 61

物流服务与管理国际化专业在非洲鲁班工坊建设的实施案例

天津市第一商业学校

【摘要】 吉布提鲁班工坊是我国在非洲第一个鲁班工坊,不仅服务"一带一路"倡议,更是职业教育"走出去"的重要举措。我校依据当地经济发展现状和吉布提自由贸易区的物流专业人才需求,充分发挥长期积淀的物流品牌专业建设优势,将我国先进的现代物流行业标准及专业教学标准、先进的 EPIP 职业教育教学模式、全国职业院校技能大赛标准和先进实践装备等中国优势,对接到吉布提鲁班工坊物流国际化专业建设项目中,形成"人培方案-教学模式-实训共享-课程资源-师资培养"五维度的国际化专业建设项目输出,全面提升吉布提工商学校中职物流专业的职业教育教学水平,填补吉布提高等职业教育学历层次空白,实现了我国职业教育的优秀成果 EPIP 职业教育教学理念的国际化输出、本土化落地过程,为当地培养具有国际视野的技术技能人才,助力"一带一路"沿线国家发展。

一、案例概要

本案例介绍非洲第一家鲁班工坊——吉布提鲁班工坊建设项目的物流专业国际化建设实施过程和主要成果,通过三年建设,我校将优秀职业教育成果、优质教学资源和产品技术共享到吉布提,开展物流专业鲁班工坊软硬件建设、吉布提师资队伍建设、教学资源建设、完善和提升工坊教学、实训、实习功能,提升吉布提工商学校物流专业建设水平,实现了物流专业的中国职业教育与吉布提国民教育体系的对接融合,实现了中国物流职业教育的教育标准、教育模式、教育技术在非洲吉布提的推广应用。

二、实施背景

(一)吉布提物流行业发展现状

吉布提地处非洲东北部区域航运中心位置,是中国与欧洲货物运输必经的中转港口;我国正在吉布提港口投资建设自贸区,自贸区建成后将承担着"一带一路"沿线国家间的重要海上物流枢纽作用,具有重要的战略意义;非洲整体经济落后,吉布提作为东非临海小国,虽然政治地位重要,但由于长期处于贫困、资源匮乏状态,农业基础薄弱,工业、经济发展尚处于起步阶段,物流产业在社会中尚处于传统物流初期发展阶段。

(二)吉布提物流职教发展情况

吉布提物流职业教育只有中职层次,高职学历层次人才培养为缺失状态;在物流专业教学中,只有物流理论知识方面的教学内容,缺少现代物流技术、仓储技术的实践教学部分,缺少现代物流运营模式需要的物流软件、硬件操作的实践教学装备,其物流职业教育水平不能满足就业需要,尤其是缺少未来自贸区发展需要的现代物流技术技能人才培养模式。

(三)鲁班工坊的实施背景

吉布提"鲁班工坊"是我国在非洲建设的第一家"鲁班工坊",结合吉布提物流行业发展现状及吉布提物流职教发展情况，以平等合作、因地制宜、优质优先、强能重技、产教融合为原则，采用"政政校校企"合作模式，由天津市人民政府、吉布提教育部、天津铁道职业技术学院、天津市第一商业学校、吉布提工商学校、中土集团共建。工坊致力于服务亚吉铁路和吉布提港口、金融、贸易等领域发展，以"工程实践创新项目（EPIP）"为教学模式，以国际化专业教学标准为依托，以"师资培训先行"及提供必要教学资源为保障，开展学历教育和职业培训，将吉布提"鲁班工坊"打造成非洲区域航运中心及东非地区物流、商贸和金融中心的重要技术技能人才培养基地。

三、建设基础

我校具有60年的办学历史，是新中国成立后第一批国办经贸类中等职业学校、国家级重点中专、首批国家级改革发展示范校和首批天津市中等职业学校布局结构调整与基础能力建设校。学校同时具有中专、三二分段、中高职衔接系统培养技能型人才和继续教育四种办学形式，共开设财经商贸、机电技术、商用技术和艺术设计四大类专业群，年招生专业15个。"十三五"期间，学校被确定为"天津市中等职业学校国际化先进水平重点项目"建设学校，尤其是物流专业国际化建设，进一步提升了物流品牌专业良好的专业、实训、师资等建设基础，物流专业引入并形成了物流职业标准、物流实践教学项目、物流软硬件设备；在物流专业建设质量保证上，依托学校全面推进的教学诊断与改进，不断提升物流专业建设及育人质量。该专业拥有理念先进、专业教学经验丰富的物流教学团队，并依托"天津市2019年现代职业教育质量提升计划"项目，获得专项资金用于建设吉布提鲁班工坊物流专业，具备吉布提鲁班工坊建设项目的良好条件和基础。

四、建设思路

以中国教育部颁布的物流专业教学标准为基本依据，以全国职业院校技能大赛赛项装备为主要载体，以吉方所需的中职、高职层次的物流专业建设为核心，以"工程实践创新项目（EPIP）"为教学模式，坚持创新、协调、绿色、开放和共享五大发展战略，为吉布提工商管理学校对应的物流专业开发相应的中高职课程体系及人才培养方案，实现提升吉方物流中职学历层次人才培养质量，同时新增吉布提物流专业高等职业教育学历层次的人才培养类型，实施物流专业国际化建设，并探索形成鲁班工坊的国际化物流专业标准。

五、建设目标

学校立足吉布提鲁班工坊项目平台，以中国先进的物流职业标准、专业教学标准和实践教学技术为参照，将优秀职业教育成果、优质教学资源和产品技术系统整合共享到吉布提，提升吉布提工商学校物流专业建设水平，为当地培养具有国际视野的技术技能人才，其建设目标内涵如图1所示。

图 1 吉布提鲁班工坊物流专业建设目标内涵图

一是，立足吉布提物流业技术岗位需要，进行工坊软硬件建设，进一步完善和提升工坊教学、实训、实习功能；二是，立足吉布提物流专业师资队伍建设需要，中吉互派教师为吉方开展师资培训等活动；三是，向吉布提输出中国标准、中国方案，包括中国先进的物流行业技术标准、技能大赛标准、先进的职业教育 EPIP 教学模式、专业教学标准和专业实训教学技术、装备等，结合吉布提实际情况与需求，编制物流专业高职人才培养方案，并通过吉布提教育部专业、课程认证，合作建设配套的核心教学资源，弥补吉布提当地高等职业教育的专业空白，提升当地物流人才培养水平。

六、建设过程

（一）定位需求系统对接

通过学校多次赴吉布提开展调研，了解到吉布提物流的职业教育只有中职层次，缺少大专层次学历，同时物流专业教学中缺少实践教学部分以及相关实训教学软硬件，其职业教育水平远不能满足就业需要。因此本着输出中国优秀职业教育教学成果和为"一带一路"国家培养物流类技术技能人才的建设宗旨，对接吉布提当地物流类岗位人才需求，依据中国教育部《中等职业学校专业教学标准》及《高等职业教育专业教学标准》等相关专业教学标准，双方明确人才培养定位，设计引入先进的物流实训教学软硬件技术和设备，为吉布提培养现代物流技术技能人才，满足其自贸区现代物流就业岗位需要奠定的基础（图2）。

（二）开发人才培养方案

通过鲁班工坊项目，成功将中职教育阶段中国标准的物流专业人才培养方案与吉方的教学标准对接融合，并开发中国标准的物流专业高职阶段的人才培养方案及课程体系，并通过了吉方教育部认证，填补其物流专业高职教育教学空白，输出中国高等职业教育专业教学标准，开发完整的相关教学文件及标准，提升吉布提工商管理学校的物流专业教学质量（图3）。

图 2 吉布提鲁班工坊成立前期调研和对接

图 3 专业认证确认函和人才培养方案

（三）建设实训教学环境

1. 开展吉布提鲁班工坊物流教学实训室建设

建设物流仓储模拟实训室，配置计算机及物流仓储实训教学软件，用于满足模拟物流仓储实务的实训教学需要；建设叉车操作实训区，购置内燃式叉车、叉车模拟驾驶器，用于满足物流专业技能培养中叉车操作技能实训教学需要（图4）。

(a) 物流仓储模拟实训室　　　　　　　　(b) 叉车操作实训区

图 4　为吉布提工商学校捐建的物流实训室（区）

2. 补充完善我校物流实训设备，满足吉方师生培训需要

针对吉布提师生培训需要，通过采购先进的物流作业仿真优化软件——Flexsim 物流仿真软件，实现物流实训教学技术全面升级；在智慧物流控制作业实训中心原有功能的基础上，增加了智能物流实训设备，提升了智慧物流控制作业实训中心实训功能；采购柴油叉车，搭建情境化的职业环境。在"仓储作业实务""物流信息技术应用"等专业课程中实施了基于工作过程化的物流项目化教学，使访学的吉布提工商学校教师能够掌握智能化、信息化背景下的物流运行模式，并将学到的这种新技能、新技术带回当地从而更好地开展课程改革，实现实训设备的共享共赢。

（四）运用 EPIP 教学模式

为对接吉布提当地专业教学需求，制订物流专业高职人才培养方案、课程体系，配套建设开发"仓储作业实务""物流信息技术""国际贸易实务"等核心课程课程标准。课程采用"工程实践创新项目（EPIP）"教学模式进行开发设计，以实际工程项目为导引，以实践应用为导向，以创新能力培养为目标，以项目实践为统领，培养高素质技术技能型人才。课程充分考虑吉布提学生的文化基础、学习习惯、学习耐力和学习注意力等方面的特点，采取"做中学、做中教""教学做一体化"，将知识和行动结合起来，依据工程项目载体组织课程，对理论知识进行解构和重新排序，创建渐进的点、线、面课程支持体系。

（五）建设课程资源

根据制订的物流专业高职人才培养方案，结合吉布提当地专业教学需求，运用 EPIP 教学模式编写物流专业课程标准，编写《仓储作业实务》《物流专业汉语》中法对照教材，配套完成核心课程动画、微课等教学资源建设，用于吉布提工商学校物流专业教师授课用参考教材。

运用 EPIP 教学模式编写课程标准，提升吉布提物流专业教师对 EPIP 教学模式的理解运用，促使他们掌握以项目实践为统领，培养学生工程能力、实践能力和创新意识的方法。吉布提物流专业师生在学习专业知识的基础上，拓展学习《物流专业汉语》教材，提升他们通用的汉语沟通能力,同时,为吉布提物流专业学生在中国企业及自贸区就业奠定基础。

(六)交流互访教学相长

2019年通过双方教师的交流互访,提高吉布提物流专业的现代物流技术操作和应用能力,以及物流教学信息化水平,尤其是最新的教育教学方法及教学资源的制作与使用,并进一步加强师资的培训交流及互访。因受疫情影响,吉布提教师来校培训计划改为网上培训,重点培训现代物流仓储、叉车技术、物流信息技术和国际物流中的仓储、包装、运输等国际贸易及物流规则相关知识和现代物流管理技术,提升我校物流专业教师对不同国家和地区物流特性的分析能力,以及学习和转化物流先进信息技术方法的能力,同时促进吉布提物流专业教师掌握现代物流智能化作业技术,满足当地物流教育教学需要(图5、图6)。

图 5 吉方教师在我校培训

图 6 我校教师赴吉布提开展师生培训

七、建设成效

(一)提升吉布提物流专业中职教育水平

吉布提鲁班工坊项目,满足当地经济发展和吉布提自贸区的物流人才培养需求,发挥我校物流品牌专业建设优势,在对接吉布提物流专业教学现状的基础上,通过对其中职人才培养方案优化,实现我国先进物流行业标准、教学标准、EPIP职业教育教学模式、专业实训教学技术、装备和标准的系统化输出，全方面提升吉布提工商学校中职物流专业的教学水平。

（二）填补吉布提物流专业高等职业教育空白

通过输出中国物流高等职业学校专业教学标准，开发适应吉布提当地物流岗位需求的物流专业人才培养方案及课程体系，同时配套专业实训室建设、教材、教学资源开发，以及开展师资交流等工作，提升了吉布提工商管理学校物流专业的办学层次，填补吉布提当地物流专业高等职业教育的空白，为吉布提当地培养本土的高素质复合型技术技能型人才，服务"一带一路"发展储备人才。

（三）深化我校的国际交流合作，提升国际影响力

通过吉布提鲁班工坊项目，加强了双方学校师生交流。我校通过组织教师为吉方开展线上线下教学、师资培训、交流等活动，输出中国物流职业教育标准和物流职业标准、物流实践教学体系、实践教学技术、装备等，将天津职业教育的先进 EPIP 职业教育教学模式，输送到非洲大地，也为"一带一路"沿线国家带来了就业与发展的新机遇。

八、总结与展望

在全面推进吉布提鲁班工坊项目建设，取得丰硕专业建设成果的同时，通过阶段性总结和未来展望，还需要构建和形成系统化的鲁班工坊运行机制，并在教学科研、专业质量持续提升、后疫情时代项目推进等方面，予以关注。

（一）关注教科研推进成果凝练

吉布提鲁班工坊项目是于 2019 年启动建设，在三年建设周期中，在国际化专业建设、课程开发、实训室建设、双方师资交流等方面遇到与国内专业建设截然不同的新问题和情况，需要在具体实践探索中，强化"鲁班工坊"的教科研引领作用，组建专业研究团队开展教育研究。通过课题、论文、教材等途径，不断总结问题，凝练成果，形成国际化项目建设机制，提高吉布提国际化专业建设水平。

（二）以五个对接提升专业内涵

我国社会经济正处于传统产业面向数字化、网络化、智能化的转型升级阶段，互联网、大数据、人工智能等技术不断广泛融入现代和物流业。职业教育改革需要按照专业与产业对接，专业与职业岗位对接，专业课程内容与职业标准对接，教学过程与生产过程对接，学历证书与职业资格证书对接的"五个对接"要求，不断提高专业建设内涵，因此吉布提鲁班工坊专业建设需要形成动态调整和优化机制，将最先进的物流行业发展新理念、新技术、新方法、新模式等，根据吉布提经济社会发展需要，对接到专业建设之中。

通过吉布提鲁班工坊项目，初步建成了服务非洲区域航运中心及东非地区物流、发展的现代物流技术技能人才培养基地，实现了天津职业教育的优秀成果 EPIP 职业教育教学

理念的国际化输出、本土化落地过程;形成了天津的职业教育改革与产业发展同步更新、与技术进步同步升级,与"一带一路"国家战略同步输出的典型案例;彰显了天津作为国家职业教育改革创新示范区的影响力,形成了可复制、可借鉴、可推广的职业教育经验做法,丰富了具有中国特色、世界标准的中国职业教育品牌内涵。

回顾过去,展望未来。吉布提鲁班工坊建设将在现有成果的基础上,继续聚焦服务我国产业"走出去"的产品标准、技术标准,构建与之相匹配的职业教育课程体系、培训体系,开发结合我国技术标准和所在国人力资源市场需求的国际化课程,形成具有中国特色、世界标准的专业课程标准体系。同时,还要加强国际合作中的话语建设,提升跨文化治理水平,推进教育走出去的人文关怀与价值表达,助力"一带一路"沿线国家发展。

执笔人:郭葳,范蓉,张齐。

案例 62

中等职业教育在"一带一路"倡议下有效服务企业面向东盟"走出去"的策略

——以柳州市第二职业技术学校服务柳州工程机械股份有限公司国际化战略为例

柳州市第二职业技术学校

【摘要】"一带一路"倡议是我国重要的发展倡议,中等职业教育作为我国重要的技术型人才培养基地,如何有效服务企业更好地"走出去",是"一带一路"倡议中的重要支撑,也是时代给予职业教育的使命之一。柳州市第二职业技术学校抓住这个教育国际化的重大战略机遇,推动自身教育质量的提升,更加强化了职业院校与企业的合作关系。以学校服务柳州工程机械股份有限公司(以下简称"柳工")国际化战略为例:2009 年学校成为柳工的战略合作学校后,双方长期保持良好的校企合作关系,在研产售服全产业链人才的培养合作中,实现了校企深度合作。2014 年开始,学校结合自身实际,将柳工在"一带一路"沿线已建立的多个营销子公司和制造厂,列入学校"走出去"服务的首选对象。把培养柳工海外生产经营需要的人才、服务柳工国际化发展作为柳州市第二职业技术学校核心战略之一,利用"中高企一体化"人才培养模式下的应用型技术人才的职业特性,探索、建立、完善和推动工程机械行业国际化人才的培养,建立服务柳工"一带一路"倡议的技能大师工作室平台、成立职业教育集团参与制订柳工职业培训的国际标准、成立中高企产业学院合作办学培养新模式，开发国际化课程等有效服务企业面向东盟"走出去"的策略和实践。

一、案例概要

"一带一路"倡议是我国重要的发展倡议，该战略不仅要求社会企业加强与"一带一路"沿线国家的贸易合作，也对教育合作、人才的输出与引进提出了新要求。中等职业教育作为我国重要的技术型人才培养基地，对我国与东盟的人才交流事业起到了关键作用，是我国与东盟教育互联互通的重要动力。自2010年"中国-东盟自贸区"全面建成以来，中国与东盟的贸易往来愈发密切，东盟已成为中国的第三大贸易伙伴。柳工受之影响在东南亚地区设立了诸多经销商公司，截至2015年，柳工在"一带一路"沿线的65个国家中已经进入了62个国家的市场，柳工海外业务贡献率已跃升到35%以上，国际员工占总员工的20%，海外资产占柳工全部资产的近10%。柳工自2003年以来，先后进入越南、新加坡、印度尼西亚、缅甸、菲律宾、柬埔寨、马来西亚、泰国和老挝，柳工产品在东盟国家同类产品市场份额占比上都超过了20%，柳工亚太公司销售收入占柳工海外总收入的30%以上。未来，柳工将全力实施打造"在东盟市场集当地研发、采购、制造和人才发展为一体的本地化"的海外战略，但是人才瓶颈愈发凸显。为此，柳州市第二职业技术学校在通过调研、考察、座谈和内部资源整合后提出"伴随企业'一带一路'走出去，有效服务企业'国际化'战略"的口号，并参加了以"共建现代职业教育，共享'一带一路'繁荣"为主题的"2017中国-东盟"职业教育联展暨论坛，推广学校在"一带一路"倡议下如何有效服务企业，面向东盟"走出去"的策略。

二、背景分析

中等职业教育在"一带一路"倡议下有效服务企业是学校发展的需要，也是学校应该承担的社会责任，更是民族复兴的使命。培养符合柳工需要的国际化高素质技术应用型人才不仅能要求学校从办学定位、培养模式、知识与技能构建上去做改变，更需要从中高职联合办学处去推动。对于交通工程机械运用与维修专业的学生，在进入中职到能入职柳工，服务国际市场，需要一个漫长的学习和实践过程，这就要求他们不仅应具备"干一行，爱一行"的敬业精神、必要的语言沟通技巧、扎实的专业知识、娴熟的专业技能，而且还应具有代表中国品质的职业素养和道德情操。因此，柳州市第二职业技术学校与柳州职业技术学院、广西交通职业技术学院建立联合办学班级，并与柳工建立联合培养机制，组建不同工程机械机种的技能大师工作室，聘用有经验的国际服务技术人员入校教学，系统设计了"2+3"人才培养体系，将国际化技能人才培养要求融合入课程体系、实习实训以及各类活动中，从而达到挖掘、选拔和培养的目的。

三、建设思路

校企通过有计划地研讨、融合和共建，在实践中不断深入合作，通过分专业、分系统、分层级阶梯式培养模式，以企业平台为舞台，以技能大师为导演，学校做好场务工作，以服务为导向，设计符合企业战略发展需要的人才培养方案，培养具备国际技术服务水平的"四有"人才标准（即有代表国家形象和民族精神的品格、有一定的外语能力和沟通能力、有娴熟维修技能和扎实知识理论、有海外独立生活和适应当地习俗的能力），具有正确的人生观、价值观、法制观念和良好的职业道德，具备质量、法规、职业健康与安全和环保理念，能够从事多机种多系统的设备维保、故障维修、技术服务沟通，以及突发问题解决的具有国际视野和创新精神的高素质技术技能应用型人才。中职学校主要从专业宣传、生源筛选、专业观塑造、基础理论传授、大师引领、跟岗实践等方式来进行培养。

四、经验策略

（一）调查研究，制订学校改革发展方向

作为连通东南亚地区与中国大陆的重要门户，广西借助地理优势与东盟地区取得了良好的合作关系，为"一带一路"倡议的推进提供了助力，而东盟市场的不断扩大又为中国企业带了更广阔的发展空间，双赢局面已初现雏形。帮助东盟地区完善基础设施是"一带一路"倡议的重要举措，也是让东盟地区享受我国发展红利的最直接方式，此类工程需要用到大量的工程机械，并且需要高素质的专业人才投身于实操工作中，此方面的需求打开了我国综合性工程机械的出口道路，使我国内部过剩的工程机械行业产能找到良好的排遣途径，也为我国的职业教育提供了新的发展思路。

柳工是广西重点支持的企业之一，其体量已达到千亿元级别，在较早时间就根据"一带一路"倡议制订了国际化发展战略，如今其全球性业务网络已初步建成，于全球各地建立了研发制造基地与营销子公司，俨然成为国企中国际化程度最高的机械制造企业之一。因此，柳工急需大量的人才支持，以供国外营销子公司的服务升级与营销范围扩大，提高其出口销量并优化国外售后服务，建立更佳的口碑。

为服务柳工更好地面向东盟"走出去"，本校在制订人才培养计划时与该公司进行深度合作，制订了诸多定向培养计划，为其提供全面的人力资源保障。就目前而言，东盟国家在工程机械方面的研究水平落后于我国，该地区普遍缺乏工程机械领域的专业型人才，相关从业者的技能水平也严重不足，加之行业内人员流动较大，柳工若想稳固提升东南亚市场销路，还需解决技术与人力方面的难题。因此，在深化校企合作的过程中，柳州市第二职业技术学校一方面致力于与柳工以及东盟国家当地职业学校形成三方合作，利用人才与技术输出的机会帮助当地发展工程机械维修技术相关的教育；另一方面也协助柳工建立工程机械维修服务人员内部认证标准，通过标准输出来规范当地经销商公司工程机械维修技术的发展，为销售推广与售后服务创造更大的便利。

（二）三方合作，助力当地人才的培养

在为柳工提供面向东盟的"走出去"服务时，柳州市第二职业技术学校主要在教学输出方面用力。柳州市第二职业技术学校与柳工共同制订工程机械专业的教学计划与人才培养方案，计划与东南亚地区的职业学校取得合作，挑选经验丰富的优秀教师随柳工一同赴往东南亚地区的职业学校进行教学交流。首先，为东南亚地区的职业学校提供教学资源，柳州市第二职业技术学校不仅提供了教案、教学视频等资源，还将实训基地的建设方案一同分享给国外职业学校，并在综合分析当地的办学条件之后为其提供针对性的建议，同时欢迎对口合作院校派遣教师来柳州市第二职业技术学校学习。其次，柳工为东南亚当地职业学校的工程机械专业建设提供许多帮助，在当地学校建设实训基地时赠予其工程机械设备或者给予其设备的使用权，有效解决当地学校教学经费不足的问题。例如，柳州市第二职业技术学校与柳工计划下一步将柳工的泰国的经销商公司作为试点，与泰国当地的经销商与职业学校形成三方合作，以解决当地工程机械行业人才储备不足的问题。根据计划，柳州市第二职业技术学校与柳工会向泰国当地的职业学校提供教学支持，为其带去工程机械专业的教学标准，助其完善实训基地的建设，并根据柳工内部的培训标准考核当地人才的能力，使当地的有志青年接受柳工标准下的工程机械维修技术学习。在为泰国当地职业学校提供课程标准与内容的同时，柳工还为此类学校的学生提供了就业渠道，受过相关培训的学生在毕业后如果能通过柳工的考核，则可优先到柳工的泰国的经销商公司就职。

（三）携手高职，建立柳工机械维修服务人员内部认证标准

柳工在拓展本企业经营范围之时，也致力于规范其东南亚地区工程机械维修服务人员的发展，在此过程中柳州市第二职业技术学校主要为其工程机械维修服务人员提供培训服务，并与柳工一起建立维修服务人员内部认证标准。在柳工的东南亚经销商公司中，推行所有经销与维修服务人员都需要经过内部培训与认证，而柳工也为此类培训与认证划定了初级、中级、高级的等级标准。其中，初级与中级的认证可由柳州市第二职业技术学校教师到经销商公司协助柳工完成，而高级的认证与培训则需要服务人员到柳工完成，同时学校利用本校资源在国内辅助柳工完成这项工作，不断服务柳工完善内部的培训与认证标准。

在标准的制订过程中，柳州市第二职业技术学校和柳工都发现，中职在标准的推广上存在政策上的缺陷，需解决这个问题。两单位携手高职院校，形成初、中、高三阶格局，提出了中职定位叉车、装载机等维修难度低的机种标准制订，高职定位挖掘机、起重机等维修难度高的机种标准制订，中职和企业协助高职完成初级部分标准制订，高职和企业协助中职完成中级标准制订，中高职协助企业完成高级标准制订的策略，形成错位、交叉、融合式发展格局，实现中职发展有目标，高职发展有方向，企业发展有基础，突破东南亚，在世界各地建立和推广了柳工机械维修服务人员内部认证标准体系。

（四）成立工作室，邀请柳工技能大师来柳州市第二职业技术学校授课

在现代教育体系中，职业教育的目标是培养综合型的专业技术人才，与普通中、高等

教育存在很大不同，但受社会观念与办学能力的限制，许多中职院校仍存在"重理论，轻实践"的现象，这就导致许多中职学生毕业后很难适应工作环境，仍需长时间的岗位学习才能高效投入工作。"现代学徒制"正是为解决以上问题而诞生，该制度鼓励职业院校与社会企业取得合作，通过产教融合与工学结合的方式推动技术型人才的成长，切实可行地提升了职业教育体系的完整度。因此，柳州市第二职业技术学校在与柳工合作时十分注重教学与生产的对接，极力为学生提供真实的职业训练环境，并通过柳工企业文化的宣传对学生进行职业精神的培养，使学生在积累专业技能的同时获得社会责任感的提升，这样其在参与服务柳工"走出去"布局时也会产生更强的学习热情与工作热情。

例如，柳州市第二职业技术学校已成立有"南海勇士"龙合柳工叉车维修技能大师工作室、"柳工南极第一人"颜炜柳工工程机械维修技能大师工作室、"世界纪录保持者"朱飞柳工挖掘机技能大师工作室等技能大师工作室。学校为柳工的技能大师提供技术传授方面的支持，通过邀请经验丰富的技能大师来校任课，为缺乏工作经验的在校学生分享工作经历，使学生在正式工作前对本行业工作的内容与性质形成清醒认识，并在同行前辈的指导下制订合理的职业目标。引进服务柳工海外市场十多年的胡礼明高级技师、市科学进步一等奖的马启忠高级工程师、柳工技术服务叶文豪高级培训师、柳工液压传动赵永霞工程师等一批中青年骨干全职入校教学，组建和开展小班制分机种"师带徒"模式的教学模式。2015年开始试点"师徒双交流"模式，即白天，分批次每周组织学生到企业进行现代学徒制跟岗实践1天；夜间，邀请在职在岗车间主任李家川工程师、装配技术专家李娇红工程师、厂长葛志强工程师等一大批既有理论知识，又有实践经验的高学历高技能企业一线核心技术人员入校给对应白天到企业实践的学生上课2次，这样既解决学生专业技能水平问题，又解决柳工国际技术服务人才所需的专业技能理论知识问题，得到学生和企业的一致好评。

（五）中高企共建，联合成立职业教育共同体

在追求深度校企深度合作的道路上，柳州市第二职业技术学校并未停步于组织学生去企业参观与实习、邀请业内人士来校教学，而是根据企业实际的人才需求大刀阔斧地改革专业教学内容和加强校企融合的深度。例如在2014年，柳州市第二职业技术学校、柳州职业技术学院、广西柳工机械股份有限公司牵头，以工程机械行业为依托，整合相关行业企业和职业院校优质资源，按照平等、互利的原则组成资源共享、产教结合的职业教育联合体与利益共同体，成立了柳州市工程机械职业教育集团，实现了工程机械专业办学的联动性，为工程机械行业的发展创造了更加多元的动力。2020年柳州市第二职业技术学校、广西交通职业技术学院和柳州柳工叉车有限公司一起牵头成立了柳工叉车产业学院；柳州市第二职业技术学校、广西交通职业技术学院和柳州柳工挖掘机有限公司三方一起牵头成立了柳工挖掘机产业学院，又探索出一个中高企深度合作共育人才的新模式，为培养国际化技术服务人才提供了更好的舞台。

五、成效与反思

综上所述，在实行"校企融合"的办学策略后，柳州市第二职业技术学校通过与高

职、柳工的校校企合作已建立了成熟的交通工程机械运用与维修专业的教学模式,并带动学校内工科类专业群,以现代职业教育理念服务社会和企业。在"一带一路"倡议下,面对企业出现的新型人才需求,柳州市第二职业技术学校积极与柳工一同探索"走出去"的职业教育输出模式,并给予其技术与人才方面的服务,助其在东南亚地区优化经销模式,为中国企业的国际化进程贡献力量。同时,柳州市第二职业技术学校工科类专业也得到迅速发展,例如:交通工程机械运用与维修专业 2017 年参加金砖国家技能大赛(中国赛)获三等奖 1 人、优秀奖 2 人,并获得团体优秀奖;2018 年参加 robocup 机器人世界杯中国赛获团体二等奖;2018 年参加广西交通运输行业职业技能大赛筑路工(学生组),柴油机电控系统故障诊断与排除项目林志华获得二等奖(广西中职参赛学生总分第 1 名)、挖掘机液压系统故障诊断与排除项目覃海洋、瞿富鹏获得三等奖(广西中职参赛学生总分第 1、2 名)、发动机零部件精密测量项目覃罗柳慧获得三等奖(广西中职参赛学生总分第 2 名)、团体二等奖(广西中职第 1 名);2018 年全国职业院校"中联重科杯"工程机械类专业学生职业技能大赛全国总决赛中,荣获"柴油机电控系统故障诊断与排除"项目个人三等奖(全国中职第 2 名);2019 年中国技能大赛——"临工杯"全国第四届工程机械维修工职业技能竞赛,老师杨柳姿获得个人二等奖(全国参赛中高职教师所有赛项总分第 1 名,同时被授予"操作技术能手"称号),王江凯获得个人三等奖(全国参赛中高职学生所有赛项总分第 1 名,同时被授予全国机械工业"技能新星"称号);2021 年青年教师卢海枚、赵忠快获得广西壮族自治区教师职业技能大赛 3D 打印应用综合技术一等奖(赛项总分第 1 名)。另外,专业学生每年参加液压与气动系统装调与维护、装配钳工技术、3D 打印应用综合技术等广西区学生职业技能大赛且均获奖。另外,交通工程机械运用与维修专业与柳工共同开展研究的相关教育课题获得广西区立项并结题的有 7 个,在研究的有 2 个;研发申请对应实用新型专利 4 个;合作后累计获得实训室建设投入超过 2000 万元。

执笔人:薛文灵。

案例 63

对标国际标准　打造职业教育高地

——上海石化工业学校实施专业国际化建设案例

上海石化工业学校

【摘要】 本案例以上海石化工业学校化学工艺专业实施专业国际化建设为例,阐述了中等职业学校专业国际化建设的思路、建设策略与举措,以及所得的建设成效,为同类职业院校的专业建设提供借鉴。

上海石化工业学校深入贯彻落实国家职业教育的重大决策与部署,顺应国家发展战略,将办学与区域经济和社会发展紧密结合,推进专业国际化建设,提升服务能力,推动了学校的跨越式发展,走出了一条国家职业教育改革发展示范学校特色鲜明的开放办学之路。

一、案例概要

二十多年来,学校坚持立德树人的根本任务,坚持"产教融合、校企合作"办学方向,与国际知名企业合作,打造"八共一体"的校企合作发展共同体,形成了学校的办学特色。近年来,学校基于企业员工职业生涯发展,坚持育训结合,构建"政、行、企、校"四位一体的新机制,推进专业国际化建设,对标国际先进标准,构建对接国际先进的培训标准体系,形成了具有国际水准的"双元"人才培养模式,提升了专业发展内涵,为区域经济和社会发展培养了数万名的一线高素质技术技能人才,取得了良好的社会声誉。

二、背景分析

《国家中长期教育改革和发展规划纲要(2010—2020年)》提出"积极推进学历证书和职业资格证书'双证书'制度,推进职业学校专业课程内容和职业标准相衔接"的要求。《国务院关于大力发展职业教育的决定》明确指出"职业教育要为我国走新型工业化道路,调整经济结构和转变增长方式服务。实施国家技能型人才培养培训工程,加快生产、服务一线急需的技能型人才的培养,特别是现代制造业、现代服务业紧缺的高素质高技能专门人才的培养",要"建立工学结合的职工教育和培训体系,面向在职职工开展普遍的、持续的文化教育和技术培训,加快培养高级工和技师",这些都为职业教育改革发展指明了方向。

在经济全球化大背景下,一大批国际著名企业进入我国,一大批国企走出国门参与国际竞争,"中国制造2025"和"互联网+"行动等国家战略的实施等都迫切需要一大批具有国际化视野的、掌握先进技术技能的、具备与现代企业相匹配的综合职业素养以及了解国际通行规则的高素质技术技能人才。职业教育要顺应这一发展趋势,加大对外开放力度,应做到:"请进来"——积极吸取国外先进职教理念、教育模式,引进国外教学资源并加以消化,形成具有中国特色的职业教育模式;"走出去"——配合国家"一带一路"倡议,发挥职业教育与经济发展紧密结合的特点,加快职业教育的走出去步伐,提高职业教育的国际化办学能力和水平。上海制造业承载着打造"全球卓越制造基地"的重要使命,急切要求上海职业教育提升国际化办学水平。

化工产业是国家重要的基础性产业，化工企业的安全稳定生产事关企业的可持续发展和城市安全运行。国内化工职前专业人才培养和职后员工培训标准与现代化工生产要求存在较大距离。

学校是国家重点职业学校、首批国家中等职业教育改革发展示范校，经过四十年的建设发展，构建形成"共建对话机制、共筑实训基地、共育教学团队、共培企业员工、共谋专业发展、共办技能大赛、共设奖励基金"的"多共一体"校企合作发展共同体，成为了学校的办学特色。21世纪初，以化学工艺专业为突破，与区域内国际知名化工企业开展校企合作，从办学理念、人才培养标准、人才培养模式、教学模式以及师资队伍等方面全面推进专业国际化的探索与实践。学校陆续与德国东北部化工联合会、德国海外商会以及区域内国内外知名化工企业开展深度交流合作，以引进德国化工工艺员职业证书为契机，开展符合现代化工企业需求、具有国际化水准的高技能人才培养实践，开发现代化工职业教育与培训系列标准。

三、建设思路

学校专业国际化建设以《国家中长期教育改革和发展规划纲要（2010—2020年）》《国务院关于大力发展职业教育的决定》以及《国家职业教育改革实施方案》为指导，树立专业国际化建设不仅是课程内容的国际化，也不仅仅是取得国际职业资格证书，更关键的是办学理念、人才培养标准、人才培养模式、教学模式以及师资队伍的国际化全面推进的观念。确立"依托政府引导，产学多方协同，共建共享，形成共同体的建设模式；立足从业人员职业生涯发展，坚持育训结合，对标国际，构建多方公认的标准体系；以学生专业成长为主线，建立素养与技能并重，安全贯穿始终，体现'校企双元'主体的专业人才培养模式"的建设思路，如图1所示。

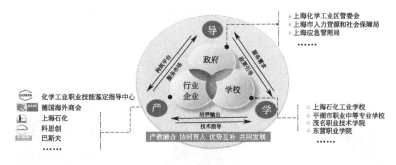

图1　建设模式

四、经验策略

在建设过程中，学校坚持"依托政府引导，立足企业发展需要，产学多方协同，借鉴国际先进经验，以标准建设为先导，人才培养模式、教学模式以及师资队伍建设同步推进"的建设策略。

（一）基于职业生涯发展，开发职业教育与培训系列标准

通过对化工企业的调研，分析企业一线从业人员职业生涯发展，梳理形成技术或管理的发展路径。根据不同阶段从业人员的素质与能力要求，研究确定了从职前教育到职后各阶段培训所需开发的系列标准，并确定相配套的师资培训和实训装备标准，从而形成化工职业教育与培训标准体系架构。

以现代化工从业人员职业能力为基点，将德国化工工艺员和化工工业大师职业资格标准与我国化工总控工职业标准有机融合，对接化工企业对一线生产人员专业知识、技能及素养的要求，同时兼顾法律意识、组织管理及培训方法等综合培养，并突出将安全生产理念和安全处置能力贯穿于培训过程，开发适用于中高职化工类学生的专业教学和化工企业生产技术各层次职业培训的化工职业教育与培训系列标准。同时以打造集教学、培训、考证、竞赛、科普等功能于一体的综合性实训基地为目标，开发了"化工职业培训装备标准"，为全国职业院校化工专业及有关培训中心实训基地建设提供了可靠的方案。以提升培训师的执教能力和考官的执裁能力，规范教学、培训和考证工作为目标，开发了"化工培训师培训与考证标准"及"考官培训与考证标准"，为实施规范化培训与考核奠定人力资源基础。

（二）以学生专业成长为主线，确定人才培养方案及课程标准

依据学生阶段认知特点和素质培养要求，构建切合学生综合素养发展的"四阶段"专业人才培养架构。从岗位工作任务出发，依据《上海市中等职业学校化学工艺专业教学标准》，融合化工总控工职业技能标准和开发的化工工艺员职业资格培训标准，重构形成由学习领域课程、专项技能、综合技能和拓展技能培训项目以及企业实践所组成的模块化课程体系，制订专业人才培养方案。实施"学校一体化教学站、跨企业培训中心技能实践站、培训企业生产实习站"三站联动交互的教学模式，从而形成体现"校企双元"的人才培养主体的"双元融合，三站联动"的人才培养模式，如图2所示。

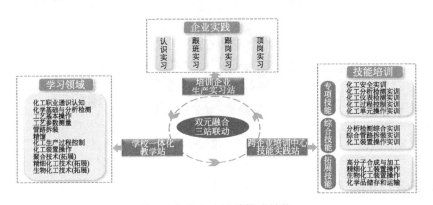

图2 专业人才培养模式结构

以化工工艺员所从事的相关岗位工作任务与职业能力为基点，融合安全、绿色环保理念与课程内容有机结合，构建形成项目化学习模块，开发形成的化学工艺专业课程系列标

准，适合"任务引领、做学一体"的教学实施。

（三）从员工能力要求出发，制订"一企一策"的培训方案

针对不同企业、不同岗位对员工的能力要求，依据所开发培训标准，校企共同研究确定企业员工培训方案和实施原则，合理设置培训项目，并确定培训内容、形式及课时，制订形成了"一企一策"的培训方案。

（四）以专业课程教材为重点，同步开展资源建设

学校教师联合行业院校教师和企业专家，依据课程标准，编写出版了《化学工艺概论》等5本规划教材，编制了新型活页式校本讲义及实训项目工作页，同步开发了系列课程的数字化教学资源。

（五）提升装备能级，建成高标准跨企业培训中心

学校充分发挥现有资源优势，高标准建成了功能完备、技术领先、资源共享，融培训、演练、考证、服务"四位一体"的跨企业培训中心，并相应建立了运行管理机制，推动企业参与专业人才培养全过程，实现了校企协同、平台互通、资源共享，为切实提升学生校内实习实训与企业员工培训奠定更加坚实的基础。

（六）"引进来、走出去"相结合，打造具有双元培养能力的教学团队

学校坚持"引进来、走出去"的原则，打造一支具有国际先进职教理念、掌握双元制教学开发与实施的双师型教学团队。落实教师企业实践制度，组织骨干教师下厂参加企业班组长或技术能手级的培训实践，有效地提高教师实践能力；每年聘请50多位企业专家与技术人员担任兼职教师；选派优秀教师赴海外研修、鼓励教师获取双元课堂实施、双元培训师等职业资格或能力证书，并引进急需的海外职教专家；积极采取有效激励措施，为教师成长营造良好环境。

五、成效与反思

学校化学工艺专业国际化建设所形成的系列标准，涵盖了化工行业技能人才成长全过程培养，同时，配套开发的考证标准、培训装备标准和师资培训标准，构建形成了立体化标准体系，填补国内化工行业生产工艺人员通用标准的空白，为开展化工类职前教育与职后培训，提升行业从业人员的岗位安全生产技能，实现了"育训结合"。从而为企业的安全生产夯实了基础，为化工园区所在城市的安全稳定运行提供了保障，对促进产城融合、构建和谐社会发挥积极作用。

借鉴德国双元制模式要素，制订了"化学工艺专业人才培养方案"，确立校企"双元融合"的育人主体，创新形成了"学校、跨企业培训中心、企业"三站联动教学的培养模式，实现了教学与生产的对接、技能培养与职业素养培育有机融合、教学评价与国际职业资格认证形式接轨，为培养具有国际视野、掌握专业先进技术和技能、具备优秀职业素养

的高技能人才奠定了坚实基础。

（一）专业吸引力持续高涨，人才培养质量明显提升

在当前中职招生持续低迷的背景下，我校化学工艺专业受到社会的高度认可，学生报名与招生比平均保持在1.5∶1，连续4年呈现火爆状况；专业学生通过"双元融合，三站联动"的人才培养，对专业的认同度明显增强，学习积极性和主动性显著提高，在专业技能得到充分锤炼的同时，学生的职业意识、职业规范行为等素养得以明显提升。在近年国家和上海市的技能大赛中，我校化学工艺专业学生取得了骄人的成绩。专业毕业生受到区域中外合作企业的一致欢迎，目前在区域内化工企业中的一线员工中有50%以上均来自我校。

（二）人才培养标准体系辐射全国职业院校，示范作用显著

专业建设经验及所开发的系列标准引起国内化工职业院校的高度关注，茂名职业技术学院、盘锦职业技术学院、成都石化工业学校、寿光市职业教育中心学校、平湖市职业中等专业学校等10多所中高职院校纷纷来学校观摩学习，并表示了强烈的合作意向。目前学校已与山东东营、广东茂名等多所中高职院校合作建设"中德化工职业培训中心"，推广职前培养标准，开展专业人才培养。

（三）员工培训标准深受企业青睐，培训任务应接不暇

系列培训标准同样地得到化工企业高度认可，纷纷要求与我校开展合作，共同开展生产一线员工的技能提升培训。自2016年以来，与国内外企业合作开展生产一线的员工的技能提升培训每年超过5000人次。

（四）相关标准得到行业充分肯定，开展中德联合认证

2021年4月，由我校主持开发的五个培训项目被化学工业职业技能鉴定指导中心与德国海外商会确定为中德联合认证项目。

（五）建设成果得到各界高度认可，影响力不断扩大

2018年国内首个中德合作化工职业人才培训基地——"AHK中德化工职业培训基地"落户我校，该基地同时被德国教育科研部授予"中德高技能人才培养基地"；2019年教育部国际合作司就"新时期教育对外开放工作"的调研座谈会上，我校以"上海石化工业学校国际化开放办学的建设与思考"为题作了专门汇报；学校成为全国化学工艺专业教学指导委员会主任单位；2020年学校化工跨企业实训基地被上海市应急管理局授予首个"上海市安全技能综合实训示范基地"，并被教育部确定为"危化安全虚拟仿真实训基地培育项目"。

展望未来，上海石化工业学校将以习近平新时代中国特色社会主义思想为指导，把握国家发展战略和上海经济社会发展趋势，贯彻落实全国职教大会精神，坚定走"产教融合、校企合作"之路，以所开发的现代化工职业教育与培训系列标准为引领，不断深化专

业建设，带动学校内涵发展，进一步提升学校办学质量与水平，将学校建成"国内一流示范，国际先进接轨"的现代化职业院校，为我国职教发展贡献力量。

执笔人：高炬。

案例 64

电商创业助推乡村振兴

枝江市职业教育中心

【摘要】 湖北省枝江市职业教育中心 2014 级机电专业优秀毕业生李杰，在校时胸怀远大理想，毕业后凭借职业技能，短短五年时间，发展电商产业，带领乡邻致富，助推乡村振兴，他成功创业的事迹为人们争相传颂，令世人刮目相看。

一、电商创业多磨难

李杰是湖北省枝江市董市镇曹店村人，从中职学校毕业后他一直从事水果批发。起初他依靠本地收购、外地销售的传统模式，结果处处碰壁，血本无归。仅 2016 年，李杰与人合伙贩售橘子到齐齐哈尔市，日发货量达 12 万斤，但因市场单一、储存时间短、运作成本高、水果腐烂快，这一年他亏损 91 万元，齐齐哈尔成了李杰初试牛刀的"滑铁卢"。血的教训使李杰陷入深深的思考：干事创业光靠激情不行，还要靠脑筋。因此，李杰立志转变营销模式，向电商转型、向网上销售进军。

二、脱贫致富显身手

李杰的电商创业并非一帆风顺。2018 年夏，他运营的夏橙项目，因天气干燥，橙子水分丢失，导致品质下降，网上退货差评不断增多，给刚刚成立的电商销售团队带来前所未有的压力。这时团队中有人想打退堂鼓，但李杰顶住压力，认为质量第一、顾客至上，即使亏本也不能亏顾客的利益。他积极处理售后，终于在夏橙旺销季节的最后，成了电商销售的赢家，扭亏盈利 10 万余元。

光靠单打独斗是不能成就大气候的，要想取得更大的成功必须依靠人才支撑。2018 年下半年，李杰从电商人才入手，把他的同学及好友 10 余人邀约到曹店村，从电商平台起步,着手推行农村电商服务,始创了"宜昌优食宜鲜电子商务有限公司",依托兴民瓜果合作社,利用拼多多、淘宝、京东等网络平台销售脐橙、瓜果等农特产品,当年二至四季度累计销售额就达到1386万元,月均销售额154万元,其中10月份销售额高达411万元。

一人富裕不算富,大家都富才叫富。李杰带领电商销售团队,逐步扩大农产品销售渠道,带动周边40余名村民稳定就业,增加了村民收入,也吸引了更多农民回乡就业创业。如今的曹店村在李杰的带动下,环境优美,村民富裕,乡亲们脸上个个洋溢着幸福的笑容。

三、乡村振兴好儿男

李杰的电商销售团队不断壮大,受李杰影响,村民们纷纷回乡一起就业创业,也拥有了一批客服,运营团队更加成熟。天猫、淘宝、拼多多等10多个线上平台店铺,生意红火。今年又接管了曹店打蜡厂,李杰同时履行厂长职责,线上线下同时销售,每年销售额在5000万元以上,保证了果农不用担心滞销,日单量高峰期可达10000单以上,村民们可以在厂里务工,收入相当可观。

李杰从枝江职中毕业后就业创业,自己带头脱贫攻坚并带领乡邻们勤劳致富,他的典型事迹在枝江、宜昌大地不胫而走,人们为这个20岁刚刚出头的小伙子由衷地点赞,他的事迹先后被人民日报、三峡日报报道,先后被评为2019年宜昌市"百家农民"、枝江楷模、宜昌好人,成为助推乡村振兴的好儿男。

四、踏平坎坷成大道

有了一定的产销经验,生意红红火火,2021年在线上平台销售柑橘橙等本地产品逐渐成熟。2021年6月初,李杰团队了解到云南四季如春的气候优势、蜜橘早熟产品比本地蜜橘更早成熟一个多月的行情。为抢先市场,李杰带领自己的电商团队,转战云南省,来到玉溪市的蜜橘之乡,前期团队敲定快递纸箱等一些细节后,快速投入到运营中。云南蜜橘种植基地广,不同分布果园的地区口感不一,市场价格波动大,为给消费者更好的购物体验,李杰就一个山头一个山头跑果园、谈价格、试口感、比品质。果然,功夫不负有心人,付出总会得到回报,线上平台天猫、拼多多两个平台每天销售量均稳定在3000单左右,日发约7000单,高峰期更是达到了13000单,当地村民在厂稳定包装40多人,云南蜜橘尾期总发货量达18万件,共八百吨左右。云南蜜橘销售的结束代表着湖北本地蜜橘产品销售的开始,蜜橘发货量有30万件。为更好巩固打包时效和质量,李杰购入了专业打包机器,为后期订单量猛增后及时发货奠定了基础。

近一年来,李杰带领他的销售团队,销售当地的柑橘、橙子、白瓜、荸荠等,带动了当地的经济作物的种植,增加了农民的收入。在当地销售淡季,一方面他到兴山、秭归组织货源打蜡后销往全国各地;另一方面他带领电商团队到云南、四川驻点收购,每天的销售订单多达数千,从而使他的网上销售一直火爆。所在枝江脐橙货源发完后对接秭归脐橙，货源充足稳定，脐橙发货量更是达到了 40 万件，产值再创新高。一个电商小伙的传奇故事，续写着电商产业繁荣之景和城市发展之美。

执笔人：黄兆双，邵春军。

案例 65

专创融合　共创青春
——Signix 摄念科技团队双创案例

上海信息技术学校

【摘要】　面向全体学生开展双创教育，以培养创新意识和创新能力人才为目标，以双创课程为基础、以双创社团为骨干、以双创讲座和培训为依托，借助双创大赛平台，将双创融入专业教育，Signix 摄念科技团队在全校范围创新创业教育的浓厚氛围中应运而生并茁壮成长，最终成为一个成熟的创业团队。其项目"Signix 摄念科技——流媒体技术先驱服务商及硬件解决方案领航者"在第六届中国国际"互联网＋"大学生创新创业大赛决赛中荣获银奖，并在 2021 年"挑战杯"中国大学生创业计划竞赛获得国赛银奖，创造了中职类型学校在此类比赛的新突破。

2015 年 9 月，李克强总理在世界经济论坛提出"大众创业、万众创新这"双创"是推动发展的强大动力"，掀起了大学生创新创业的热潮，一大批创业孵化基地、创业创新学院应运而生。

上海信息技术学校坚持"以服务发展为宗旨、以促进就业为导向"，培养学生"就业有优势、创业有能力、升学有希望、终身学习有基础"的办学理念，坚持推进创新创业教育，并将双创教育贯穿在专业教育、校园文化建设、创客中心活动、学生科技创新社团建设、创业项目培育，形成了以创业基地为依托、创客中心和大学生"互联网＋"创新创业大赛两翼齐飞的双创教育特色格局和内涵。

一、案例概要

我校"上海市明星社团-久灵创新社"吸引了来自不同专业但有创新意识和创业精神的

一群学生,他们的专业有数字媒体技术应用、计算机网络技术、数控应用技术。他们在思维碰撞中发现常规的直播 EFP 系统专业直播门槛高、容错率低、平台建站成本高、开发慢,学生们针对痛点问题从软硬件两个方面,利用各自所学专业技术研发了两款产品,分别是"Signix Television Studio Pro"(简称"SignixTSP)及其配套虚拟导播台软件"Signix Software Control"(简称 SignixSC)和官方直播平台"小念"云直播平台,为企业及个人用户提供便携、高集成化流媒体解决方案,从事在线直播行业产品研发、集成和技术执行。通过对软硬件设备的模块化升级,解决了行业内硬件庞大、昂贵、推流成本高的痛点问题,且产品拥有多项国家级核心专利。团队现致力于使专业化的直播推流走向平民化、大众化,目前已经为各大企业及政府机关事业单位完成了超过 200 次的直播服务。

二、背景分析

习近平总书记在十九大报告中提出:弘扬劳模精神和工匠精神,营造劳动光荣的社会风尚和精益求精的敬业风气。在当前"大众创业、万众创新"的时代背景下,创新创业已成为提升学生创新能力和就业能力的重要抓手。在创新创业人才培养中,不能将"人人都是发明家、都是公司老板"作为人才培养定位,而是应培养具有创新创业精神、符合人力资本市场需求的高素质技术技能型人才。这与"培养面向生产、服务、管理一线岗位的高素质应用技能型人才"的专业教育目标是一致的。

可见专业教育是创新创业教育的支撑,创新创业教育是专业教育的有力补充,将创新创业教育与专业教育有机融合,真正专创融合,才能切实有效地推动我国职业教育创新创业人才培养质量的长足发展。

当今时代,流媒体技术领航 4G 时代,移动通信技术占据市场,"直播+"已成大趋势,直播行业朝向细分领域发展,内容垂直化更加明显,例如电商、教育等。疫情催化下,直播内容更加强调动态、实时性。产业链布局再逐步完善齐全,精细化和专业化运营成为新的标准。直播市场下沉发展,也逐步打入三四线城市,创造了大量就业岗位。5G 时代将会为技术赋能,带宽量级增长会引起质变,互动交互功能升级,直播将通过技术革新实现更多业务布局。Signix 摄念科技团队在此行业背景下,在学校专业教育中,寻求多专业技术融合,找准市场定位,开发符合市场需求的产品和服务。

三、建设思路

学校秉持"选择的教育"理念,在"自信、自识、自律、自励"理念和"德智体美劳"五育并举的指引下,形成"三+三"运行机制,即:"三级带教体系、德育学分加乘、三区合作模式",合力打造专创融合的创新创业项目,发挥双创创业集众智、汇众力的乘数效应,推动形成中职双创蓬勃发展的新局面。

Signix 摄念科技团队在流媒体推流实际操作过程中发现了流媒体行业的几大痛点,希望能够结合自己的专业特长来解决。在学校智能制造、信息技术两个优势学科的专业老师指点下，利用自己的专业技能做出 SignixTSP 初版并在实践中使用，甚至开始盈利。在三区模式驱动下，校内创业指导站协调对接数字电视国家工程研究中心合作研发出 A7 芯片，助力产品批量化销售，并着手申请专利。产品不但整合高端功能，满足播出机构和视听专业人士需求，而且通过模块化思维来简化硬件键控布局与功能配置，实现商家用户和直播爱好者快速入门。通过一键式操作，使网络直播符合大众化需求，产品更获得了中关村在线年度优秀产品大奖。

四、经验策略

学校将双创教育工作纳入学校"十四五"总体发展规划和大德育体系，构建双创"三十三"运行机制，落实领导职责和主体责任，多维度、多举措推进思创融合、文创融合、专创融合、赛创融合、科创融合以及产创融合，形成网格化、信息化的管理体系和管理机构图，保障双创教育有序、有效、稳步推进。

1. 打破桎梏，重新定义"教育的选择"

上海信息技术学校始终秉持"选择的教育"这一办学理念，注重培养学生的综合素质，尤其是学生的创新创业能力。近年来学校紧跟时代潮流，积极作为，逐渐形成完善的技能人才培养机制，着重建设创客中心、学生创业基地等，为更多孩子提供"面"的延伸和复制，也为青年教师提供教学场景创新的新平台。

2019 年一群年仅 18 岁的上海中职生共同创立 Signix 摄念科技——一家提供流媒体技术先驱服务及便捷式硬件解决方案的创新型公司，其中，有超半数的团队成员来自学校的智能制造和信息技术两个专业系部。在前期投资人的支持和初创团队的互补与配合下，他们充分利用母校学科优势进行导播设备的软硬件的升级与开发，不断突破流媒体技术，打破传统直播行业思维格局。

面对成立初期来自外界的"过于年轻""不够专业"等质疑，团队成员曾有过退缩的念头，但在学校的强力支持和老师们的悉心指教下最终选择了坚持，将"奔马精神"深植于心，朝着"将专业直播带入千家万户，让中国'智'造走向世界"的共同目标全力以赴地奔跑。

2. 以赛促教，创新育人新模式

中职生在校期间参加的各类比赛，是中职生走向社会前的练兵场，而创业能力也是中职生的一项重要技能。2020 年 6 月，由共同的青春梦想为指引，Signix 摄念科技团队带着高水准、高完成度、高集成度的 Signix2.0 项目，开始活跃于全球最顶尖的双创大赛——第六届中国国际"互联网＋"大学生创新创业大赛的舞台上。由于公司团队大部分成员都是搞技术的，备赛过程中最大的难点就是将已经成熟的项目转化为商业计划书，同时根据比赛级别调整路演。

学校加强校企合作力度，加快园区合作速度，加深校际合作广度，启动学校、企业园区和校外双创实践基地三区合作模式。学校聘请资深创客作为团队指导老师，对比赛材料进行调整，对比赛成果进行复盘和反推，使其契合商业大赛，让社会大众能够理解公司的产品技术。团队围绕产业背景、专利说明、起心动念、发展进程、财务管理、新产品研发、未来定位与展望等，凭借"创新筑梦，奋发有为"的团队精神，从校赛一路走到中职国赛，经历重重厮杀，最终突破重围，顺利蝉联国赛银奖，在技能竞技的大舞台上畅玩创意，实现创智人生的青春梦想（图1）。

图1　第六届中国国际"互联网＋"大学生创新创业大赛决赛现场

3. 三区合作，增强双创实践大舞台

为更好地把创业教育融入经济社会产业发展，让学生在创新创业中了解国情、民情，学校启动学校、企业园区和校外双创实践基地三区合作模式。通过开放学校双创资源，参与园区各项活动，落实大赛成果的产业孵化和政策支撑，加快学校双创工作进程，以产业孵化服务区域经济，并反哺提升创新创业教育实效。依托学校三区合作实践舞台，Signix摄念科技团队与数字电视国家工程研究中心合作，申请专利，并得到酷梦创投天使投资人朱惟其的启动资金，并且酷梦创投入住众创空间中来加速孵化。疫情期间与全国商业租赁空间顶级品牌星秀场深入合作，完成定位专家顾均辉课堂直播，为上海市中学生时政大赛、上海中职班主任培训基地提供技术支持，为CFB集团旗下棒约翰、DQ等头部餐饮品牌制订小程序带货直播解决方案。在整个过程中，园区企业负责模型产品的代加工，校内导师负责课程设计指导，企业导师负责项目运营模式的优化。

五、成效与反思

在创新创业的道路上，Signix摄念科技团队（图2）愈战愈勇，完成了许多棘手和

图 2　Signix 摄念科技团队

看似不可能完成的任务。除了学校对技能人才的全方位培养与团队成员的共同拼搏，也离不开近年来学校双创教育与专业教育的深度融合。团队独立开发 TSP 导播台和小念云直播推流平台，通过 HTML5 及 Flash 内核切换、设备模块化分解颠覆性成果重新定义直播门槛与标准。在第十二届"挑战杯"中国大学生创业计划竞赛中，学校作为上海中职校双创标杆，积极参赛，带领上海中职学校首次夺得优胜杯（8 座中唯一的中职院校），用实际行动为中职学生的综合素质和双创能力正名，深刻诠释"创新创业是人人皆有，人人皆能之事"，重新定义"选择的教育"，为中职青年创新团队注入希望和激情（图 3）。

图 3　Signix 摄念科技与社会各界积极深入合作

学校在双创方面收获丰硕成果。除涌现出徐磊、张诗悦、钱伟杰等一大批创客人才，结出丰硕科技果实，更将中职学生的双创力量带到各类技能竞技大赛的舞台上。2021 年举办的第七届全国"互联网＋"大学生创新创业大赛上海市第二届中职学生双创大赛中，共有 340 个项目近 1400 人次参加选拔，4 个项目进入上海市决赛，最终收获 4 金，其中红舫文化项目是唯一入围国赛决赛并荣获金奖的上海中职项目。

在党中央国务院大力发展职业教育的战略部署鼓舞下，学校将继续以习近平新时代中国特色社会主义思想为指导，在新时代的新征程上，改革创新，追求卓越，致力于创新学生思维和激发学生创造力，打造"创"时代的梦想家，着力培养担当民族复兴大任的时代新人！

执笔人：朱惟其。

参考文献

[1] 陈子季.十年奋进构建职教体系,不忘初心再续发展华章——党的十八大以来职业教育改革发展成就[Z].(2022-06-06)[2022-07-25].http://www.hnhczjw.com/nd.jsp?id=197.

[2] 杨梓樱.我国职业教育对经济增长的贡献率分析——基于1985-2017年教育及经济数据[J].教育学术月刊,2020(12):30-39.

[3] 教育部职业教育发展中心.参与1+X证书制度试点的前四批职业技能等级证书标准(2021年更新版)[EB/OL].(2022-03-30)[2022-07-25].

[4] 王扬南,刘宝民.中国中等职业教育质量年度报告(2020)[R].北京,2021.

[5] 任君庆.2021中国职业教育质量年度报告[R].北京,2022.

[6] 山东省教育厅.夯实基础提质培优增强中职教育的吸引力和适应性[Z].(2022-02-23)[2022-07-25].http://www.moe.gov.cn/fbh/live/2022/53982/sfcl/202202/t20220223_601490.html.

[7] 曾天山,马建华,刘义国.以国家规划教材提升职业教育教材质量[J].课程.教材.教法,2021,41(05):26-31.

[8] 姜丽萍.持续发挥引擎作用不断提升职业院校教师教学能力[J].中国职业技术教育,2022(05):9-14.

[9] 王扬南.2021年全国职业院校技能大赛教学能力比赛述评[J].中国职业技术教育,2022(05):5-8.

[10] 葛维威.近年来职业教育国家教学标准体系建设成果[J].中国职业技术教育,2017(25):9-11.

[11] 刘克勇.以教学标准为引领不断提升职业学校教学质量[Z].(2017-08-30)[2022-07-25].

[12] 教育部司局机构.关于做好中职学校教学诊断与改进工作的通知[EB/OL].(2016-04-07)[2022-07-25].

[13] 郎文革,李晶,李永霞.新时代中等职业学校教学诊改运行机制建设现状调查研究[J].开封教育学院学报,2019,39(09):183-184.

[14] 教育部办公厅.教育部办公厅关于公布首批现代学徒制试点单位的通知[EB/OL].(2015-08-06)[2022-07-25].

[15] 石伟平,王启龙.加强课程与教材建设服务职业教育人才贯通培养[J].上海教育,2021(36):49.

[16] 新华社记者.人人出彩,技能强国——我国职业教育改革发展成就综述[J].新华月报,2021(9):2.

[17] 田志磊.中职学生 谁在升学[N].中国青年报,2022-04-11(06).

[18] 梁丹,董鲁皖龙.抒写教育脱贫攻坚的伟大史诗——全国教育系统决战决胜脱贫攻坚纪实[J].云南教育(视界时政版),2021(03):25-28.

[19] 教育部职业教育与成人教育司.新闻发布会散发材料三:中等职业教育改革发展的思路与举措[Z].(2017-04-06)[2022-07-25].

[20] 陈鹏.职业教育:大力培养技术技能人才[J].光明日报,2020(12).

[21] 高靓.脱贫攻坚决胜时职业教育再发力[J],中国教育报,2019(11):01.

[22] 王扬南,刘宝民.中国中等职业教育质量年度报告(2018)[R].北京,2019.

[23] 农业部农民科技教育培训中心,中央农业广播电视学校.构建新型农民职业教育培训体系全面推动农村小康社会建设[J].职业技术教育,2004,25(001).

[24] 农业农村部办公厅,教育部办公厅.关于公布乡村振兴人才培养优质校和农业科研院所推介名单的通知[EB/OL].(2021-05-24)[2022-07-25].

[25] 王扬南,刘宝民.中国中等职业教育质量年度报告(2018)[R].北京,2019.

［26］活动推进办公室．第十四届全国中等职业学校"文明风采"活动进展情况总结［Z］．

［27］教育部办公厅，文化部办公厅，国家民委办公厅．关于公布首批全国职业院校民族文化传承与创新示范专业点的通知[EB/OL]．(2013-04-15)[2022-07-25]．

［28］教育部办公厅，文化部办公厅，国家民委办公厅．关于公布第二批全国职业院校民族文化传承与创新示范专业点名单的通知[EB/OL]．[2022-07-25]．

［29］教育部办公厅．关于公布第一批全国中小学中华优秀文化艺术传承学校名单的通知[EB/OL]．[2022-07-25]．

［30］教育部办公厅．关于公布第二批全国中小学中华优秀文化艺术传承学校名单的通知[EB/OL]．[2022-07-25]．

［31］黄晓锋，王晓丽．中职学校服务"一带一路"建设教育国际化实践与启示——以集美工业学校为例[J]．现代职业教育，2018(35)：44-45．

［32］何新哲，石伟平．"一带一路"背景下中等职业教育"走出去"办学的实践探索与启示[J]．现代教育管理，2018(05)：93-97．

［33］中等职业学校职业指导丛书编写组．中国中等职业学校毕业生就业状况分析报告[M]．北京：北京理工大学出版社，2020．